教育の自治・分権と
学校法制

結城 忠
Yuki Makoto

東信堂

はしがき

　明治憲法下におけるわが国の教育行政と学校法制は、後発国の立憲君主制下のそれとして、絶対主義的色彩を濃厚に帯びていた。それは端的に、臣民的・受動的人間型を前提とした、官治・集権・閉鎖型の教育行政・学校法制と捉えられよう。国家主権型権力分立論＝行政権中軸理論で、国家観念崇拝と結合し、国家統治・行政の無謬性を前提とした、官治的行政法学・官僚法学がこれに対応していた。
　日本国憲法の誕生によって憲法構造は決定的な転換を遂げた筈であるが、しかし戦後も、教育行政と学校法制の外装は一新されはしたが、たとえば、官治・集権の制度中枢に位置してきた機関委任事務は維持され、また行政法学・官僚法学の官治的理論構成も温存されて、教育(行政)界において長らく影響力をもってきた。公法上の特別権力関係論がその最たる例である。こうして憲法上の要請と現実の教育行政・学校法制運用との間にはかなりの乖離が見られることになる。
　地方自治法の大改正による2000年分権改革は、「国の関与」法制をなお少なからず残してはいるものの、機関委任事務を全廃し、国と自治体、都道府県と市町村の「行政面での対等原則」を法制度上もたらした。従来の国→都道府県→市町村という下降統治型行政システムを原理的に廃棄し、自治体を憲法94条が保障する地方自治権＝地域統治権の主体として法律レベルで改めて確認・定位したわけで、まさに画期的な意義をもつ。
　こうして、今日、教育行政や学校法制も日本国憲法92条以下が定める「地方自治の本旨」という憲法原理に沿って、住民自治(住民の自己決定権の保障)を起点に、自治・分権・公開型のそれへの構造転換がもとめられている状況にある。戦後改革以降、教育行政は制度上、一般行政とは異なる独特な法的構造を擁し、運用実態を示してきているが、その有りようが、制度理念や組

織原則も含めてトータルに、上記憲法原理によって法規範的に改めて検証され、さらには「教育をうける権利（学習権）」、「教育の自由」、「親の教育権」といった憲法上の基本権を踏まえて構築していくことが課題とされている、と言い換えてもよいであろう。

　日本国憲法による国民主権の確立と地方自治の保障をうけて、戦後教育改革の一環として、われわれは「教育行政における自治・分権」の原則を確立した筈であるが、憲法施行後60年近くを経て漸く、この原則が本格的に現実化されうる時代状況を迎えていると言えようか。ドイツの著名な行政法学者 O. マイヤーの至言「憲法は変われど、行政法は変わらず」(Verfassungsrecht vergeht, Verwaltungsrecht besteht) に準えれば、「憲法は変われど、教育行政・学校法制の官治・集権・閉鎖性は変わらず」と表徴してよいような現実が長らく続いてきた（きている）ということなのである〈日本国憲法の明治憲法的運用〉。

　一方、福祉国家的な政策の行き詰まりを背景として、1980年代以降、いわゆる新自由主義的な教育政策が、国境を超えて、教育改革の一つの大きな潮流をなしてきている。それは、端的に、「市場（消費者）重視の教育改革」と捉えられよう。教育サービスを努めて市場化ないし民営化（民間化）し、競争的な教育市場を形成して、学校教育を基本的には「契約の自由原則」の支配に委ねるという政策である。これは、すぐれて経済政策的な思想・手法の教育への援用であるが、ここでは、いわゆる「消費者主権」を前提に、教育市場における競争機能を円滑に維持することが、政府ないし教育行政の基本的な役割とされる。

　わが国においても、臨時教育審議会 (1984-1987年) の「教育の自由化論」を直接の契機として、とくに1990年代以降、こうした政策が勢いを増し、この流れに属する各様の政策が、すでに様々な教育分野で実施されてきているところである。構造改革特区に限定してではあるが、義務教育段階において、株式会社による学校の設置・経営が容認されるに至ったのが、その最たる例として挙げられよう。

　こうした市場主義的な教育政策ないし「教育の民間化」政策は、在来の公

教育制度とそれに関わる教育行政・学校法制の在り方を根幹から問い、その再編を迫るものである。それどころか、突き詰めればそれは、主要には、「教育をうける権利」の保障と国民国家・民主的法治国家・産業国家の維持・発展や社会的統合を旨として、19世紀後半に成立を見た公教育制度の解体へと連なるものであり、それ故に、公教育制度、とりわけ義務教育制度のレーゾン・デートル（存在理由）や学校教育の公共性、さらには「教育主権」＝「国民総体の教育権能」ないし「教育における法治主義原則」等との関係で、なお検討されなくてはならない重要な課題が少なくないと言えよう。それに、このコンテクストにおいては、いうところの市場主義的な「教育の自由化」と、19世紀中葉、ベルギー・オランダ・デンマークなど西欧型憲法上に基本的人権として確立し、日本国憲法によってもいわゆる「憲法的自由」として保障されていると解される「教育の自由」とは、“似て非なるものである”、ということも押さえておく必要があろう。

　改めて書くまでもなく、憲法(constitution)は国家・社会の基本構造法であり、その価値原理と組織原理は実定法秩序・社会制度全体を貫いて規範的に拘束する。

　とすれば、教育行政と学校法制の有りようを基本的人権の尊重・自由主義・民主主義・法治主義・社会国家原則といった憲法の普遍基本法原理との係留・緊張において検証し、それを踏まえた構造を形成すること〈「憲法の規範力・内容を実現しようとする現実的意思」＝「憲法への意思(Wille zur Verfassung)」・K.ヘッセ〉、表現を代えると、わが国の教育行政と学校法制を、規範概念としての自律的人間型を起点に、自由で民主的な社会的法治国家型のそれとして構築し運用することが、憲法上、強く求められているということである。とりわけ、教育における規制緩和・教育の市場化政策と雁行して、たとえば、学校教育における国旗・国歌の義務化や新教育基本法の制定・教育3法の改正に見られるように、「国の教育」の観念のもと、教育に対する国家的コントロールが強化されつつある今日〈教育における規制緩和と国家管理強化の雁行〉、このような視座からのアプローチが重要だと見られるのである。

本書は、以上のような課題意識から、近年における私の論稿で大きくこのコンテクストに位置するものを、比較学校法制という観点も意識して一冊に編集したものである。このため、本書に所収した論稿には、質量の両面においてかなりのアンバランスが見られており、また若干の重複と不統一も残している。読者のご寛恕を願いたいと思う。

　最後に、本書の出版を快く引き受けてくださった東信堂の下田勝司社長に深甚なる謝意を表したい。また原稿や資料の整理などでお世話になった黒田かすみさん（現・東京都立高校教諭）にも、ここに記してお礼を申し述べたいと思う。

　　2009年3月2日

　　　　　　　　　　　　　　　　　　　　　　　　　結城　忠

教育の自治・分権と学校法制／目次

はしがき (i)
凡　例 (xvi)

第1章　明治憲法下における官治・集権行政と学校法制 …… 3

第1節　権力主体としての国──事業団体としての市町村 …… 3
1. わが国における地方制度の成立 (3)
2. 非権力的な事業主体としての地方公共団体 (4)
3. 国の機関委任事務制度と地方公共団体 (4)

第2節　国家による学校教育の独占法制 …… 5
1. 明治憲法と教育の自由 (5)
2. 「国ノ事務」としての学校教育 (6)
3. 国の営造物・非独立的営造物としての学校 (7)
4. 中央集権的・権力的な教育課程法制 (8)
5. 特許事業としての私学教育 (10)
6. 学校外教育の自由 (11)

第3節　義務としての学校教育法制 …… 12
1. 就学義務の法制史 (12)
2. 臣民の公義務としての就学義務 (13)
3. 就学義務と就学する権利（学習権）(14)
4. 公法上の就学義務と親の監護教育権 (16)

第4節　公法上の特別権力関係論と教育行政・学校教育法制 …… 17
1. 公法上の特別権力関係論 (17)
2. 公法上の特別権力関係としての国と地方公共団体 (19)
3. 公法上の特別権力関係としての教員の勤務関係 (20)

4. 公法上の特別権力関係としての学校関係 (21)

第5節　学校経費に対する国と地方公共団体の
　　　　負担関係……………………………………………23
　1. 義務教育における授業料の法制史 (23)
　2. 市町村の学校設置・費用負担義務 (26)
　3. 学校経費に対する国庫補助・負担制度 (27)

第2章　日本国憲法と教育の地方自治……………32

第1節　日本国憲法と地方自治……………………32
　1. 日本国憲法による地方自治権の保障 (32)
　2. 地方自治権の根拠・法的性質 (33)
　3. 憲法上の統治権としての地方自治権 (35)
　　　——住民主権にもとづく地域統治権の憲法による保障
　4. 「地方自治の本旨」とは何か (37)

第2節　「教育の地方自治」の憲法による保障 ……………40
　1. 憲法上の原則としての「教育行政における地方自治」(40)
　2. 教育目的達成のための組織原理としての「教育の地方
　　自治」(42)

第3節　戦後改革立法による「教育の地方自治」の
　　　　制度化……………………………………43
　1. 地方公共団体の自治事務としての学校教育 (43)
　　　——地方自治法による制度化
　2. 文部省改革 (45)
　　　——教育全般に対する指揮監督官庁から指導助言官庁へ
　3. 教育委員会制度の創設 (46)
　4. 教育委員会法の概要と特徴 (49)

第4節　講和後における「教育の地方自治」の
　　　　変容 ……………………………………52
　1. 政令改正諮問委員会の「教育制度の改革に関する答申」
　　(1951年) (52)

2. 文部省設置法・学校教育法・教育委員会法の改正 (54)
　　3. 地教行法の制定 (55)
　　4. 地教行法の立法趣旨と法案に対する批判 (59)
　　5. 地教行法の概要 (60)

第3章　教育主権と国家の教育権能 …………………………66
　第1節　国民総体の教育権能としての教育主権……………66
　第2節　教育主権と公教育内容の確定 …………………………67
　　1. 教育内容に対する国家権力オフ・リミット論 (67)
　　2. 教育主権作用としての公教育内容の確定＝公教育内容
　　　 の決定における国民主権の確保 (69)
　　3. 最高裁「学テ判決」と入用とされる法的アプローチ (71)
　　4. ドイツとアメリカの法制・理論状況 (73)
　第3節　公教育内容の確定と「法律の留保」……………………75
　第4節　主権者国民総体の教育権能と親の教育権 ………77

第4章　ドイツにおける教育主権と
　　　　　国家の学校監督権 ……………………………81
　第1節　ワイマール憲法下までの法状況 ……………………81
　　1. 国家の学校監督権の法定 (81)
　　2. 国家の学校監督権の確立 (82)
　　3. 内的学校事項の統轄権としての学校監督権 (86)
　第2節　ドイツ（ボン）基本法下における法的構造 ………88
　　1. 伝統的法制・理論の継受 (88)
　　2. 学校監督概念の再構成 (93)
　　3. 基本法7条1項と国家の教育権能 (99)

第5章　ドイツの教育法制における国と
　　　　　地方の権限配分……………………………111

第1節　州の文化主権 …………………………………111
　第2節　連邦段階の教育行政の構造 ……………………114
　　1．連邦教育研究省（114）
　　2．各州文部大臣常設会議（115）
　　3．教育計画と研究助成のための連邦・各州委員会（117）
　　4．大学設置計画委員会（119）
　第3節　学校監督行政の組織構造 ………………………119
　第4節　地方自治体の学校行政 …………………………122
　　1．学校行政（学校設置・維持）の主体（122）
　　2．地方自治体の学校行政権と国家（州）の学校監督権（123）
　　3．地方自治体の学校行政機関（125）
　第5節　学校財政における州と地方自治体の負担関係……127
　　1．教員の身分と人事高権（127）
　　2．学校財政の負担区分と負担主体（127）
　　3．地方自治体に対する州の補助義務（128）

第6章　日本国憲法と教育の自由 ……………………………133
　第1節　「教育の自由」法理の生成 ………………………133
　第2節　現代公教育法制と「教育の自由」…………………134
　第3節　「教育の自由」の歴史的内容 ……………………134
　　1．憲法条項（135）
　　2．判例——アメリカ連邦最高裁判所判決（136）
　第4節　憲法上の基本権としての「教育の自由」…………137

第7章　国家の教育権と国民の教育権——教育権
　　　　論争とは何だったのか ……………………………141
　第1節　論争の始まりと展開………………………………141
　第2節　何が争われたのか…………………………………143

第3節　論争の一応の決着 …………………………………144
　　第4節　論争に欠けていたもの——残された課題 ………145

第8章　教員の教育上の自由 ……………………………………149
　　第1節　法的権利としての教員の教育上の自由 ……………149
　　第2節　教員の教育上の自由は憲法上の基本権か ………151
　　第3節　「義務に拘束された自由」としての教員の
　　　　　　教育上の自由 ……………………………………………153
　　第4節　学校法制上の職務権限としての教員の
　　　　　　教育上の自由 ……………………………………………155

第9章　ドイツにおける教科書法制の構造 ………………………159
　　第1節　教科書づくり ………………………………………………159
　　　1．州の教育主権と教科書制度 (159)
　　　2．教科書の編集・発行 (160)
　　第2節　教科書検定制度 ……………………………………………161
　　　1．教科書に対する検定法制 (161)
　　　2．教科書検定の法的根拠 (163)
　　　3．教科書検定制度違憲訴訟に関する連邦行政裁判所決定 (163)
　　　4．教科書の検定手続 (165)
　　第3節　教科書の採択法制 …………………………………………169
　　　1．「学校の自治・教育上の固有責任」の法的保障 (169)
　　　2．「学校の自治・教育上の固有責任」事項としての教科書採択 (170)

第10章　教員の研修法制 …………………………………………173
　　第1節　教員研修法制の生成 ………………………………………173
　　　1．教育公務員特例法の制定過程における教員研修 (173)
　　　2．要　約 (179)
　　第2節　教職の特殊性と研修 ………………………………………180

第3節　教員の研修権と研修義務 …………………………181
第4節　教員研修の種別 ……………………………………185
  1. 教員の自主研修と行政主催研修 (186)
  2. 法定研修と非法定研修 (186)
  3. 義務研修と任意研修 (188)
  4. 各種の対象者別研修 (188)
  5. 短期研修と長期研修 (188)
  6. 校内研修と校外研修 (189)
第5節　職務命令研修・職専免研修・自主的研修 …………189
第6節　校外自主研修の法的性質 …………………………191
第7節　校外自主研修の校長承認制 ………………………192
  1. 校長の承認権の法的性質・内容 (194)
  2. 校長の承認権の強度 (195)
第8節　「教組教研」参加の法的性質 ………………………196
第9節　職能団体としての教職員組合 ……………………198
第10節　最高裁判決による「教組教研」参加の
　　　　研修性の確認 ………………………………………199
第11節　行政当局の教員研修実施義務 ……………………201
第12節　行政主催研修の役割 ………………………………201
第13節　研修命令の適法性 …………………………………203
  1. 教育主権上の義務としての教員の研修義務 (203)
  2. 東京都のいわゆる「君が代不起立再発防止研修」(205)
第14節　教員の長期研修法制 ………………………………206
  1. 長期研修条項 (206)
  2. 長期研修命令の適法性 (206)

第11章　ドイツの学校経営法制と校長の法的地位 …………211

第1節　ワイマール憲法下までの学校経営法制と校長職 ……………212
 1. 独任制学校経営と校長職 (212)
 2. 合議制学校経営と校長職 (213)
 3. ナチ政権下における校長職 (214)

第2節　ドイツ（ボン）基本法下における学校経営法制と校長職 ……………215
 1. 合議制法制と独任制法制の重畳・相対化 (215)
 2. ドイツ教育審議会の勧告と校長職 (216)
 3. 1970年代の学校法制改革と校長職 (216)
 4. 1990年代以降の「学校の自律性」論議と校長職 (218)

第3節　現行法制下における校長職の法的構造 …………219
 1. 校長職の法的地位・性格 (219)
 2. 校長の職務内容と権限 (223)
 3. 校長と教員の法関係 (224)
 4. 校長の選任手続――教員・親・生徒の参加 (227)
 5. 校長の試用任用法制 (230)

第12章　親の教育権と公教育運営への参加 ……………235

第1節　なぜ「親の教育権」なのか ……………235
 1. 学校教育への親の異議申立て (235)
 2. 疎外されてきた存在――親 (236)
 3. 親の教育権の空洞化 (239)

第2節　親の教育権の法的構造 ……………243
 1. 親の教育権とは何か (243)
 2. 親の教育権の法的性質 (244)
 3. 親の教育権の属性・類型 (249)
 4. 親の教育権の法的内容 (251)

第3節　親の教育権と学校の専門的教育権……………………252
第4節　親の公教育運営への参加権 ……………………255
　1. 近年の政策動向と制度現実 (255)
　2.「親の教育権」なき親の学校教育参加 (263)
　3. 親の公教育運営への参加権・学校教育の共同形成権 (264)
　4. 親の学校教育参加権の種類・性格 (267)

第5節　PTAの法的性格・役割と親の教育権………………269
　1. PTAは単なる「社会教育関係の任意団体」なのか (269)
　2. 始源的教育権者の組織体としてのPTA (272)
　3. PTAの性格・役割に変化の兆し (275)

第6節　ドイツにおける親の学校教育参加制度 …………277
　1. 親の教育権と学校教育参加 (277)
　2. 父母協議会の歴史 (277)
　3. 今日における法制状況 (278)

第13章　私学の自由と公共性の法的構造 ………………288
第1節　私学の存在理由 ………………………………288
　1.「自由な学校」としての私学 (288)
　2. 私学の意義と役割 (289)

第2節　私学の自由 ……………………………………291
　1. 憲法上の基本権としての私学の自由 (291)
　2. 私学の自由の内容 (293)

第3節　私学の公共性 …………………………………295
　1. 公教育機関としての私学 (295)
　2. 私学の公共性と私学助成 (298)

第14章　教育の市場化・民営化の憲法適合性 ……………305
第1節　教育の市場化・民営化……………………………305

第2節　日本国憲法と市場化・民営化 …………………………306
第3節　教育の市場化・民営化の憲法上の限界……………308
　1. 憲法への意思 (308)
　2. 主権国家における「主権」による制約──教育主権にもとづく憲法上の制度としての公教育制度 (308)
　3. 教育における法治主義・民主制原理との緊張 (309)
　4. 公教育制度の規範原理としての「教育をうける権利」の保障要請 (310)
　5. 憲法上の統治権としての地方自治権──自治体の「義務的自治事項としての教育の原則」(311)
　6. 「教育の自由」「私学の自由」vs.「営業の自由」(313)

第4節　教育の市場化論における教育をうける権利
　　　　（学習権）と親の教育権の矮小化 …………………316
　1. 教育主権 vs. 消費者主権 (316)
　2. 公教育運営への参加権・学校教育の協同形成権 vs. 教育選択権 (316)

第15章　東京都杉並区立中学校「夜間塾」の憲法・学校法学的評価 …………………321

第1節　事実の概要 ………………………………………321
第2節　憲法89条に言う
　　　　「公の支配に属しない教育の事業」と夜間塾……323
　1. 夜間塾は「公の支配」に属しているか (323)
　2. 夜間塾は「教育の事業」に該当するか (323)
　3. 「公の支配に属しない教育の事業」としての夜間塾
　　＝夜間塾は憲法違反 (325)

第3節　学校施設の目的外使用と夜間塾 ………………325
　1. 地方自治法の「行政財産への私権の設定禁止」条項との関係 (325)
　2. 学校教育法85条の趣旨との関係 (326)

第16章　オランダにおける教育の自由と学校の自律性の法的構造 …………330

第1節　「教育の自由」の法制史 ……………………………330
1. 分権的・身分制的私教育法制 (330)
2. 公教育制度の成立と国家の学校教育独占 (331)
3. 宗派的私学の自由と財政平等の原則 (332)

第2節　現行教育法制と「教育の自由」──「教育の自由」の憲法上の保障 ……………………………333

第3節　教育行政における権限配分 ……………334

第4節　親の教育の自由 ……………………………337
1. 家庭教育の自由・私教育の自由 (337)
2. 学校を設置する自由 (337)
3. 学校選択の自由 (338)
4. 教員の選任権 (340)
5. 学校教育(行政)への参加権 (340)

第5節　学校の自律性 ……………………………340
1. 教育上の自律と内部組織編制の自由 (341)
2. 学校財政上の相対的自律権 (343)
3. 教員の選任権 (343)

第6節　私学の自由 ……………………………344
1. 「私学の自由」の憲法上の保障 (344)
2. 「私学の自由」の内容 (345)

第7節　私学の現状 ……………………………346

第8節　私学に対する公費助成 ……………347
1. 「財政平等の原則」の妥当範囲 (348)
2. 助成条件 (348)
3. 助成対象と助成方式 (349)

4. 授業料 (350)

　第9節　教育・文化・科学省所管の予算規模 …………………351
　第10節　学校の自律性と学校評価…………………………………352
　第11節　学校に対する支援 ………………………………………355
　第12節　校長の地位・役割 ………………………………………355
　第13節　教員の法的地位 …………………………………………357
　　1. 身分・選任 (357)
　　2. 学校の自律性の強化と教員の教育上の自由 (358)
　第14節　教員・親・生徒の教育行政・学校経営参加 ……359

初出一覧 ………………………………………………………………365
事項索引 ………………………………………………………………367
人名索引 ………………………………………………………………373

凡　例

本書で使用しているドイツ語の略記の正式名称は下記の通りである。

AöR	Archiv des öffentlichen Rechts
Aufl.	Auflage
Beschl.	Beschluß
BGH	Bundesgerichtshof
BSG	Bundessozialgericht
BVerfG	Bundesverfassungsgericht
BVerfGE	Entscheidungen des Bundesverfassungsgerichts
BVerwG	Bundesverwaltungsgericht
BverwGE	Entscheidungen des Bundesverwaltungsgerichts
DÖV	Die Öffentliche Verwaltung
DVBl	Deutsches Verwaltungsblatt
EuGRZ	Europäische Grundrechte-Zeitschrift
GG	Grundgesetz für die Bundesrepublik Deutschland
HdbStR	Handbuch des Staatsrechts der Bundesrepublik Deutschland, hrsg. von Josef Isensee und Paul Kirchhof, Heidelberg 1987 ff.
JZ	Juristenzeitung
KMK-BeschlS.	Sammlung der Beschlüsse der Ständigen Konferenz der Kultusminster der Länder in der Bundesrepublik Deutschland.
LG	Landgericht
NJW	Neue Juristische Wochenschrift
OLG	Oberlandesgericht
OVG	Oberverwaltungsgericht
PädF	Pädagogische Führung
RdErl.	Runderlaß
RdJB	Recht der Jugend und des Bildungswesens
SPE	Ergänzbare Sammlung schul- und prüfungsrechtlicher Entscheidungen
StGH	Staatsgerichtshof
Urt.	Urteil
VerfGH	Verfassungsgerichtshof
VG	Verwaltungsgericht
VVDStRL	Veröffentlichungen der Vereinigung der Deutschen Staatsrechtslehrer
ZBR	Zeitschrift für Beamtenrecht
ZBV	Zeitschrift für Bildungsverwaltung
ZfPäd	Zeitschrift für Pädagogik

教育の自治・分権と学校法制

第1章　明治憲法下における官治・集権行政と学校法制

第1節　権力主体としての国──事業団体としての市町村

1. わが国における地方制度の成立

　わが国の近代的な地方制度は明治21 (1888) 年の市制・町村制に始まり、2年後の府県制および郡制の制定によって基本的な仕組みが形成された。明治憲法の公布 (明治22年) と時をほぼ同じくしている。この制度は、ドイツ人法律顧問A. モッセの指導のもと、当時の中央集権的な官治国家(Obrigkeitsstaat)プロイセン・ドイツに範をとったものである。

　市制・町村制は全国の市および町村を「自治体」として承認し、議決機関として公選 (ただし国税2円以上の納税者による制限選挙) の議員によって構成される市会・町村会を設置した。また執行機関として市長と町村長を置き、市長は市会が推薦した者を内務大臣が任命し、町村長は町村会の選出によった。

　市町村は独立の法人格を認められたが (公法人)、市にあっては府県知事および内務大臣の監督下に置かれ、また町村はこれらにくわえて郡長の監督を受けた。しかもそこにいう監督はきわめて広範かつ強大で、たとえば、内務大臣には市町村会の解散権や予算強制権が認められ、また府県知事や郡長には市町村長に対する懲戒権が認容されていた。

　一方、府県と郡はほんらい国の行政区画として設定されたもので、それが同時に地方公共団体の区域とされたものであった。そこで執行機関には、国の行政官庁たる府県知事および郡長が当てられ (国の機関・国の官吏としての府県知事・郡長)、重要な補助機関も国の官吏が任命されていたという点に、大きな特色があった。府県にも公選の議員からなる議会が設けられたが、その

権能は狭く、府県知事の議会に対する制度的優位が法的に確立していた。

かくして、府県にあっては、市町村の場合よりも、いわゆる「住民自治」の基盤はさらに脆弱で、官治行政的性格がいっそう濃厚であった[1]。つまり、「府県は自治体とはいえ、当初より自治権の弱い半官治的団体であった」[2]。

2. 非権力的な事業主体としての地方公共団体

ところで、明治憲法には「地方自治」に関する条項は存しなかった。地方制度は「法律の創造物」にほかならず、そこでその有りようは国の立法政策によって自在に決定することができた。

明治憲法下の地方公共団体は、法人格を賦与され、「自治団体 (Selbstverwaltungskörper)」と称せられはしたが[3]、「官ノ監督ヲ承ケ法令ノ範囲内ニ於テ其ノ公共事務……ヲ処理ス」(市制2条・町村制2条)と明記されていたように、国の特別な監督下にあって(公法上の特別権力関係としての国と地方公共団体・後述)、もっぱら非権力的な公共サービス業務を行う事業団体として位置づけられていた。

表現を代えると、旧地方制度における公共団体は、権力主体(統治団体)ではなく、非権力的な事業主体にすぎず、国から統治される公共団体として、行政法上、水利組合のような「公共組合」と基本的には同列に扱われていたのである[4]。プロイセンの国法制度に倣い、「国は統治し、地方公共団体は経営する (Der Staat herrscht, die Gemeinde wirtschaftet)」との原則が一貫してとられていたのであった。

3. 国の機関委任事務制度と地方公共団体

しかもこのコンテクストにおいて重要なことは、上記の原則と表裏して、市町村長は「法律勅令ノ定ムル所ニ依リ国……ノ事務ヲ掌ル」ものと法定され(昭和4年改正後の市制93条、町村制77条)、また国の官吏である府県知事が国家事務を「部内の行政事務」として執行することも当然視されていた(大正15年地方官制5条)、ということである。府県、市町村を問わず、国の事務を地方公共団体の機関に委任し、国の機関としてこれを処理させるという行政

運営がなされてきたというのも、旧地方制度を特徴づける大きなメルクマールであった（国の事務の地方公共団体の執行機関に対する強制委任）。

　この、いわゆる国の機関委任事務制度が、その後のわが国における行政の有りよう（国と地方公共団体との関係）を強く規定し、地方自治や地方分権の発展・拡充を著しく阻害してきたことは、ここで改めて指摘するまでもないであろう。

第2節　国家による学校教育の独占法制

1. 明治憲法と教育の自由

　明治憲法が範としたプロイセン憲法（1850年）は「教育の自由（Freiheit des Unterrichts）」の保障条項を擁していたが（22条）、明治憲法にはこのような条項は存在しなかった。この憲法の沈黙はどのように解釈されたのか。

　憲法学・行政法学の泰斗、美濃部達吉によれば、臣民の権利義務に関する明治憲法の規定は例示的規定であって、「教育の自由」も当然に保障されていると解された。こう述べている。

　　「憲法ハ決シテ臣民ノ権利義務ヲ此等ノ列記事項ニ限定セントスルモノニ非ズシテ、唯其ノ主要ナルモノヲ例示セルノミ、限定的列記ニ非ズシテ、例示的規定ナリ。……憲法ノ列記スル所ノ外、……教育ノ自由、学問ノ自由……等臣民ノ重要ナル自由ハ尚甚多シ。憲法ガ之ヲ規定セザルハ……唯之ヲ言ヲ待タザル所ナリト為シ、敢テ特ニ之ヲ名言スルノ必要ヲ認メザリシノミ……」[5]。

　　「我ガ憲法ニハ教育ノ自由ニ付キ規定スル所ナシト雖モ、現代ノ国法ガ主義トシテ教育ノ自由ヲ原則トスルコトハ言ヲ待タザル所ニシテ、別段ノ規定アルモノ外各人ハ任意ニ子弟ノ教育ヲ為シ及ビ教育ヲ受クル自由ヲ有ス。……教育ニ関スル国家ノ作用ハ権力ヲ以テ命令シ強制スルコトニ非ズシテ、主トシテハ国民ノ福利ノ為ニ健全ナル教育施設ヲ完成スルコトニ存ス」[6]。

　また憲法学の双璧として美濃部と並び称された佐々木惣一も、明治憲法上の自由権を包括的自由権と個別的自由権に区別したうえで、「帝国憲法ニ示

サレザル自由」でも「臣民ハ包括的自由権ノ発現トシテ法ニ依ルニ非ザレバ制限セラレザル権利ヲ有ス」と述べ、このような権利の例として、「学問ノ自由、教育ノ自由等ニ関スル自由権」を挙げている[7]。

さらに、いわゆる京都学派として自由主義的な学説で知られた織田萬も、立憲国家の一般的原則と「信教の自由」(28条) および「言論の自由」(29条) 保障から、明治憲法の下においても「教育の自由」の憲法的保障があったとの見解に立っている[8]。

このように、有力な憲法・行政法学説によれば、明治憲法下においても「教育の自由」の憲法的保障があったと解されていたことは、大いに注目されよう。今日の学説にいわゆる「憲法的自由」としての「教育の自由」の保障である。しかしながら、この種の西欧的でリベラルな「教育の自由」の憲法的保障説は、以下の具体的な法制分析によって明らかにされるように、明治憲法下においては、法的・社会的な実態を伴うものではなかった。

それに美濃部達吉にあっては、「憲法ノ列記セル所タルト否トヲ問ハズ、国民ハ広ク法律ニ依ラズシテ其ノ自由ヲ侵サレザル権利ヲ有スルナリ」[9]として、「教育の自由」についても「法律の留保の原則」が妥当するとされていたが、佐々木惣一と織田萬の「教育の自由」解釈には、明治憲法的な限界が伴っていた。「帝国憲法ニ示ス所ノ自由ト異ナリ、之ヲ制限スルニ必ズシモ常ニ法律ニ依ルヲ要セズ、一定ノ目的ノ為ニハ命令ニ依ルコトヲ得ルナリ」[10]とあるように、「教育の自由」に対する制限は帝国議会の法律によることを要さず、命令でも可能だとして、教育立法の勅令主義と両立せしめられていたのであった。

2. 「国ノ事務」としての学校教育

明治憲法下においては、学校教育は国の事務＝国家的事業であるという基本的な前提が一貫してとられていた。それを法制史的に辿れば、明治5 (1872) 年の学制第1章は「全国ノ学政ハ之ヲ文部一省ニ統フ」と唱い——文部省は明治4年に創設された——、また明治12年の教育令には「全国ノ教育事務ハ文部卿之ヲ統摂ス故ニ学校幼稚園書籍館等ハ公立私立ノ別ナク皆文部卿ノ監

督内ニアルヘシ」(第1条)とあった。

　こうした流れのなかで、明治21 (1888) 年の「市制及町村制」の有権的註釈書である「市町村制理由書」において、「……其の事業は全国の公益の為にするものあり或は一市町村局部の公益より生ずるものあり其の全国の公益に出ずるものは軍事、警察、教育等の類にして是皆別に規定すべきものとす……」とされ[11]、間接的ながら教育事業が市町村の固有事務には属さないことが明らかにされた。そして、この市制および町村制に関連して明治23年に制定された地方学事通則と改正小学校令は、教育事業は国の事務であるということを前提にしたうえで、これに関して、文部大臣、府県知事、郡長、市町村長間の権限配分を定め（後3者にとっては国からの機関委任事務）、ここにおいて、「学校教育の主体は国家なり」とのいわゆる「国家の学校教育独占 (staatliches Schulmonopol)」が実体法上に確立を見たのであった。「法定の規模を備へ法定の課程に依る教育を行ふことを目的とする学校は、これを国家に専属する事業と為し、国家が自らこれを行ふ外は、唯国家の特許を受くるに依ってのみこれを開設し得べきもの」という体制である[12]。

　その後明治33 (1900) 年の小学校令が「市町村長……ハ市町村……ニ属スル国ノ教育事務ヲ管掌シ市町村立小学校ヲ管理ス」(60条) と書き、また「市立小学校長及教員ノ執行スル国ノ教育事務ハ府県知事之ヲ監督 (ス)」(65条) と規定したが、これらの条項は、市町村立小学校の事務が国の教育事務であるということを、明文上改めて確認したものであった。

　ちなみに、この点、旧法制下の教育行政法規書もこう述べている。

　　「教育事務は凡て国の事務とする法制上の主義を執るものなるを以て、市町村に固有なる教育事務あることなし。故に市町村が教育事務を行ふは国の委任に基づくものなり」[13]。

3. 国の営造物・非独立的営造物としての学校

　上述した「国の事務としての学校教育」とかかわって、明治21年の市制54条・町村制66条2項以来、公立学校は法的には「公の営造物」として位置づけられた。プロイセン・一般ラント法の「学校および大学は国の営造物

(Veranstaltungen des Staats)であって……」(1794年)との条項に倣ったものである。

つまり、旧法制下においては、「教育事業ヲ以テ国ノ事業トシ学校、図書館ノ如キ教育的営造物ヲ以テ国ノ営造物ナリトスル主義」が採られていたのであった[14]。

敷衍して言えば、公立学校は「国の営造物であり、其の教育は国の行ふ事業で、其の教員其の他の職員は国の官吏たるものであるが、唯其の経済的負担は地方団体に属し、経済上には地方団体が其の主体たるもの」という仕組みであった[15]。

上記のいわゆる営造物理論は、19世紀後半、ドイツ行政法学の始祖O.マイヤーによって創設されたものである。マイヤーは、当時の各種行政分野における営造物関係が権力関係という法理論では共通であるとの認識のもとに、営造物を「公行政主体により公の目的に継続的に供用される人的手段および物的施設の総合体」と定義し[16]、その法理を構築した。そしてマイヤーの理論はその後の学説によっても基本的に承認され、ドイツ行政法学の伝統的理論となったのであるが、それがほとんどそのまま明治憲法下のわが国に直移入されたのであった。

そしてこの場合、言うところの営造物理論によれば、学校は当然のごとくに「権利能力なき非独立的営造物 (nichtrechtsfähige, unselbständige öffentliche Anstalt)」とされ、管理行政庁の包括的な営造物管理権に服するものとされた。「公行政の最下級機関としての学校」という法制論的位置づけである。

しかも学校は軍隊営造物や監獄と同様に「権力及ビ懲治ヲ行フ営造物」(公権力的営造物) であり、そこにおける教育作用は国家権力作用なのであり、またその利用関係 (学校在学関係) は、後に言及するように、学校権力の発動する「公法上の特別権力関係」とされたのであった。

4. 中央集権的・権力的な教育課程法制

ところで、国家的事業としての教育事務については、プロイセン・ドイツ法制に倣い、「内的学校事項 (innere Schulangelegenheit)」と「外的学校事項 (äußere Schulangelegenheit)」の区別があった――この区分は法制上、1808年のシュタ

イン都市条例に由来する――。

　内的事項とは教育目的・内容、教授方法、生徒懲戒などを言い、外的事項とは学校の設置、施設設備、教育財政などを指した。そして、この区分とかかわって決定的に重要なのは、内的事項とその監督行政こそが国家事務とされたことである（文部大臣訓令5・明治24年）。内的事項は国家がこれを直接かつ全面的に掌握し、財政負担を伴う外的事項は、教員人事を除き（後述）、地方事務として市町村に委任するというシステムであった。

　しかも内的事項に関する国家の統轄権は、プロイセン・ドイツの国法学にいう「学校に対する国家の全的かつ唯一の直接的規定権力、組織権力、指揮権力、勤務監督権力の総体としての国家の学校監督」に相当するもので[17]、制度的には、次のような中央集権的・権力的な教育課程行政（法制）によって担保されていた。

　すなわち、文部大臣は「教育、学芸及宗教ニ関スル事項ヲ管理ス」（文部省官制1条）とされ、教育全般に対する指揮監督官庁として位置し、文部大臣の指揮監督の下に、府県知事が上級学校監督庁として位置づけられた（明治23年改正小学校令11条など）。さらに、その下に郡視学や視学官・視学が置かれ、また文部省にも督学官・視学委員が配されて、校長とともに教員の職務上の上司として、教育活動に対して権力的指揮監督を行った。法律上の根拠規定がなくても、学校監督庁・上司は教員に対して職務命令を発することができ、教員はそれに服従する義務を負うものとされていた。教員は学校監督庁や職務上の上司の包括的支配権に服していたのであって、法解釈論上、いわゆる「公法上の特別権力関係論」がそれを強く支援していた（後述）。

　また学校教育は国家権力作用・公権力の行使にほかならず、その内容は、教育勅語の旨趣にもとづき、文部省令たる各学校令施行規則で大綱・教則が規定され（明治33年改正小学校令28条には「小学校教則……ハ文部大臣之ヲ定ム」とあった）、それを具体化するために、「教授要目」（文部省訓令）――「教授細目」（校長）――「教案・教授週録」（教員）という教育課程管理法制上の厳格なヒエラルキーが存した[18]。

　さらに、教科書についても、明治19（1886）年に文部大臣の検定制度が敷

かれ (小学校令13条など)、その後、明治36 (1903) 年の小学校令で「小学校ノ教科用図書ハ文部省ニ於テ著作権ヲ有スルモノタルヘシ」(24条) と規定されて、小学校については、修身・国史など主要教科目につき国定教科書制度がとられるに至った。また同一の科目に関し数種の国定教科書がある場合には、その採定権は府県知事にあった。

このように、学校教育 (内容) は細部に至るまで権力的な指揮統制に服していたのであって、くわえて、それは、教育の中立性確保を大義名分とした「教育立法上の勅令主義」や「教育と宗教の分離原則」(明治32年文部省訓令12号) の建前とは裏腹に、政治的・宗教的色彩を濃厚に帯びていた。

5. 特許事業としての私学教育

(1) 国家的事業としての私学

このように、学校教育権は国家の独占するところであったから、私人には「私立学校設立の自由」や「私学教育の自由」は保障されていなかった。私立学校は監督庁の認可により学校教育権をとくに賦与された特許事業にほかならなかった。

別言すれば、私立学校の設置認可は「特定の者 (申請者) に対し特定の学校経営に関する公法上の権利義務 (経営権) を創設する行政処分」なのであった[19]。私立学校も、国家的事業として、「国家的性質ヲ有シ国家ノ特許ニヨリテノミ私人ニ於テ之ヲ設立シ得ベキモノ」とされていたのである[20]。

こうして「国家的事業としての私学」は、私立学校令 (明治32年) により、地方長官の監督下に置かれ (1条)、その設置および廃止には監督庁の認可を必要とし (2条)、その経営に関しても国家の特別の監督に服した。さらに監督庁は、校長の認可権を有し (3条)、くわえて校長・教員として不適格な者はその解職を命じることもできた (4条)。また私立学校の設備・授業その他の事項で教育上有害と認めるものについてはその変更を命じることができたし (9条)、さらには「法令ノ規定ニ違反シタルトキ」など特定の理由がある場合には、私立学校の閉鎖命令権をも有していたのであった (10条)。「国民ノ教育ハ成ルベク国家ガ自ラ之ヲ行フコトヲ主義トシ、……其ノ私立ニ係ル

モノニ付テモ国家ノ厳格ナル監督ノ下ニ置キ、出来得ル限リ官立又ハ公立学校ト同一ノ課程ニ依リ同様ノ教育ヲ施スモノタラシムルコトヲ主義トス」とされていたからである[21]。

(2) 公立小学校への就学義務

先に言及したような学校教育権の国家的独占・「私学の自由」の原則的否認に対応して、私立小学校への就学についても厳しい制約があり、「私立小学校選択の自由」は原則として認められていなかった。

すなわち、明治23（1890）年の改正小学校令によって、「義務教育は市町村立小学校に於て受けしむるを本則とす」との原則が樹立され（後述）、それ以来、親は学齢児童を市町村立小学校へ就学させる義務を負い、私立小学校に就学させる場合は市町村長の認可を受けることが義務づけられた。ちなみに、私立学校令もこう明記していた。

「私立学校ニ於テハ学齢児童ニシテ未タ就学ノ義務ヲ了ラサル者ヲ入学セシムルコトヲ得ス但シ……市町村長ノ認可ヲ受ケタル児童ヲ入学セシムルハ此ノ限ニ在ラス」(8条)。

6. 学校外教育の自由

以上のように、明治憲法の下にあっては、学校教育は国家的事業として、私学教育も含めてきわめて厳格な国家的コントロールの下に置かれていたのであるが、家庭教育や私塾教育、さらには社会教育などのいわゆる「学校外教育」は、原則として、私人の私的な自由領域に属していた。「家庭教育及社会教育ニ関シテハ殆ンド各人ノ自由行動ニ任ジ国家ハ之ニ干渉セザルヲ原則ト（スル）」との建前がとられていた[22]。

この点、文部省関係者の手になる教育行政書にも、端的に下記のように記されている。

「文部大臣が専ら国家事業として管理するのは学校（幼稚園を含む）教育のみであって、私塾教育……は公序良俗に反しない限り、教育の自由……の立場より、私人の為す所に放任し、又社会教育の施行者に対して

指揮監督を行ふと共に、この種の教育に対し或程度の指導と施設とを為すに止まる。……家庭教育は家庭内の仕事であって、……指導誘掖することはあっても監督するようなことはない」[23]。

とは言っても、社会教育施設に属する図書館は、国家的に統制する必要から、公私立ともに国家的事業とされていたし、また家庭教育も基本的には学校教育を補足するものとして位置づけられ、そこで、「家庭においても国民学校教育の主旨に則って児童を正しく指導」することが強く求められた[24]。「国民学校は児童の錬成場である。しかし学校だけでは、手の届かない分野があり、徹底した錬成を期するには、ここでぜひとも家庭の力を借りなければならないことになってくるのだ」[25]との記述が象徴的である。家庭教育の学校教育への従属・補完という構図である。

また家庭教育の振興のために様々な施策が講ぜられたが、それはもっぱら、「国運ノ隆替風教ノ振否ハ固ヨリ学校教育並社会教育ニ負フ所大ナリト雖之ガ根蒂ヲナスモノハ実ニ家庭教育タリ」(家庭教育振興ニ関スル訓令・昭和5年12月)との認識からであった。

さらに、その組織化が大いに奨励された婦人団体の主目的は、「家庭ニ於ケル子女ノ監護教養等ニ於テ実際ノ指導ヲ施スコト」にあったし、また社会教育団体である少年団も、学校教育の補足として、「団体的訓練を体験せしめ、以て基礎的公民訓練を行ひ、団体観念並に国民精神を涵養するを本旨とせねばならない」とされていたのであった[26]。

第3節　義務としての学校教育法制

1. 就学義務の法制史

わが国において、学校法制史上、「義務教育」について最初に規定したのは、明治12 (1879) 年の「教育令」である。同令は「凡児童六年ヨリ十四年ニ至ル八箇年ヲ以テ学齢トス」(13条)としたうえで、「凡児童学齢間少クトモ十六箇月ハ普通教育ヲ受クヘシ」(14条)と規定し、続いて「学齢児童ヲ就学セシムルハ父母及ヒ後見人等ノ責任タルヘシ」(15条)と定めた。ただ同令にあっては、上記第15条が明記しているように、学齢児童を就学させることは、

父母および後見人等の「責任」であって、未だ法的な「義務」とはされていなかった。

「就学義務」が、しかも有償の強制教育の基軸をなすものとして法制上確立されたのは、明治19 (1886) 年の「小学校令」によってである。次のように規定された。

「児童六年ヨリ十四年ニ至ル八箇年ヲ以テ学齢トシ父母後見人等ハ其学齢児童ヲシテ普通教育ヲ得セシムルノ義務アルモノトス」(3条)、「父母後見人等ハ其学齢児童ノ尋常小学校ヲ卒ラサル間ハ就学セシムヘシ」(4条)。

その後、明治23 (1890) 年の「小学校令」は、就学義務に関して、「学齢児童ヲ保護スヘキ者ハ其学齢児童ヲ市町村立小学校又ハ之ニ代用スル私立小学校ニ出席セシムヘシ」(22条) という法条を追加した。これは、学齢児童の教育は公立小学校においてこれを行うという原則を樹立したもので[27]、既述したように、「学校教育権の国家的独占」とかかわって、注目すべき規定である。

なお義務教育年限は、明治33 (1900) 年の「小学校令」によって尋常小学校の4ヶ年に統一され、その後明治40年の改正「小学校令」はこれを6年に延長した。昭和16 (1941) 年の「国民学校令」は国民学校初等科6年と高等科2年の計8年を義務教育年限と定めたが、第2次世界大戦のために実施には至らなかった。

2. 臣民の公義務としての就学義務

ところで、既によく知られているように、明治憲法下においては、就学義務は、兵役の義務 (明治憲法20条) および納税の義務 (同21条) とともに「臣民の3大公義務」と考えられていた[28]。

すなわち、「国家に対する臣民の公法上の義務としての就学義務」、別言すれば、「就学上の公法義務」[29]として法的に位置づけられた。学校教育を受けることは臣民の権利ではなく、国家に対する義務と見られていたのである。兵役・納税義務とは異なり、就学義務に関しては明治憲法に規定がなかったが、それは、教育が天皇の大権事項に属していたからであった。

このような公法上の就学義務の根拠について、明治39 (1906) 年に著わされた教育行政法学書は、次のように説明している。

　　「国家は其国民の智徳の如何によりて興廃し消長すべきを以て、国家は其国民を保護して自己の生存発達を期する為め之に対して或程度の教育を受けしむるを強制するを得べきは、国家固有の権力の発動として可能且至当の事なりといふべし」。

　　「国家は其権力の発動として国民に或程度の教育を受くべきを命じたるが故に臣民は之に服従し就学せしめ教育を受けしむるの義務を履行せざるべからず」[30]。

　就学義務の主体は、通説によれば、第一義的には、学齢児童の保護者であった。「就学義務トハ保護者ニ於テ児童ヲ就学セシムヘキ義務ニシテ、児童ニ於テ就学スヘキノ義務ニアラス」と解された[31]。ただ保護者は後述のように民法879条によって、「其ノ児童ノ教育ヲ為ス権利ヲ有シ義務ヲ負フヲ以テ、其ノ児童ハ民法ニ依リ、間接ニ小学校令ニ依ル就学義務ヲ負フ結果」となると説明された[32]。

　こうして、児童が就学を怠るような場合は、保護者は「絶対的なる親権の効力による必要な範囲内に於て自ら其子を懲戒するの権力を用ひて之を就学せしむべきなり……児童は之に服従するの義務あるべきを以て従て就学せざるべからざる」という筋道を辿った[33]。

　なお就学義務の履行に関する監督権は市町村長に委任せられたが、その不履行に対しては罰則の定めはなく、また執行罰のほかには強制執行の手段も存在しなかった[34]。

3. 就学義務と就学する権利（学習権）

　このように明治憲法下にあっては、学校教育を受けることは臣民の国家に対する義務（義務としての学校教育）とされていたのであるが、しかし明治40年代以降、「就学の権利」（権利としての学校教育）という捉え方が実定法の解釈論として既に見られていたという事実を、ここで指摘しておきたいと思う。

　たとえば、大山幸太郎『日本教育行政法論』においては、就学は国民の義

務であると同時に、子どもと親の権利でもあるとして、こう述べられている。
　「尋常小学校ニ入学シテ其ノ教育ヲ受クルハ、総テノ国民ノ義務ニシテ又権利ナリ。何人ト雖モ此ノ義務ヲ免ルルヲ得ザルト同時ニ、何人ト雖モ其ノ権利ヲ防グルヲ得ザルヲ原則トス」。
　「児童ヲシテ尋常小学校ニ入学セシメ其ノ教育ヲ受ケシムルハ其ノ保護者ノ義務ニシテ同時ニ権利ナリ」[35]。
　また織田萬『教育行政及行政法』にも、「基礎教育ハ各人ガ個人及国民ノ一員トシテ生存スルニ欠クベカラザルノ教育ニシテ……貴賎貧富、才不才等ニ拘ラス何人モ平等ニ之ヲ受クルコトヲ得」、との記述が見えている[36]。ここにおいては、学校教育は臣民の国家に対する義務ではなく、権利として、さらに言えば、生存権的基本権として明確に位置づけられていると言ってよい。
　さらにこうした考え方は教育学や教育運動の側にあってはいっそうの進展・深化をみせており、「教育をうける権利の保障としての公教育」、「生存権的・文化的基本権としての学習権」という思想が既にそうと明確に展開されていたのであった。日本最初の教員組合である「日本教員組合啓明会」の指導者、下中弥三郎の所説にそれを代表させよう。大正9（1920）年に啓明会の機関紙『啓明（2月号）』に発表された「学習権の主張」という論文で、次のように提唱しているのである。
　「教育を受くることは、社会成員の義務ではなくて権利である。国家は、均等に、国民教育を施設する義務がある」、「人類には、出生と共にその社会に"生活する権利"がある。学習権は人類の生活権の一部である。」、「"文化"という社会的遺産の"分け前"に、公正に興かる権利を、ここに私は"学習権"と呼ぶのである」「教育は必要である。教育は尊重せねばならぬ。しかし、その教育は決して人間を国家に従属せしむる為の方法ではない。人間の自由の為の、人類の真の発展の為の教育である。而してかかる教育を大に盛にしようとするならば、従来の義務教育、国家主義の立場からの教育強制制度を全然撤廃し、代ふるに、小学より大学までの自由選択制の公費教育制度を樹立しなくてはならぬ」[37]。
　しかし、上述のような「教育をうける権利・学習権」というすぐれて現代

的な公教育概念は、当時の教育法制度や社会的実態とはかけ離れており、その法制化は戦後の日本国憲法・教育基本法体制の成立を迎えるまで待たなくてはならなかった。

4. 公法上の就学義務と親の監護教育権

既に見たように、旧法制下においては、学齢児童の保護者たる親権者または後見人は、小学校令により、その学齢児童を尋常小学校に就学させる義務すなわち就学義務を負うとともに、他方では民法によって、未成年の子または被後見人たる学齢児童に対して監護教育の権利を有し、義務を負うものとされていた。

それでは、親のこの二様の権利義務はどのような関係に立つと解されたのか。

就学義務は直接には親権者または後見人が国家に対して負う公法上の義務であり、民法上の監護教育権は親権者または後見人が未成年の子または被後見人に対して有する私法上の権利であるから、この問題は結局、公法（公権・公義務）と私法（私権・私法上の義務）の優劣関係いかんということと対応する。

これについて、当時の学説・判例においては公法優位説が圧倒的に有力であったから、そこで当然のことながら、就学義務は「不対等関係の公法上の作為義務たり。従て民法上の（権利）義務に対して優先権を有する」と解されたのであった[38]。

ちなみに、この点と関連して、実定法制上も、「尋常小学校ノ教科ヲ修了セサル学齢児童ヲ雇傭スル者ハ其ノ雇傭ニ依リテ児童ノ就学ヲ妨クルコトヲ得ス」(明治33年小学校令35条・同旨：昭和16年国民学校令12条) との規定が存していた。

ただ、そうすると、小学校令（勅令）によって民法（法律）を動かすこととなり、明治憲法9条に言う「命令ヲ以テ法律ヲ変更スルコトヲ得ス」との原則に抵触しないかとの疑義が生じるが、これについては、次のように説明された。

　「就学義務は、小学校令が、親権者又は後見人に負はしむる国家に対する義務にして、直接に未成年の子又は被後見人に対する教育権に変更

を加ふるものにあらざるを以て、命令を以て法律を変更するものに該当せざるなり」[39]。

　それどころか、通説によれば、「親権者又は後見人は、民法に依り其の子又は被後見人に対して私法上の教育権を有するを以て、小学校令の命ずる公法上の就学義務を適法に履行しうることとなるなり」[40]とされたのであった（公法上の就学義務の履行手段としての民法上の親の教育権）。それに、小学校令によって学齢児童を就学させる親権者の義務は、公法上の義務であるから、民法にいわゆる親権とは無関係であるとするのが当時の民法学の定説でもあった[41]。

　ここにおいてわれわれは、既述した「国家に対する親義務としての就学義務」という法的構成と強くかかわって、公法上の就学義務の民法上の親権に対する絶対的優位、就学義務と親権との隔絶、その結果としての民法上の親権の家庭領域への限局・学校教育領域における親権の否定、といったメルクマールを摘出することができよう。

第4節　公法上の特別権力関係論と教育行政・学校教育法制

1. 公法上の特別権力関係論

　明治憲法下においては、①公法上の勤務関係（官吏・吏員の国や地方公共団体に対する勤務関係のごとし）、②公法上の営造物利用関係（国・公立学校の生徒・学生の在学関係、国・公立病院の患者の在院関係、受刑者の在監関係のごとし）、③公法上の特別監督関係（国の特許企業者や行政事務の受任者に対する監督関係のごとし）、それに④公法上の社団関係（公共組合と組合員との関係のごとし）は、行政法学説・判例上まず例外なく、「公法上の特別権力関係（öffentlich-rechtliches besonderes Gewaltverhältnis）」だと解された。ドイツ語のテクニカル・タームからも知られるように、それは、ドイツ公法学理論のほとんどそのままの直移入・借用であった。

　たとえば、美濃部達吉は、特別権力関係とは「特別の法律原因に基づき当事者の一方が相手方に対し一定の範囲において命令し強制する権利を有し、相手方はこれに服従する義務を負う二主体間の法律関係を謂ふ」と定義し、

このような特別権力関係においては、「権力者は単に特定の行為・不行為・給付を要求し得るだけではなく、一定の範囲に於いて包括的な権力を有し、其の権力の及ぶ限度においては不特定な作為・不作為を命令し及び時としてはこれを強制し得る権利を有する」と述べている[42]。

ところで、言うところの公法上の特別権力関係論は、19世紀後半、ドイツ立憲君主制下において生成し、P. ラーバントや O. マイヤーなどによって全体的法秩序の下で体系的に構築された。それは、ドイツ公法学に伝統的な行政の内部、外部二分論を前提とするもので、立憲国家・法治国家的諸要請に対して、絶対主義的君主・行政部の命令権力を法治主義の範囲外に維持するために擬制された学説の産物である[43]。

つまり、この理論は絶対主義的要請に応える法解釈論として、別言すれば、「法治国家における警察国家的孤島」として、E. ホルストホフも言うように、「法治国家の間隙 (Lücke des Rechtsstaats)」における「侵害行政としての高権行政 (Hoheitsverwaltung als Eingriffsverwaltung)」と深く結合し、歴史的に、反法治主義的性格を強く担ってきた[44]。

具体的には、大きく以下の3点にこの理論の基本的メルクマールないし実益があった。すなわち、特別権力関係における特別権力の発動・行使は一般に一種の公権力の発動・行使とみなされ、一般権力関係におけるのとは異なり、

①特別権力関係の内部においては「法律の留保の原則 (Gesetzesvorbehalt)」が妥当しない。つまり、特別権力主体は特別権力（命令権・強制権・懲戒権）の具体的な発動・行使に際して、法律上の根拠がなくても、必要に応じて、行政内部規則等により、特別権力服従者の権利を制限したり、義務を課すことができる。

②特別権力主体は特別に高められた権力主体として、権力服従者に対して包括的支配権を有する。特別権力関係内部においては、特別権力服従者は原則として基本的人権を主張しえないか、これに対する広範なコントロールを受忍しなくてはならない。

つまり、特別権力主体は当該特別権力関係の設定目的を達成するために必

要な範囲と程度において、各個の場合に具体的な法律の根拠なしに、権力服従者の基本的人権を制約することができる。

③特別権力関係内における措置・決定や処分などの権力行為は、たとえそれが重大な法的効果や権利侵害を伴うものであっても、特別権力関係内部規律行為として、原則として（特別権力関係からの排除処分である学生・生徒の退学処分や官吏の免職処分などは別として）、これに対しては裁判上の救済が及ばない。

2. 公法上の特別権力関係としての国と地方公共団体

すでに書いたように、旧法制下においては、地方公共団体は非権力的な事業団体として位置づけられ、権力主体たる国の特別な監督に服していたのであるが、その関係は、法的により正確には、先に述べたような意味での公法上の特別権力関係だと解されていた。

たとえば、美濃部達吉著『日本行政法』〈上巻〉には、「公法上の・特・別・権・力・関・係・の・重・な・る・実・例」として、「公法上の特別監督関係」が挙げられ、こう説かれている（136頁）。

> 「公法上の特別監督の関係は……一般統治の関係とは異なり、国家と特別の縁故ある関係に立ち国家の公益の目的を補助遂行する者に対し、国家が其の目的を誤らざらしむる為めに加ふる所の監督であって、これを一般統治関係に於ける監督と区別するために、特別の監督（besondere Überwachung）と称するのである。それは民法に比較すれば稍後見に類するもので、随って時としては後見的監督（Bevormundung）とも称せられる。
> 　特別監督関係の実例としては、第一に、国家と公共団体との関係を挙げねばならぬ。公共団体は国家的目的の為めに存する法人であるから、国家が恰も其の後見人の如き地位に立って、其の目的を助成する為めに特別の監督を加ふることは、其の性質上当然でなければならぬ」。

かくして、教育行政・学校教育法域に引きつけて言えば、「旧制度の下では、『国ノ教育』ということで（国や文部省と地方公共団体・学校の：筆者）すべてが繋がり、法令を要せず指揮監督も調査や報告の聴取も自由にできていた」の

であった[45]。

3. 公法上の特別権力関係としての教員の勤務関係
(1) 教員の法的地位と人事行政

　明治憲法下においては、市町村立学校教員は「国の機関たる地位」において、「国の教育事務の執行」に当たったのであるが、しかしその身分は狭義には国の官吏（判任官）ではなかった。

　そうかといって「市町村の吏員」でもなかったが、「市町村立小学校長及教員名称及待遇」(明治24年)により、「市町村立小学校長及訓導ハ判任官ノ待遇トス」と定められていた（待遇官吏・判任待遇官としての公立学校教員＝広義では官吏）。その理由は、こう説明されている。

　　　「待遇判任文官として任命するは、市町村立小学校職員は、地方費を以て俸給を支給せらるるものにして、我が国における官制上の原則として、国の機関たる地位に在りて、其の俸給を国庫より支給せらるる者を官吏とし、国庫以外より俸給を支給せらるる者を待遇官と為すに依るものに外ならざるなり」[46]。

　官吏の任命は明治憲法10条＝「天皇ハ行政各部ノ官制及文武官ノ俸給ヲ定メ及文武官ヲ任免ス」によって「天皇の任官大権」に属していたが、待遇官吏についても「実質上官吏なるを以て、其の任免は、天皇の大権に属するものなること疑なし」とされた[47]。

　したがって、市町村立学校教員の任免は、天皇の親裁または勅令によることが必要とされ、小学校令(明治33年・勅令) 44条＝「市立小学校長及教員ノ任用ハ市長又ハ市町村学校組合管理者ノ申請ニ依リ府県知事之ヲ行フ」――によって、その任免権は府県知事に委任されていた（国の機関たる府県知事に授権された国家事務）。

(2) 天皇の官吏たる教員の無定量な勤務・服従義務

　上述のように、明治憲法下においては、官吏制度に関する定めは天皇の大権に属し、官吏は直接間接すべて、天皇の任官大権にもとづいて任命される

「天皇の官吏」であった。

かくして、官吏(広義)たる市町村立学校教員には「官吏服務紀律」の適用があり、「凡ソ官吏ハ天皇陛下及天皇陛下ノ政府ニ対シ忠順勤勉ヲ主トシ法律命令ニ従ヒ各其職務ヲ尽ス」(1条)べきこととされた。

具体的には、教員は「地方長官の任命に依りて、国家に対し特別の服従関係」に立つものとされ[48]、上級の学校監督庁であり、教員の身分上・職務上の上司でもある府県知事をはじめ、郡視学、視学官、視学、さらには校長の権力的な指揮監督・包括的な支配権に服していた。

さらに「官吏ハ職務ノ内外ヲ問ハス廉恥ヲ重ンシ貪汚ノ所為アルヘカラス」(官吏服務紀律3条)とされていたから、教員は職務外においても、監督庁や職務上の上司の強いコントロールの下に置かれていた。

以上、詰まるところ、戦前法制下における市町村立学校教員の勤務関係が、特別に強められた「勤務権力(Dienstgewalt)」が働く、公法上の特別権力関係であることは自明視されていた、ということである。

4. 公法上の特別権力関係としての学校関係

既述した通り、旧法制下においては学校は「国の営造物」として位置づけられていたのであるが、そのことと係わって重要なのは、学校営造物利用関係(児童・生徒の在学関係)は、通説・判例上、「営造物権力としての学校権力(Schulgewalt als Anstaltsgewalt)」が働く公法上の特別権力関係だと解されていた、ということである。通説を美濃部達吉の所論に代表させよう。こう述べている。

> 「公の営造物に於いて其の提供する役務が単純な経済的の作用ではなく、教育感化等の倫理的性質を有するものである場合、例えば学校又は感化院に在っては、在学生又は在院生は教育感化の目的の為に必要な限度に於いて、学校又は感化院職員の包括的な命令又は懲戒に服する義務あるもので、即ち一種の特別権力関係が成立するのである(この権力をAnstaltsgewaltと称する)」[49]。

かくして、明治憲法下の通説・判例によれば、児童・生徒(親)の学校関係(学

校営造物の利用関係)は、以下のような法構造をとることとなった。

　児童・生徒は公立学校への入学でもって学校の権力領域に編入され、学校権力の包括的な支配権・命令権に服する。その関係は「特別に強化された権力関係」ないし「特別の服従関係」にほかならない(就学義務による特別権力関係の設定)。「被教育者たる身分を有するものは一般臣民として国権に服従するは勿論其以外に其身分による特別の服従関係を生ずるなり」[50]。

　学校は学校権力(Schulgewalt)——ここに言う学校権力は、児童・生徒に対する直接的学校権力と親その他の教育主体に対する間接的学校権力を含み、それは、学校の教育目的達成のための教育権力(Erziehungsgewalt)と、営造物の組織および利用関係の秩序づけのための営造物権力とを内容としていた——の一般的発動として営造物規則たる生徒規則・校則を定め、これにより、児童・生徒の基本的人権や自由を、各個の場合に法律の根拠なしに否定ないし制約できる。

　すなわち、「学校ハ公安ヲ害セズ教育上必要ト認メタル範囲ニ於テ、憲法法律ノ一般的規定ト異ナル規則ヲ設ケテ生徒ニ臨ムモ不可ナク……学校ニ於テ之ヲ強制スルモ、敢テ違法ニアラズ」[51]と解され、また「学校……の如き倫理的役務を目的とする営造物に在りては、其の目的とする事業の性質上、其の命令権の範囲は一層広大であって、直接に学業に関する事項の外に、居住の自由を制限し(たり)……服装の自由を制限して一定の制服を着用することを命じる等、一般の生活行動にまで命令権を及ぼし得る」[52]とされた。

　上記のような学校の人的紀律権は、懲戒権によって担保されており、「教育・感化等、倫理的の目的を有する営造物利用関係に於いては、営造物の作用として公法上の懲戒権がこれに伴ひ、其の規律に違反する者に対し、公法的性質の懲戒罰を課し得(た)」[53]。

　また学校権力に基づく措置や決定は、特別権力関係内部規律行為として、行政行為の性質を有さない非法律的措置とされ、「法律から自由な学校行政領域(gesetzesfreie Raum der Schulverwaltung)」ないし「行政内部関係としての学校在学関係」におけるものとして、行政訴訟の対象とはならなかった。それは、「(特別)権力関係に於いて服従者をして訴訟に依り其の命令を争うことを得

せしむることは、(特別)権力関係の秩序を紊る處が有るとする思想に基づいて居(た)」[54]のであった。

それに、そもそも、明治憲法下にあっては、行政裁判における概括的列記主義が採用され、行政訴訟事項は「租税及手数料ノ賦課ニ関スル事件」など5事項に限定されていたから、学校における教育上の措置・決定や懲戒処分については、たとえそれが「行政庁ノ違法処分ニ依ル権利ノ毀損」に該当する場合でも、裁判で争えない仕組みになっていたのである(「行政庁ノ違法処分ニ関スル行政裁判ノ件」明治23年、法律第106号)。

以上、要するに、明治憲法下における学校営造物利用関係は、「命令関係および特別権力関係としての学校関係」として[55]、法から自由な絶対的学校権力の一方的規律下に置かれていたのであり、生徒(親)はこれに対し何らの防御権も有さず、ほとんど無権利客体でしかなかった、と断じることができよう。学校教育領域においては、明治憲法下の基本権「法律ノ範囲内ニ於ケル臣民ノ権利」(第2章)さえも確認されていなかったのである。

「明治憲法下の特別権力関係理論は、当時の絶対主義天皇制下の実定法構造によく適応していた」[56]のであった。

第5節　学校経費に対する国と地方公共団体の負担関係

1. 義務教育における授業料の法制史

(1) 有償制から無償制へ

改めて書くまでもなく、わが国の公教育法制は明治5(1872)年の「学制」に始まるが、その「学制」は、下記のように書いて、学校経費については地方負担ないし受益者負担(授業料徴収制)の原則を宣明した(第89章「学費ノ事」)。

　　「教育ノ設ハ人々自ラ其身ヲ立ルノ基タルヲ以テ其費用ノ如キ悉ク政府ノ正租ニ仰クヘカラサル論ヲ待タス」。

この原則は、明治12(1879)年の教育令(いわゆる自由教育令)によっていったんは変更を受けたが(授業料の任意徴収制の導入)、明治19年の小学校令6条＝「父母後見人等ハ小学校ノ経費ニ充ツル為メ其児童ノ授業料ヲ支弁スヘキモノトス」によって復活し、さらに明治23年の第2次小学校令においても、

授業料の免除・猶予規定を伴いながらも――「一家ノ児童同時ニ数名就学スルトキハ授業料ヲ減スルコトヲ得」、「市長村長ハ児童ヲ保護スヘキ者貧窮ナル場合ニ於テハ授業料ノ全額若クハ一部ヲ免除スヘシ」(44条)――、基本的には維持された。「是れ当時は官公立学校の費用は、受益者(使用者)と学校を設置せる行政主体とに於て、負担するを適当なりとする政策を執りたるに由るもの」であった[57]。

しかしその後、明治26 (1893) 年の勅令第34号によって「学校基本財産等ノ収入アルトキハ、府県知事ノ許可ヲ受ケテ、尋常小学校ニ於テハ之ヲ(授業料・筆者)徴収セサルヲ得ル」とされるに至る[58]。つまり、財政力のある市町村にあっては、国の機関である府県知事の許可を留保して、授業料の徴収を停止することが可能とされた。

そして、このような教育政策の流れのなかで、明治33 (1900) 年の第3次小学校令は、授業料徴収制の原則を廃棄して、次のように謳うことになる。「市町村立尋常小学校ニ於テハ授業料ヲ徴収スルコトヲ得ス」(57条)。

公教育制度が敷かれて28年、ここにおいて、近代公教育の基幹的な制度原理の一つである「義務教育の無償制」(授業料の無償原則)が、わが国においても法制上に確立をみたのであった――参考までに、わが国の義務教育法制が範としたプロイセン・ドイツにおいて、義務教育の無償制が確立したのは、1848年の憲法22条によってである――[59]。それに至った理由について、明治33年の文部省訓令第10号は下記のように述べている。

　　「義務教育ノ性質ヲ考フルニ、尋常小学校ノ授業料ヲ徴収セサルヲ本体ト定ムルハ当然ノコトニ属スルヲ以テ、改正令ニ於テハ……尋常小学校ニ於テハ授業料ヲ徴収スルコトヲ得スト規定セラレタリ。蓋就学ノ督促ヲ為シ、義務教育ノ普及ヲ図ランカ為ニハ、授業料ヲ徴収セサルハ其ノ方法ノ一タラサルヲ得ス」[60]。

ちなみに、明治期における義務教育就学率を見ると、新学制の発足間もない明治8 (1875) 年においては35.1％(男＝50.49％、女＝18.58％)にすぎなかったが、20年代に急カーブを描いて上昇し(明治28年：男＝76.65％、女＝43.87％、男女平均＝61.24％)、明治38年には95.62％(男＝97.72％、女＝

93.34%）の高率を示すに至っている。

　なお、先に引いた明治33 (1900) 年の小学校令制定時におけるそれは81.48%（男＝90.55%、女＝71.73%）であった[61]。

(2) 村立小学校の授業料の法的性質と徴収権

　すでに書いたように、明治憲法下においては、「国の事務としての学校教育」という公教育法制上の基本原則とかかわって、市町村小学校は「国の営造物」として位置づけられていた。そこで「市町村立小学校の授業料は国の営造物の使用料として強制的に徴収される公法上の報償金」[62]、すなわち、明治憲法62条2項にいう「報償に属する行政上の手数料及其の他の収納金」に該当した。

　そしてこの場合、租税の徴収については「法律主義の原則」が存したが（明治憲法62条1項＝「新ニ租税ヲ課シ及税率ヲ変更スルハ法律ヲ以テ之ヲ定ムヘシ」）、授業料の場合は、先に見たように、勅令または勅令にもとづく行政命令によって規定された。

　既述したように、市町村立小学校は国の営造物であり、営造物主体は国家であるから、授業料の徴収権も当然に国家に属した。ただ、市町村（学校組合）には小学校の設置・費用負担義務が課せられていたから（後述）、小学校令施行規則174条により、授業料の徴収権は市町村（学校組合）に委任されていた（行政権の転付）。「然れば市町村立小学校の授業料徴収権は、其の設置主体たる市町村及其の学校組合に於て、固有する権能にあらずして、委任に依りて属せしめられたる権限たるなり」[63]。

　また市町村立小学校の授業料収入も、上記と同じ理由から、国家ではなく、市町村（学校組合）に帰属するものとされた。この点を確認的に明記して、明治33年の小学校令にはこうある。

　　「市町村立小学校ノ授業料ハ市町村、町村学校組合若ハ其ノ学区又ハ
　　市町村学校組合ノ収入トス」(58条)。

　なお付言すれば、私立小学校の授業料は、学則に規定して監督官庁である地方長官（北海道庁長官・府県知事）の認可を受け、その変更は学則の変更とし

て、同じく地方長官の認可を受けなくてはならないとされていた（私立学校令施行規則1条）。

また私立小学校の授業料の法的性質については「私法上の関係に於て、学校を使用し、之に対する反対給付として授業料を支払ふものとし、民法上の双務契約に依るものと見るべきもの」と解された[64]。

2. 市町村の学校設置・費用負担義務

先に垣間見たとおり、明治5（1872）年の「学制」は学校経費について地方負担ないし受益者負担の原則に立っていたが、明治19年の教育令に至ってもなお小学校の経費は授業料（6条）、「寄付金及其他ノ収入」（7条）でまかなうことを本則とし、これらによって「小学校ノ経費ヲ弁シ能ハサル場合ニ於テハ……区町村費ヨリ其不足ヲ補フコトヲ得」（8条）とされていた。

教育法制史上、わが国において、市町村の小学校設置・費用負担義務が確立したのは、明治23年の小学校令においてである。

すなわち、同令はまず「小学校の設置」（第4章）と題して、「各市町村ニ於テ其市町村内ノ学齢児童ヲ就学セシムルニ足ルヘキ尋常小学校ヲ設置ス」（25条）と書いて、市町村の尋常小学校設置義務を法定した。これは、国家に独占的に帰属する学校設置権を市町村に「強制委任」[65]したものであった。そしてこれを承けて同令は、「市町村立小学校ノ設置ニ関ル市町村及町村学校組合並区ノ負担ノ概目」として、「校舎校地、校具……ノ供給及支持」、「小学校教員ノ俸給旅費等」および「小学校ニ関スル諸費」（43条）を挙げたのであった。

以後、上記の原則は戦前法制を通し一貫して継受されることになるのであるが（明治33年の小学校令6条など）、その理由ないし根拠について、昭和12（1937）年に著わされた教育行政法規の概説書は、以下のように書いている。

「学校教育は本来国家の事業であっても是が設置を市町村に委任し、其の経費を以て経営せしめるときは、市町村民は関心を昂め、我が学校として之を愛護するのみならず、市町村の実情に即する施設を為すべく、又校長教員は市町村に融合して市町村民たるの自覚を昂め、……市

町村に於ける教化の中枢となって小学校教育有終の美を済すに至るであろう」[66]。

これを要するに、公立学校は「国の営造物であり、其の教育は国の行ふ事業で、其の教員其の他の職員は国の官吏たるものであるが、唯其の経済的負担は地方団体に属し、経済上には地方団体が其の主体たるもの」[67]、一言で言えば、「国家ガ公共団体ノ設立シタル施設ニ依リ教育ヲ行フ」[68]という仕組みであった。

3. 学校経費に対する国庫補助・負担制度
(1) 国庫補助の始まり

上述のように、「学制」は教育費の地方負担・受益者負担の原則に立っていたが、「教育ヲシテ普及ナラシメンカ為メ」(第99章) に、府県を通しての学区への補助金である、小学扶助委託金 (明治9年に小学扶助金、10年に小学補助金と改称) という制度を備えていた。

ただ、それはあくまでも「民力ノ及ハサル所ヲ助クルヲ以テ目的」(第100章) としたもので、したがって、「国庫の乏しい当時それは公学費総額の10%内外を占めるに過ぎなかった」[69]。そしてその後の国家財政の窮迫のなかで、明治14年、この制度は全廃された。

わが国において、公立学校教育費に対する単独法による制度上の国庫補助は、明治27 (1894) 年の実業教育費国庫補助法をもって嚆矢とするが、義務教育の領域において国庫補助が法制化されたのは、明治29年の市町村立小学校教員年功加俸国庫補助法によってである――旧法制下においては「教育立法の勅令主義」の慣行が成立していたが、教育財政に関しては、明治憲法64条＝「国家ノ歳出歳入ハ毎年予算ヲ以テ帝国議会ノ協賛ヲ経ヘシ」の要請するところにより、法律でもって規定された――、市町村の小学校設置・費用負担義務が確立してから、6年後のことであった。

ちなみに、この法律の立法趣旨は、「小学校教員ノ位置ヲ固クシテ、是等ノ教員ヲシテ長ク同一学校ニ在ラシメン」(衆議院における西園寺公望文相の提案理由から) ことにあったとされる[70]。

ただ、同法においては、その名称が示すとおり、国庫補助の対象は小学校教員の年功加俸だけに限定されていた。

3年後の明治32（1899）年には「小学校教育費ヲ補助セムカ為ニ国庫ヨリ毎年補助金ヲ市町村ニ交付ス」(1条) と書いて、市町村立小学校教育費一般を補助対象とした小学校教育費国庫補助法が成立したが、施行されるには至らなかった。そして翌明治33年に制定をみた市町村立小学校教育費国庫補助法においても、補助の対象は「市町村立小学校教員ノ年功加俸及市町村立尋常小学校教員ノ特別加俸」(2条) に限定されたままであった。

このような法制状況下にあって、一方においてはとくに明治20年代以降、義務教育制度はいっそうの拡充を見るに至り、それに伴って、町村の歳出に占める教育費の割合は増加の一途を辿った。「或ル町村ニ付テ見マスルト、其町村費ノ七割以上ガ町村ノ教育費ニナッテ居ルト云フヤウナ次第デゴザイマス、……最早村町ニ於テハ余力ガゴザイマセヌ」というような状況にあった[71]。

こうして、各方面から、義務教育費に対する国庫補助の拡充が強く求められることになる。

(2) 国庫補助法から国庫負担法へ

大正6（1917）年に設置された臨時教育会議は、政府の「小学校教育ニ関シ改善ヲ要スベキ点如何」との諮問に対して、次のように答申した。「小学校教育ニ関シテ改善ヲ施スヘキモノ一ニシテ足ラズ、……就中左記ノ事項ハ政府ニ於テ至急実施セラルルノ必要アリト認ム、

　一、市町村立小学校教員俸給ハ、国庫及市町村ノ連帯支弁トシ、国庫支出　　額ハ右教員俸給額ノ半額ニ達セシメンコトヲ期スヘシ」[72]。

この答申を受けて制定されたのが、大正7（1918）年の市町村義務教育費国庫負担法であるが、その第1条は、答申内容よりはやや後退しているとはいえ、こう書いたのであった。

　　　「市町村立尋常小学校ノ正教員及准教員ノ俸給ニ要スル費用ノ一部ハ　　国庫之ヲ負担ス」。

この法律は「国庫負担法」と銘打ち、また上記のように「国庫之ヲ負担ス」と規定しているところからも知られるように、「義務教育費を国が『補助』するのではなく、国と市町村との義務教育費の分担関係を制度的に確立した点において、我が国義務教育財政史上画期的な意義を持つ法律であった」[73]。ちなみに、本法の制定趣旨について、大正7年の文部省訓令第3号は次のように説明している。

「今回市町村義務教育費国庫負担法ヲ制定シ、国費ヲ以テ義務教育費ノ一部ヲ支弁スルノ、制度ヲ確立セラレタリ。惟フニ近時我国義務教育ノ進歩ニ伴ヒ、市町村ハ経費著シク増加シ、之ガ軽減緩和ノ途ヲ講ズルノ要アリ。而モ又将来益々義務教育ノ改善ヲ図リ、其ノ振興ヲ促シ以テ国家ノ根底ヲ固ニシ、国力ヲ充実シ国運ヲ伸張セシムルノ方策ヲ樹立スルハ、洵ニ一日ヲ緩ウスベカラザルノ急務タリ。是レ本法ノ制定ヲ見ルニ至レル所以ナリ」[74]。

上述のような義務教育費に対する国庫負担法制は、昭和15（1940）年の義務教育費国庫負担法と市町村立小学校教員俸給及旅費ノ負担ニ関スル件（勅令）によって更に整備拡充されることになる。

すなわち、後者によって市町村立小学校教員の俸給は、従来の市町村負担から道府県の負担へと改められ、そして前者によって「市町村立尋常小学校ノ教員（代用教員ヲ含ム）ノ俸給ノ為北海道地方費及府県ニ於テ要スル経費ノ半額ハ国庫之ヲ負担ス」（1条）とされるに至ったのである。

ここにおいて、義務教育費に対する国庫負担は従前の定額方式から定率方式へ（市町村立小学校教員の俸給の国庫による一部負担から半額負担へ）と改革されたのであった。

〈注〉

1 以上、参照：俵静夫『地方自治法』有斐閣、1973年、15-19頁。
2 原田尚彦『〈新版〉地方自治の法としくみ』学陽書房、2005年、14頁。
3 美濃部達吉『日本行政法』〈上巻〉有斐閣、1936年、462頁。
4 美濃部達吉、前出、462頁、633頁など。
5 美濃部達吉『憲法撮要』有斐閣、1932年、178頁、傍点は筆者・以下同じ。

6　美濃部達吉『行政法撮要』〈下巻〉有斐閣、1932年、492-493頁。
7　佐々木惣一『日本国憲法要論』金刺芳流堂、1931年、249頁。
8　織田萬『教育行政及行政法』富山房、1916年、105-106頁。
9　美濃部達吉『憲法撮要』178頁。
10　佐々木惣一、前出、249頁。同旨、織田萬、前出、106頁。
11　船越源一『小学校教育行政法規精義』東洋図書、1935年、37頁より引用。
12　美濃部達吉『日本行政法』〈下巻〉有斐閣、1936年、758頁。
13　船越源一、前出、47頁。
14　松浦鎮次郎『教育行政法』東京出版、1912年、416頁。
15　美濃部達吉『日本行政法』〈下巻〉、759頁。
16　O. Meyer, *Deutsches Verwaltungsrecht,* 3 Aufl. 1924, S.268.
17　W. Landé, *Die staatsrechtlichen Grundlagen des deutschen Unterrichtswesens,* In: *Handbuch des Deutschen Staatsrechts,* 1932, S.701.
18　参照：神田・寺崎・平原編『史料教育法』学陽書房、1973年、120-125頁。
19　山崎犀二『日本教育行政法』目黒書店、1937年、10頁。
20　美濃部達吉『行政法撮要』〈下巻〉495頁。
21　美濃部達吉『行政法撮要』〈下巻〉500頁。
22　大山幸太郎『日本教育行政法論』目黒書店、1912年、32頁。
23　山崎犀二・朝比奈策太郎『文部行政』政治教育協会、出版年不詳、4頁。
24　文政研究会編『国民学校と家庭』大日本出版、1941年、3頁。
25　同前、220-221頁。
26　山崎犀二・朝比奈策太郎、前出、601頁。
27　阿部・城戸・佐々木・篠原編『教育学辞典』〈第1巻〉岩波書店、1936年、402頁。
28　宮沢俊義著・芦部信喜補訂『全訂日本国憲法』日本評論社、1987年、275頁。
29　山崎犀二、前出、104頁。
30　禱　苗代『日本教育行政法述義』清水書店、1906年、287頁。
31　松本順吉『教育行政法要義』明倫館、1900年、123頁。
32　大山幸太郎、前出、716頁。
33　禱　苗代、前出、295頁。
34　美濃部達吉『日本行政法』〈下巻〉、有斐閣、1936年、526頁。
35　大山幸太郎、前出、714頁、722頁。
36　織田萬『教育行政及行政法』1916年、171頁。
37　下中弥三郎教育論集『萬人労働の教育』平凡社、1974年、170-171頁、178頁。
38　禱　苗代、前出、287-288頁。
39　船越源一『小学校教育行政法規精義』東洋図書、1935年、440頁。
40　船越源一、同前。
41　穂積重遠『親族法』岩波書店、1934年、562頁。
42　美濃部達吉『日本行政法』〈上巻〉有斐閣、1936年、132頁。
43　詳しくは参照：室井力『特別権力関係論』勁草書房、1968年、239頁以下。

44　E. Forsthoff, *Lehrbuch des Verwaltungsrechts*, 9 Aufl. 1966, S.123-124.
45　木田宏「指導行政の構造と理念」日本教育行政学会編『日本教育行政学会年報』第5号、教育開発研究所、1979年、18頁。
46　船越源一『小学校教育行政法規精義』東洋図書、1935年、722頁。
47　船越源一、前出、742頁。
48　船越源一、前出、721頁。
49　美濃部達吉、同前書、135頁。
50　禱　苗代『日本教育行政法述義』清水書店、1906年、43頁。
51　大山幸太郎『日本教育行政法論』目黒書店、1912年、752頁。
52　美濃部達吉『日本行政法』〈下巻〉有斐閣、1904年、644-645頁。
53　美濃部達吉、同前書、646頁。
54　美濃部達吉『日本行政法』〈上巻〉139頁。
55　H. Heckel/P. Seipp, *Schulrechtskunde*, 4 Aufl, 1969, S.364.
56　室井力『特別権力関係論』前出、340頁。
57　船越源一『小学校教育行政法規精義』東洋図書、1935年、543頁。
58　船越源一、同前書、545頁より引用。
59　L. Clausnitzer, *Geschichte des Preußischen Unterrichtsgesetzes*, 1891 S. 162.
60　船越源一、前出書、545頁より引用・傍点および句読点は筆者、以下同じ。
61　以上、文部省『学制90年史』大蔵省印刷局、1964年、594頁。
62　山崎犀二『日本教育行政法』目黒書店、1937年、192頁。
63　船越源一、前出書、542頁。
64　船越源一、前出書、569頁。
65　船越源一、前出書、44頁。
66　山崎犀二、前出書、30頁。
67　美濃部達吉『日本行政法』〈下巻〉有斐閣、1936年、759頁。
68　美濃部達吉『行政法撮要』〈下巻〉有斐閣、1932年、494頁。
69　文部省『学制120年史』ぎょうせい、1992年、57頁。
70　神田・寺崎・平原編『史料教育法』学陽書房、1973年、244頁。
71　貴族院における岡田文相の市町村義務教育費国庫負担法の提案理由から・大正七年：神田・寺崎・平原編、前出書、274頁。
72　船越源一、前出書、582頁より引用。
73　文部省『学制120年史』、前出、96頁。
74　船越源一、前出書、584頁より引用。

第2章　日本国憲法と教育の地方自治

第1節　日本国憲法と地方自治

1. 日本国憲法による地方自治権の保障

　明治憲法には「地方自治」に関する条項はなく、そこで地方制度の有りようは法律によって自在に決することができたのであるが〈法律の創造物としての地方自治〉、日本国憲法はとくに第8章に「地方自治」と題して独立の章を設け、地方自治を国家組織の不可欠の構成要素として憲法上厚く保障している。この条章は、GHQ のマッカーサー草案に由来するもので、憲法制定に当たって、日本側が発表した各種の憲法草案には地方自治条項は見られなかった[1]。

　ちなみに、ここで明治憲法と日本国憲法の章立て構成を比較すると、前者は7章構成であったのに対して、後者は11章となっている。日本国憲法は明治憲法の各章それぞれに対応する章にくわえて、新たに第2章「戦争の放棄」、第8章「地方自治」、第9章「改正」、それに第10章「最高法規」の4章を創設したのであるが、「地方自治の原理」が主権在民や平和主義と並ぶ、新しい憲法上の原理として登場したという歴史的事実は重要である[2]。

　日本国憲法が地方自治を憲法上の原理として保障し、確立した意義はどこにあるのか。

　第1に、明治憲法下における著しく中央集権的な官治行政〈中央政府・官僚機構による地方支配・他律的住民支配〉を法制度原理的に廃棄し、地方行政を各自治体ないし地域住民の自律と連帯にもとづく自己決定に委ねるという〈地域住民の自己決定権としての地方自治〉、地方分権を法制度上確立し

たことである。これにより、住民の意向や要望に即し、地域の実情にあった行政を展開することが可能となった。

　第2に、地方自治は住民の基本的人権保障にとって不可欠であるということが挙げられる。地方自治は本来、「民主主義の原理を基礎として、中央集権化傾向によって生じる現代国家の危険性をいわば制御し、もって国民の基本的権利を保護せんとするもの」[3]なのである〈住民の基本的人権を擁護する担い手としての地方自治〉。

　第3に、地方自治は「民主政治の基礎であり、社会を民主化する母なる土壌である」[4]ということが指摘できる。住民が自己の責任と判断で地域の課題を自主的に解決していく訓練に努めれば〈自律的人間型〉、社会全体の民主化にも連なるからである。J. ブライスがその著「近代民主政治」(1921年)のなかで、「地方自治は民主政治の最良の学校であり、その成功の最良の保証人である」と説いている所以である。

　以上、詰まるところ、地方自治は立憲民主制を維持し、それを強化・拡充していくうえで不可欠な憲法上の基幹原理の一つに属するということである。

2. 地方自治権の根拠・法的性質

　ところで、日本国憲法が保障する地方自治権はいかなる理論的根拠にもとづき、どのような法的性質のものなのか。

　これについては、学説・判例上、従来、下記のような三様の見解が見られている。その如何によって、言うところの地方自治権ないし「地方自治の本旨」(後述)の規範内容は大きく異なることになる。

(1) 固有権説

　この説は、地方公共団体の自治権は、国家から賦与されたものではなく、地方公共団体が本来有している自然法上の権利＝前国家的な権利であると解する。その起源は中世ヨーロッパにおける都市の自治権に求められ、フランス革命期の「地方権 (pouvoir municipal)」の理論によって理論的に根拠づけられ、

その後、1831年のベルギー憲法や1849年のドイツ・フランクフルト憲法において憲法上に具体化を見たものである。

ちなみに、1848年のドイツ3月革命の所産として制定されたいわゆるフランクフルト憲法は、「ドイツ国民の基本権 (Die Grundrechte des Deutschen Volkes)」の章において、次のように明記している[5]。

　「各市町村は、その組織上の基本権 (Grundrechte ihrer Verfassung) として、次の諸権利を有する。
　　a) その首長および代表者を選出すること
　　b) 国の法律的に整序された上級監督の下に、地方警察を含む市町村事務を独立して管理 (selbständige Verwaltung) すること……」(184条)。

わが国においても、日本国憲法は自然法思想を基礎としているという理解の下に、一時期、このような自然法的固有権説が唱えられたことはある。

しかし今日の固有権説（新固有権説）は憲法が保障する基本的人権と国民主権の原理を根拠に「団体基本権としての地方自治権」を構築している。すなわち、基本的人権保障から、自然人の場合と同じく、地方公共団体の「自己決定権としての地方自治権」が導出され、また日本国憲法は言うところの国民主権原理の第1次的な実現主体として、国ではなく、地方公共団体を措定している、との解釈による[6]。

(2) 国家統治権伝来説

この説は、基本的には、明治憲法下の地方公共団体の法的根拠＝国家伝来説に近似するもので、地方公共団体は国家統治組織の一環をなしており〈国家権力の単一・不可分性の理論〉、したがって、その権能も地方公共団体に固有なものではなく、国家権力の一部が国家によって地方公共団体に分与されたものであると説く。

この点、戦後の憲法学をリードした2冊の憲法コンメンタールも、下記のように記している。

　「地方公共団体（は）……国家法秩序の上で固有の自治権をもった独立の法人格であるとはいえない。その法人格や自治権は、国家の創造と委

託に俟つべきものであり、国家から伝来したものとみるほかない」[7]。

「地方公共団体は、国から完全に独立な存在ではあり得ず、国の権力から独立な固有権というようなものをもつわけでもなく、その存立の根拠は、もっぱら国の権力にある」[8]。

(3) 制度的保障説

この説によれば、地方自治は憲法によって、「憲法上の制度」として保障されているもので、憲法以前の自然権＝前国家的な権利でもなければ、国家権力の一部が法令により分与されたものでもない。しかし、それ自体が憲法上の制度であるから、地方自治制度の具体的内容は法律で定めることができるが、法律によって「地方自治の本質的内容ないし核心領域 (Kernbereich der kommunalen Selbstverwaltung)」に介入し、これを制約したり、否定することは違憲となり、許されないとされる。

この「制度的保障 (institutionelle Garantie) の理論」は、ワイマール憲法下、ドイツの憲法学者C・シュミットによって創造されたものであるが、ボン基本法施行後においても基本的に継受され、今日、ドイツにおいては学説・判例上に確立を見ている公法理論である[9]。わが国の憲法学の通説もこの立場に立つ。

すなわち、「地方自治の保障は地方公共団体の自然権的・固有権的基本権を保障したものではなく、地方自治という歴史的・伝統的・理念的な公法上の制度を保障したもの」である。かくして「地方自治の本旨」は、「法律的規範概念としては、国の法律をもってしても侵すことのできない地方自治制度の本質的内容ないし核心部分を意味する」ということになるとされる[10]。

3. 憲法上の統治権としての地方自治権
——住民主権にもとづく地域統治権の憲法による保障

憲法第8章「地方自治」ないし地方自治権の根拠・法的性質をめぐっては、従来、主要には、上述したような見解が見られているのであるが、この問題で決定的に重要なのは、「地方自治」の憲法上の保障との関係において、憲

法の組織原理である「国民主権の原理」ないし「国民による信託」(憲法前文)の意義・内容をどのように捉えるかということであろう。

改めて書くまでもなく、憲法第8章の地方自治、より具体的には憲法94条が保障する地方自治権は、憲法制定権力から派生し、「国民主権」に根ざしているものであるが、国家公権力・統治権を基礎づけ正当化する「主権」(Hoheit) に視座を置いて捉えると、言うところの地方自治権（地域統治権）は国民主権と並存する「住民主権」に由来し、それに根拠をもつと解される。

敷衍すると、「国民主権の原理」から国家統治権＝国民総体の統治権の根拠とその正当性が導出されるのと同じく〈国家の主権・国の全国統治権〉、これと並存する憲法上の組織原理たる「住民主権の原理」から各自治体の「地域統治権」＝住民の統治権〈国家における自治体の主権〉が導かれ、ジャスティファイされるということである〈憲法構造の分節的構成〉。「国家統治権の主体としての国民」、「地域統治権の主体としての住民」という位置規定が重要である〈国民主権の分節化としての住民主権・分節主権〉[11]。

つまり、憲法前文に言う「信託」は、国レベルだけではなく、自治体レベルのそれも当然に予定しているということであり〈国と自治体の双方に対する複数信託・統治権力の多元・重層化〉[12]、かくして、「国民主権憲法が直接に地方自治を保障した趣旨目的として、国家統治に対して相対的ながら独立した各自治体の地方自治が並立的に存在することが憲法上予定されている」[13]と見られる。

地方自治権は、国家統治権伝来説が説くように、国家の統治権に由来し、その一部が地方公共団体に分与されたものではない。またいわゆる「制度的保障の理論」が説くような単に「憲法上の制度としての地方自治」に止まらないのである。

とすれば、旧法制下以来の国家伝来的な「行政団体としての地方団体」というニュアンスを残す「地方公共団体」なる法制用語は廃棄し、これに代えて、憲法上の地域統治権の主体＝地方自治の総合的な責任主体にふさわしく「自治体」という用語をこそ使用すべきであろう〈地方公共団体から自治体へ〉[14]。

なお、以上のコンテクストにおいて、憲法65条「行政権は、内閣に属する」

の解釈について、1996年12月、内閣法制局長官が従来の解釈見解を転換し、そこに言う「行政権」は自治体を「除いた」国レベルのみに限定される、との政府見解を示したことは殊更に重要である[15]。憲法94条が保障する「地方公共団体の行政を執行する権能」(自治行政権)は、憲法65条にもとづく国・内閣の「行政権」とは、憲法上別立てで保障されているということを政府が公式に承認したのである〈自治体行政権の国・内閣行政権・中央各省・官僚組織からの自立〉[16]。

なおこの場合、憲法94条にもとづく地方自治権の内容如何が重要となるが、ここではさしあたり、「地方自治の本旨」(憲法92条)の趣旨・解釈ともかかわって(後述)、自治立法権(条例制定権)と自治行政権(課税権・財政自治権を含む)がその基幹をなしている、ということだけを指摘するに止めたい。

4.「地方自治の本旨」とは何か

憲法92条は、地方自治の基本原則として、「地方公共団体の組織及び運営に関する事項は、地方自治の本旨に基づいて、法律でこれを定める」と規定している。

すなわち、自治体の組織や運営など地方自治に関することは「法律」で定めることを要し、しかもその法律の規定は「地方自治の本旨」に基づかなければならない、とするものである。

そこで言うところの「地方自治の本旨 (principle of local autonomy)」とはいかなる憲法原理であるかが理論的にも、現実的にも重要となるが、従来それは、憲法講学上、「住民自治」と「団体自治」の二つの要素から成るとされてきている。そしてここで「住民自治」とは「地域の住民が地域的な行政需要を自己の意思に基づき自己の責任において充足すること」〈内部的自治の原理〉を言い、また「団体自治」とは「国から独立した団体を設け、この団体が自己の事務を自己の機関により自己の責任において処理すること」〈対外的自治の原理〉と説かれる[17]。住民自治の思想は民主主義の理念にもとづくものであり、つとに主としてイギリスにおいて発達し、団体自治の思想は自由主義的・地方分権的理念の表明で、主としてドイツにおいて発達したものである。

言うところの「団体自治」と「住民自治」は言うなれば手段と目的という関係に立つ。地方自治の目指すところは、究極的には、住民の基本的人権を確保し、住民の自己決定権の拡充を図り、もって民主主義を現実化し活性化すること、すなわち、住民自治の確立と拡充に求められるのであり、そのためにはそれを制度的に担保し、実現するための手段として、団体自治の確立と拡充が必須かつ不可欠の条件をなしているからである。

　敷衍して書くと、「地方分権はまずは『団体自治』の憲法原理にかかわり、自治体の国に対する自治権の大幅な保障を意味する。しかしその増加した地方自治権は、各自治体にあって『住民自治』的にはたらかされ住民自治の拡充をもたらすのでなくてはならない」〈官官分権から住民分権へ〉ということである[18]。

　この点、「地方自治の本旨」とは、直截に「住民自治を基礎とし団体自治の保障のもとで、民主主義の原則にのっとり、地方住民の権利・利益を擁護すること」と概念規定される所以である[19]。

　さて「地方自治の本旨」というこの憲法原理は、有力な学説が指摘しているように、「自治権を不当な侵害から防衛する"法規概念"であると同時に、地方制度の形成とその運用に目標をあたえ、これを誘導する"指標概念"でもある」と解されるが[20]、それではこの概念は「団体自治」および「住民自治」について具体的にどのような法原則ないし法理を指定しているのか。

　この問題は、結局のところ、憲法の理念と全体構造を踏まえ、とりわけ基本的人権保障と国民主権ないし住民主権の視角から決せられることになるが、このようなアプローチからはさしあたり、以下のような地方自治法制に係わる憲法上の原則ないし法理が導出されることになると解される。

(1) 補完性の原理・近接性の原理

　かねて有力な憲法学説が唱導してきたところであるが、「地方自治の本旨」に含まれる「団体自治の原理」は、国と自治体との役割分担において、「市町村最優先・都道府県優先の原則」を含意していると解される。「市町村で適当に処理できないものだけが都道府県の事務となり、都道府県でも適当に処理

できない全国家的・全国民的な事務だけが中央政府の事務になる」[21]という原則である。

　表現を代えると、言うところの「地方自治の本旨」はその憲法規範的内容として、国→都道府県→市町村という下降・統治型〈国家主権型＝官治・集権型〉の政治・行政システムではなく、住民主権・住民自治を起点に、市町村（基礎自治体）→都道府県（広域自治体）→国という上昇・補完型〈国民・住民主権型＝自治・分権型〉のそれを要請していると見られるということである[22]。

　ちなみに、この点、国連系の世界地方自治憲章案が「行政の責務は一般的に市民にいちばん近い行政主体によって行なわれるべきである、ということを意味する補完及び近接の原理に基づき」（4条）と謳い、また2000年分権改革によってもたらされた新地方自治法も下記のように書いて、この原則をいちおう確認するに至っているところである。「国は……国家としての存立にかかわる事務、……その他の国が本来果たすべき役割を重点的に担い、住民に身近な行政はできる限り地方公共団体にゆだねることを基本と……しなければならない」（第1条の2、2項）。

(2) 直接性の原理
―― 「強化された民主主義」＝自治体における行政直接民主主義の原理

　憲法93条2項が「首長公選制」を明記し、また憲法95条が地方自治特別法の制定について「住民投票制」を採用しているところから端的に知られるように、憲法は自治体レベルにおいては国レベルにおけるよりも「強化された民主主義（Die verstärkte Demokratie）」を保障しており、そこで「地方自治の本旨」には、国政における議会制間接民主主義（parliamentary indirect democracy）とは法的に異質な、住民参加の直接民主主義（direct democracy）の原理＝自治体における行政直接民主主義の原理が含まれていると解される[23]。

　ちなみに、地方自治法が住民の直接請求制度（条例の制定・改廃、議会の解散、首長・議員の解職など6種）、監査請求制度、住民訴訟（納税者訴訟）などを地方自治に固有な制度として設けているのも、その制度的表明の一端にほかならないと見られよう。「地方自治の本旨」とは「地方住民の利益を、民主主義の

原則にもとづき、より直接的な方法でまもること」と端的に把捉される所以である[24]。

このように「地方自治の本旨」を構成する「団体自治」と「住民自治」については、その基本原理として、それぞれ「補完・近接性の原理」と「直接性の原理」が措定されていると見られるのであるが、この点と係わって、新地方自治法が下記のように明記したことは格別に重要だと言えよう。

すなわち、自治体に関する法令の規定は「地方自治の本旨に基づ（か）……なければなら（ず）」(2条11号)、また「地方自治の本旨に基づいて、これを解決し、及び運用するようにしなければならない」(同条12号)との条項がそれである。地方自治法制上の「立法原則」ならびに「解釈・運用原則」としての「地方自治の本旨」という定位である。自治体に関する立法やその解釈・運用に当たっては、上述したような原則を踏まえることが憲法上要請されているわけである。

それではどのような法律の定めや解釈・運用が「地方自治の本旨」に反して違憲となるのかであるが、これについて一般的な基準を定立することは困難である。一方では憲法上の地域統治権としての地方自治権という基本的性格や住民の基本的人権保障要請を考慮し、他方で当該法律や解釈・運用が必須かつ不可欠であるかを、各個のケースに即して個別・具体的に検討することによって決するほかはない[25]。

第2節 「教育の地方自治」の憲法による保障

1. 憲法上の原則としての「教育行政における地方自治」

先に書いたように、1947（昭和22）年に施行された日本国憲法は「地方自治」を国家組織の不可欠の構成要素として保障し、そしてそれは既述したような規範内容を有していると見られるのであるが、もとよりこの憲法上の基本原理は教育行政の有りようを強く規律することとなる。

すなわち、日本国憲法は教育行政の在り方について、「地方自治」の保障要請から、以下のような法原理ないし原則を措定していると見られる。

①日本国憲法下における教育行政は、組織・権限関係上も、また機能的にも、

戦前のような中央集権的・官僚主義的な画一行政〈官治・集権型教育行政〉を排し、国民（住民）の基本的人権ないし教育基本権の保障を旨として、「地方分権の原理」にもとづいて民主的に構築され、運用されなければならない〈自治・分権型教育行政〉。

かくして、地方教育行政は原則として各自治体住民の自己決定権に委ねられなくてはならない。

②各自治体の有する教育行政権（憲法94条）は、国家の統治権ないし国の教育行政権（憲法65条）から伝来し、その一部が自治体に分与されたものではない。それは、憲法上、国民主権と並存する「住民主権」によって基礎づけられている「自治体の地域統治権」にその根拠を有し、その一環をなしているものである。

つまり、各自治体の教育行政権は、文字通り「自治行政権」として、国の教育行政権と並存し、憲法上、それとは別立てで保障されているものである〈自治体の教育行政権の国の教育行政権からの自立＝教育行政権の多元・重層化〉。

③憲法92条に言う「地方自治の本旨」の規範内容として、教育行政の領域においても当然に「住民自治」と「団体自治」という憲法上の原則が指定されている。この「教育行政における住民自治・団体自治の原則」は、上記②のコンテクストに位置するもので、教育における住民主権とそれに由来する自治体の教育統治権＝住民総体の教育権能にその根拠を有している。

④上述の「教育行政における住民自治・団体自治」については、憲法上の原則として、いわゆる「補完性の原則ないし近接性の原則 (principle of subsidiarity or proximity)」および「直接性の原則」が原理的に妥当している。

つまり、教育行政における第1次的な責任主体は市町村なのであり、そこで国→都道府県→市町村という下降・統治型〈国家主権型＝官治・集権型〉の教育行政システムではなく、教育における住民主権・住民自治を起点に、市町村→都道府県→国という上昇・補完型〈住民主権型＝自治・分権型〉の教育行政システムを構築し、運用することが憲法上要請されている〈教育行政における市町村最優先・都道府県優先の原則〉。

また教育行政への住民参加の制度化や住民意思の直接的反映など、教育行政領域において直接民主主義を活性化し制度的に現実化することも憲法の要請するところである〈憲法上の要請としての住民の教育行政参加・住民の教育意思の制度的現実化〉。

2. 教育目的達成のための組織原理としての「教育の地方自治」

　このように憲法が保障する「地方自治」の原理から既述したような「教育の地方自治」とこれに関する憲法上の基本原則が導かれるのであるが、ここで重要なのは、言うところの「教育の地方自治」は個人の尊重（憲法13条）・人格の完成（教育基本法1条）・民主的な国家および社会の形成（同前）・自主および自律の精神の養成（同法2条）といった教育の目的や目標〈自律への教育（Erziehung zur Selbständigkeit）・民主主義への教育（Erziehung zur Demokratie）〉と密接不可分の関係にあり、それを達成するために必須かつ不可欠なものとして「教育条理」上要請される、すぐれて教育法的な組織原理であるということである。1948（昭和23）年6月、衆議院文教委員会において行われた教育委員会法の提案理由がいみじくも述べているように、「個人の尊厳を重んじ、真理と平和を希求する人間の育成を期する」という「教育の目的を達成するために、行政が民主主義一般の原理の下に立つ在り方としては、権限の地方分権を行い、その行政は公正な民意に即するものとし、同時に制度的にも、機能的にも、教育の自主性を確保するものでなければならない」からである[26]。

　ちなみに、この点について、北海道永山中学校「学力テスト」事件に関する最高裁判決（昭和51年5月21日）も下記のように判じている[27]。

　　「現行法制上、……教育に関する地方自治の原則が採用されているが、これは、戦前におけるような国の強い統制の下における全国的な画一的教育を排して、それぞれの地方の住民に直結した形で、各地方の実情に適応した教育を行わせるのが教育の目的及び本質に適合するとの観念に基づくものであって、このような地方自治の原則が現行教育法制における重要な基本原理の一つをなすものであることは、疑いをいれない」。

第3節　戦後改革立法による「教育の地方自治」の制度化

　既述したような「教育の地方自治」の憲法上の保障を受けて、またそれに先立って公にされた第1次アメリカ教育使節団報告書 (1946〈昭和21〉年3月31日) や教育刷新委員会第1回建議 [教育行政に関すること] (同年12月27日) などを背景として、言うところの「教育の地方自治」は地方自治法 (1947年)、教育基本法 (同年)、学校教育法 (同年)、教育委員会法 (1948年)、教育公務員特例法 (1949年) および文部省設置法 (同年) などの戦後教育改革期の諸立法によって次第に制度化を見ていくこととなる[28]。

　ちなみに、先に触れた第1次アメリカ教育使節団報告書は戦後教育改革に大きな影響をもたらしたのであるが、「教育の地方自治」に係わって、次のように提言したのであった[29]。

　　「教師各自が画一化されることなく適当な指導の下に、夫々の職務を自由に発展させるためには、地方分権化が必要である」。

　　「教育の民主化の目的のために、学校管理を現在の如く中央集権的なものよりむしろ地方分権的なものにすべきであるといふ原則は、人の認めるところである。……文部省は、本使節団の提案によれば、各種の学校に対し技術的援助及び専門的な助言を与へると云う重要な任務を負ふことになるが、地方の学校に対するその直接の支配力は、大いに減少することであろう」。

1. 地方公共団体の自治事務としての学校教育
　　──地方自治法による制度化

　すでに触れたように、明治憲法下においては、「全国の公益に出ずるもの」(市町村制理由書・明治21〈1888〉年) としての学校教育は「国ノ事務」＝国家的事業であるという基本的な前提が一貫してとられていた。明治23年の地方学事通則や改正小学校令などにより、「学校教育の主体は国家なり」とのいわゆる「国家の学校教育独占 (staatliches Schulmonopol)」が教育実定法上に確立を見ていた。それは、法制度上、「法定の規模を備へ法定の課程に依る教育

を行ふことを目的とする学校は、これを国家に専属する事業と為し、国家が自らこれを行ふの外は、唯国家の特許を受くるに依ってのみこれを開設し得べきもの」という体制であった[30]。

上述した日本国憲法による「教育の地方自治」の保障は、上記のような「国の事務としての学校教育」法制を原理的に破棄し、学校教育を自治体の自治事務として位置づけたものであるが〈自治行政としての教育行政〉[31]、それは、具体的な法制度としては、地方自治法の制定によってもたらされることとなる。

すなわち、憲法第8章の地方自治条項の趣旨に則って、地方分権の強化と地方行政の民主化をさらに徹底させるため、1947（昭和22）年、憲法の施行と日を同じくして、地方自治の一般法であり基本法である地方自治法が施行された。こうして「地方自治」が制度として発足したのであるが、ただ「教育の地方自治」については、その法制度化は1948年の改正地方自治法（第2次改正）によってであった。同改正法は国の処理すべき事務を限定・列挙し、それ以外の事務は原則として地方公共団体の事務に属するものとし、その一つとして以下のように明記したのである（2条3項）。「学校、研究所……その他の教育学芸、文化、勧業に関する営造物を設置し若しくは管理し又はこれらを使用する権利を規制すること。」

ここに、学校教育法上のいわゆる「設置者管理主義および設置者負担主義の原則」（学校教育法5条）と相俟って、また翌年1月に制定を見た教育公務員特例法による職員法制における地方自治保障（3条）にも裏打ちされて〈公立学校教員の地方公務員化〉、「教育の地方自治」が法律レベルで確立を見たのであった。

なお敷衍して書くと、設置者管理主義の原則を法定した学校教育法の主要な立法趣旨の一つは、同法の提案理由も述べているように、「従来の教育行政における中央集権を打破」し、「画一的形式主義の弊を改め、地方の実情に即して、個性の発展を期するために、地方分権の方向を明確」にすることにあったのである[32]。

2. 文部省改革
——教育全般に対する指揮監督官庁から指導助言官庁へ

　戦前・戦時において文部省がはたした役割に対する批判を背景とし[33]、上述した「教育行政における地方自治」・「自治行政としての教育行政」の法制度化と表裏して、「戦後の教育の民主化を推進するにふさわしい中央教育行政機構を設ける必要から」(文部省設置法提案理由)、1949 (昭和24) 年5月、中央教育行政の責任機関として、新装の文部省が設置された。

　そこに至るまでには、たとえば、教育刷新委員会が1947年の第9回建議[大学の地方移譲、自治尊重並びに中央教育行政の民主化について]において提案したような、文部省の解体＝文化省の設置・中央教育委員会の創設といった、中央教育行政のドラスティックな改革案も存した。同委員会は「教育を民主化し且つ広く国民文化の向上を図るため中央教育委員会を設置すると共に、新たに文化省(仮称)を設け……、現在の文部省はこれに統合すること」[34]としたうえで、中央教育委員会の権限として下記8事項を列挙し、これらの事項については、文化大臣は中央教育委員会の「審議を経ることを要する」とされたのであった。①学校教育に関する基本方針、②学校の施設の基準、③教員資格の基準、④社会教育・文化事業に関する基本方針および援助、⑤教育予算の大綱および国庫補助、⑥国立学校の設置廃止、⑦官公立・私立大学に関する重要事項、⑧教育文化に関する意見の文化大臣に対する建議権、がそれである。けれども、この改革案は、占領軍の意向や文部省の抵抗もあって、結局は実現を見るには至らなかった。

　新しい文部省は「従来の中央集権的監督行政の色彩を一新して、教育、学術、文化のあらゆる面について指導助言を与え、またこれを助長育成する機関」(前出・文部省設置法提案理由)として、つまりは教育行政における中央サービス機関として発足した。

　実際、この点について、文部省設置法は「文部省の任務」と題して(4条)、「文部省は、左に掲げる国の行政事務を一体的に遂行する責任を負う行政機関とする」と書いたうえで、その所掌任務の筆頭に「教育委員会、大学、研究機関……その他教育に関する機関に対し、専門的、技術的な指導と助言を与え

ること」を挙げたのであった。

　そして、つづく第5条で「文部省の権限」について規定し、「文部省は、その権限の行使に当って、法律……に別段の定がある場合を除いては、行政上及び運営上の監督を行なわないものとする」と明記し（同条2項）、「指導助言官庁ないしサービス・ビューローとしての文部省」という基本的性格をその権限規定においても確認したのであった。

　なおこの点は、文部省設置法の国会での審議過程においても強調され、政府委員は言うところの指導助言権の意味内容について、指揮監督権との対比において、こう答弁している。「指導助言をなすということは文部省が強制的に、すべてのことを強制的に行わないことを主として含んでおるのであります」。また通達についても、「今までやっておりました監督とか取締りとかいうような意味で出された通牒が、そういうものがなくなる」と答えているのである[35]。

3. 教育委員会制度の創設

　前章で言及したように、明治憲法下においては、教育全般に対する指揮監督官庁としての文部大臣のもとに府県知事（地方長官）が上級学校監督官庁として位置づけられ、そのもとに郡視学が置かれていた。府県の学務課には学務課長や地方視学官・視学が配置され、学校に対して権力的な指揮監督を行ったのであるが、これらの地方教育行政機関はそのほとんどが内務官僚によって占められていた。

　つまり、旧法制下にあっては、（地方）教育行政は内務行政の一環として一般内務行政に従属せしめられていた[36]。それはプロイセン・ドイツ法制における「警察概念（Polizeibegriff）」のもとでの「内務行政の一部としての国の教育行政（Die staatliche Unterrichtsverwaltung als ein Teil der inneren Verwaltung）」という制度構成[37]に倣ったものであった。

　そこで戦後、このような中央集権的・内務官僚的な教育行政を排して、教育行政の一般行政からの独立を確保することが重要な改革課題とされたのであるが、この点に関して、戦後「教育行政改革の指導原理」として大きな役

割を果たした第1次アメリカ教育使節団報告書（1946年3月）は、下記のように提案した**38**。

　「市町村及び都道府県の住民を広く教育行政に参画させ、学校に対する内務省地方官吏の管理行政を排除するために市町村及び都道府県に一般投票により選出せる教育行政機関の創設を、我々は提案する次第である。かかる機関には、学校の認可、教員の免許状附与、教科書の選定に関し相當の権限を附与されるであろう。現状では、かかる権限は、全部中央の文部省に握られている」。

1946（昭和21）年12月の教育刷新委員会第1回建議［教育行政に関すること］は、その基本理念・構想において、上記使節団報告書を引き継いだもので、教育行政の抜本的刷新のための6原則を掲げたのであるが、そのうちの、〈A〉従来の官僚的画一主義と形式主義との是正、〈B〉教育における公正な民意の尊重、〈C〉教育の自主性の確保と教育行政の地方分権、という改革原則の具体化として、以下のような提案をしたのであった（要約）**39**。

①教育行政はなるべく一般行政より独立し、かつ国民の自治による組織をもって行うこととし、そのために市町村および府県に公民の選挙による教育委員会を設けて、教育に関する議決機関とする。

②市町村教育委員会は市町村教育長を、都道府県教育委員会、地方教育委員会はそれぞれ都道府県教育総長、地方教育総長を選任し、これを執行の責任者とする。

③教育委員会は管内の学校行政および社会教育を掌り、学校の設置・廃止・管理・教育内容・人事・教育財政等について権限をもつ。

④数府県を1単位として地方教育委員会を設置し、その委員は地域内の各府県の教育委員会の委員が選任する。

さらに1948年4月、教育刷新委員会は「教育行政制度の改革は、わが国教育刷新の重大要件であ（る）」との基本的な認識のもとに、第17回建議［教育行政に関すること（二）＝教育委員会制度の実施について＝］を採択し、内閣総理大臣に提出した。この建議は、副題にある通り、教育委員会の創設を前提としたうえで、その実施についての具体案を示したものであるが、その要

点は以下のようであった[40]。
　①教育委員会は議決権と執行権をもつ行政機関とし、教育の専門家たる教育長を選任して、その事務を総括させる。
　②教育委員会は都道府県、市町村および特別区に置くことを原則とするが、経済・財政的情況や地方民主化の実情など、現在の諸事情を勘案して、当分の間、都道府県、市および特別区だけに設置する。
　③教育委員の選挙は、都道府県の場合、県会議長や教育関係者など、議会の同意を得て選任された10人の選考委員が、定員の3倍の候補者を選び、これについて一般投票を行う。市区委員会についても、これに準ずる。
　④教育委員会の予算編成および予算執行に関する権限を確立する。
　⑤教員の人事については、教員需給の調節や人事交流等から見て、都道府県委員会が任免権をもち、地方の実情に即するため市区委員会に具申権を認める。

　上述のような第1次アメリカ教育使節団報告書と教育刷新委員会の建議で示された教育委員会の制度構想は、この間、GHQ民間情報教育局のリーダーシップのもとで文部省内においても進められていた教育委員会法案の立案作業とも相俟って、政府の「教育委員会法案」として結実を見ることになる。

　1948（昭和23）年6月、政府は教育委員会法案を閣議決定し、第2回国会に提出した。同法案は衆議院で教育委員会設置の範囲や時期などに関して一部修正を受けた後、同年7月5日に成立、同15日に公布されたのであった。

　以上、教育委員会法の成立に至るまでの経緯を概述したのであるが、同法の立法過程を精査し考証した権威ある実証研究によれば[41]、公選制教育委員会制度の創設について、以下のような立法事実が明らかにされていることは重要である。
　①公選制教育委員会制度は、アメリカの教育委員会（board of education）制度の導入に由来するとしても、フランスの学区制度を範とした、大学区における教育行政の一般行政からの独立という構想を基本的には引き継ぐものであった。
　②この制度はアメリカの教育行政制度を範とし、その推進に占領軍が主導

権をとっていたのは事実であるが、しかし単純にアメリカ制度の移入であるとか、占領軍の押しつけであるとする理解は一面的に過ぎる。この制度は、日本側が日本の土壌にかなりの程度適合するように、つくり変えたものである。

なおここで教育委員会法によってもたらされた「地方自治行政内部における教育行政の独立」(後述)という制度原理に関して付言しておくと、1947 (昭和22) 年4月に制定された地方自治法においては、旧法制下におけると同じく、教育行政はなお依然として一般行政の一部として位置づけられていた。教育事務は都道府県知事・市町村長の権限に属するとされ、都道府県においては、知事のもとに教育局 (都) ないしは教育部 (道府県) が置かれることとされていた (158条)。また各地方公共団体には、首長の補助機関として教育吏員が配され、上司の命を受けて教育に関する事務を掌ることと規定されていた (173条)。

つまり、地方自治法は憲法第8章の地方自治条項の趣旨に則って、地方分権の強化と地方行政の民主化を徹底させることを旨として制定されたのであるが (既述)、しかし制定当初の同法においては戦後教育行政改革の基幹原則の一つをなす「教育行政の一般行政からの独立」という原則については未だ全く考慮されていなかったのである。

4. 教育委員会法の概要と特徴

教育委員会法は、第1章「総則」、第2章「教育委員会の組織」、第3章「教育委員会の職務権限」、第4章「雑則」および附則で構成され、全文95ヶ条からなる。

衆議院文教委員会における教育委員会法の森戸文部大臣による提案理由説明 (1948年6月) によれば、同法の立法趣旨は「個人の尊厳を重んじ、真理と平和を希求する人間の育成を期する」という教育目的を達成するために、教育行政、とくに地方教育行政の在り方として、①教育行政の地方分権、②教育行政の民主化、ならびに③教育行政の一般行政からの独立、を確立することにあるとされる[42]。それは、端的には、教育基本法10条を受けて規定さ

れた同法1条[この法律の目的]に凝縮されていると言える。高らかにこう謳っているのである。

「この法律は、教育が不当な支配に服することなく、国民全体に対し直接に責任を負って行われるべきであるという自覚のもとに、公正な民意により、地方の実情に即した教育行政を行うために、教育委員会を設け、教育本来の目的を達成することを目的とする」。

かくして、教育委員会法は下記のような教育行政上の原則を確認ないし確立するとともに、教育委員会の組織や権限について、以下のような定めを擁することとなる。

(1) 教育委員会の一般行政権からの職務上の独立

教育委員会はすべての都道府県・市町村に設置され(3条)、当該地方公共団体の教育事務を管理・執行する行政機関であるが(4条)、いわゆる「行政委員会(administrative commission or board)」として職務遂行上、首長や議会等の一般行政機関から独立性を享有する[43]。

(2) 教育行政内部における教育委員会の職務上の独立

55条2項が「法律に別段の定がある場合の外、文部大臣は、都道府県委員会及び地方委員会に対し、都道府県委員会は地方委員会に対して行政上及び運営上指揮監督をしてはならない。」と明記しているところであるが、文部大臣と教育委員会、都道府県教育委員会と市町村教育委員会との間には、行政組織・権限関係上、原則として指揮監督関係は存せず、各教育委員会は職務上独立性を有する。文部大臣は教育委員会に対して、都道府県教育委員会は市町村教育委員会に対して、それぞれ専門的技術的な指導と助言を与えることができるだけである。

この原則は、地方自治法によってもたらされた独立の法人格主体たる「国・都道府県・市町村の行政面における対等原則」に由来するものである。

(3) 教育委員の公選制──教育行政への住民参加の原則

教育委員は、都道府県教育委員会の場合は7人、市町村教育委員会にあっては5人であるが(7条1項)、当該地方公共団体の議会の議員のなかから選出される1人を除き、公職選挙法の定めるところにより、「都道府県又は市町村の住民が、これを選挙する」(同条2項)こととしている。憲法92条に言う「地方自治の本旨」の規範内容をなしている、住民自治の教育行政における制度的具体化である。また教育基本法10条が確立した「教育の国民全体に対する直接責任の原則」の現実化でもある。

(4) 専門的指導行政としての教育委員会行政

　教育長制度を採用して教育委員会にその補助機関として教育長(superintendent of education)を置き(41条1項)、また事務局には指導主事が配されるが(45条1項)、両者はともに教育職員免許状を要する教育専門職員にほかならない(免許資格制・41条2項など)。公選の教育委員による教育行政の素人支配(layman control)と教育長による専門的指導性(professional leadership)の調和という組織原則である。

　また指導主事の職務は「教員に助言と指導を与える」こととされ(46条)、「但し、命令及び監督をしてはならない」として(同条)、もっぱら指導助言権によってその職務を遂行することが期待されている[44]。

(5) 教育委員会に対する自主組織権と自主立法権の保障

　自主組織権とは自己の組織を自ら決定しうる権限のことを言うが、教育委員会にはそうとう大幅にこの権限が認められている。教育委員長・副委員長の選任権(33条1項)、教育委員の辞職・資格の決定権(30条)、教育長・指導主事・事務職員の任命権(41条2項・45条4項)などがそれである。教育委員会はまた自主立法権を有し、その権限に属する事務に関して教育委員会規則を制定することができる(53条1項)。さらに教育に関する重要事項について条例の原案を作成し、地方公共団体の長に送付することもできる〈条例案のいわゆる二本建制〉(61条)。

(6) 教育委員会の広範な職務権限——市町村教委最優先の原則

地方公共団体の自治事務たる教育事務の配分について、設置者管理主義の原則（学校教育法5条）とも相俟って、市町村立学校の教育事務に関しては、市町村教委最優先とも言うべき原則を採用している。市町村教委の職務権限は広範かつ多岐にわたっており（49条）、しかもそれには教科内容とその取扱い、教科用図書の採択、教育予算案の作成、さらには義務教育学校の教員人事権も含まれているのである（ただしこれらの教員の給与は、市町村立学校職員給与負担法〈1948年〉により、都道府県が負担することとされている）。

なお、以上にくわえて、教科用図書の検定権を都道府県教育委員会に与えていることも重要である（50条）。

(7) 教育委員会に対する財政自主権の保障

教育委員会の職務上の独立を財政面から裏づけるために、地方財政制度における大きな特例として、教育委員会に教育財政上の自主権を認めている[45]。教育委員会の予算原案作成権（いわゆる教育予算案の二本建制度）と首長への送付権（56条）、原案修正の場合の首長の教委に対する意見聴取義務（62条）、出納長・収入役に対する教育予算の支出命令権（60条）、教育財産の取得・管理・処分権（61条）、教育事務に関する契約締結権（49条）などがそれである。

なお教育委員会法は1948（昭和23）年7月15日に公布施行されたが、同年の10月5日に第1回教育委員の選挙が実施され、11月1日から、全国の都道府県・5大市のほか、21市・16町・9村において教育委員会が発足した。その後、1950年5月に教育委員会法のそうとう大幅な改正が行われ、そして同年11月10日に第2回の教育委員の選挙が実施されて、新たに14市において教育委員会が発足した。そして全国すべての市町村に教育委員会が設置されたのは、1952年11月1日を期してのことであった[46]。

第4節　講和後における「教育の地方自治」の変容

1. 政令改正諮問委員会の「教育制度の改革に関する答申」(1951年)

1951（昭和26）年5月、リッジウェイ連合国軍最高司令官は声明を出し、

日本政府に対して講和後、占領下に制定された諸法令について、その今日的妥当性を再審査するための委員会を設置するよう勧告した。

この勧告にもとづいて、いわゆる政令改正諮問委員会が、内閣に非公式の機関として設置されたのであるが、同委員会は同年11月「教育制度の改革に関する答申」を内閣総理大臣に提出した[47]。

この答申は、その前文で記しているように、わが国の戦後の教育制度は「一部には国情を異にする外国の諸制度を範とし、いたずらに理想を追うのに急なあまりわが国の実情に即しないと思われるものも少なくなかった」との基本的な認識のもとに、講和後、わが国の教育制度を「わが国の国力と国情とに適合し、真に教育効果をあげることができるような合理的な制度」に改善する必要がある、との基本方針に立つものであった。

このような観点から、答申は学校制度、教科内容・教科書、教育行財政および教員について具体的な措置を提言しているのであるが、とくに地方教育行政について次のように書いたことは殊更に重要であった。

「教育委員会の違法の行為に対しては、これを是正するための適当な方法を考え、教育に関し文部大臣が責任を負うことができる体制を明確にすること」（傍点・筆者以下同じ）、という提言がそれである[48]。

ここに「教育に関し文部大臣が責任を負うことができる体制」とは、詰まるところ、教育に対する責任は、したがってまた教育に関する権限は、最終的には文部大臣に帰属するという体制にほかならない〈教育に対する最終的な責任官庁としての文部大臣〉。

そしてかかる体制は、以下に記述する通り、1952年の文部省設置法の改正を皮切りに、それに続く学校教育法と教育委員会法の改正、さらには1956（昭和31）年の教育委員会法の廃止と「地方教育行政の組織及び運営に関する法律」（以下、地教行法と略称）の制定といった、講和後における一連の教育法制改革によって具体的に制度化されていくこととなる。

なお付言すれば、政令改正諮問委員会は一方で、地方教育財政の在り方に関して、下記のように提言していたことは刮目に値しよう。こう勧めていたのである[49]。

「教育委員会をおく地方公共団体に対しては、標準義務教育費を支弁するに必要な固有財産を与えることを考慮し、それが不可能な地方公共団体に対しては、地方財政平衡交付金によってこれを補てんするものとすること」。

2. 文部省設置法・学校教育法・教育委員会法の改正

上記の政令改正諮問委員会の答申を受けて、また政府の方針にもとづく中央各省庁の行政簡素化を旨とした機構改革の一環として、1952（昭和27）年7月、文部省設置法が改正された。この改正の趣旨は、端的に言えば、行政効率化の見地から文部省各部局への事務・権限配分を行政対象別に一元化するとともに[50]、文部省の権限と責任を明確にし（文部省の権限を強化し）、文部省の教育行政全般に対する責任機関としての地位を法制上確立することにあった[51]。表現を代えれば、それは「指導助言官庁としての文部省」「中央サービス・ビューローとしての文部省」から「教育行政全般に対する責任機関（監督官庁）としての文部省」への性格転換を目指すものであった。

具体的には、「任務規定」（第4条）が全面的に改正され、従来、文部省は教育委員会等に対しては単に「専門的、技術的な指導と助言を与えること」（旧4条1号）とされていたのが、その域を大きく超えて、「教育……に関する行政の組織及び運営について指導、助言及び勧告を与えること」（5条1項19号）に変更された。

これを受けて、「地方教育行政に関する制度について企画し、並びに地方教育行政の組織及び一般的運営に関し、指導、助言及び勧告を与えること」（8条1号）、および「初等中等教育の基準の設定に関すること」（同条7号）＝学習指導要領の制定が、初等中等教育局の所掌事務として追加されたのであった。

そして、上述の改正に伴う機構改革として、従来調査普及部に置かれていた地方連絡課が初等中等教育局に移され、地方課と名称変更し、地方教育行政全般に対する企画・指導・助言・勧告権をもつこととなった[52]。

また1953年には学校教育法が改正されて、教科書の検定に関し、それまで「監督庁の検定若しくは認可を経た教科用図書……を使用しなければなら

ない」(21条1項)とされていたが、「文部大臣の検定を経た教科用図書……を使用しなければならない」(21条1項)に変更された。そしてこれに連動して、文部省設置法も改正され、「文部省の権限・初等中等教育局の事務」として、「教科用図書の検定を行なうこと」が追加された(5条1項12の2号・8条13の2号)。

　ちなみに、従来、教科書検定については、都道府県教育委員会が「文部大臣の定める基準に従い、都道府県内のすべての学校の教科用図書の検定を行う」(教育委員会法50条2号)ことを原則とし、ただ用紙割当制が廃止されるまでの「当分の間」は文部省においてこれを行い(文部省設置法附則12項)、かくして教科書の採択は文部大臣による検定済みの教科書のなかから都道府県教育委員会が行う(教育委員会法86条)、とされていたのであった。

　また学習指導要領の作成主体についても、従来、「初等中等教育局においては、当分の間、学習指導要領を作成するものとする」としながらも、「但し、教育委員会において、学習指導要領を作成することを妨げるものではない」(文部省設置法附則6項)とされていたのである。

　1947年3月に衆議院本会議で行われた「学校教育法提案理由」説明は、こう述べていた[53]。

　　「教科書、教科内容など重要な事項につきましては、当分の間文部大臣が所掌いたしますが、この権限をいつでも下級機関に委任することにいたしてあります」。

　けれども、既述したような法改正によって、「教科書・教科内容など重要な事項」に関する権限が「下級機関に委任」される法的可能性は絶たれ、これらの権限は文部大臣が一元的に掌握するところとなったのである。

　くわえて、文部大臣は地方教育行政全般に対して、広範な関与権をもつことになり、かくして教育委員会の教育行政権はその範囲において縮減し、その強度において弱化したのであった。

3. 地教行法の制定

　すでに言及したように、教育委員会制度は1948(昭和23)年7月に創設され、そして1952年11月には全国すべての市町村で設置をみるに至ったのである

が、しかしこの制度をめぐっては、制度発足の直後から、その存廃まで含めて、各方面から様々な意見や改革案が示され、また厳しい見解の対立も見られた。

とくに全面設置以降は[54]、教育委員会を地方行財政制度全般のなかでどのように位置づけるかが、地方行政の総合化の要請や地方財政の悪化とも相俟って、緊要な課題として強くその解決が求められることとなった。そしてそれは、紆余曲折を経ながら、1956（昭和31）年の地教行法の制定へと連なるのであるが、そこで以下では、その間に公にされた主要な改革案とその要点を把握しておくこととしたい。

(1) 地方行政調査委員会議勧告（1950年12月）

この会議は、税制改革に関するシャウプ勧告（1949年8月）の線に沿って設置されたものであるが、2次にわたる勧告で教育委員会制度についても言及し、次のように提言した[55]。

①市町村教育委員会は、市は必置とし、町村は任意とする。

②教育委員会を設置しない町村については、教員人事・教科内容・教科書の採択等に関する事務は、府県教育委員会がこれを行う。

③上記②の場合、町村に人事の内申権を認める等の措置を講じて、当該町村の意見を府県教育委員会に反映する方途を講ずる。

④教育委員の公選制を廃止し、教育委員は市長が議会の同意を得て選任する。

(2) 教育委員会制度協議会の答申（1951年10月）

1950（昭和25）年12月に設置された文部大臣の諮問機関で、教育行政の民主化・地方分権化の観点から教育委員会を存置することを確認したうえで、設置単位・事務配分・職務権限・組織・教育委員の選任方法について、下記のような答申をした[56]。

①教育委員会は、都道府県と5大市は必置とし、それ以外の市町村は任意とする。教育委員会を置かない市町村には、諮問委員会を設置するなど、

住民の教育に関する意向を反映させる措置を講ずる。
②教育委員会を置く市町村（5大市を除く）は学校の設置・管理や人事などの学校教育事務および社会教育事務を所管し、これに要する経費を負担する。教育委員会を置かない市町村の場合は、教員の人事権は都道府県に属し、給与も負担する。
③高校以下の私学の所管は都道府県教育委員会とする。
④教育委員の数は、都道府県と5大市の場合は5名または7名、そのほかにあっては3名または5名とし、当該地方公共団体に選択させる。
⑤教育委員の選任方法については、公選論と任命論が相半ばしたので、協議会として一案にまとめることは断念する。

(3) 政令改正諮問委員会の答申（1951年11月）

この委員会は、先に言及したことにくわえて、次のように提言した[57]。
①都道府県に教育委員会を設置し、大学以外の公私立学校教育その他の教育行政を担当する。ただし人口15万以上の市には教育委員会を設置し、市立学校に関する行政を担当する。
②教育委員は3名とし、首長が議会の同意を得て任命する。

(4) 中央教育審議会の答申（1953年7月）

教育刷新審議会の廃止を受けて、1952（昭和27）年6月に文部大臣の諮問機関として設置をみた中央教育審議会は、教育委員会制度について、「この制度は、終戦後の教育の民主的改革の顕著な一要項であり、その意図するところがひたすら教育の中立性と自主性とを樹立するにあるという趣旨を尊重し、できるだけその長所を発揮せしめるよう努めたい」との基本方針にもとづいて1953年7月、文部大臣に対して、下記のように答申した[58]。
①教育委員会の性格は、現行法どおりとする。
②設置単位も現行法どおりとする。ただし、町村については、設置義務を緩和し、地方自治体の選択に任せることも一策である。教育委員会不設置の町村は諮問機関のようなものを置くこと。

③教育委員の選任は、現行法どおり公選とする。ただし都道府県等の大地域においては、選挙区を設定し、また教職員の立候補については、離職後一定期間の経過を必要とすること。
　④市町村の義務教育学校の教員の身分は、給与、福利、厚生、配置等の関係をも考慮し、都道府県の公務員とすることが望ましい。

(5) 地方制度調査会の「地方制度の改革に関する答申」(1953年10月)

　1952 (昭和27) 年8月に内閣総理大臣の諮問機関として設置された地方制度調査会は、地方自治の「過去6年有余における運営の実際の経験に徴し、かつ独立後の新事態に鑑み」て必要な検討を行うこと、および従来の改革の結果が「地方行政の各分野における諸制度相互の間に有機的一体性が保たれているとは必ずしもいえない点について検討を加える」ことを任務とした[59]。

　同調査会は、1953年10月、内閣総理大臣に対して「地方制度の改革に関する答申」を提案したのであるが、その中で、教育委員会制度について、次のように勧告した[60]。

　①市町村の教育委員会は廃止するものとすること。
　②府県及び5大市の教育委員会は現行どおり存置すること。
　③教育委員会の定数は5人とし、長が議会の同意を得て選任するものとすること。なお委員会の構成が特定の職歴または政党所属関係者に偏しないように、措置すること。
　④現行法で認められている教育委員会の原案送付の制度は廃止し、他の行政委員会と同様に取り扱うものとすること。
　⑤義務教育に従事する教員を、府県・5大市の公務員とすること。

　なお文部省はこの勧告に対して反対の態度を表明した。「単に自治制度の簡素化、自治体内の行政の一元化という観点だけから、直ちに制度の本質をゆるがす改革を行うべきではなく、教育行政自体の立場からも、十分な考慮をめぐら (す)」必要がある、というのが、その理由であった[61]。

4. 地教行法の立法趣旨と法案に対する批判

　上述のように、1950年以降、教育委員会制度の在り方をめぐっては政府の諮問機関によって各種の勧告や答申が出されたのであるが、その結論は多様で必ずしも帰一するところがなかった。

　しかし1956年度は全国5000の教育委員会のうち、過半数の委員の改選期に当たっており、また1955年に保守合同によって発足した政府与党たる自由民主党が「結党の政綱として、教育委員会制度の改廃を掲げ、教育委員会の委員の公選制を任命制に改めることを宣言した」こともあって**62**、賛否両論が激しく対立する中、1956（昭和31）年3月6日、政府は本法案を閣議決定し、同月8日国会に上程した。

　本法案の立法趣旨について、清瀬文部大臣は同年3月14日、衆議院文教委員会員会において、次のように説明している**63**。

　　「この法律案を提出いたしますについて、特に考慮を払いました重点は、次の二点でございます。

　　第一に、地方公共団体における教育行政と一般行政との調和を進めるとともに、教育の政治的中立と教育行政の安定を確保することを目標といたしたのでございます。……

　　第二にこの法案の重点といたします点は、国、都道府県、市町村一体としての教育行政制度を樹立しようということであります」。

　ここで重要なのは、この法案の背景には、教育事務は地方公共団体の事務であるとしても、「国全体としてこれを見た場合、個々の地方公共団体の行う教育行政は、相合して総合され国の教育行政を組成して」おり、また教育も「国の教育として総合的に形成されて」おり、かくして「国も教育について責任を有する以上」、「国の教育に対する責任が遂行」されるように国に積極的な指導的地位が与えられるべきである**64**、という観念があったことである。「『国の教育』ゆえに国は教育に対する責任を有する、という観念である」**65**。

　ところで、周知のように、この法案に対しては各方面から強い反対が表明され、また国会においても、いわゆる「55年体制」下、与野党が激突し熾烈な論議が闘わされたのであるが、本法案に対する批判は、主要には、以下の

三点に集約できる[66]。
① 教育委員の公選制を廃止して任命制にしたことは、民主的な教育行政の理念にもとるものである。これにより、教育行政における住民自治が損傷されることとなる。
② 国・都道府県教育委員会に地方教育行政に対する指導的立場を付与し、文部大臣に教育委員会に対する措置要求権を法認し、また教育長の選任に際して文部大臣ないし都道府県教育委員会の任命承認制をとることは、教育行政における団体自治を弱化させるものである。
③ 教育委員会が有している教育財産・予算案・条例案等に関する権限を地方公共団体の長に移すことは、教育委員会の一般行政に対する行政委員会としての自主性・自立性を後退させることになる。

5. 地教行法の概要

1956（昭和31）年6月2日、本法案は原案どおり両院を通過し、同月30日に公布され、全面的には同年10月1日から施行された。

この法律は、6章61ケ条と附則25ケ条から成り、その内容構成は第1章「総則」、第2章「教育委員会の設置及び組織」、第3章「教育委員会及び地方公共団体の長の職務権限」、第4章「教育機関」、第5章「文部大臣及び教育委員会相互間の関係等」、第6章「雑則」となっている。

本法の骨子は、下記のようである。
① 従来どおり、すべての都道府県、市町村および市町村の組合に合議制の執行機関として教育委員会を置く（2条）。
② 教育委員の公選制を廃止し、地方公共団体の長が議会の同意を得て任命する（4条）。
③ 教育委員については、同一政党への所属や政治活動に関して規制をくわえるほか、兼職禁止、罷免、解職請求、服務等について必要な規定を設ける（4条・6条・8条・11条）。
④ 教育委員会に教育長を置くこととし（16条）、都道府県の教育長は文部大臣の承認を経て都道府県教育委員会が、市町村の教育長は当該教育委員

会の委員のうちから都道府県教育委員会の承認を経て市町村教育委員会が、それぞれ任命する (16条)。
⑤教育委員会は教育、学術、文化に関する事務を包括的に担当するものとし (23条)、地方公共団体の長は大学および私学に関する事務のほか、教育財産の取得および処分、契約の締結、収入・支出の命令を行う (24条)。
⑥教育財産は教育委員会の申し出によって地方公共団体の長が取得し、長の総括のもとに教育委員会が管理する (28条)。
⑦予算案・条例案についての2本建て制度は廃止し、教育委員会の所掌事務に係わる予算その他の議案については、それを作成して議会に提出する場合、地方公共団体の長は教育委員会の意見を聴かなければならない (29条)。
⑧都道府県が給与を負担する市町村立学校の教職員は、都道府県教育委員会が任命し、その任命権の行使は市町村教育委員会の内申をまって行う (37条・38条)。この場合、都道府県教育委員会はその任命権の一部を市町村教育委員会に委任し、または市町村の教育長に補助執行させることができる。
⑨教職員は市町村の公務員とし、その服務は市町村教育委員会が監督する。ただこれについて、都道府県教育委員会は一般的指示を行うことができる (43条)。
⑩文部大臣は都道府県教育委員会または市町村教育委員会に対し、それぞれ必要な指導・助言・援助を行うものとする (48条)。また文部大臣は教育委員会や地方公共団体の長の教育に関する事務の執行・管理が法令に違反したり、著しく適正を欠くと認めるときは、教育委員会や地方公共団体の長に対して違反の是正または改善のため必要な措置を講ずべきことを求めることができる (52条)。

〈注〉
1 ただマッカーサー草案がそのまま日本国憲法の地方自治条項になったわけではない。標題が「地方行政」(Lokal Government) から「地方自治」(Lokal Self-Government)

に変更され、また「住民の憲章制定権」が「地方公共団体の条例制定権」に改められるなどの修正をうけている（浦部・中村・佐藤・樋口『注釈・日本国憲法』〈下巻〉青林書院、1988年、1378頁）。
2 同旨の指摘として、西尾勝「地方分権」『ジュリスト』1192号、2001年、204頁。
3 永井憲一編『コンメンタール教育法Ⅰ・日本国憲法』成文堂、1978年、218頁（執筆・森英樹）。
4 原田尚彦『地方自治の法としくみ（新版）』学陽書房、2005年、10頁。
5 P. Kunig (Hrsg.), *Grundgesetz–Kommentar*, Bd.2, 2001, S.313.
6 手島孝『学としての公法』有斐閣、2004年、98頁。杉原泰雄「地方自治の本旨」『法学教室』165号、1994年、13頁。奥平康弘・杉原泰雄編『憲法を学ぶ』有斐閣、2001年、357頁。
7 法学協会『註解日本国憲法』〈下巻〉有斐閣、1954年、1358頁。
8 宮沢俊義著・芦部信喜補訂『全訂日本国憲法』日本評論社、1987年、761頁。
9 B. Pierroth/B. Schlink, *Grundrechte Staatsrecht II*, 19Aufl. 2003, S.19.
　ちなみに、ドイツにおいては、婚姻・家族制度（基本法6条1項）、私立学校制度（同7条4項）、所有権・相続権制度（14条1項）、職業公務員制（33条5項）などの憲法上の保障がこれに当たるとされている。
10 成田頼明「地方自治の本旨」『憲法の争点（新版）』有斐閣、2004年、244頁。同旨の見解として、さしあたり、芦部信喜著・高橋和之補訂『憲法（第4版）』岩波書店、2007年、350頁。佐藤幸治『憲法（第3版）』青林書院、1995年、267頁など。
11 国民主権の分節化としての「市民主権」という理論構成について、詳しくは参照：松下圭一『市民自治の憲法理論』(岩波新書) 1975年、93-94頁、158-165頁。
12 参照：松下圭一『市民立憲への憲法思考』生活社、2006年、7頁、48頁。
13 兼子仁『自治体法学』学陽書房、1988年、14頁。同『行政法学』岩波書店、1997年、237頁。兼子仁・村上順『地方分権』弘文堂、1997年、55頁。
14 参照：兼子仁『自治体法学』4頁。兼子仁・村上順『地方分権』35頁。
15 参照：松下圭一『政治・行政の考え方』(岩波新書) 1998年、50-51頁。同『自治体は変わるか』(岩波新書) 1999年、30頁。
16 その意義について参照：兼子仁『自治体行政法入門』北樹出版、2006年、17頁。
17 田中二郎『新版行政法』〈中巻〉弘文堂、1997年、73頁。
18 兼子仁・村上順『地方分権』95頁。
19 永井憲一編、前出、220頁（執筆・森英樹）。
20 原田尚彦『地方自治の法としくみ（新版）』20頁。
　これに対して、大牟田市電気税事件に関する福岡地裁判決（昭和55年6月5日・『判例時報』966号3頁）はこう判じている。
　　「憲法94条、基本的には92条によって認められる自治権がいかなる内容を有するかについては、憲法自体から窺い知ることはできない。そもそも憲法は地方自治の制度を制度として保障しているのであって……採られるべき地方自治制を具体的に保障しているものではな（い）」。

21 杉原泰雄『憲法から地方自治を考える』自治体研究社、1993年、41頁。
　ちなみに、戦後初期の地方自治に対するマッカーサー司令部の基本方針も市町村第一主義・都道府県第二主義・国第三主義にあった（永井憲一編、前出、233頁）。
22 参照：松下圭一『市民立憲への憲法思考』48頁。同『転型期日本の政治と文化』岩波書店、2005年、50頁。
23 参照：兼子　仁・村上　順『地方分権』94頁以下。奥平康弘『憲法』弘文堂、1994年、220頁。兼子　仁『行政法学』262頁以下。
24 長谷川正安『憲法講話』257頁、永井憲一編、前出、219頁より引用。
25 同旨：戸波江二『憲法（新版）』ぎょうせい、1998年、481頁。
　なお松下圭一『転型期日本の政治と文化』は、「日本国憲法に違反するとも言うべき官僚法学、講壇法学にみられるような時代錯誤の官治・集権型の理論と運用」を厳しく指弾している（115頁）。
26 教育委員会法提案理由（1948年6月19日・衆議院文教委員会）、神田　修・寺崎昌男・平原春好編『史料教育法』学陽書房、1973年、568頁。
27 最高裁判決・昭和51年5月21日、青木宗也他編『戦後日本教育判例大系』〈第1巻〉労働旬報社、1984年、352頁。
　なお教育の目的と教育行政における地方自治原則との関係については、参照：竹内俊子「中央教育行政の役割と教育自治・分権」日本教育法学会編『自治・分権と教育法』三省堂、2001年、126頁以下。
28 ちなみに、憲法・教育基本法は教育行政の基本原則として、①教育の自主性尊重主義、②法律主義、③民主化主義、④一般行政分離独立主義、⑤地方分権主義を要請していると解する見解が一般的である（さしあたり、有倉遼吉・天城　勲『教育関係法』〈Ⅱ〉日本評論新社、1958年、134頁）。
29 神田　修・山住正己編『史料・日本の教育』学陽書房、1990年、80-81頁。
　なお教育刷新委員会第1回建議「教育行政に関すること」は、上記アメリカ教育使節団報告書の提案と軌を一にするもので、以下のように述べている（神田・寺崎・平原編『史料教育法』学陽書房、1973年、621頁）。
　「一　教育行政は、左の點に留意して、根本的に刷新すること。
　　1 従来の官僚的な画一主義と形式主義との是正
　　2 教育における公正な民意の尊重
　　3 教育の自主性の確保と教育行政の地方分権
　　……
　　6 教育財政の整備」。
30 美濃部達吉『日本行政法』〈下巻〉有斐閣、1936年、758頁。
31 木田宏『教育行政法』良書普及会、1957年、45頁。
32 学校教育法提案理由・1947年3月17日・衆議院本会議、神田・寺崎・平原編、前出、351頁。
33 たとえば、第1次アメリカ教育使節団報告書は「文部省は、日本の精神界を支配した人々の、権力の中心であった」と批判し、「この官庁の権力は悪用されないとも限らない」との認識のもとに、文部省権限の削減を提案した。

また従来、地方教育行政が文部大臣の指揮監督下にあるとともに、内務行政の一環として内務官僚の統制下に置かれてきたことに鑑み、「文部省の機能を内務省から絶縁すべきである」と批判した（国立教育研究所『日本近代教育百年史』〈Ⅰ〉1973年、1012-1013頁）。

なお内務省はその後1947年12月に解体された。

34　神田・寺崎・平原編、前出、624頁
35　国立教育研究所、前出、1027頁。
36　山崎犀二『日本教育行政法』目黒書店、1937年、3頁以下。
37　A. Eisenhuth, *Die Entwicklung der Schulgewalt und Ihre Stellung im Verwaltungsrecht in Deutschland,* 1931, S.26.
38　神田修・寺崎昌男・平原春好編、前出、614頁。
39　同前、621頁。
40　同前、625-626頁
41　国立教育研究所、前出、1042-1043頁。
42　教育委員会法提案理由・1948年6月19日・衆議院文教委員会、神田・寺崎・平原編、前出、567-568頁。
43　「行政委員会としての教育委員会」の法的位置づけについて、詳しくは参照：竹内俊子「行政委員会制度としての教育委員会」『日本教育法学会年報』第8号、有斐閣、1979年、151頁以下。
44　詳しくは参照：木田　宏「指導行政の構造と理念」『日本教育行政学会年報』第5号、教育開発研究所、1979年、11頁以下。
45　参照：北岡健二『教育委員会法逐条解説』学陽書房、1952年、211頁以下。
46　詳しくは参照：国立教育研究所、前出、1047頁以下。木田　宏『地方教育行政の組織及び運営に関する法律』557頁以下。
47　この答申については参照：国立教育研究所『日本近代教育百年史1』1973年、1074頁以下。
48　木田　宏『新訂・地方教育行政の組織及び運営に関する法律』第一法規、1983年、附録29頁から引用。
49　同前。
50　従来の文部省機構においては管理行政と指導行政が区別され、権限の性質別に事務が配分され、管理・監督的権限は管理局に集中していた。この結果、たとえば、教科書行政は3局にまたがっていたが（教科書の内容＝初中局、教科書の刊行＝調査普及局、教科書検定＝管理局）、これらの事務は初中局で一体的に処理されることとなった（参照：「文部省設置法一部改正提案理由」〈衆議院文教育委員会・1952年5月9日〉、神田・寺崎・平原編『史料・教育法』学陽書房、1973年、604頁以下）。
51　この点について、当時、総務課長を務めていた相良惟一は、次のように書いている。「まず再検討を要すると思われる点の第1は、文部省の権限と責任との間の不均衡ということである」(傍点・原文)。「およそ権限なきところ、責任なしとは自明の理でありながらも、文部省については権限がないにもかかわらず、責任を問われること

があまりにも多いのがその実情である」〈「文部省の新しい機構と機能」『文部時報』899号、1952年、5頁〉。
52 参照：中島太郎『教育制度論』福村書店、1966年、73-74頁。
53 「学校教育法提案理由」〈衆議院本会議・1947年3月17日〉、神田・寺崎・平原編、前出、351頁。
54 教育委員会の全面設置に対しては、全国市長会、全国町村会、日教組なども反対を表明した。教育委員会の設置は市町村の財政を圧迫すること、教員人事の円滑な交流を阻害すること、教育委員に人を得るのが困難なことなどが、その主要な理由であった（国立教育研究所、前出1084頁）。
55 木田　宏、前出、附録16-19頁。
56 木田　宏、前出、附録19-28頁。
57 木田　宏、前出、附録28頁。
58 木田　宏、前出、附録29-30頁。
59 地方制度調査会設置法案についての政府提案理由説明：犬丸　直「教育委員会制度をめぐる戦後10年の動き」『文部時報』936号、1955年、66頁より引用。
60 犬丸　直、前出、67頁。木田　宏、前出、附録31頁。
61 犬丸　直、前出、67頁。
62 角井　宏「教育行政組織の変遷と教育委員会」『文部時報』948号、1956年、11頁。
63 神田・寺崎・平原編、前出、608-609頁。
64 土屋・千葉「指導の組織と権限」『文部時報』948号、1956年、13-15頁。
65 竹内俊子「中央教育行政の役割と教育自治・分権」日本教育法学会編『自治・分権と教育法』三省堂、2001年、133頁。
66 角井　宏、前出、11-12頁。竹内俊子、前出、132頁。

第3章 教育主権と国家の教育権能

第1節 国民総体の教育権能としての教育主権

　公教育制度の計画・組織・編成・運用に関する一般的形成権ないし規律権は、司法、外交、課税、警察等に関する権能と同じく、国家の主権作用に属していると解される[1]。「教育主権 (Schulhoheit)」と称せられるべき国家的権能である——ただ、ここに言う「教育主権」と、主権者である「国民の、国民による、国民のための教育」を高唱する、いわゆる「主権者教育権の理論」[2]とは、ターミノロジーをかなり異にしている点に留意されたい——。

　改めて書くまでもなく、日本国憲法は「国民主権の原則」に立脚しているから〈憲法前文〉、ここに言う公教育制度に関する国家主権＝教育主権の主体は国民全体ということになる。つまり、教育主権とは主権者たる国民が総体として有している公教育についての権能のことにほかならない[3]。この教育主権（国民の教育権力）は、現行の国民代表制・議会民主制下にあっては、憲法構造上、現実には、「国権の最高機関」(憲法41条) である国会をはじめ、内閣、裁判所その他の国家機関〈地方自治体も含む、以下同じ〉が、主権者である国民の信託にもとづき、国民に代わって、これを分担し行使することになっている。

　この点、ドイツにおいて、学説・判例上はもとより、実定法上も、言うところの教育主権が別名「国家に負託された教育責務 (Erziehungsauftrag des Staates)」と観念され、それは「機能十分な公教育制度を維持する国家の義務」と捉えられている所以である[4]。こうして、統治機構は当然に公教育に関して権能を有し、義務ないし責任を負っているのであるが、このことを目して

「国家の教育権」と呼称するのであれば、これにはおそらく異論はないであろう。「ほかならぬ憲法が、すなわち統治権力の根幹にかかわる最高法規が、一方ですべての国民に"教育を受ける権利"を保障し、他方で子供の保護者に"普通教育を受けさせる義務"を課している以上、統治機構が教育にかんして何らかのかかわりを持つのは、当然の前提」なのである[5]。

敷衍して言えば、ドイツ教育審議会の勧告にもあるように、「社会国家においては、教育関係の基本権の実現はその時々の自由な教育の提供に委ねることはできない。設置主体が公立であると私立であるとを問わず、すべての教育制度に対して公の責任 (öffentliche Verantwortung) が存在する」ということであり[6]、そこで国家は上記のような教育権能を有するに止まらず、より積極的に「かかる権能を担う原則的義務を課せられている」と見られるのである[7]。具体的には、たとえば、教育制度の基本構造、学校の種類や編制、学校教育の目的や基本的内容、年間授業時数、成績評価の基準や方法、就学義務、学校関係、学校設置基準(施設設備の最低基準)、教育行財政の基本的な仕組み、教員の資格や法的地位などの確定が、教育主権上の決定として、これに関する権能は原則として国会等の国家機関=統治機構に属していると見られる[8]。

第2節　教育主権と公教育内容の確定

1. 教育内容に対する国家権力オフ・リミット論

ところで、ここで重要なことは、学校教育の目的や内容・方法などのいわゆる「内的事項 (interna・インターナ)」もまた国家的教育権能=教育主権の規律対象に含まれるか、ということである。いわゆる「国民・親の教育の自由」や「教員の教育上の自由 (学問の自由)」・「学校の教育自治」、さらには「教育をうける権利 (学習権)」や「思想・良心の自由」などの法的評価とかかわって、昭和30年代以降、わが国においてこの問題がとりわけシビアな対立を呼んできたことは、周知のところである。

また先般、社会的にひろく論議を呼んだ教育基本法の改訂をめぐっても、本質的には同質の事柄が含まれているところでもある。これについて、国や地方自治体の教育 (行政) 権能は、学校教育の外的諸条件・外的学校事項

(externa・エクスターナ)の整備に限られ、教育目的・内容などのいわゆる「インターナ」には及びえないとする有力な見解がある。こう主張される。

「教育のように人間の内面的価値にかかわる精神活動については、国家はできるだけその自由を尊重してこれに介入することを避けるべきである。……国家は、教育水準の向上や教育の機会均等を実現するために必要な外的諸条件の整備にこそ努めるべきである」[9]。

「権力主体としての国の子どもの教育に対するかかわり合いは、……国民の教育義務の遂行を側面から助長するための諸条件の整備に限られ、子どもの教育の内容及び方法については、国は原則として介入権能をもたず、教育は、その実施にあたる教師が、その教育専門家としての立場から、国民全体に対して教育的、文化的責任を負うような形で、その内容及び方法を決定、遂行すべきものであ(る)」[10]。

参考までに、ドイツにおいても、上記のような見解ときわめて近似の学説が見られている。たとえば、E. シュタインは基本法2条2項が謳う「人格の自由な発達権(Recht auf die freie Entfaltung seiner Persönlichkeit)」に依拠して、こう論断する。「子どもの人格の自由な発達権から、教育に対するあらゆる一方的な影響、第一次的には国家によるそれが排除される、ということが帰結される。なかでも教育の内容的な形成にかかわるすべての決定は、それ故に、国家行政から取り出されなくてはならない。それは、自由な学校制度においては、必然的に学校自治(Schulselbstverwaltung)の構築を要請する、自治事項なのである」[11]——なお、シュタインのかかる見解は、「すべての青少年の文化財を文部省がよしとする選択と傾向性において伝達されることは、教育の自由にとって甚だ危険である」との認識にもとづいている[12]——。

また E. ベルマイヤーは、すべての子どもに教育を保障するという社会公共的な課題を達成するために、果たして、国家による学校制度が必要なのか、かかる課題を達成するのにそのような形態がふさわしいのか、という問いから出発して、端的に概括すれば、下記のように述べている。

公立学校制度は個人および公的な見解の形成過程にかかわる。したがって、そこにおいては、個人および公的な見解の形成に際しての「国家からの自由

という憲法原則（Verfassungsprinzip der Staatsfreiheit）」が当然に妥当する。

国家意思は国民意思の形成に積極的な影響を及ぼしてはならない。「国家からの自由」の原則は各人の人間としての尊厳と人格の自由な発達権を保障し、個人が国家によって支配の客体とされることのないよう、それを防禦するものだからである。

かくして「国家から自由な、自己管理による協同的な学校制度」が求められる。国家による学校制度は「国家からの自由」という憲法原則に抵触する[13]。

2. 教育主権作用としての公教育内容の確定
＝公教育内容の決定における国民主権の確保

はたして、上述のような見解は説得力をもちえるか。

私教育体制においてならともかく、国民の「教育をうける権利」（憲法26条1項）に対応して公教育体制を維持し〈教育の機会均等の保障〉、そこにおける教育内容の水準を保持し、さらには国民教育としてナショナルなレベルで一定の共通性をもたせようとする限り〈ナショナル・ミニマムの確保〉、統治機構が教育内容面でも一定の権能をもつことは容認せざるをえないと考える。「教育をうける権利」（学習権）の保障という観点だけから見ても、有力な憲法学説も説くように、この権利は「国に対して合理的な教育制度と施設を通じて適切な教育の場を提供することを要求する権利」であるから[14]、これに対応して国家は、この権利を確保するために、学校教育の外的諸条件を整備する義務を負うと同時に、その内容においても中立で、ミニマムな基準を充足するなど、「適切な教育」を確立することを要請されていると言えよう——言うところの「適切な教育」は、別の憲法学説によれば「教育をうける権利という場合の教育は、人権の尊重を基調とする民主主義の教育でなくてはならない」とされる[15]。いずれにしても、「教育をうける権利」が教育内容まで含めてその法益としていることについては異議はあるまい——。

教育を受ける権利の第一次的な名宛人は国家であり、しかもこの権利が教育内容まで含めてその法益としている以上、国家＝統治機構が教育内容に関しても一定範囲の権能や責務をもつに至ることは、必然だということになら

ざるをえない。

それどころか、より積極的に、このような学校制度の内的規律権は自由で民主的な法治国家の存続や社会の統合・維持発展に不可欠なのであり、その意味でいわば固有の国家主権に属していると言える[16]。基本的な市民的価値を共有した、「自立し(自律的で)、成熟した責任ある市民」(パブリック・シチズン)の育成は自由民主国家存立のための基本的要請であり、また高度に発達した現代産業国家・情報化社会は国民が一定程度の教育水準にあることを不可欠の前提としているからである。

ちなみに、この点、ドイツにおいてラディカルなまでに自由主義的な「親の教育権 (Das elterliche Erziehungsrecht)」の唱導者として知られ、「親の教育の自由の現実化」という観点から、国家の学校教育権縮減論を本格的に展開しているF.オッセンビュールにあっても、大要、以下のように述べて、公教育内容に関する国家的権能は自明視されている[17]。

①民主的に組織化された産業国家が存在するためには、国民が一定程度の教育水準にあることが前提である。

②公教育には、価値多元主義社会において国民的統合をはかるという機能 (Integrationsfunktion) があり、そのためには、公教育は社会的・政治的な共同生活に要請される、共通の基本的な要請を教育上実現しなくてはならない。

③国民としての共有精神は私事には解体されえず、こうしていわゆる「国家に対する学校教育の負託 (staatliches Schulerziehungsauftrag)」には当然に公教育内容の決定権能が包摂されている。

国民教育・公教育内容の基本は、「教育における価値多元主義 (Bildungspluralismus)」、「教育の地方自治」、子どもの「教育をうける権利」(学習権)や「親の教育の自由」、さらには「私学教育の自由」などの教育上の諸自由を踏まえ、公教育の中立性原理に立脚し、国民各層の個別利害に配慮しながら、教育主権作用の一環として、つまりは国民代表制・議会民主制のルートによる国民総体の教育意思の集約によって決せられるべき事柄なのである(公教育内容の決定における国民主権)。国民教育の基本方針すら決定できないようでは主権

国家とはとうてい言えないであろう。

　いわゆる「教育内容に対する国家権力オフリミット論」が述べるように、公教育内容の決定をもっぱら「教育の専門家である教師」ないし「専門学者」に委ねるということは、とりもなおさずこの面での国民主権＝議会制民主主義の憲法秩序そのものを否定するものであり、それはまた「教育における専門職支配」に連なる危険性をも孕んでいると言えよう。教育の専門職支配＝専門家による学校教育の独占は、かつての国家的・権力的教育独占と同じく、やはり厳しく批判されなくてはならないであろう。

　この点、ドイツの有力な学校法学説もこう書いている。

> 「(学校の) 教育プログラムに関する基本的な決定が議会の立法者に留保されているかぎり、教育行政機関だけでなく、……教員、生徒、親のグループないしはこれらによって構成される委員会もまた、これに関しては権利を有さない。基本法にいう民主主義の理解によれば、議会の指揮・統制任務をグループによる直接的な意思形成 (gruppenunmittelbare Willensbildung) によって代替することは許されないからである」[18]。

　それに教育はすぐれて価値にかかわる営為であり、また子どもの人生的幸福の追求ととりわけ強く結びついているから、「教育専門家の決定に委ねる」というけれども、その領域や事柄はかなり限られてくるということもある。——いわゆる専門家が素人に対して優位を誇れるのは知識や技能の面においてであって、子どもや親の価値観や精神的な諸自由にかかわることは専門性ではカバーできないということを、ここで押さえておきたい——。

3. 最高裁「学テ判決」と入用とされる法的アプローチ

　以上、述べたところからすると、この問題に関しては、北海道永山中学校「学テ事件」に関する最高裁の判旨は、考え方の筋道としては原則に正当と考えられる[19]。

　最高裁はいわゆる「国家の教育権説」と「国民の教育権説」のいずれも極端かつ一方的な説として斥け、「親の教育の自由」、「私学教育における自由」および「教師の教授の自由」がそれぞれ一定の範囲において妥当することを

前提に、「それ以外の領域においては、一般に社会公共的な問題について国民全体の意思を組織的に決定、実現すべき立場にある国は、国政の一部として広く適切な教育政策を樹立、実施すべく、……憲法上は、あるいは子ども自身の利益の擁護のため、あるいは子どもの成長に対する社会公共の利益と関心にこたえるため、必要かつ相当と認められる範囲において、教育内容についてもこれを決定する権能を有する」と述べる。

と同時に、教育はほんらい「人間の内面的価値に関する文化的な営みとして党派的な政治的観念や利害によって支配されるべきではない」から、「教育内容に対する右のごとき国家的介入についてはできるだけ抑制的であることが要請される」とし、とりわけ「子どもが自由かつ独立の人格として成長することを妨げるような国家的介入、例えば、誤った知識や一方的な観念を子どもに植えつけるような内容の教育を施すことを強制するようなことは、憲法26条、13条の規定上からも許されない」と論断しているのである[20]。

このように見てくると、法的アプローチとしては、国家＝統治機構が公教育内容に関してもある種の権能をもっていることを前提に、その範囲や態様・強度のいかんを、子どもの「教育をうける権利」(学習権)や「思想・良心の自由」、「親の教育の自由」、「私学教育の自由」、「教員の教育上の自由」や「学校の教育自治(自律性)」、さらには国民の「学問の自由」や「表現の自由」などの諸自由や権利との法的緊張・対抗関係において、それぞれの事柄や法域について、個別具体的に見定めていくことこそ肝要であると言えよう。

たとえば、教育基本法や学校教育法が定める教育の目的・学校教育の目標は、私学にも当然に妥当するが、学習指導要領もまた私学に対して公立学校と同じような法的効力をもちうるか、肯定の場合、いわゆる「憲法的自由」として憲法自体によって保障されていると解される「私学の自由(Privatschulfreiheit)」との関係はどうなるのか、といった視座からの個別かつ具体的な検討が必要だということである。

この点、たとえばドイツにおいて、私学もまた国家の学校監督権に服しているが(基本法7条1項)、支配的な見解によれば、「私学の自由」の憲法上の保障により(7条4項)、その法的効果として、①国家の学校監督権は公立学校と

私学とではその範囲・強度を異にし、私学に対するそれは「法監督(Rechtsaufsicht)」に限定され、②監督の内容は私学が設置認可要件をその後も充足しているかどうかに限られ、③私学の教育内容を細部にわたって拘束する法令は違憲・違法であり、また④公立学校用の学習指導要領は私学に対しては「単なる情報(bloße Information)」にすぎず、拘束力をもちえないとされているのは[21]、その理論構成において厳密で筋が通っており、参考にされてよいように思う。

4. ドイツとアメリカの法制・理論状況

これまで述べてきたところについて、ここで若干の比較法制的な補強をしておきたいと思う。

まずドイツにおいては、ワイマール憲法120条(1919年)が、一国の憲法としては世界で初めて「親の教育権(Elterliches Erziehungrecht)」を憲法上保障したのであるが、これを継承して、ドイツ基本法(1949年)も「子の監護および教育は、親の自然的権利であり、かつ何よりもまず親に課せられた義務である」と書いて(6条2項)、この権利を自然権的基本権として憲法上明記している。

また私学制度が根底から破壊されたナチス時代の反省もあって、「私学の自由(Privatschulfreiheit)」も同じく憲法上の基本権として明示的な保障をえている(基本法7条4項)。

さらには「学校の自治」や「教員会議権」を法律上保障したワイマール期学校法制(1920年代)の「教育の自律性」に関する法的蓄積を背景に、1960年代後半から70年代前半にかけての学校法制改革によって、「学校の教育自治(Pädagogische Selbstverwaltung der Schule)」や「教員の教育上の自由(Pädagogische Freiheit des Lehrers)」の法理が、学校管理運営上の重要な制度原理の一つとして、各州の学校法上に法的確立を見て、今日に至っている。

参考までに、これに関する規定例を引いておくと、言うところの「学校の教育自治」については、たとえば、ヘッセン州学校法127a条(1997年)は、「自治の原則」と題して、次のように書いている。

「学校は、国家の責任および法規と行政規則の範囲内において、授業

および学校生活の計画と実施、教育活動ならびに学校固有の事項の管理運営については、自立して (selbständig) これに当たることができる」。

また「教員の教育上の自由」については、たとえば、ブランデンブルク州学校法 (1996年) にはこうある。

「教員は、教育目的、法規および行政規則ならびに学校の機関の決定の範囲内で、自己の責任において (in eigener Verantwortung) 教育する。教員の教育上の自由は不必要もしくは不当に制約されてはならない」(67条2項)。

このように、ドイツにおいては、親、私学、学校、教員の教育上の諸自由や権利が憲法ないし学校法によって明示的に保障されているのであるが、しかし同時に他方では、学校制度の内的規律権＝教育目的や基本的な公教育内容の決定権が教育主権に属していることも、学説・判例上、確たる定説になっている。

ちなみに、この点について、たとえば、連邦憲法裁判所の「ヘッセン州の促進段階に関する判決」(1972年) は、次のように判じている[22]。

「基本法7条2項にいう学校監督は、すべての青少年に、その能力に応じて、今日の社会生活に対応した教育の可能性を保障する、学校制度の計画と組織に関する国家の権能を包含している。そしてこの国家的形成領域には、単に学校の組織的編制だけではなく、教育の過程や教育内容の確定も当然に含まれる」。

また有力な学説も、この点に関してこう説いている[23]。

「学校制度の形成に関する国家の権能には、学校制度の組織編制だけではなく、教育の過程や教育目的の内容的な確定も含まれる。しかもそれは大ざっぱな輪郭だけではなく、……個別的な事項についてまで及ぶ。これらに関する決定はひとり社会の領域だけに委ねることはできない」。

それに、現行の実定法制を見ても、バーデン・ビュルテンベルク州やザクセン州など12州においては州憲法で、ニーダーザクセン州など4州では学校法でそれぞれ学校教育の目的をかなり具体的に規定しており[24]、そしてこのようなコンテクストにおいて、たとえば教科書検定制度も、判例・通説によ

れば、制度それ自体は、教育主権作用の一環をなすものとして、合憲視されるところとなっている[25]。

また社会契約説的な考え方が支配的で、しかも市民的な「教育の自由」の伝統の根強いアメリカにおいても、法的状況は概ね同じようである。親はコモン・ローにもとづく natural right ないし基礎的な憲法上の権利として「親の教育の自由」を享有しており[26]、また「教員の学問の自由（academic freedom）」も憲法上の具体的な権利としてみなされている一方で[27]、「教育のコントロールと管理はまぎれもなく州と国民の権能に属している。それは州政府の固有の権力（inherent power）である」[28]、あるいは「教育は本質かつ本来的に州の権能に属する」とされ[29]、公教育内容に関する基本的決定権が州主権に包摂されていることは、既に判例上確立された法原理となっているのである。

第3節　公教育内容の確定と「法律の留保」

このように、国家＝統治機構は公教育内容に関しても一定範囲・程度の権能をもっていると見られるが、しかしこの場合、憲法が謳う民主的法治国家の原理により、この領域においても「法律の留保の原則（Prinzip des Gesetzesvorbehalts）」が当然に妥当するということが重要である。

すなわち、教育主権上の決定は、そのもつ法的意味・重要度により、「基本的決定（Grundentscheidung）」とこれを具体化するための「副次的決定（Sekundärentscheidung）」とにカテゴライズできるが[30]、このうち前者は法治国家・民主制原理にもとづき国民代表議会が法律上確定することを要し（議会への留保・Parlamentsvorbehalt）、行政権への委任は認められない。

他方、「副次的決定」は文科省など行政機関の権限とされるが、かかる決定も当然に法治主義的・民主主義的統制に服せしめられなければならない。つまり、従前のような「国家の学校教育独占」や「公法上の学校特別権力関係論」に依拠しての、教育行政機関の「法から自由な包括的規律権」はもはや全く容認されうる余地はない。教育行政機関の権限は法律による明示的授権に基づいてのみ許容され、しかもこの場合、包括的授権は禁止され、国会は法律によって授権の目的・内容・程度をできるだけ精確に規定しなければ

ならない義務を負っていると言える。

　それでは学校教育の領域においてどのような決定が上記にいわゆる「基本的決定」に該当し、したがって「法律の留保の原則」の適用を受けることになるかであるが、これについてはドイツ連邦憲法裁判所の理論的創造にかかる「本質性論（Wesentlichkeitstheorie）」が、その判断基準としてきわめて有用であると思われる。

　すなわち、同憲法裁判所によれば、社会制度としての学校教育が国民に対してもつ意味に鑑み、このように重要な生活領域に対しては「法律の留保の原則」が推し及ぼされなくてはならないということを前提に、先ず「基本法にいう法治国家・民主主義原則が、立法者に、学校制度における本質的な決定（wesentliche Entscheidungen im Schulwesen）は立法者自らがなし、教育行政に委任してはならないことを義務づける」とされる。そして「（学校教育のように）基本権が重要な意味をもつ領域にあっては、"本質的"とは、一般に基本権の実現にとって本質的ということを意味する。基本権の行使領域において、国家の形成に委ねられた法域を画するのは、立法者の任務なのである」と判示されているのである[31]——なお、ドイツにおいて、この理論が担った意義として、①「法律の留保」を学校関係にも適用せしめ、これにより伝統的な特別権力関係論を克服したこと、②従来、国民の権利と財産への侵害に限定されていた「法律の留保」を、侵害行為だけでなく、学校制度における国家のあらゆる組織・計画・統轄的活動に拡大したこと、が挙げられている[32]——。

　このような観点からすると、たとえば、学校教育における国旗・国歌の取扱いや教科書検定制度のような、親の教育権や子どもの人間的な成長発達権、さらには教員の思想・良心の自由などの基本権と教育主権がきわめて深刻な緊張・対立関係に立つ領域あるいはこれらの「基本権が敏感な（sensibel）教育領域」においては、少なくともその基本に関しては法律上確定することを要するということになる。これらの領域は、ひとり行政権の裁量的形成領域に委ねられてはならず、教育主権上の民主的・法治主義的コントロールに服せしめられなければならない、ということである。

第4節　主権者国民総体の教育権能と親の教育権

さて、それでは、既述したような教育主権＝主権者国民総体の教育権能と親の教育権は、子どもの教育をめぐって、どのような関係に立つことになるのか。

改めて書くまでもなく、親の教育権は個別的国民としての親が有する基本的人権、しかも第一次的には国家に向けられた自由権的基本権であるから、それは、他のもろもろの基本的人権と同じく、教育主権＝国家権力との絶えざる緊張・拮抗関係のなかに位置している。換言すれば、両者は「教育権（広義）」としては原則的に等位し、同権的な緊張関係ないしは相互規制関係に立っていると言えよう。

この点、ドイツ連邦憲法裁判所の判決（1975年）にも、「基本法7条によって全学校制度に対する監督を委ねられている国家は、独自にまた親と等位して（gleichgeordnet）、学校教育における固有の教育委託を履行する」とある[33]。

ただこの場合、相互規制の度合いは学校教育事項の種類や性質によって一様ではない、ということに留意を要しよう。

概括的に言えば、親（子ども）の「思想・良心・信教の自由」といった、すぐれて内面的な価値にかかわる事項ないし親子関係の核領域（Kernbereich）・親密な私的領域に触れるような事柄については、教育主権は「親の教育の自由」によってかなり強度な制約を受け、その規律範囲・程度は相当に限定されたものとなると解される。しかもこの領域においては、原則として、親（子ども）の側に一定範囲の「拒否権」が留保されていると見られる。世界観や人生観にかかわる教育は、親のもっとも根源的な精神の内的自由領域に属し、したがって、それは親の自然権的教育権の最重要な内容をなしているからである。

これに対して、理念的に「教育の機会均等の保障」、「ナショナル・ミニマムの確保」、「社会の統合・維持」、「自律的で責任ある市民の育成」といった、公教育（義務教育）制度のレーゾン・デートル（存在理由）から直接的に要請される事柄については、原則として、教育主権が親の教育権に優位することになると見られる。

また、たとえば、学校制度や教育行財政の基本構造の確定など、もっぱら教育の諸条件の整備にかかわる領域においてもほぼ同じことが妥当しよう。とは言っても、親の教育権の内実に触れない教育行財政上の措置などほとんどなく、こうして、統治機構はこの領域においても親の教育意思や要望をネグレクトするわけにはいかず、それらを尊重することを求められていると解される。
　ここで、ワイマール憲法が下掲のように明記していたのが参考になる。
　　「市町村においては、教育権者（Erziehungsberechtigte・親のこと・筆者注）の申請に応じて、……その信仰または世界観の小学校が設置されなければならない。教育権者の意思はできるかぎり、これを考慮しなければならない」（146条2項）。
　世界観的な教育（宗教教育権）の保障を旨として、親に公立学校の設置要求権を認めているわけである。
　いずれにしても、親の教育権が教育主権によっていかなる範囲でどの程度まで規制されうるかについては、一般妥当的な基準を定立することは不可能であり、個々の教育事項に即して、ケース・バイ・ケースのプラグマティックな利益衡量によって個別的に確定していく以外にない。ただその際、「子どもの福祉や利益」に叶うかどうかというメルクマールが、価値衡量の中核に位置しなくてはならないことは確かであろう。
　なお、以上の親の教育権と教育主権との関係にかかわって付言すれば、昭和30年代から40年代を通して、わが国においては、たとえば家永教科書検定訴訟事件に関する東京地裁判決（いわゆる「杉本判決」・1970〈昭和45〉年7月17日）にもあるように、いわゆる「国家の教育権」に対する概念として、「親と教師を中心とする国民の教育権」という用法がかなり一般化した。「国民の教育権」という概念のなかに、「親の教育権」と「教師の教育権」が平和的に共存してあやしまないわけである。
　しかし、このように親の教育権を一般的・抽象的な国民全体の教育権に解消し、教師の教育権と相俟って「国家の教育権」に対峙するものとして、つまり、「国民の教育権」と「国家の教育権」とを二律背反的または二者択一的

な概念として定立することは妥当ではない。なぜなら、親の教育権はほんらい親が一国民として自分の子に対してだけ有する個人的権利であるのに対し、国民全体の教育権とはまさしく既述した教育主権のことにほかならないからである。

また「親の教育権」と「教師の教育権」を一体化してしまうのも正当ではない。「教師の教育の自由というのは、実定法制度に内在して理解しなければならない面があるのであって、実定法制度を超えたところに自由をもち権利をもつ親の立場とは明らかに区別されなければならない」からである[34]。

敷衍して言えば、親の教育権は親子という自然的な血縁関係にもとづく自然権的基本権・始源的教育権であるのに対し、教員のそれは教育公務員として配分された職務権限・伝来的教育権にほかならず、ひとくちに「教育権」とは言っても両者の間には、その法的性質や権利内容において、決定的な差異があるということである。それに教員の教育権は、公務員制度内で配分された職務権限であるから、法制度的構成としては「国家の学校教育権」の一部をなしており、その意味では、文科省や教育委員会の教育権能と同列に位置していると言えよう。

ちなみに、ドイツにおいては、「国家の学校教育権 (Das staatliche Schulerziehungsrecht)」なる語は通常「親の教育権」との対抗関係において用いられ、それが「教員の教育権」も包含する概念であることは自明とされている[35]。

〈注〉

1　H. Avenarius/H. Heckel, *Schulrechtskunde*, 2000 S.235.
2　永井憲一『主権者教育権の理論』三省堂、1991年。
3　主権観念について詳しくは参照：佐藤幸治『日本国憲法と「法の支配」』有斐閣、2003年、18頁以下。
4　M. Bothe, *Erziehungsauftrag und Erziehungsmaßstab der Schule im freiheitlichen Verfassungsstaat*, In: VVDStRL (1995), S.17.
5　奥平康弘「教育をうける権利」芦部信喜編『憲法3　人権 (2)』有斐閣、1987年所収、420頁。
6　Deutscher Bildungsrat, *Strukturplan für das Bildungswesen*, 1970, S.260.
7　B. Pieroth, *Erziehungsauftrag und Erziehungsmaßstab der Schule im freiheitlichen*

Verfassungsstaat, In: DVBl, 1994, S.951.
8   同旨：N. Niehues/J. Rux, Schul-und Prüfungsrecht, Bd. I, *Schulrecht*, 2006, S.12-14.
9   日本教職員組合編『新教育労働者の権利』労働旬報社、1976年、373頁。
10 北海道永山中学校「学テ事件」における被告教員側の主張、青木宗也編『戦後日本教育判例体系』〈第1巻〉労働旬報社、1984年、343頁。
11 E. Stein, *Das Recht des Kindes auf Selbstentfaltung in der Schule*, 1967, S.58.
12 ders. a.a.O., S.45.
13 E. Bärmeier, *Über die Legitimität staatlichen Handelns unter dem Grundgesetz der Bundesrepublik Deutschland*, 1992, S.163-165.
14 佐藤幸治『憲法 (第3版)』青林書院、1995年、626頁。
15 宮沢俊義著・芦部信喜補訂『全訂日本国憲法』日本評論社、1987年、276頁。
16 同 旨：E.W. Böckenförde, *Elternrecht–Recht des Kindes–Recht des Staates,* In: Essener Gespräche (1980), S.84.
17 F. Ossenbühl, *Das elterliche Erziehungsrecht im Sinne des Grundgesetzes*, 1981, S.105-106.
18 N. Niehues, *Schul–und Prüfungsrecht,* Bd. 1, Schulrecht, 2000, S.239.
19 同旨：佐藤幸治『憲法 (第3版)』青林書院、1995年、627-628頁。
20 昭和51年5月21日判決・青木宗也他編『戦後日本教育判例体系』〈第1巻〉労働旬報社、1984年、345-346頁。
21 B. Pieroth/B. Schlink, *Grundrechte*, 2003, S.171. I.v. Münch/ P. Kunig (Hrsg.), *Grundgesetz–Kommentar*, 1992, S.521.
22 BVerfG. Urt. v.6.12.1972, In: NJW (1973), S.134.
23 N. Niehues, a.a.O., S.222.
24 H. Avenarius/H. Heckel, a.a.O., S.62.
25 拙稿「ドイツの教科書制度」季刊『教育法』130号、エイデル研究所、2001年、56頁以下。
26 J.W. Whitehead/W.R. Bird, *Home Education and Constitutional Liberties*, 1987, p.33.
27 J. Fischer/D. Schimmel/C. Kelly, *Teachers and the Law*, 1987, P.120. H.C. Hudgins/R.S. Vacca, *Law and Education*, 1985, p.205.
28 L.J. Peterson/R.A. Rossmiller/M.M. Volz, *The Law and Public School Operation*, 1978, p.8.
29 N. Edwards, *The Place of the Public School in Our Governmental Structure*, In: L.O. Carber, *Current Legal Concepts in Education*, 1966, p.38.
30 H. Heckel/P. Seipp, *Schulrechtskunde,* 5Aufl, 1976, S.159-160.
31 連邦憲法裁判所・1977年12月21日判決など。この理論について詳しくは、参照：J. Staupe, *Parlamentsvorbehalt und Delegationsbefugnis,* 1986, S.104ff.
32 H. Avenarius/H. Heckel, a.a.O., S.236.
33 BverfG. Urt. v.17.12. 1975, In: BVerfGE (41), S.44.
34 奥平康弘、前出、411頁。
35 F. Ossenbühl, a.a.O., S.103ff.

第4章　ドイツにおける教育主権と国家の学校監督権

第1節　ワイマール憲法下までの法状況

1. 国家の学校監督権の法定

　1794年に制定されたプロイセン一般ラント法 (Allgemeines Landrecht für die Preußischen Staaten v.5.2.1794) は「学校および大学は国の施設 (Veranstaltungen des Staats) であって……」(1条) と規定し、ドイツの学校法制史上初めて、学校を国の施設として位置づけた〈国の施設としての学校・Schule als Staatsanstalt〉[1]。

　これを受けて同法は学校の設置と学校教育課程に関する国家の認可権 (2条・3条) を規定したうえで、国家の監督権について、こう書いた。

>　「すべての公学校および公教育施設は国家の監督 (Aufsicht des Staats) のもとに置かれ、常時、国家の監査と査察をうけなければならない」(9条)。

さらに同法は「公学校と宗教」の関係についても、次のような定めを置いた。

>　「何人も宗派のちがいの故をもって、公学校への入学を拒まれてはならない」(10条)。「国法にもとづき、公学校において教えられる宗教とは別の宗教を教えられるべき子どもは、当該学校の宗教の授業への出席を強制されることはない」(11条)。

　ここに法制 (学校法原理) 上は、いわゆる「学校制度の国家化 (Verstaatlichung des Schulwesens)」が確立されたのであり[2]、それまで歴史的に長い間、「教会の付属物 (annexum der Kirche)」という性格を濃厚に帯びてきた学校は[3]、教会権力から国家権力の手に移管され、「国家の施設」として位置づけられて、その監督下に置かれることとなったのである。「プロイセン一般ラント法以降、国家は学校の主人 (Herr der Schule) とみなされてきた」[4]と捉えられる所

以である。

とは言え、上記にいわゆる「国家の学校監督」は、その概念においても、また制度実態においてもきわめて曖昧かつ不徹底なものであった。

実際、同法においては、下級学校に対する直接的な監督権はなお依然として地区裁判所と説教師の掌中にあったし (12条・25条・49条)、また「国の施設としての学校 (大学)」とは言っても、国の官吏 (Beamte) としての身分を賦与されたのは大学と上級学校の教員だけであった (65条・73条)[5]。

ちなみに、この点、A. アイゼンフートも「プロイセン一般ラント法1条は構成的な効力をもつものではなく宣言的な効力 (deklarativ wirksam) を有するにすぎない」と指摘しているところである[6]。

2. 国家の学校監督権の確立

言うところの「国家の学校監督」法制は19世紀に入って本格的に整備されることになる。憲法の学校条項による規律も含めて、この法域において、下掲のような基幹的な立法がなされたのである。

- プロイセン王国政庁の業務執行に関する命令18条 (1817年) ——「宗務・学校委員会」は、それ自体特別な官庁ではなく、政庁第1課に統合された、その一部をなす機関であり、……下記について権限を有する。
  d) すべての公立および私立の学校と教育施設に対する指揮と監督、
  e) すべての初等学校制度の監督と管理……」[7]。
- プロイセン憲法20条 (1848年) ——「公民衆学校 (Die öffentlichen Volksschule) およびその他のすべての教育・教授施設は、独立の、国家によって定められた官庁の監督の下に置かれる」[8]。
- ドイツ国民の基本権に関する法律23条 (1848年) ——「教授・教育制度は国家の上級監督の下に置かれ、宗教教育を除いて、聖職による監督は廃止される」[9]。
- プロイセン改正憲法23条1項 (1850年) ——「すべての公教授・教育施設および私教授・教育施設 (Alle öffentlichen und Privat-Unterrichts-und Erziehungsanstalten) は、国家によって定められた官庁の監督の下に置かれる」[10]。

・学校監督法1条(1872年)――「あらゆる公教授・教育施設ならびに私教授・教育施設に対する監督は、国家に帰属する。かかる監督を任せられた官庁および官吏は、国家の委託をうけてそれを行うものである」[11]。

これらの憲法条項および学校監督法令については、その法制史上の意義に鑑み、ここで若干のコメントをしておかなくてはならない。

①先に見たとおり、プロイセン一般ラント法においては、国家の学校監督権は「公学校および公教育施設」だけに対するものであった (9条)。これに対して、1817年の命令は、私立を含むすべての学校と教育施設に対する国家の監督権を規定しており、しかも、そこに言う学校監督には、狭義の監督だけでなく、「指揮 (Direktion)」および「管理 (Verwaltung)」が包摂されている。

G. アンシュッツも指摘しているとおり、この命令は「政庁に異常なほど広範な権能を授権したもの」[12]であり、かくして、後年、展開されることになる「国家の学校監督権の拡大解釈」に実定法上の根拠を与えることにもなる(後述)。またこの命令は行政運用レベルではその後、ワイマール憲法下に至るもなお効力をもち続けたという点でも、ドイツの学校監督法制史上、重要な位置を占めるものである。

②ドイツ3月革命の所産として1848年に制定されたプロイセン憲法は、国家の学校監督権について前掲のように規定したが、その一方でベルギー憲法17条 (1831年) の流れを汲んで「教育の自由」の保障条項を擁し(19条)、くわえて一国の憲法としては世界で最初に「普通国民教育をうける権利 (Recht auf allgemeine Volksbildung)」を保障した。

けれども、この「教育をうける権利」保障条項は、法律によって具体化されることはなく、1850年の改正憲法によって消滅した、という歴史がある。

③プロイセン憲法の学校監督条項(20条)について、制定時、官報で次のような註釈がくわえられていることは、注目されてよい。

「学校に対する上級監督権がいかなる制約もなしに、国家に帰属している。……教授・教育制度に対する上級監督権は、憲法においては明らかに国家の基本的な権利 (Grundrecht des Staates) として保障されているのである。……学校監督の純然たる国家性 (reine Staatlichkeit) はプロイセン

においては既に法に叶ったものとなっている」[13]。

④ドイツ国民の基本権に関する法律は、翌1849年3月27日のドイツ帝国憲法（いわゆるフランクフルト憲法）にほぼそのまま吸収されたが（学校監督条項はまったく同文・同憲法153条）、「結局は全ドイツに亘る3月革命の失敗によって宙にまよい、実施されないままに終わった」[14]という運命を辿っている。

⑤プロイセン改正憲法23条は、1872年の学校監督法の制定によって「現実に妥当する法 (aktuell geltendes Recht)」としての効力をもつに至り、かくしてここにおいて、国家による学校監督という原則は憲法自体を直接の法的根拠とする憲法上の具体的な制度となった。

ただ、言うところの国家の学校監督権の内容、範囲、対象および強制手段などについては、憲法はもとより、学校監督法においても何ら語られてはいない。それは、「学校監督法は憲法23条1項の完備した施行法ではなく、この法律の制定期の教会の政策動向に鑑みて、早急に制定されなければならなかった、言うなれば緊急法 (Notgesetz) であった」[15]ということによる。先に、1817年の命令18条は「行政運用レベルではその後、ワイマール憲法下に至るもなお効力をもち続けた」と書いた所以である[16]。

さて、国家による学校監督という法制上の概念は、先に掲記した憲法の学校監督条項や学校監督法令、およびこれらをめぐる学説や判例、さらには実際の行政運用などによって次第に明確化され、それに対応する形で、学校監督制度も法制上整備されていくのであるが、その過程においては、当時の国法学の泰斗 G. アンシュッツが決定的に重要な役割を果たした。

すなわち、アンシュッツは1910年に発表した論稿「プロイセンにおける学校監督と民衆学校教員の法的地位」において、この問題について本格的に論究し、国家の学校監督権を次のように法構成した[17]。

「学校監督という表現は、国家に独占的に帰属する学校に対する行政上の規定権 (das dem Staate über die Schule ausschließlich zustehende administrative Bestimmungsrecht) を意味する用語としては、まったくもって適切ではない。この規定権は決して単一の権力ではなく、一部は真に監督上の (aufsichtlicher)、一部は統轄的な (leitender)、さらに他の一部は直接的な管理機能 (unmittelbar verwaltender Funktionen)といった、様々な機能の総体なのである。つまり、それは情報提供・規制・指導的な措置を実施したり、個別的ないし一般的な禁止命令を発するなどの諸権限を包含している。このように広範な規定権の法的基盤を形成しているのは……今日においてもなお1817年10月23日の政庁命令18条である。

　かくして"学校監督"にはとくに次のような個々の機能が包含されている：①私教授制度に対する監督、②公学校の外的事項の管理がゲマインデに委託されている場合、これに対する監督、③すべての下級および上級の公学校の内的事項の管理。

　固有の、厳格な意味での監督という概念は上記①と②の活動についてだけ妥当する。これに対して③の機能はその把持者である国家の観点から見れば、……その固有の行政の統轄と管理にほかならない」。

ちなみに、アンシュッツのこのような理論構成は、従来、プロイセンにおいては、先に触れた一般ラント法や1808年と1817年の政庁命令によって、「学校は国家の監督だけではなく、指揮と管理にも服せしめられてきた。学校に関して、および学校に対して国家に帰属する権能の総体は、プロイセンの行政実務における語法では、従来、学校監督と称されてきた」という法現実を踏まえてのことであった[18]。

上記のようなアンシュッツの見解は1910年代の学説[19]や判例[20]によって強く支持されるところとなり、そしてそれはワイマール憲法 (Die Verfassung des Deutschen Reichs vom 11. August 1919) 144条＝「すべての学校制度は国家の監督に服する」の解釈としてほぼそのまま援用されたのである。アンシュッツの手になるワイマール憲法の名高い註解書には、こう書かれている[21]。

　「ここに学校監督とは国家に独占的に帰属する学校に対する行政上の規定権をいう。この規定権は単一の、同質的な権力 (einheitliche, homogene Gewalt) ではない。それは、一部は狭義の監督的 (＝規制的)、一部は統轄的、一部は直接的な管理 (執行) 機能など、各種の機能の総体である。

　この場合、国家の学校行政と学校監督との間に対立は生じない。学校監督は学校行政、すなわち内的学校行政 (innere Schulverwaltung) の一部を

なすものだからである」。

ワイマール憲法下の学説・判例は、たとえば、国法学の双璧としてアンシュッツと並び称された F. ギーゼが「学校監督は独占的に国家に帰属する（教会やゲマインデには属さない）すべての学校に対する規定権である。それはアンシュッツの考証によれば……」[22]と述べているように、まず例外なく、上述のようなアンシュッツの見解に倣った[23]。かくしてここに国家の学校監督権は、ラント法上の概念と効力の域を超えて、ライヒ（Reich・ドイツ帝国）の法制度上に、しかも憲法上直接的な法的効力をもつ法原則として確立を見るに至るのである[24]。そして「国家が独占的に学校監督権を有するということについては、ワイマール時代においてはもはや争いはなかった」[25]のである。

敷衍して言えば、ワイマール憲法の学校監督条項は第一次的には学校に対する教会の支配権を排し、国家の支配権＝教育制度の世俗化原則を憲法上確認したもので、そこに言う国家の学校監督権は教会に対する防禦機能（Abwehrwirkung）を担うものであった。しかし同時にそれは国家内部関係においては、既述したとおり、「国家に独占的に帰属する学校に対する行政上の規定権」と観念され、法的意味での監督概念をはるかに超えて、「学校に対する国家の全的かつ唯一の直接的規定権力、組織権力、勤務監督権力の総体」[26]として構成されたということである。

3. 内的学校事項の統轄権としての学校監督権

ところで、ドイツの学校法制においては、すでに垣間見たように、学校事項について「内的学校事項（innere Schulangelegenheit）」と「外的学校事項（äußere Schulangelegenheit）」の区別があった[27]。ここに内的事項とは学校内部での生活、教育活動、教授要綱、教育方法、就学、学校懲戒などにかかわる事項を言い、外的事項とは学校の設置や維持、施設・設備、学校財産などを指した[28]。この区分はドイツ学校法制史上、1808年のシュタイン都市条例（Die Steinsche Städteordnung vom 26. 12. 1808）にまで遡る。

すなわち同令は市政の各分野ごとに委員会の設置を義務づけ（175条）、学校事項（Schulsachen）の管理も委員会によるものとした。そして学校事項を内

的事項と外的事項とに区分し、前者の管理権は特別法の定めるところに留保し、後者については市参事会員を長とし市民代表を含む委員会の権限とした (179条)[29]。

その後、1811年の学校委員会のための命令によって内的事項の管理権は国家の権限――正確にはその委任を受けた学校委員会の権限――と明記され[30]、それ以来、ドイツにおいては「この外的事項と内的事項の区分は、公教育制度の領域における国家とゲマインデ (Gemeinde・共同体) との間の権限配分の基盤をなしてきた」[31]という歴史がある。

そして、この区分とかかわって決定的に重要なのは、上述した学校監督概念によって「国家による内的学校事項の統轄および管理」が憲法上根拠づけられたということである (いわゆる「国家の学校独占」・staatliches Schulmonopol)。

かくして、内的事項は国家がこれを全面的に掌握し、ゲマインデが学校監督に与かる場合、それは国家機関として学校監督権の行使を委任されたにすぎなかった (国家の委任事項・staatliche Auftragsangelegenheit)。

この点、アンシュッツが直截に次のように述べているのが象徴的である。

> 「外的事項の管理はゲマインデに、内的事項の管理は国家に属するという配分原則に、……国家事項としての教育行政のもっとも重要で本質的な特徴が表れている。
>
> 内的事項の領域における独占的な権限は国家をして学校の主人 (Herr der Schule) たらしめるものである。外的学校行政の主体であるゲマインデが、学校のために建物を建てる。しかし、建物の中の主人は国家である (Gemeinde baut……der Schule das Haus, Herr im Hause aber ist der Staat)」[32]。

なお以上と関連して、学校財政の面における国家とゲマインデとの負担関係について、一言触れておかなくてはならない。

ドイツ (プロイセン) において、学校法制史上、ゲマインデによる学校の設置・維持義務を明記したのは、1736年のプリンシピア・レグラティバ (principia regulativa) が最初であるが、その後、一般ラント法 (29条・138条) などによる規律を経て、1848年のプロイセン憲法において、こう書かれた (22条)。

> 「公民衆学校の設置、維持、拡充のための費用は共同体がこれを支弁

するものとする。ただし、共同体が支弁できないことが明らかな場合には、国家が補助的にこれを支弁するものとする」。

学校財政における「共同体負担の原理 (Gemeindeprinzip)」の憲法上の確認である。

この原則は、国家に教員の人件費の定額負担を義務づけた、1888年の民衆学校の負担の軽減に関する法律によって補強され、そして1906年、公民衆学校の維持に関する法律の制定により、具体的な制度として確立を見たのであった[33]。同法1条は、次のように規定した。

「公民衆学校の設置と維持は、この法律の特別な定め、とくにそこに規定された国の費用分担を留保して、市民共同体 (bürgerliche Gemeinde) と独立の領主地区の義務である」[34]。

第2節　ドイツ (ボン) 基本法下における法的構造

1. 伝統的法制・理論の継受

(1) 国家の学校監督法制とその解釈

1949年5月に制定されたドイツ連邦共和国基本法 (Grundgesetz für die Bundesrepublik Deutschland vom 23. Mai 1949：以下、基本法と略称) は、その7条1項で「すべての学校制度は国家の監督に服する」と規定したが[35]、これはワイマール憲法144条1項と同文であり、また基本法と前後して生まれた各州の憲法も概ねこのような伝統的法条を継受した。

たとえば、ノルトライン・ウエストファーレン州憲法(1950年) 8条3項は「すべての学校制度は州(Land)の監督に服する」と書き、またヘッセン州憲法(1946年) 56条1項は、より直截に「学校制度は国家の事項(Sache des Staates)である」との定めを置いた[36・37]。

ちなみに、基本法制憲議会においては、「学校監督概念については全く問題にされることはなかった。その内容はすべての草案および論議において自明視されていた。ただ親の権利と学校の宗教的・世界観的性格が審議の対象となったにすぎない」とされる[38]。

かくして、何ら検証されることもなく、基本法施行後の通説や判例も国家の学校監督概念に関する伝統的な解釈を維持した。

たとえば、基本法に関する初期の代表的なコンメンタールは、この点について、大要、以下のように説いている。

7条1項は学校教育制度の統一性を保障し、分裂の危険を防止することを旨としている。基本法上に確立し保障されている国家の学校監督は制度的保障 (Einrichtungsgarantie) である。

基本法7条1項は唯一の学校の主人としての国家 (Staat als dem alleinigen Schulherrn) に対して、国家が長年に亘って有してきたすべての学校制度に対する支配権を容認したものである。そこにいう国家の学校監督は、すべての学校制度に対する、国家の形成的、管理的、制御的および統制的な規律活動 (gestaltende, verwaltende, steuernde und kontrollierende Ordnungstätigkeit) に他ならない。

基本法はワイマール憲法の学校条項の文言をそのまま継受したのであるから、従来の法および慣行的な行政実例において発展してきた、学校監督の内容と範囲に関する法規は今後も継続して有効である[39]。

また刊行当時 (1967年) としては珍しく書名に「国家の学校監督」という用語ではなく、「教育の委託 (教育責務)(Erziehungsauftrag)」というタームを用いて著された学校法制書においても、言うところの国家の学校監督に関してはこう記されている。

「基本法7条1項に基づく学校制度に対する国家の学校監督には、学校制度のコントロールと指揮監督のための包括的な国家的手段が留保されている、ということが確認されなくてはならない」[40]。

一方、判例も、たとえばコブレンツ高等行政裁判所 (1954年) が「学校の組織権力および国家の学校監督について、……慣習法上に発達してきた法規は、1945年以降も、新憲法の学校条項の基礎をなしている」[41]と判示したのを始め、連邦行政裁判所も一貫して伝統的な見解を踏襲した。公立学校の組織編制をめぐって地方公共団体の自治権と国家の学校監督権の関係が争われた事件で、連邦行政裁判所は、50年代後半から60年代前半にかけての同裁判所の判例を引きながら[42]、下記のように判じている[43]。

「当行政裁判所の判例によれば、基本法7条1項にいう国家の学校監督という概念は、……その歴史的発展に鑑み、学校制度の組織、計画、管理運営および監督に関する国家の支配権の総体を包摂する。

したがって、学校法域においては、国家の支配権が優位し、地方公共団体の自治権はそれに対しては退かなければならない」。

なお、以上と関連して、ここで以下について一言触れておかなくてはならない。

後に稿を改めて論及するところであるが、ドイツにおいては19世紀後半以降、「公法上の特別権力関係論 (Die Lehre vom öffentlich—rechtlichen besonderen Gewaltverhältnis)」なる公法理論が学説上展開され、教育行政・学校法域では、公立学校教員の勤務関係と学校営造物利用関係 (児童・生徒の在学関係) が、この特別権力関係に当たると解された[44]。

その結果、かかる特別権力関係には「法律の留保の原則」は妥当せず、特別権力主体たる学校監督庁 (学校) は各個の場合に法律の根拠を要することなく、行政規則でもって学校関係法規を定立したり、権力服従者に命令・強制できるとされてきた。公法上の特別権力関係論による、こうした「法律から自由な学校行政領域 (gesetzesfreie Raum der Schulverwaltung)」の認容が、上述のような学校監督概念の拡大解釈を強く支援していたことは、E-W. フースの指摘するところである[45]。

(2) 学校営造物理論と学校特別権力関係論

ところで、すでに言及したように、プロイセン一般ラント法 (1794年) はドイツ学校法制史上初めて、学校を「国家の施設 (Veranstaltungen)」として位置づけたのであるが、関連して警察などの「営造物 (Anstalt)」についての条項も擁していた (第2編17章10条)。そこにいう Veranstaltungen や Anstalt は、同法においては未だおよそ技術的確定的概念としての営造物ではなかったが[46]、その後これらの概念をめぐる法解釈や法理論として打ち出されたのがいわゆる営造物理論である。

この理論は本格的には19世紀末から20世紀前半にかけて、ドイツ行政法

学の始祖 O. マイヤーによって展開されたものである[47]。マイヤーは当時の各種行政分野における営造物関係が権力関係であるという点では共通しているとの認識のもとに、言うところの営造物を「公行政主体により公の目的に継続的に供用される人的手段および物的施設の総合体」と定義し[48]、その法理を構築した。そしてマイヤーの理論はワイマール憲法下の学説や判例によっても基本的に承認され、こうしてドイツ行政法学の伝統的理論となったのである。

この理論は当然ながら学校にも援用された。ちなみに、この点、W. ランデは端的にこう書いている[49]。

「公立学校は、公の営造物に関し特別な法規を発展させてきた、行政法学説の意味においては、公法上の営造物（Anstalt des öffentlichen Rechts）である。……学校が固有の法人格を有すると否とに拘わらず、学校と学校設置者との関係ならびに学校とその利用者の関係については、……営造物法（Anstaltsrecht）が妥当する」。

かくして言うところの学校営造物理論は、下記のような基本構造をもつこととなった。

①営造物理論が説くところによれば、営造物は権利能力（Rechtsfähigkeit）の存否、つまりは営造物主体に対する法的独立性を基準として、「全的に権利能力を有する営造物（vollrechtsfähige öffentliche Anstalt）」、「部分的に権利能力を有する（teilrechtsfähige）営造物」、それに「権利能力なき（nichtrechtsfähige）営造物」の３類型に区分されるが[50]、学校は、上級学校を除いて——プロイセン一般ラント法54条以来、ギムナジウムなどの中等教育諸学校は「社団としての外的権利を享有するとされ、「権利能力を有する営造物」として位置づけられてきた[51]——、後者として位置づけられた。

すなわち、学校は権利能力のない非独立的な営造物として、教育行政・学校組織権限関係上、学校監督庁の包括的な規律権ないし支配権に服するとされた。

敷衍して書けば、「学校は公行政の一部分をなしており、非独立的な営造物（unselbständige öffentliche Anstalt）である。学校は法人格を有してはおらず、そ

れ自体、国家行政の一部に止まっているからである」とされたのであった[52]。

②先に垣間見たとおり、営造物理論は公法上の特別権力関係論と強く結合して展開され、学校営造物の利用関係は、特別に強められ、高められた「営造物権力としての学校権力 (Schulgewalt als Anstaltsgewalt) が働く「公法上の特別権力関係」だと解された[53]。U. K. プロイスの表現を借用すれば、「学校特別権力関係の行政上の容器である、権利能力なき公法上の営造物としての学校」という法的位置づけである[54]。

また学校は軍隊営造物や刑務所と同じく「権力および懲治を行う営造物」(公権力的営造物・倫理的営造物) であり、そこにおける教育活動は国家の権力作用そのものとみなされた。

すなわち、「公の営造物の作用は公の行政の発動」であって、「公立学校は官庁 (Behörde) であり、……公権力を行使する」。学校における「教育活動は公権力の行使 (Ausübung öffentlicher Gewalt)」にほかならず、それどころか「学校のすべての活動およびその機関としての校長と教員のあらゆる活動」がそうである。

かくして「学校の活動は刑法113条の意味における公務執行であり、教員に対する抵抗は国家権力に対する抵抗である」。「学校の命令に対する不服従は刑法110条によって有罪である」[55]とされた。

さて、以上のような伝統的学校営造物理論・法制といわゆる学校特別権力関係論は、基本法施行後においても、基本的には維持・継承されることになる。

すなわち、まず学校の法的地位・性格については、たとえば、ノルトライン・ウエストファーレン州学校法(1958年)6条やバイエルン州教育制度法(1960年)5条など、すべての州学校法が学校を従前どおり「権利能力なき営造物」として位置づけた。そして、これらの条項の解釈においても、「学校は非独立的営造物、すなわち、行政主体の掌中にあって、特別の目的に継続的に供用される人的・物的手段の総合体である」[56]というような捉え方のもと、伝統的学校営造物理論が依然として圧倒的な多数説を占めた。

また、たとえば、H. ヘッケル著『学校法学』初版 (1957年) の39章Aが「特別権力関係としての学校権力」と銘打って、「学校の特別権力関係 (Das besondere

Gewaltverhältnis der Schule)」について解説しているところからも窺えるように[57]、公法上の学校特別権力関係論もなお根強く支配的であった。

さらに公法上の勤務関係に立つ教員には、特別権力関係論と相俟って、伝統的な官吏法理が厳格に適用されたのであった。

2. 学校監督概念の再構成

(1) H. ベッカーの「管理された学校」批判

以上のような実定法制や法解釈によって、学校は学校監督庁の強い緊縛下におかれ、こうしていわゆる「管理された学校 (Die verwaltete Schule)」と呼称されるような学校状況が現出した。

この「管理された学校」というタームは H. ベッカーの創造にかかるものであるが、ベッカーは1954年に雑誌『Merkur』に同名の論文を寄稿し、そこにおいて当時の学校現実をこのように表徴し、「教育の論理」に依拠しながら、そうした現実を厳しく指弾したのであった[58]。ベッカーはその後も一貫してこの問題を教育行政・学校法制上の最重要課題の一つとして位置づけ、これに関して数多くの論稿を著しているが、同時にドイツ教育審議会 (Deutscher Bildungsrat) の委員を務め、この面での政策形成や法制改革に直接かかわるなどの活動も続けたのであった。

そこで、ここでは、1954年の上記論文だけでなく、その後の著書や論文も含めて[59]、言うところの「管理された学校」についてのベッカーの論述のうち、本稿の射程内において、その中核部分を摘記しておくこととしたい。

①ドイツの学校は教育行政のヒエラルキーのなかで、地区警察や税務局などと同程度に最下級行政機関化している。校長は税務局の事務長以下の「決定の自由」しかもたず、教員は学校監督庁の規則や命令によって「授業形成の自由」を剥奪され、単なる行政執行吏に堕している。

このような「管理された学校」における教育によって、大勢順応的で画一的、想像力が乏しく統制され易い人間が育成されている。今やドイツの学校は「調教施設」(Abrichteanstalt) と化している、と言っても決して過言ではない[60]。文化領域としての学校の特殊性が考慮されることなく、一般化を旨とする行政

活動の諸原則が学校に強要されていることの結果なのである。

しかし"自由な人間は自由な学校 (freie Schule) からだけ誕生しうる"ということを銘記すべきである[61]。

②たしかに学校は国家の学校監督に服している。しかし監督という概念は法学上、一定の自律性を有している領域に対しての、きわめて慎重な規制を意味するに止まる。学校監督は決して個別的な学校教育活動の形成や学校に対する命令を意味するものではない。教育行政の最下級機関としての学校という位置づけは、学校監督の法学的な意味を忘却したものである。

基本法7条1項の学校監督条項は学校制度の一定程度の自律性を含意している。学校は「国家の監督に服する」と規定しているのであり、「国家の事項」とは書いていない。法的には、両者の間には大きな違いがある。しかし遺憾ながら、教育行政の実際の運用においてはこの区別がまったくと言ってよいほど理解されていない。

③かつて E. シュプランガーはこう指摘した。「教育の意義は自律的 (autonom) なことにある、ということがより明確に確認されるにつれて、国家権力の把持者による一方的な見解の圧力から教育を守る自治の形態を、大学段階だけではなく、あらゆる段階の学校が次第に具備していくことになるであろう」[62]。

ドイツにおいては、こうした「教育の自律性 (Autonomie der Erziehung)」の要求がくり返しなされてきた。官憲的な行政国家の模写としての学校を克服するために、「学校の自治」が段階的に拡大されなければならない。「外部からの管理 (Fremdverwaltung)」よりも「自治」が優れているのは、あらゆる事情を考慮し、現場に即して、より適切な決定を行うことが可能だからである[63]。

同時に教員に対しては「教育上の自由」が保障されなければならない。それは「自律的な学校 (autonome Schule)」の基盤をなすものである。

④学校の固有責任を可能なかぎり強化し、自己コントロールとして構成できるまでに高めることが必要である[64]。

ほんらい学校監督は、例外的なケースを除き、学校に対する支援や助言をもっぱらとすべきなのである。旧来の「侵害行政としての教育行政」から、教育をうける権利の具体化に任ずる配慮行政 (Sorgeverwaltung) に、教育行政

の原理を転換させなくてはならない[65]。

(2) 憲法体制の転換と国家の学校監督権

　学校制度の領域において、国家に無制限な組織権力や全的かつ唯一の規定権力を帰属せしめる伝統的な国家の学校監督概念は、H. ヘッケルや H. アベナリウスも指摘している通り[66]、「絶対主義国家における行政庁の全能 (Allmacht der Behörden im absoluten Staat)」の観念と強く結合しており、したがって、それは自由民主的・社会的法治国家を標榜する基本法体制下においては、否定ないし修正される必然性を伴っていた。

　表現を代えると、「基本法7条1項は、150年以上に亘って発展し保障されてきた、国家の学校監督権の形成と連続しているのであろうか。この間に憲法基盤の本質的な転換がなされたのではなかったのか」[67]、もしくは「基本法はワイマール憲法とその精神的・世界観的背景を異にしている。基本法は決してワイマール憲法の直線的な発展ではない」[68]という観点からの、伝統的な国家の学校監督概念の検証とその再構成が不可避であった。

　すなわち、第1に、基本法20条3項が謳う「法治国家ないし法治主義の原則」からの要請がある。国家の学校監督権に関する伝統的な拡大解釈は、基本法7条1項に言う国家を執行権、つまりは政府ならびに行政機関と同義に解してきた[69]。しかしそこに言う国家は権力分立の民主的な法治国家なのである。教育行政領域にも憲法上の法治主義原則は当然に妥当するから、従前のような「法律から自由な (gesetzesfreie) 学校監督庁の一般的な規則制定権や学校に対する包括的な支配権・規律権」は、もはや認容される余地はない。

　第2に、基本法は国家の教育独占・学校独占を排して、「地方自治団体の自治権 (Recht der kommunalen Selbstverwaltung)」(28条2項)、「私学の自由 (Privatschulfreiheit)」(7条4項) ならびに「親の教育権 (Elterliches Erziehungsrecht)」(6条2項) を憲法上保障し、また同時に未成年者に対しても「人格の自由な発達権」(2条1項) や「信仰および良心の自由」(4条1項) をはじめ、各種の基本権が妥当することを予定している (基本権の主体としての児童・生徒の法的地位)。しかもこの場合、基本法は、ワイマール憲法とは異なり、学校教育については基本権の章におい

てこれを規定している、という事実も重要である[70]。

さらには、「教育の自律性」確保要求の歴史的蓄積を背景に、1950年代後半から60年代を通して、「教員の教育上の自由（Pädagogische Freiheit des Lehrers）」や「学校の教育自治（Pädagogische Selbstverwaltung der Schule）」の法理が、学校管理・運営上の重要な制度原理の一つとして、各州の学校法上に法的確立を見たことによって、言うところの国家の学校監督権はこれらの諸権利や自由との法的緊張において「第三者の固有の権利によって制約された権力」たらざるをえないこととなる[71]。

ちなみに、この点を、たとえば、親の教育権との関係について見れば、以下のような法的構成をとることになる。戦後期ドイツにおける親の教育研究の権威、E. シュタインの所説に代表させよう。こう述べている。

> 「（親と国家は同権的な教育主体として競合しており、かくして）、国家の学校監督権は単なる一般的な上級監督権ないし次世代に対する社会福祉の一形態としての国家の援助として捉えられる」[72]。

> 「（親の教育権の憲法上の保障規定は）、国家の教育独占ないし教育優位権（Erziehungsmonopol und Erziehungsprimat des Staates）に対する保護条項として設けられた。憲法によれば、国家にはただ限定的な教育課題だけしか属しておらず、国家の教育主権は従前のような無制限な組織権力ないしは学校における国家の全的かつ唯一の規定権力ではないということが、基本法から一義的に導かれる」[73]。

> 「国家と親との関係、ないしは基本法6条2項と7条1項との関係でいえば、国家の教育主権という制度はもはや旧来のプロイセン－ドイツ的な伝統の意味においてはこれを解することはできない」[74]。

くわえて国家は、公教育運営上、憲法所定の教育目的を尊重しなければならない、という憲法上の義務も負っている[75]。

かくして、伝統的な学校監督概念は、その歴史的特殊性はいちおう考慮されながらも、ドイツ基本法制に即して再構築されることになるのである[76]。

(3) H. ヘッケルによる学校監督概念の法学的整理

上記の過程において、学校法学上、決定的に重要な役割を果たしたのは、ドイツにおける「学校法学 (Schulrechtswissenschaft)」の始祖であり、泰斗でもあった、H. ヘッケルである。

　ヘッケルがこの問題について初めて本格的に論及したのは、1952年の論文「学校監督の範囲と限界」においてであるが[77]、そこにおいて披瀝された見解は5年後の1957年に刊行された『学校法学 (Schulrechtskunde)』(初版)[78]に一応の集約を見ることになる。

　ヘッケルはその後も「ドイツの学校の基本規程」(1958年)、「親の権利と学校法」(1961年)、「法治国家における学校」(1965年)、「学校の自由と学校監督」(1965年)、「戦後におけるドイツの私学」(1970年) などのモノグラフィーを始め[79]、多くの論稿において、とくに「学校の教育自治」・「教員の教育上の自由」、「親の教育権」や「私学の自由」、さらには「教育行政・学校法域における法治主義原則」などとの関係で、国家の学校監督権ないし教育主権に関する法理論を展開し、深化させた。そしてヘッケルの理論は当時の学説をリードし、判例によっても基本的に承認されるところとなったのであるが、それに止まらず、1960年代半ばから70年代の前半にかけてドイツ各州で敢行された学校法制改革にも多大な影響を与えたのであった。

　そこで、ここでは、理論的にはなお若干の課題を残してはいるものの、国家の学校監督権論ないし教育主権論において学説史上エポックをなした、「学校法学」(初版・1957年) におけるこれに関する論述の概要をおさえておきたいと思う。端的に概括すれば、下記のようである[80]。

　権力分立に関する旧来の学説においては、国家の監督活動は最広義の意味での行政という上位概念に属する。国の行政庁は同時に監督庁でもあり、またその逆でもある。

　しかし監督と行政とは原理的にその性質が異なる。他者の行動に対するコントロールとしての監督は、他者の行為を前提とする。これに対して行政という概念は自己活動なのである。この区別は法的に重要である。

　学校監督という概念は、学校法の孤立化動向のなかで、19世紀以降、固有の法概念へと発展し、それはすべての学校制度に対する、国家の包括的な

規定権力を伴う監督と同視された。

けれども、従来、学校監督と一括されてきた国家活動には、次のような種別が認められる。

①学校監督は、第一次的には学校の教育活動に対する専門監督（Fachaufsicht）をその内容としている。それは、学校監督官による学校活動に対しての教育上の保護ないし支援として現実化される。学校監督官の任務は、一般的な規範や命令が遵守されるように、また教育活動が専門的・方法的に整序され、改善されるように監督することにある。この専門監督こそが学校監督の固有で本質的な核をなしている。

②教員に対する勤務監督（Dienstaufsicht）も学校監督に属する。この権能は国家行政の組織構造から当然に帰結されるものである。ただこの場合、教員に対する勤務監督権の行使と、教員の勤務主体の行政課題である、人事事項の管理とは混同されてはならない。

③学校設置者の学校行政活動に対する法監督（Rechtsaufsicht）の行使も学校監督に含まれる。外的学校事項の管理は学校設置者の自治課題に属するから、地方自治団体もしくは私学設置者の活動に関しては、学校監督は合法性（Rechtmäßigkeit）についてだけであって、合目的性（Zweckmäßigkeit）にまで及んではならない。

法監督としてそれは決して地方自治団体の学校行政に直接介入してはならない。同様のことが、より強化された程度において、私学設置者の法的に保障された自由領域に妥当する。

④基本法7条1項にいう学校監督の構成要素として、慣習法にもとづいての、中央段階での学校制度の規律、形成および組織化という国家的権能が包含されている。たとえば、学校の設置認可基準の定立、拘束力ある教授要綱の作成、年間授業時数の確定、学校休暇規程の制定などが、その例である。

これらの国家活動はもはや固有の意味での監督ではなく、最上級段階の行政と言えるものである。国家のかかる一般的規律権を認めるのでなければ、学校は無秩序（Schulchaos）に陥ってしまう。

このように、学校および学校設置者に対する国家の様々な任務や活動の集

合概念としての学校監督には、真の監督権（上記①～③）のほかに、これとは異質な国家権能（④）、すなわち、国家による学校制度の一般的規律、支援および監督に関する権能が包摂されている。

3. 基本法7条1項と国家の教育権能
(1) 二義的な上位概念としての国家の学校監督

すでに引いたように、基本法7条1項は「すべての学校制度は国家の監督に服する」と規定しているが、この条項は、T. マウンツや H. アベナリウスも指摘している通り、学校制度を国家の影響領域（Einflußbereich）に編入することを旨としている。基本法7条1項の第一義的な立法趣旨は「学校制度が遠心的な諸勢力によって分裂させられることのないように、また学校制度の統一性がそれぞれの州において確保されるようにこれを保障する」ことにある[81]、と言い換えてもよい。

詰まるところ、基本法は「すべての学校が、その設置主体の如何に拘わらず、国家の影響領域と形成権に編入される」との基本原則に立脚しているということである[82]。

ところで、一般行政法の分野においては、「国家の監督」とは、通常、「特定の国家機関による、他の行政主体に対するコントロール」（法学的・技術的意味での監督）を意味するが[83]、上記条項にいわゆる「国家の学校監督」については、先に見た H. ヘッケルによる概念整理からも知られるように、監督概念は学説・判例上、法技術的な意味のそれを超えて、かなり広義に解されてきている。

たとえば、連邦行政裁判所は1960年代から一貫して、「（基本法7条1項に言う国家の学校監督は）、学校制度の組織、計画、指揮および監督に関する国家的権能の総体（Gesamtheit der staatlichen Befugnisse zur Organisation, Planung, Leitung und Beaufsichtigung des Schulwesens）を含む」と判示してきているし[84]、連邦憲法裁判所も同じ立場から、下記のような判断を示している[85]。

> 「基本法7条1項の意味における学校監督は、学校制度の計画および組織に関する国家の諸権能を包摂するもので、それは、すべての若き市民

に対して、その能力に応じて、今日の社会生活に対応した教育の可能性を供する、学校制度を保障することを目的としている」。

また学説、しかも伝統的な国家の学校監督概念を厳しく批判する所説にあっても、たとえば、H-U. エファースによっても、国家の学校監督とは「学校制度の規律、計画、組織および指揮に関する権限、教員に対する監督ならびに教育課程や教育目的の内容を確定する権利を含む、学校に対する国家の規定権の総体 (Inbegriff des staatlichen Bestimmungsrecht über die Schule)」と捉えられている[86]。

それどころかより積極的に、現在ドイツにおける基本権論の第一人者 B. ピエロートによれば、基本法7条1項は基本法のなかにあって特殊な性格をもつ権限・組織規範なのであり、国家は同条によって、上記のような権能を有するだけではなく、「かかる権能を担う原則的義務」を課せられている、と解されるに至っている[87]。

いずれにしても、基本法7条1項にいう国家の学校監督権についての上述のような広義の解釈は、後に言及するように、近時、有力な異説が見られてはいるものの[88]、支配的な学説はこれを基本的に支持し[89]、また判例上は既に確定判例になっている、と言って差し支えないであろう。

このように、今日支配的な学説および確定判例によれば、基本法7条1項にいわゆる国家の学校監督には、法技術的な監督概念をはるかに超えて、各種の異質な国家的教育権能が包摂されているのであるが、それは、かつて H. ヘッケルが一応の理論整序をしたように[90]、内容的には大きく次のような二様の権能に大別される。

一つは、内的・外的学校事項に対する法的に固有な意味での監督(狭義の学校監督)で、この権限は学校監督庁がこれを行使する。

二つは、学校制度に関する国家の一般的形成権・規律権で、「教育主権 (Schulhoheit)」と称されるものである。この権能は法制度上、直接には、議会ないし政府によって担われる。

基本法7条1項が定める「国家の学校監督」は、上記にいわゆる教育主権と狭義の学校監督を包蔵する、二義的で上位の法制度概念であるということが

重要である[91]。

(2) 国家の教育主権の法的構造

既に垣間見たように、教育主権とは国家、法制度上は議会ないし政府によって担われる、学校制度の組織、計画、指揮にかかわる一般的形成権および規律権 (allgemeines Gestaltungs–und Normierungsrecht) をいう〈国家の教育主権〉[92]。

換言すれば、第一義的には、ひろく「学校関係を法律によって規律する国家の権能」とも言うことができる[93]。

かかる権能は議会制民主主義の憲法秩序を基礎とし、既述した通り、直接には基本法7条1項によって根拠づけられているものである。言うところの教育主権が別名「国家に負託された教育責務 (Der staatliche Erziehungsauftrag)」と観念され、それは「機能十分な公学校制度を維持する国家の義務」[94]と把握される所以である。

具体的には、通説・判例上、たとえば、下記のような事柄が教育主権上の決定事項に属するとされる[95]。

すなわち、中央段階での組織計画と組織の形成、つまりは、総体としての学校制度の構造や設置主体の確定、学校教育の目的や内容の決定、ナショナル・レベルでの成績評価基準の確定、学校の組織構造、教員の法的地位、就学義務、学校関係などに関する規律、教科書の検定、年間授業時数の確定、学校の施設・設備の最低基準の法定などがそれである[96]。

ところで、上記にいわゆる「国家の教育主権」ないしは「国家に負託された教育責務」という法的構成に対しては、今日、それ自体を根元的に批判する有力な学説が見られている。価値多元主義社会における相対立し、競合する価値観の多様化という現実にあって、果たして国家がなおも学校教育に対して一般的な形成権ないし規律権を有しえるのか、という観点からのアンチテーゼであるが[97]、この問題については、後に「教育主権と公教育の目的・内容の確定」という争論的テーマに引きつけて詳しく論及するので、ここではこれ以上、立ち入らない。

(3) 学校監督権（狭義）の種別

　現行法制上も、たとえば、ブランデンブルク州学校法 (1996年制定) 130条が、「学校監督の範囲」と題して、「学校監督は、①学校における教育活動についての専門監督、②教員その他の教育職員に対する勤務監督、③学校の管理運営や維持に関する法監督を包含する」と書いているように、法的に固有な意味での学校監督は、その法形態として、「専門監督」、「勤務監督」、それに「法監督」の3種類に区別される。

　この種別については、先に H. ヘッケルによる学校監督概念の整理として既に見たところであるが、その後の理論的な発展や蓄積を踏まえて、現行法制下におけるそれぞれの基本的な法内容を今日の通説によって整理しておくと、下記のようである[98]。

〈1〉 **専門監督**

　学校監督の第一義的な内容をなしているもので、それは原則として、学校の教育活動についての合法性のコントロールだけではなく、合目的性に関する規制にも及ぶ。

　専門監督は学校監督官 (Schulaufsichtsbeamte) による学校の教育活動に対する援助や促進、監督として現実化する。具体的には、法規や行政規則が遵守されているか、教育活動が専門的・方法的な要件に対応しているか、等についての監督を指す。そして、かかる目的を達成するために、学校監督庁は校長や教員に対して命令を発することができるとされる。

　一方、学校監督庁の専門監督権は「学校の教育自治」ないしは「学校の自律性 (Schulautonomie)」、「教員会議権」、「教員の教育上の自由」などと法的緊張関係に立ち、これらの法理によって制約を受けることになる。

〈2〉 **教員に対する勤務監督**

　教員に対する勤務監督は、当該教員の身分により二様に区別される。まず州の公務員である教員——ドイツでは大半の教員が州公務員である——の場合は、勤務監督権は一般的な公の勤務法にもとづく。したがって、それには当然に、教員の義務履行に対する人事法上の監督として、懲戒権の行使も含まれる。

一方、教員が市町村の公務員である場合には、勤務監督は当該教員の専門的・人的適格性を監視し、秩序ある教育運営のために必要な命令を発することに限定される。ここにおいては、勤務監督と職務監督が重畳し両者は峻別できない。

　なお、以上と関連して、学校の組織およびその成員に対する監督――組織監督（Organaufsicht）と称される――も広義の勤務監督に属する。校長・学校経営組織および教員会議などに対する監督がそれである。これに対し、父母評議会や生徒代表制に対する教育行政庁の監督権限は合法性のコントロールだけに限局されている。

〈3〉学校設置者（市町村）に対する法監督

　既述したように、いわゆる「外的学校事項」は地方自治体の自治事項に属している。そこで、これに関しては、固有の地方自治体監督（Kommunalaufsicht）と同じく、国家の学校監督は合法性についてのコントロールだけで合目的性についての規制にまでは及びえない。つまり、この場合、国家の学校監督は法監督として、原則として、地方自治（基本法28条2項）に直接的な介入をしてはならないことになっている。たとえば、学校監督庁の裁量を地方自治体のそれに代置してはならない。

　ただ内的事項（専門監督）と外的事項（法監督）の区別は流動的であるから、前者とかかわるかぎり、学校監督庁は地方自治体に対し、法監督権を超えて命令権をもつ――いわゆる特別監督（sog. Sonderaufsicht）――。個々の学校の外的事項の管理は、設置者たる地方自治体の行政監督（Verwaltungsaufsicht）に服している。

〈4〉私立学校に対する法監督

　国家の学校監督権は、私立学校に対しては、上述した〈3〉の地方自治体に対する監督の場合よりも、その範囲において、さらに制約を受けることになる。基本法7条4項は私立学校の存在を制度的に保障するとともに、「私学の自由」を憲法上の基本権として位置づけているからである。

〈注〉

1　L. Clausnitzer, *Geschichte des Preußisch en Unterrichtsgesetzes*, 1891, S.36.
2　A. Eisenhuth, *Die Entwicklung der Schul gewalt und ihre Stellung im Verwaltungsrecht in Deutschland*, 1931, S.15.
3　C.F. Koch, *Allgemeines Landrecht für die Preußischen Staaten*, 1886, S.691.
4　L. Clausnitzer, a.a.O., S.266.
5　L.v. Rönne, *Das Unterrichtswesen des Preußischen Staates*, Bd.I, 1855, S.222.
　　一般ラント法は「学校教員の任命権は原則として裁判所にある」(22条) と規定していた。しかし現実には、民衆学校教員の人事権をめぐって、国家と教会との間でその後も長い間争いが続き、1846年、教員の推挙権を国家に、許諾権を司教に帰属させるという形で一応の決着がはかられた (L.v. Rönne, *ditto*)。
6　A. Eisenhuth, a.a.O., S.15.
7　Instruktion zur Geschäftsführung der Regierungen in den Königlich＝Preußischen Staaten v. 23.10.1817, In: W.Landé, *Preußisches Schulrecht*, Bd.I, 1933, S.124.
8　Die oktroyierte Verfassung v. 5.12. 1848, In: L.Clausnitzer, a.a.O., S.162.
9　Gesetz betreffend die Grundrechte des Deutschen Volkes v. 28.12.1848, In: L.v. Rönne, a.a.O., S.31.
10　Die revidierte Verfassung v. 31.1.1850, In: L. Clausnitzer, a.a.O., S.166.
11　Gesetz betreffend die Beaufsichtigung des Unterrichts-und Erziehungswesens v.11.3.1872, In: W.Landé, a.a.O., S.146.
12　G. Anschütz, *Die Verfassungs＝Urkunde für den Preußischen Staat*（以下、*Verfassungs＝Urkunde* と略称), 1912, S.406.
　　なお宗務・学校委員会の法的地位や権限について、詳しくは参照：W. Landé, *Probleme der Preußischen Schulverwaltung*, In: A. Grimme (Hrsg.), *Wesen und Wege der Schulreform 1930*, S.275-276.
13　G.Anschütz, *Verfassungs＝Urkunde*, S.401.
14　梅根悟『近代国家と民衆教育』誠文堂新光社、1967年、255頁。
15　G.Anschütz, *Verfassungs＝Urkunde*, S.406.
16　この点、L.v. Rönne も「プロイセン憲法の学校監督条項はそれまでの法状況を追認したものにすぎない」と述べている (ders. *Das Staatsrecht der Preußischen Monarchie*, 1916, S.270.)。
　　参考までに、国民会議憲法制定委員会の憲法草案 (24条) はこう書いていた。「公民衆学校およびその他のすべての教授施設は、独立した官庁の監督に服し、教会によるいかなる監督からも自由である (von jeder kirchlichen Aufsicht frei)」(In: L.v. Rönne, *ditto*, S.268)。
17　G. Anschütz, *Die Schulaufsicht und die rechtliche Stellung der Volksschullehrer in Preußen*, In: *Festgabe der Berliner juristischen Fakultät für Otto Gierke*, 1910, S.231-232.
18　G. Anschütz, *Verfassungs＝Urkunde*, S.414.
　　ちなみに、プロイセン一般ラント法は「共同学校の監督と指揮」を国家の権限と規

定し (12条以下)、1808年の政庁業務規定も「すべての学校の指揮と監督は政庁の職務に属する」(3条) と書いていた (In: v. Bremen, *Das Schulunterhaltungsgesetz*, 1908, S.112)。また1817年の政庁命令が学校 (制度) の監督、指揮、管理を政庁の権限としていたことは、既述したところである。

19　たとえば、L.v. Rönne はプロイセン改正憲法の学校監督条項をこう解している。「憲法は学校および教授制度全体に対する監督権を、独占的かついかなる制約もくわえることなく (ausschließlich und ohne alle Einschränkung)、国家に認容している」(ders. *Das Staatsrecht der Preußischen Monarchie*, 1916, S.267)。

20　W. Landé も、アンシュッツのこれに関する基本的な論述は上級裁判例 (ライヒ裁判所の1912年11月5日の判決、高等行政裁判所の1914年1月9日の判決など) において無条件に踏襲された、と指摘している (ders. *Preußisches Schulrecht*, 1933, S.23)。
　このうち、ライヒ裁判所1914年1月9日の判決は、こう判じている。「プロイセン一般ラント法にいう国の施設という標徴から、学校に対する教会の権能は否定され、学校に対する国家の独占的な支配権 (die alleinige Herrschaft des Staates über die Schule) が導かれることになる」(zit. aus, Haltenhoff, *Reichsverfassung, Schulaufsicht und Gemeinden*, In: *Preußisches Verwaltungsblatt* (41), 1920, S.419)

21　G. Anschütz, *Die Verfassung des Deutschen Reichs vom 11. August 1919*, 14 Aufl. 1933, S.672.

22　F. Giese, *Verfassung des Deutschen Reiches vom 11. August 1919*, 1926, S.375.

23　たとえば、F. Poetzsch=Heffter, *Handkommentar der Reichsverfassung vom 11. August 1919*, 1928, S.461. P. Westhoff (Hrsg.), *Verfassungsrecht der Deutschen Schule*, 1932, S.94-95. L.Gebhard, *Die Verfassung des Deutschen Reichs vom 11, August 1919*, 1931, S.523 など。

24　ドイツにおいて教会の学校監督権が事実上、全面的に排除されたのは1918年のことである (H. Heckel/P. Seipp, *Schulrechtskunde*, 5Aufl. 1976, S.157)。

25　W. Landé, *Die Schule in der Reichsverfassung*, 1929, S.62.
　この点、J. Mausbach も、「カトリック教会法に規定された教会の学校に関する権利は、ワイマール時代においては主張されることはなかった」と述べている (ders. *Kulturfragen in der Deutschen Verfassung*, 1920, S.96)。

26　W. Landé, *Die staatsrechtlichen Grundlagen des deutschen Unterrichtswesens*, In: G. Anschütz/R. Thoma (Hrsg.), *Handbuch des Deutschen Staatsrechts*, Bd. 2. 1932, S.703.ders. *Preußisches Schulrecht*, S.23.

27　これは、ドグマ上は、教会法における interna と externa の区分 (参照：プロイセン一般ラント法2部14章157条) に倣ったものだとされる (G. Anschütz, *Verfassungs=Urkunde* S.455)。

28　v. Bremen, a.a.O., S.111.

29　H. Preuß, *Das Recht der städtischen Schulverwaltung in Preußen*, 1905,S.19. W. Landé, *Preußisches Schulrecht*, 1933, S.149.

30　Haltehoff, a.a.O., S.420.

31　G. Anschütz, *Verfassungs=Urkunde* S.412.

なお、いうところの内的・外的学校事項区分論が学説・判例上に定着を見るのは、20世紀に入ってからのことである (E. Loening, *Die Unterhaltung der öffentlichen Volksschulen und die Schulverbände in Preußen*, In: Jahrbuch des öffentlichen Rechts der Gegenwart, 1909, S.81.

32　G. Anschütz, *ditto*.
33　L. Clausnitzer u.a. <Hrsg>, *Handwörterbuch des Volksschulwesens*, 1920, S.404-405.
34　K.v. Rohrscheidt, *Volksschulunterhaltungsgesetz*, 1925, S.1.
35　基本法の学校条項はこの第7条だけである。ワイマール憲法が7ヶ条(143条-149条)を擁していたのと大きく異なっている。H. Heckelによれば、これは基本権条項の集約・統合による削減に対応するものだとされる (ders. *Grundgesetz und Schule*, In: DÖV 1950, S.1)。実際、ワイマール憲法においては基本権条項は57ヶ条にも及んでいたのに対して、基本法にあっては19ヶ条に圧縮されている。
36　その他に、バイエルン州憲法 (1946年) 130条、ブレーメン州憲法 (1947年) 28条、ラインラント・プファルツ州憲法 (1947年) 27条3項、ザールラント州憲法 (1947年) 27条2項などが、国家 (州) による学校監督についてほぼ同じように規定している。
37　Erwin Steinによれば、ヘッセン州憲法のこの条項は基本法7条1項と法条は異なるが、法内容においては同一であるとされる (In: G. Zinn/E. Stein, *Die Verfassung des Landes Hessen*, 1954, Art.56 Anm.2)。
　　これに対して、基本法の権威あるコンメンタールはこう述べている (T. Maunz/G. Duerig/R. Herzog, a.a.O., Art.7, Rdnr.18)。
　　「憲法において、国家の監督については言及されず、国家の事項としての学校制度と表示されている場合は (ヘッセン州憲法56条がそうであるが)、法状況は異なるといえよう。国家の事項という概念は、国家の監督とはまったく異なる、広範な概念なのである。国家の事項という概念にあっては、学校に対する国家の高権もしくは支配 (staatliche Hoheitsgewalt oder Herrschaft des Staaates über die Schule) が含意されている」。
　　また M. Stock も同様の解釈から、ヘッセン州憲法56条1項は「学校監督関係の法化 (Verrechtlichung des Aufsichtsverhältnisses) を排除するものであり、容認できない」との見解を示している (ders. *Pädagogische Freiheit und Politischer Auftrag der Schule*, 1971, S.26)。
38　F. Hennecke, *Staat und Unterricht*, 1972, S.108.
39　H.v. Mangoldt/F. Klein, *Das Bonner Grundgesetz*, Bd.I, 1957, S.281-282. なお初版はMangoldt の単著で、1953年に公刊されている。
40　A.F. v. Campenhausen, *Erziehungsauftrag und staatliche Schulträgerschaft*, 1967, S.23.
　　なお、この時期における同旨の学説は枚挙に暇がないが、さしあたり、H.Hochstetter, *Schule und Schulträger, Schulaufsicht und Schulverwaltung*, In: RWS 1960, S.40. F.Giese/E. Schunk, *Grundgesetz für die Bundesrepublik Deutschland*, 1965, S.70 など。
41　Oberverwaltungsgericht Koblenz, Urteil vom 10.7.1954, In: DVBl, 1955, S.503.
42　Beschluß vom 28. 12. 1957, In: DÖV 1958 S.468, Urt. vom 31, 1, 1964, In: RWS 1964,

S.146など。
43 Bundesverwaltungsgericht, Urteil vom 11. 3. 1966, In: RWS 1967, S.48
44 詳しくは参照：室井　力『特別権力関係論』勁草書房、1968年、239頁以下。
45 E-W. Fuß, *Verwaltung und Schule*, In: DÖV, 1964, S.809.
46 H. Jecht, *Die Öffentliche Anstalt*, 1963, S.12によれば、「プロイセン一般ラント法12章1項の目的は学校・大学法の領域において国家の権能を拘束的に確定することにあった。したがって、そこにおいては特定の組織形態（Organisationsform）はまったく考慮されてはいなかった」とされる（ditto）。

またH.J. Wolffも、プロイセン一般ラント法にいうVeranstaltungenやAnstaltには、法律用語としては、特別な意味はなかったとしている（ders. *Verwaltungsrecht II*, 1962, S.255）。
47 O. Mayerがこの問題について初めて言及したのは、*Deutsches Verwaltungsrecht Bd. II*, 1896, S.318においてである（zit. aus, H. Jecht, a.a.O., S.12）。
48 O. Mayer, *Deutsches Verwaltungsrecht*, Bd. II, 3Aufl. 1924, S.268.
49 W. Landé, *Preußisches Schulrecht*, 1933, S.14.
50 H.J. Wolff, *Verwaltungsrecht II*, 1962, S.258-260.
51 W. Landé, a.a.O., S.92. W. Kuhn, *Schulrecht in Preußen*, 1926, S.8.
52 A. Eisenhuth, *Die Entwicklung der Schulgewalt und ihre Stellung im Verwaltungsrecht in Deutschland*, 1931, S.68.
53 さしあたり、S. Lang, *Das Schulverhältnis als Anstaltsverhältnis*, 1969, S.29. V. Weinfurtner, *Das Anstaltsverhältnis im Schulrecht*, In: RWS. 1961, S.377ffなど。

ちなみに、A. Podlechは「学校は特別権力関係が表出する典型的な組織である」と論結している（ders. *Das Grundrecht der Gewissensfreiheit und die besonderen Gewaltverhältnisse*, 1969, S.48）。
54 U.K. Preuß, *Demokratie und Autonomie*, In: RdJB 1993, S.163.
55 W. Landé, a.a.O., S.13-15.
56 H.A. Berkenhoff, *Schulaufsicht und Kommunalaufsicht in Nordrhein Westfalen*, In: DVBI. 1959, S.118.
57 H. Heckel/P. Seipp, *Schulrechtskunde*, 1 Aufl. 1957, S.272.
58 H. Becker, Die verwaltete Schule, In: Merkur 1954, S.1155ff, 後に収載、In: ders, *Quantität und Qualität—Grundfragen der Bildungspolitik*, 1968, S.147ff.

なお、ベッカーの80歳の誕生日に寄せて、季刊誌『Recht der Jugend und des Bildungswesens』(1993, Heft2)が、"Die Verwaltete Schule—wiedergelesen—neu gelesen"とのタイトルで、ベッカーの論文を再録するとともに、この問題について特集を組んでいる。
59 ただ、1954年の論文以外は、もっぱらH.P. Füssel/I. Richter, *Schule und Verwaltung — Kritik und Reform*, In: RdJB 1993, S.148ffの記述によった。
60 H. Becker, *Erziehung—Wozu*, In: A.W. Theodor, *Erziehung zur Mündigkeit—Vorträge und Gespräche mit Hellmut Becker*, 1959-1970, S.133.

61　H. Becker, *Weiterbildung, Aufklärung–Praxis–Theorie*, 1956-1974, 1975, S.128.
　　関連して、今日、ドイツにおいては私立学校 (Privatschule) は別名「自由な学校」(Freie Schule) と呼称されているが、それは、ベッカーの命名によるものだという (I. Richter, a.a.O., S.151)。
62　E. Spranger, *Die wissenschaftlichen Grundlagen der Schulverfassungslehre und Schulpolitik*, 1927 (Neu Druck 1963), S.53.
63　H. Becker, *Widersprüche aushalten—Aufgaben der Bildung in unserer Zeit*, 1992, S.163.
64　H. Becker/A. Kluge, *Kulturpolitik und Aufgabenkontrolle*, 1961, S.230.
65　ders. *Bildungsforschung und Bildungsplanung*, 1971, S.276.
　　なお、参考までに、ワイマール期、1920年代に「教育の自由化」(Liberalisierung des Unterrichts) 政策を推進した、プロイセンの文部大臣 C.H. Becker は、H. Becker の父親である。
66　H. Heckel, *Schulverwaltung*, In: H. Peters, *Handbuch der kommunalen Wissenschaft und Praxis*, Bd. 2, 1957, S.131.
　　H. Avenarius/H. Heckel, *Schulrechtskunde*, 2000, S.233.
67　W. Perschel, *Staatliche Schulaufsicht und kommunale Selbstverwaltung nach dem Grundgesetz*, In: RWS, 1962, S.105. ders. *Die Lehrfreiheit des Lehrers*, In: DÖV 1970, S.38-39.
68　H. Stephany, *Staatliche Schulhoheit und Kommunale Selbstverwaltung*, 1964, S.28.
69　H. Heckel, *Schulrecht und Schulpolitik*, 1967, S.54, S.57.
　　R. Wimmer, *Sind die deutschen Unterrichtsverwaltungen rechtsstaatlich?*, In: DVBI 1966, S.851.
70　W. Geiger, *Staat und Schule im Verfassungsrecht*, 1959, S.103.
71　H. Stephany, ditto. なお、この点、T. Maunz/G. Dürig, *Grundgesetz–Kommentar*, Stand 2004, Art.7, Rdnr.16-21 も、大要、こう述べている。
　　「基本法7条1項にいう監督は、学校制度が全対として国家の影響領域に編入されることを容認するものである。しかしその際『国家による形成の自由 (staatliche Gestaltungsfreiheit)』は他者の権利によって限界づけられ、また同時に法治国家の要請 (Rechtsstaatserfordernisse) が考慮されなければならない」。
72　Erwin Stein, *Die rechtsphilosophischen und positivrechtlichen Grundlagen des Elternrechts*, In: E.Stein/W. joest/H. Dombois, *Elternrecht*, 1958, S.31.
73　ders.a.a.O., S.38.
74　ders.a.a.O., S.39.
75　C. Starck, *Organisation des öffentlichen Schulwesens*, In: NJW 1976, S.1376.
76　ちなみに、H. ヘッケルによれば、学校領域において国家に全的かつ唯一の規定権力を認めることは、「私学の自由」や「地方自治団体の自治権」だけではなく、親、生徒、教員の法的地位をも侵害するものである (ders. *Schulrecht und Schulpolitik*, 1967, S.53. ders. *Schulrechtskunde*, 5Aufl, 1976, S.158.)。
77　H. Heckel, *Umfang und Grenzen der Schulaufsicht*, In: DÖV 1952, S.617ff.
　　なおヘッケルは1950年の論文においてはなお国家の学校監督権に関する伝統的な解

釈を継承して、こう書いていた (ders. *Grundgesetz und Schule*, In: DÖV 1950, S.3)。
　「国家の学校監督は学校に対する国家の規定権、つまり内的事項の統轄と管理を包摂している。換言すれば、それは、学校は国家の事項である (Schule ist Staatssache) ということを意味する」。

78　この書物は、これまでに7版を重ねてきており、ドイツにおける学校法学の権威書、不朽の名著だと評されよう。初版(1957年)、2版(1960年)、3版(1965年)、4版(1967年)および5版(1976年)までは H. ヘッケルと P. ザイプとの共著で(とはいってもザイプは少年法域だけ執筆)、6版(1986年)と7版(2000年)は H. アベナリウスとの共著である。後2版、とくに7版にあってはアベナリウスによってかなり大幅な補訂がくわえられている(ヘッケルは1991年に他界)。なお、アベナリウスはドイツ国際教育研究所におけるヘッケルの後任である。

79　H. Heckel, *Eine Grundordnung der deutschen Schule*, 1958. ders. *Elternrecht und Schulrecht*, In: Freie Bildung und Erziehung, 1961, S.359ff. ders. *Die Schule im Rechtsstaat*, In: RWS 1965, S.201ff. ders. *Schulfreiheit und Schulaufsicht*, In: ZBR 1965, S.121ff. ders. *Die deutschen Privatschulen nach dem Kriege*, In: *Freie Bildung und Erziehung*, 1970, S.212ff.

80　H. Heckel/P. Seipp, *Schulrechtskunde*, 1957, S.91-93.

81　H. Avenarius/H. Heckel, *Schulrechtskunde*, 7Aufl. 2000, S.232.

82　T. Maunz/G.Dürig u.a. *Grundgesetz–Kommentar*, Stand 2004, Art.7 Rn.17, S. Art.7-17.

83　T. Maunz/G. Dürig u.a. a.a.O., Art 7 Rm.16, S. Art.7-7.
　この点、たとえば、地方自治体法にいう監督の法形態は、次の2種とされている。一つは法監督で、法違反の存否に関する合法性のコントロール (Rechtmäßigkeitskontrolle) を旨とし、他は、正当性・合目的性の観点からの客観性のコントロール (Sachlichkeitskontrolle)、つまり専門監督である (ditto)。

84　たとえば、BverwG. Urt. v. 31, 1, 1964, In: RWS 1964, S.146. BverwG. Urt. v.15, 11, 1974, In: NJW 1975, S.1182. BverwG. Beschl. v. 29, 5, 1981 In: NJW 1982,S.250.

85　BverfG, Urt. v. 6.12.1972, In: NJW 1973, S.134, BverfG, Beschl. v. 21, 12, 1977, BverfGE 47, 46 (71). BverfG, Beschl. v. 26, 2, 1980 In: NJW 1980, S.2403.
　なお近時の判例では、たとえば、バイエルン州憲法裁判所の1994年の決定 (Bay VerfGH, Ent. v. 17, 11, 1994) が同じような見解をとっている (In: DVBI 1995, S.419)。

86　H-U. Evers, *Die Befugnisse des Staates zur Festlegung von Erziehungszielen in der pluralistischen Gesellschaft*, 1979, S.55.

87　B. Pieroth, *Erziehungsauftrag und Erziehungsmaßstab der Schule im freiheitlichen Verfassungsstaat*, In: DVBI 1994, S.951.

88　有力な批判的学説としては、とくに下記が挙げられる。
　F.R. Jach, *Schulvielfalt als Verfassungsgebot*, 1991, S.23ff. E. Bärmeier, *Über die Legitimität staatlichen Handelns unter dem Grundgesetz der Bundesrepublik Deutschland*, 1992, S.150ff.

89　さしあたり、N. Niehues /J. Rux, *Schul–und Prüfungsrecht, Bd l (Schulrecht)*, 2006, S.181. H. Avenarius/H.Heckel, a.a.O., S.234. T. Oppermann, *Schule und berufliche Ausbildung*, In: J. Isensee/P.Kirchhof, *Handbuch des Staatsrechts der Bundesrepublik Deutschland VI*, 1989,

S.335-336 I.v. Münch/P. Kunig (Hrsg.), *Grundgesetz–Kommentar*, 2000, S.541 など。

90 『学校法学』(初版・1957年) においては、ヘッケルは未だ「教育主権」なる憲法上の制度概念をよく理解しえてはいなかった。当時、彼は学校制度に関する国家の一般的規律権を「慣習法にもとづく最上級段階の行政」と捉えていたのである。先にヘッケルによる学校監督概念の法学的整理が「理論的にはなお課題を残している」と書いた所以である。

91 同旨：T. Maunz, *Gestaltungsfreiheit des Lehrers und Schulaufsicht des Staates*, In: H. Maurer (Hrsg.), *Das akzeptierte Grundgesetz,* 1990, S.276. E-W. Fuß, *Verwaltung und Schule*, In: VVDstRL, Heft 23 (1966), S. 213.

92 H. Heckel/P. Seipp, *Schulrechtskunde,* 5Aufl. 1976, S.159 E. Stein/M. Roell, *Handbuch des Schulrechts,* 1992, S.31.

93 L. Dietze/K. Hess/H.G. Noack, *Rechtslexikon für Schüler, Lehrer, Eltern,* 1975, S. 253.

94 M. Bothe, *Erziehungsauftrag und Erziehungsmaßstab der Schule im freiheitlichen Verfassungsstaat,* In: VVDstRL Heft 54 (1995), S.17.

95 さしあたり、H. Avenarius/H. Heckel, a.a.O., S.235. T. Oppermann, a.a.O., S.336. H. Heckel/P. Seipp, a.a.O., S.159 N. Niehues/J. Rux, a.a.O., S.181. T. Maunz/M. Dürig a.a.O., Art. Rn.21 など。

96 ちなみに、この点、連邦憲法裁判所判旨にもこうある。
「学校の組織編制や教育システムの構造の確定、学習課程の内容的・方法的プログラムや学習目的の確定、さらには学習目的が生徒によって達成されたかどうか、それはどの程度達成されたか等に関する決定は、国家の形成領域 (staatliche Gestaltungsbereich) に属している」(BverfGE 59, 360 (377), zit aus H. Avenarius/H. Heckel, a.a.O., S.235)。

97 ちなみに、ドイツ国家法教員協会は1994年の第54回大会テーマを「自由な立憲国家における学校の教育責務と教育の規準」(Erziehungsauftrag und Erziehungsmaßstab der Schule im freiheitlichen Verfassungsstaat) と設定し、この問題を本格的に取り上げている (In: VVDSTRL 54 (1995), S.7ff.)。

98 さしあたり、H. Avenarius/H. Heckel, a.a.O., S.251-254 T. Böhm, *Grundriß des Schulrechts in Deutschland,* 1995, S.56ff. など。

第5章　ドイツの教育法制における
　　　　　国と地方の権限配分

第1節　州の文化主権

　ドイツは16の州 (Land) からなる連邦国家であるが、基本法 (ドイツ憲法) によれば、この連邦制度は民主制原理、社会国家原理、法治国家原理などとともに、この国の重要な構造的メルクマールをなす (20条1項)。こうして、国家的権能の行使および国家的任務の遂行は、基本法に別段の定めがない限り、各州の事項とされている (基本法30条)。

　とは言っても、実際には外交事務など重要事項の多くが基本法によって連邦の権限とされており (70条〜75条)、州の権限事項はそれほど多くはない。そのなかにあって、伝統的に各州に留保されてきたのが、文化政策や文化行政の領域、したがってまた教育制度の領域における統括権である。

　すなわち、学校外の職業教育に関することなど若干の例外を除いて、教育についての権能は連邦にはなく、教育主権 (とくに学校法域での立法権と教育行政権) は各州に属している[1]。これを州の「文化主権 (Kulturhoheit)」または「文化自治 (Kulturautonomie)」ないしは「文化連邦主義 (Kulturföderalismus)」と言う[2]。この原則は、ドイツにおいては17世紀中葉以来の伝統をもつもので[3]、ナチ政権下にあっても、もちろん大幅な制約を受けたけれども、全的に破壊されることはなかった[4]。「連邦主義はドイツの宿命である」と捉えられ[5]、また州の文化主権は「各州の固有の国家性の中核 (Kernstück der Eigenstaatlichkeit)」をなすもの (連邦憲法裁判所) と把握されてきている所以である[6]。

　もとより、ドイツが連邦国家である以上、上記にいわゆる州の文化主権も無制限に保障されているわけではなく、下記のような制約に服している。

すなわち、憲法上、「連邦法は州法を破る（Bundesrecht bricht Landesrecht）」との原則が存するから（31条）、各州の文化主権は基本法の学校条項に拘束されることになる。基本法7条は国家の学校監督権、公立学校における宗教教育、私学の自由、私立小学校の設置などについての定めを置いているが、これらの条項は各州の立法者を拘束し、また各州の学校法の解釈に際して尊重されなくてはならない。

同じことが基本法の他の条項についても妥当するが、その場合、基本法が保障している各種の基本権もさることながら、基本法28条1項の「州の憲法的秩序は、この基本法の意味における共和制的、民主的および社会的法治国家に適合しなければならない」との規定は格別に重要な意味をもつ。各州の学校法制は、各州における憲法秩序の一環をなすものとして、共和制的・民主的・社会的・法治国家的に形成されなければならないとの要請である。

なお、上述したところの例外として、1949年1月1日以前に制定された州法については、基本法141条により、基本法7条3項（公立学校における宗教教育条項）に対する優位が認められている（いわゆるブレーメン条項・sog. Bremer Klausel）。

もっとも、言うところの文化連邦主義は、近年、かなりの変容を遂げた。すなわち、1969年に基本法が改正され[7]、伝統的な州の教育主権が縮減し、連邦の教育権能が拡大・強化されたのである[8]。

具体的には、教育の領域において、連邦はそれまで学校外の職業教育と学術研究の助成に関する競合的立法権を有していたにすぎなかったのであるが（基本法74条11号・13号）、上記基本法の改正により、連邦の競合的立法権と大綱的立法権が拡大されるとともに、新たに連邦と州の共同任務に関する規定が創設されたことによって、今日においては、大きく以下の3領域の下記の事項が連邦の権限下に置かれるに至っている。

①競合的立法
　①学校外の職業教育と職業的継続教育（基本法74条11号・12号）──職業教育法や職業教育助成法により、連邦はこれに関する基本的な事項について規律している。

②生徒・職業訓練生・学生に対する奨学金 (74条13号)——連邦は連邦教育助成法を制定し、奨学金経費の65％を負担している。
③学術研究の助成 (74条13号)——1976年に大学卒業者助成法が制定されている。
④教員や大学教官を含む公務員の給与 (74 a 条)——初等・中等学校の教員や大学教官は原則として州の公務員であるが、連邦給与法の適用を受けている。

②大綱的立法
①大学制度の一般的原則 (75条)——連邦は大学大綱法 (Hochschulrahmengesetz) を制定し、大学の任務、学修と教授、大学の構成員・組織と管理運営など、大学に関する基本事項について規律している。

③連邦と州の共同任務
①大学病院を含む大学の拡充および新設に際しての各州への協力 (91 a 条)——大学建設助成法の制定により、大学病院を含む大学の拡充および新設に際して、それに要する費用の半額を連邦が負担することとなった。
②教育計画および特定の地域の枠を超えた意義をもつ学術研究の振興に際しての各州との協力 (91 b 条)——1970年、連邦と各州は行政協定を締結し、共同任務として教育計画を策定するために、「教育計画のための連邦・各州委員会」を設置した。

ところで、上述のような教育領域における連邦と州の権限配分は、基本法上、必ずしも既定の事柄ではなく、1970年代後半以降、今日に至るもなおさまざまな「改革」論議が見られている。

たとえば、1978年、連邦教育学術省 (当時) は「連邦制の教育システムの構造的な諸問題に関する連邦政府報告」を公にし、そこにおいて、連邦全体における統一的な生活関係の確保を旨として、基本法を改正し、新たに以下について連邦の立法権が認められるべきであると主張した。就学義務の期間、教育制度の各段階への入学要件、評価と卒業の認定、職業教育の内容、教員養成などについてである[9]。

しかしこうした連邦権限の拡大に対しては、文部大臣会議、各州首相、それ

に連邦参議院が一斉に反対を表明し、また学説も批判的見解が圧倒的で[10]、かくして同報告書は「欠陥報告書」(Mängelbericht) と酷評され、現実化することはなかった。

また連邦議会と連邦参議院の「合同憲法委員会」(1992年設置)の審議においても、この問題は中心的なテーマの一つとなった。そして同委員会の勧告をうけて基本法の関連条項が改正されたのであるが、ただ連邦と州の権限関係の基本に係わる修正はなく、教育領域における連邦の立法権行使要件が明確化され、厳格化されるに止った。

さらに最近では、2003年10月に連邦議会と連邦参議院の共同で「連邦国家秩序の現代化のための委員会 (Kommission zur Modernisierung der bundesstaatlichen Ordnung)」が設置され、現在、同委員会において、教育領域も含めて、連邦と州との新たな権限配分の在り方について多角的かつ総合的に審議されているところである[11]。

ちなみに、この問題について、現在ドイツにおける学校法学の権威、H. アベナリウスは直截にこう述べている。「文部大臣会議による協定によって、各州の固有の権利を不確実にすることなく、教育制度の必要な統一性が確保できるのであれば、教育制度における現行の連邦と州との間の任務分担を変更する必要はない」[12]。

第2節 連邦段階の教育行政の構造

1. 連邦教育研究省

前述のように、連邦は教育の領域において一定の権能をもっているが、それを所掌しているのが連邦教育研究省 (Bundesministerium für Bildung und Forschung) である。同省は1998年、それまでの連邦教育・学術・研究・技術省を改称、改組して発足した[13]。既述したように、その権限事項はきわめて限られており、学校制度の領域においては、何ら直接的な権限や監督権を有してはいない[14]。国家レベルの中央教育行政機関とは言っても、その性格や権限は、ナチス時代にドイツで初めて設置された帝国学術・教育・国民教育省とは大きく異なっている。

ちなみに、上記帝国学術・教育・国民教育省は1934年5月、プロイセン学術・芸術・国民教育省をもとに、それが改組・拡充されて設けられたもので、その統轄権は学校・大学・研究領域のあらゆる事項に及び、したがってまた学校監督庁たる各州の文部大臣・教育行政機関、首相や地方長官もその緊縛下に置かれていた[15]。

2. 各州文部大臣常設会議

前述のような文化連邦主義をとるドイツにあって、各州の教育政策を調整し国民国家としての共通性を確保するための機関として、1949年10月以来、各州文部大臣の自由な協同機関として、「各州文部大臣常設会議（Die ständige Konferenz der Kultusminister der Länder: 以下、KMK と略称）」が設置されている。

この文部大臣会議は、1948年6月にシュトゥッツガルト・ホーヘンハイムで開催された「ドイツ教育大臣会議」において、その創設が決定されたものであるが、ただその際の同会議のメンバーは、旧西ドイツの文相だけであった[16]。それから42年、ドイツ統一から2ヶ月後の1990年12月、ベルリンで開催された文部大臣会議第251総会において、旧東ドイツの新5州文部大臣が同会議への加盟を表明し、かくして、1948年の設立以来、ここに初めてドイツのすべての州からなる文部大臣会議が誕生した、という歴史がある[17]。

文部大臣会議は、直接には1949年12月に制定された同会議規則に基づく機関であるが、連邦憲法裁判所の判例によれば、それは、憲法上に根拠をもつ制度だと解されている。①ドイツ連邦共和国においては、各州も「国家たる性格(Staatsqualität)」を有し、そして基本法の憲法秩序によれば、教育・学術・文化に関する管轄権はこの国家たる属性の中核的要素に属している、②他方で各州は連邦国家全体に対して共同責任を負っており、この連邦としての全体責任から各州の協同権と協同義務が導かれ、そして各州はかかる責任をとりわけ文部大臣会議を通して果たしている、という理由による[18]。

文部大臣会議の任務は、上記の同会議規則によれば、「特定の地域の枠を超えた意義をもつ文化政策事項について、共通の見解と意思の形成をはかり、また共通の関心事を代表する目的」で審議することにある[19]。ここで「特定

の地域の枠を超えた意義をもつ文化政策事項」とは、表現を代えると、各州の文化主権に属している事柄のうちで「州を超えて意義をもつもの」ということである。

この文相会議には行政庁的権能はないが、教育政策上の諸問題について、決議や勧告を行い、協定を締結することができる。ただそのためには、すべての州の合意が前提である。このいわゆる「満場一致の原則」に対しては、決定手続が遅延する、少数支配に連なる危険性がある、などの批判が見られている。

しかし連邦憲法裁判所の見解によれば、この原則は、各州の国家性と憲法上の同等な地位を前提に、「他の州による多数決支配から個々の州の文化主権を保護するもの」であり、したがって、それは基本法が要請する手続だと解されている[20]。敷衍すると、「連邦国家としての全体責任、教育や文化の基本についての原則的合意の必要性および妥協への強制が、州の文化主権の範囲において、この特別な決定手続を機能させることになる」ということである[21]。

こうしてなされた決議や勧告は、州の法令によって法認されると、拘束力ある州法となる。そうでなければ、法的にはあくまで単なる勧告(Empfehlung)でしかない。教育・文化領域における本質的な事項に関する最終的な決定権は各州の議会に留保されなければならないからである（連邦憲法裁判所の判例にいわゆる「本質性論」<Wesentlichkeitstheorie>）。

ところで、今日のドイツの教育制度の基本的な枠組みは、この文部大臣会議による各種の勧告・決議・協定に依拠している、ということが重要である[22]。その代表的な例としては、下記が挙げられよう。

「学校制度の領域における統一化に関する協定」(いわゆるデュッセンドルフ協定・1955年、同名の新協定＝いわゆるハンブルク協定・1964年)、「基礎学校における教育活動に関する勧告」(1970年)、「基幹学校に関する勧告」(1969年)、「特別学校制度に関する決議」(1972年)、「総合制学校修了資格の相互承認協定」(1982年)、「ギムナジウムの上級段階の改革に関する協定」(1972年・新協定＝1987年)、「専門大学制度の領域における統一化に関する協定」(1968年)、な

どがそれである。

　ちなみに、上記デュッセルドルフ協定およびハンブルク協定によっては、学年の始期と終期、就学義務の開始年齢と期間、学校の休暇、学校種の名称、中等学校の形態、試験の相互承認、卒業資格などを統一することに関して合意の成立を見ている。

　また近年における傾向としてはドイツの統一とヨーロッパの統合に係わる決議等が目立っている。旧東ドイツのアビトゥアの承認に関する決議（1990年）、学士の承認に関するヨーロッパ共同体の指針のドイツへの適用に関する決議（1990年）などが、その例である[23]。

　文部大臣会議は大きく総会、議長、専門委員会および事務局で構成されている。総会は16の州の文部大臣から成り、通常、2ヶ月に1度開催され、先に触れたような決議や勧告を行う。専門委員会は総会での決議等を準備する機関で、その任務により、学校委員会、大学・研究委員会、文化委員会、映画委員会、継続教育委員会、ヨーロッパおよび国際関係委員会、スポーツ委員会、在外教育委員会および学修と試験に関する調整委員会の9委員会が設置されている。このうち前3者の専門委員会にはそれぞれ複数の小委員会が置かれている。

　なお各州は総会と専門委員会において各1票の議決権を擁している。

3. 教育計画と研究助成のための連邦・各州委員会

　連邦と各州に共通の教育制度・研究助成上の諸問題を話し合う恒常的な場として、「教育計画と研究助成のための連邦・各州委員会（Bund-Länder-Kommission für Bildungsplanung und Forschungsförderung・略称：BLK）」が置かれている。この委員会は、基本法91b条［共同任務としての教育計画］にもとづく「共同の教育計画委員会の設置に関する連邦と各州の行政協定」により[24]、1970年にうまれたが、1975年、その任務に研究助成に関することが加えられ、改称・改組されて今日に至っている。旧東ドイツ諸州も1991年1月にこの委員会に加入した。

　委員会設置に関する上記行政協定によれば、委員会は教育計画に関しては

下記のような課題を担う。
　①全教育制度の発展のための、共同の長期大綱計画の策定
　②長期大綱計画を実現するための中期段階計画の策定
　③緊急措置を実施するためのプログラム
　④諸計画実施のための財政需要の推計、連邦と州による財政負担に関する提案
　⑤策定された諸計画の継続的検討と必要な修正の提案
　⑥教育計画の促進
　⑦教育計画における国際的な経験の交換

　1970年代、委員会は上記①を最重要課題とし、1973年に「教育総合計画」(Bildungsgesamtplan) を策定した。これは1985年までの全教育制度の大綱計画であったが、総合制学校とオリエンテーション段階の導入および教員養成の在り方をめぐってキリスト教民主同盟政権の州と社会民主党政権の州が対立し、結局、1982年にこの計画は頓挫した。

　以後、委員会は教育政策上の緊急課題に活動を集中することとなり、今日までに、たとえば、次のような勧告を行っている。「雇用システムにおける学卒者の将来展望に関する勧告」(1985年)、「学校制度における人的需要に関する勧告」(1990年)、「学術的継続教育に関する勧告」(1990年)、「学校および大学における情報技術教育に関する勧告」(1987年)。

　この委員会はまた、教育制度の領域で、どのようなモデル実験を実施するかについて決定することができる。こうして、この30年間におよそ2600のモデル実験が実施されたという。そして今日におけるその主要領域は、職業教育、大学、新しい情報・通信技術、環境問題、音楽・文化教育、教育制度における女性、特別なグループの促進の7領域となっているが、現今、学校(制度)の質の改善および数学・自然科学の教育効果の促進に係わる実験も目立っている。モデル実験に要する経費は連邦と州の折半である。

　一方、研究助成の面では連邦と州が共同でドイツ研究協会、マックス・プランク協会、いわゆる青色リストの機関などに研究助成をしている他、連邦と州、ドイツとその他のヨーロッパ諸国の研究政策の調整に当たっている。

委員会は連邦代表8名と州代表各1名によって構成されているが、票決権は両者同数で（ともに16票）、決議は25票以上の多数決で行われる。ただ決議には拘束力はなく、それは連邦と州の首相に対する勧告という性格をもつにすぎない[25]。

なお付言すると、この委員会の活動について、C・フュールは次のように総括している。「教育総合計画の策定という、BLKにほんらい委ねられた任務は、1982年以降、全的には実現しなかったけれども、BLKの活動の多様な成果と学校・大学・研究政策の領域における諸勧告は、連邦と各州にとってその方向性を示すもの（richtungweisend）であった。……BLKの活動は、連邦と各州の教育政策にとって不可欠である」[26]。

4. 大学設置計画委員会

既に書いたように、大学（大学病院を含む）の拡充と新設に関する事項は、基本法91a条により、連邦と州との共同課題とされているが、これについて両者が協同する機関として「大学設置計画委員会」が置かれている。大学建設促進法（1969年）がその法的根拠をなしている。この委員会の任務は、大学の課題・専門領域・数・規模・立地に関して、十分な、かつ均衡のとれた発展を保障することにある。そのため、これらに関する4年計画を毎年策定し、連邦と各州に提示している。

委員会のメンバーは各州からの大臣各1名と連邦の2人の大臣で（票決権は連邦、州ともに16）、連邦教育研究相が議長を務める[27]。

第3節　学校監督行政の組織構造

各州における学校監督行政の組織構造は、州の規模、歴史的な発展、さらには学校の種類によっても異なる。従前においては大半の州で3段階制がとられていたが、今日では、多くの州が2段階制を敷いている。すなわち、最上級学校監督官庁としての文部省と下級学校監督庁としての学務局という組織構造である。

ただバーデン・ビュルテンベルク、バイエルンおよびノルトライン・ウェ

ストファーレンの3州においては依然として3段階制がとられており、またハンブルク州とブレーメン州（いずれも都市国家）にあっては、学校監督は文部省の専管するところとなっており、下級学校監督庁は置かれていない。

文部省の所掌事務や権限はきわめて広範多岐に及んでいる。たとえば、2004年10月現在のヘッセン州文部省の内部組織・所掌事務の概要を示すと、以下のようになっている[28]。

文部大臣のもとに事務次官と大臣官房（計5課）が置かれ、内部組織は6部で構成されている。各部の所掌事務は次のようである。

・第1部──人事法、組織、データ処理、学校法、一般行政改革＝12課
・第2部──基礎学校、促進段階、基幹学校、実科学校、提携学校、一般学校および特別学校における特別な教育的促進、学校スポーツ＝計8課
・第3部──ギムナジウム、総合制学校、学校内外における継続教育＝計9課
・第4部──職業学校、国際関係事項＝計11課
・第5部──学校形態を超えた事項、教員養成＝計12課
・第6部──州学務局、新たな行政指針、授業における新しい技術、統計、教員の任用、授業に対する配慮、学校改革計画、予算、不動産管理、教会事項＝計11課

下級学校監督庁としての学務局（Schulamt）は郡ないし市段階の行政機関であるが、その行政組織法上の性格や構成は州によって一様ではない。たとえば、バイエルンやブランデンブルクなど5州では州視学官と当該地方自治体の行政公務員によって構成されているが（いわゆる混合行政機関・Mischbehörde）[29]、ヘッセンやザクセン・アンハルトなど6州のそれは純然たる州の行政機関として位置づけられている。

また学務局の所管にかかる学校の種類も、ベルリンやチューリンゲンなど10州においては、当該区域に存在するすべての学校種がその所管に属しているが、ノルトライン・ウェストファーレン州では基礎学校、基幹学校、障害児学校に限られており、さらにバイエルン州にあっては学務局は国民学校

に対してだけ学校監督権を有しているにすぎない。

　学務局は郡や市の一般行政からは独立した機関であり、その成員は同等の権限を有し、合議制によって運営される。ただ教育行政責任は州の公務員である州視学官に帰す仕組みになっている。

　なお郡学務局にあっては州視学官と郡長との間に権限配分が見られ、内的学校事項は前者の、外的学校事項は後者の、そしていわゆる「混合事項 (gemischte Angelegenheiten)」は両者共同の権限事項とされている。こうして、郡学務局は学校の教育活動に対する専門監督権だけでなく、校長を通しての学校設置者に対する法監督権をも有している。

　学校監督の実際の任には学校監督官 (Schulaufsichtsbeamte) が当たる[30]。学校監督官の資格要件制度はワイマール憲法144条――「学校監督は、本務として勤務し専門家として養成された官吏がこれを行う」――以来のもので、今日でも、バーデン・ビュルテンベルク州とノルトライン・ウェストファーレン州の2州では州憲法で、ザールラント州などでは学校法上規定されている。

　この点について、たとえば、ザールラント州学校規律法(1965年制定)は「専門的な学校監督官」と題して、こう書いている(53条1項)。「専門監督は本務として勤務する公務員によって行われる。専門監督官は専門的に養成され、かつ学校での勤務経験があるものでなければならない」。

　なお付言すると、ドイツの教育行政現実においては、いわゆる「内的学校事項」は教育関係者・教育学士 (Pädagoge) が、「外的学校事項」は法律家・法学士 (Jurist) がそれぞれ所掌するという「分業」と「協同」が不文律化しているのであるが[31]、上級職行政公務員については、教育に関する特別な資格要件は求められていない。

　ところで、学校監督行政の組織構造において3段階制をとっている州においては、中級監督庁の権限は、第1次的所管としては、中等段階Ⅱの学校に対する監督にあり、また第2次的所管として、下級学校監督庁ならびにその監督下に置かれている学校を監督することにある。

　中級監督庁の行政組織法上の位置づけについては、大きく、二様の形態が見られている。すなわち、バイエルン州とノルトライン・ウェストファーレ

ン州においては、中級監督庁は一般行政に編入されており、県知事などの一般行政機関が同時に教育行政機関をなしているのに対して、バーデン・ビュルテンベルク州は一般行政から独立した特別な行政機関としての上級学務局を擁している。

第4節　地方自治体の学校行政

1. 学校行政（学校設置・維持）の主体

　学校行政、つまり学校の設置・維持主体とは、具体的には、①学校の設置・変更・廃止などの学校の組織上の措置について権限をもち、②学校の施設・設備や教材・教具などの物件費を支弁するとともに、学校の行政・事務職員を配置し、③学校の経常的管理に対して責任を負い、④これらに関する費用を負担するものを言う。一言で言えば、いわゆる外的学校事項を管理し、学校の物件費（および行政・事務職員の給与）を負担する主体を指す。この学校の設置・維持主体という概念が、ドイツに伝統的な学校教育事項の内的・外的事項の区分（学校監督 <Schulaufsicht> と学校行政 <Schulverwaltung> との区別）に対応していることは、既に述べたところから知られよう。

　学校の設置・維持主体は、通常、地方自治体である。地方自治体は憲法上、「地方自治権 (Kommunale Selbstverwaltungsrecht)」を保障されているが（基本法28条2項）、その一環として、学校の設置・維持権を有している。ただこの権能の配分に際しては州の立法者にきわめて広範な裁量権が認容されており、こうして、地方自治権の中核領域 (Kernbereich) を侵害しない範囲内で、国（州）もまた学校の設置・維持主体たりうる（州立学校）。とはいっても、州立学校は特定の専門学校や実験学校など、広域的な意味をもつ学校に限られているのが実態である。

　学校設置主体の行政単位は当該自治体の行財政能力の如何に掛っており、初等領域と中等領域Ⅰでは、基礎学校、基幹学校、実科学校の場合は多くの州で、郡に属さない市 (Kreisfreie Stadt) ないし市町村 (Gemeinde)、もしくは市町村連合 (Gemeindeverband) となっている。またその他の学校種にあっては、郡に属する市 (Kreisangehörige Stadt)、市町村、目的団体 (Zweckverband)、郡に

属さない市、郡 (Kreis) など様々であるが、たとえば、ノルトライン・ウェストファーレン州においては、その設置について「需要」がある場合は、市町村は実科学校、ギムナジウムないし総合制学校を設置する義務を負うと法定されている[32]。

一方、中等領域Ⅱの学校については、その設置主体は市町村よりも上位の団体もしくは目的団体とされている。

なお若干の州では設置主体が州でも地方自治体でもない公立学校が見られている。ノルトライン・ウェストファーレン州とシュレスビッヒ・ホルシュタイン州の会議所学校 (Kammerschule) やヘッセン州の広域的意味をもつ障害児学校などが、その例である。前者の設置主体は手工業会議所、商工会議所、農業会議所などの会議所であり、後者のそれは州福祉組合である。

2. 地方自治体の学校行政権と国家（州）の学校監督権

地方自治体の権限とされている学校の設置・維持は一般に、それに係わる決定が当該自治体の判断に委ねられている「任意的自治事項」ではなく、法律によってその履行が義務づけられている「義務的自治事項 (pflichtige Selbstverwaltungsangelegenheit)」に属している。

地方自治体の権限とされているそれ以外の学校行政事務は、その大半が任意的自治事項で、たとえば、法的義務の存しない上級学校の設置と維持、付加的な教育の提供、学校スポーツの振興、学校給食の実施などが、これに当たる。その他に、特定の事柄についてだけではあるが、いわゆる「国からの委任事項 (sog. Auftragsangelegenheit)」が存している。これについては、自治体は国の指揮・監督を受けてかかる事務を遂行することとなる。

ところで、学校の設置者たる自治体はその任務の遂行に当たり、一般的な地方自治体監督 (allgemeine Kommunalaufsicht) にくわえて、国家（州）の学校監督にも服している。「市町村の自治権は、基本法7条において保障されている国家の学校監督権によって制限される。ただし自治権の核はこれによって侵害されてはならない」と、連邦行政裁判所（1964年1月31日判決）も判じているところである[33]。この点は、いわゆる外的事項の管理に関しては、地方

自治体法 (Kommunalrecht) の定めるところにより、市町村は原則として無制約な権限を有しているのと大きく異なっている。市町村の設置にかかる学校が公教育制度に属しているということが、その根拠とされる。そしてこの場合、国家（州）が学校行政領域における地方自治体の形成権を各種の制御措置によって相当程度コントロールしうる余地があり、近年、この点は「学校行政における地方自治の空洞化の危険性」として争論化しているところである[34]。

学校設置者はまた、学校の設置や組織編制に関する州の基準に従って、学校制度を形成し組織する義務を負っている。しかもこの場合、当該学校の設置について「公の需要 (öffentliche Bedürfnisse)」が存在していることが前提となる。そこで、各個の場合に、言うところの「公の需要」が認められるか否かが問題となるが、この点について、たとえば、ノルトライン・ウェストファーレン州で親が居住する自治体に対して総合制学校の設置を求めて提訴したケースで、ミュンスター高等行政裁判所（1991年6月7日判決）は下記のような判断を示している[35]。

「既存の学校形態の中から、学校の種類を選択する親の権利を保障するために、ある学校種の学校が設置されなければならない場合には、学校行政法第10条2項にいう学校の設置のための"需要"が存在していることになる。希望する形態の学校が適当な通学距離の範囲内に存在しない場合、もしくはかかる範囲内にあるこの種の形態の学校がすべて既に生徒の受け容れが不可能になっている場合、さらには……希望する学校の設置に必要とされる最低生徒数に達している場合には、かかる必要性が認められる」。

次に地方自治体は、学校の設置・組織変更・廃止に関しては、バイエルン州を例外として、学校監督庁 (Schulaufsichtbehörde) の認可を受けることが求められている。この点、たとえば、ザクセン州学校法にも次のような規定が見えている。「公立学校の設置についての学校設置者の決定は、最上級学校監督庁の同意を必要とする」(24条1項)。学校監督庁のこの認可権は、連邦憲法裁判所や連邦行政裁判所の判例によっても、基本法7条1項(国家の学校監督権)により憲法上根拠づけられていると解されている、「学校制度の中央段階で

の規律および組織に関する国家の権能」――すべての若い人に、その能力に応じて、今日の社会生活に即した教育を保障する、学校制度を整備するという目的をもつ――に基づく、と説明されている[36]。

さらに学校設置者は、当該地方自治体の学校拡充計画の策定に当たり、策定権は有するものの、州の計画を尊重しなければならない。それどころか、ヘッセン州とノルトライン・ウェストファーレン州では、その際に学校監督庁による認可が義務づけられている。くわえて、学校の設置に際して、学校設置者が州の学校設置・建設基準 (Schulbaurichtlinien) に拘束されることは、勿論である。

なお、学校設置者の学校行政 (権) に対する上記以外の主要な法的制約としては、以下のようなものがある。

①学区制が敷かれていない場合は、居所に関係なく、学校設置者は希望する児童・生徒の入学を認めなくてはならない。収容定員を超過した場合だけ入学を拒否できる (連邦行政裁判所の確定判例)。
②学校設置者は学校制度の編成・学級規模・学習指導要領・休暇規程・進級規程・試験規程などの、学校監督庁が定める学校専門事項に関する規程に拘束される[37]。
③学校設置者が学校に名前をつける際には学校監督庁の認可が必要である。特定の場合、学校監督庁はそれを拒否することができる。
④教材・教具の無償制の実施にあたって、学校設置者は文部省の検定を受けた教科書だけ使用できる。ただ教科書の採択は個々の学校の教育自治権に属する。
⑤長距離通学に対する交通費補助や生徒の運送について、地方自治体は州法の定めるところによらなければならない。

3. 地方自治体の学校行政機関

学校設置者の法律上の代表・行政管理機関が、原則として当該地方自治体の学校行政機関をなしている。学校設置者の違いにより、市町村議会、行政委員会、学務委員会 (Schulausschuß)、学務評議会、市長、郡長、組合長など、

その種類は各様である。

　学校行政の経常的実務は、その任を委託された当該地方自治体の職員が担当する。ただ規模の大きい自治体には市視学官（Stadtschulrat）や上級視学官などの学校行政の専門職員が配置されている。

　ここで注目に値するのは、多くの州で、親・教員・生徒代表の自治体学校行政への参加が制度的に保障されていることである。

　たとえば、バーデン・ビュルテンベルク州では「すべての重要な学校事項（alle wichtige Schulangelegenheit）」について聴聞権をもつ学校評議会（Schulbeirat）が設置されているが、そのメンバーは各学校種の校長・教員・親・生徒の代表、それに宗教団体の代表となっている。

　またブランデンブルク州には、州学務局および郡長とならぶ郡レベルの教育行政機関として、郡学校評議会（Kreisschulbeirat）が置かれており、たとえば、学校拡充計画、学校の設置・廃止などの重要事項について聴聞権を有しているのであるが、教員代表とともに、親代表や生徒代表もその委員に含まれている。

　ラインラント・プファルツ州など4州では地方自治体行政法により学校設置者委員会（Schulträgerausschuß）が制度化され、それには親代表と教員代表の参加が法認されており、ヘッセン州とニーダーザクセン州においては、これらに加えて、生徒代表の参加も認められている。

　さらにシュレスビッヒ・ホルシュタイン州には学校設置者の諮問機関として学校振興協議会（Schulpflegeschaft）があり、その構成は学校設置者の定めるところであるが、親・教員・生徒代表は必ず含まれなくてはならないとされている。[38]

　なお、ドイツにおいては学校法制上、親や生徒の公教育運営へのフォーマルな参加制度が整備されており、それらの参加組織は地方自治体の学校行政過程にも影響をもちえているが、それは親や生徒に固有な代表制度であって、ここに言う学校行政機関には含まれない。

第5節　学校財政における州と地方自治体の負担関係

1. 教員の身分と人事高権

　学校教員の身分は州の公務員 (Landesbeamte) と地方自治体のそれに別れるが、大部分の教員は前者に属している。地方自治体が設置する学校の教員の場合でも、そうである。州立学校であれ、地方自治体立学校であれ、州公務員としての身分をもつ教員の「勤務主体 (Dienstherr)」は州であり、かかる教員の任免・昇進など勤務法上の措置についての権限・人事行政権は州に帰属している。ただ地方自治体立の学校教員の場合、設置者である地方自治体には、校長や教員の選任過程への各種の参加権が認められている。州による重大な人事政策上の措置・決定に先立って、地方自治体は法律または行政上の慣行により、聴聞される権利を保障されているのが、その例である。しかし、地方自治体の人事行政参加権は教員の法的地位に触れる事項には及びえない。「人事高権 (Personalhoheit)」はあくまで州の専管するところだからである。

　一方、バイエルン州とブレーメン州においては、学校の設置主体と教員の勤務主体とは同一であり、したがって、これらの州では、地方自治体立学校の教員は例外なく当該地方自治体の公務員であり、州立学校の教員にあってはその身分は州公務員となっている[39]。前者の「勤務上の上司 (Deinstvorgesetzter)」は州の自治体組織構造法の定めるところであるが、ただこのような地方自治体の公務員である教員についても、州の学校監督権・内的学校事項に関する州の責任が留保されている。こうして州の監督庁は、地方自治体に所属する教員についても、①専門性や教育者としての適格性に関する審査権をもち、②教員定数・生徒数に対する教員数の割合・週当たりの授業時間数などを決定することができ、さらには監督庁が定める教員服務規程や会議規程なども、学校設置者と当該教員を拘束する仕組みになっている。

2. 学校財政の負担区分と負担主体

　学校教員の給与や諸手当等の人件費 (Personalkosten) は、その勤務主体の負担するところとなっている。ドイツにおいては大部分の教員が州の公務員で

あり、したがってその勤務主体が州であることは、すでに言及した通りである〈人件費州負担の原則〉。例外的に地方自治体が教員の勤務主体である場合が見られるが(バイエルン州とブレーメン州)、この場合は、当該自治体が教員の人件費を負担することとなる。

一方、学校の事務職員、管理・警備員、清掃員等の学校職員(非教授職員)の人件費は、雇傭者である当該自治体の負担とされている。これらの職員に係わる費用は、学校法制上、物件費として観念されているのが通例である。

学校カウンセラー、教育助手、児童福祉員、教育相談員のような、教員でも学校行政・事務職員でもない職種の人件費の負担主体は、州によって異なる。たとえば、ニーダーザクセン州やザクセン・アンハルト州では州がこれを負担しているが、ノルトライン・ウェストファーレン州では学校設置者(市町村)の負担するところとなっている。

学校の物件費(Sachkosten)については、設置者である地方自治体にその負担義務が課されている〈物件費の設置者負担主義〉。学校の建設や増改築、教材(教科書)・教具の無償制、長距離通学に対する交通費補助ないし生徒の運送、学校の施設・設備、経常的管理・運営に係わる費用などがこれに属する。

このうち、地方自治体の学校財政支出に占める割合が高いのは、前3者に係わる経費で、自治体財政の逼迫と相俟って、今日、ドイツに伝統的な「小規模で、居住地に近い学校」が閉鎖されて、「規模の大きい、居住地から離れた中心地の学校」に統合されるという傾向が目立ちつつある、という教育現実がその背景にある[40]。

3. 地方自治体に対する州の補助義務

ところで、基本法は各種の税収入について、連邦・州・市町村間の配分を定めているが(106条以下)、市町村の税源は土地税や営業税など限られており、そこで、多くの州が憲法でもって、州の市町村等に対する財政上の補助義務を規定している。たとえば、ブランデンブルク州憲法98条2項は、下記のように書いている[41]。「州は財政調整(Finanzausgleich)によって、市町村および市町村組合がその任務を遂行できるように配慮するものとする。財政調整の

範囲内で、市町村と市町村組合には、州の税収入が相応に配分されなくてはならない」。そしてこのような憲法条項を受けて、各社会制度ごとに州の市町村等に対する補助が制度化されているのであるが、学校財政の領域においては、多くの州において、現行法制上、以下のような仕組みが存している。

①教材（教科書）・教具の無償制（Lehr- und Lernmittelfreiheit）の実施と長距離通学に対する交通費補助・生徒の運送に係わる費用については、一定の条件下で、州が市町村を補助している。

なおヘッセン州では、この域を超えて、学校財政を「内的学校行政費」と「外的学校行政費」とに区分して、前者を州の、後者を地方自治体の負担とし、そして教材・教具の無償制にかかわる費用は、これを前者にカテゴライズして州の負担としている。

②学校の建設や増改築に際しては、財政調整、特別補助、無償貸付などの方法で、財政能力の弱い地方自治体に対して、州による補助が行われている。

〈注〉
1 かくして職業学校制度と在外学校に関する若干の例外を除いて、連邦の学校法は存在しない（T. Oppermann, Schule und berufliche Ausbildung, In: J.Isensee / P.Kirchhof <Hrsg.>, Handbuch des Staatsrechts Bd.6, 1989, S.341）。
2 この他に、「学校主権」（Schulhoheit）や「学校連邦主義」（Schulföderalismus）という表現も見られている。ただ近年、このような概念の妥当性について批判がある（M.E.Geis, Die Kulturhoheit der Länder, In: DÖV, 1992, S.522ff）。
3 州の文化主権の歴史については、参照：M. E.Geis, a.a.O. S.522-S.524。
4 H. Heckel, Einfühling in das Erziehungs–und Schulrecht, 1977, S.11.
  なお、C・フュールによれば、ドイツ連邦共和国の建国（1949年）に際して「州の文化主権の原則」が継承された理由は、大きく、以下の2点にある。①若干の州は、ボン基本法の制定以前に既に独自の教育（法）制度を擁していた。②ナチス時代の中央集権的・権力的教育行政に対する歴史的反省（C. Führ, Schulen und Hochschlen in der Bundesrepublik Deutschland, 1989, S.30）。
5 E.Benda u.a. (Hrsg.), Probleme des Föderalismus, 1985, S.15.
6 BVerfGE 6, 309, zit. aus A.Leschinsky u.a., Das Bildungswesen in der Bundesrepublik Deutschland, 2003, S.159.
7 21. Gesetz zur Änderung des Grundgesetzes v.12.5. 1969. 22. Änderungsgesetz v.12. 5. 1969.
8 A. Dittmann, Das Bildungswesen im föderalistischen Kompetenzgefüge–eine kritische Bestandsaufnahme, In: RdJB (1978), S.168ff. P.Glotz / K. Faber, Richtlinien und Grenzen

des Grundgesetzes für das Bildungswesen, In: E. Benda u.a. (Hrsg.), Handbuch des Verfassungsrechts (2), 1995, S.1393ff. F. Schaumann, Zusammenarbeit von Bund und Ländern in der Bildungs–und Wissenschaftspolitik, In: RdJB (1995), S.245ff.

9　BMBW (Hrsg.), Bericht der Bundesregierung über die strukturellen Probleme des föderativen Bildungssystems v. 22.12.1978. RdJB(1978), S.223ff に要旨が登載。

10　さしあたり、I. Richter, Alternativen zur Kompetenzverschiebung im Bildungsföderalismus, in DÖV(1979), S.185ff. K.Kloepfer,Die Verfassungsmängel des "Mängelberichts", In: ZRP (1978), S.121ff など。

11　この連邦国家秩序の現代化委員会における審議においては、教育に関する連邦と州の権限関係の画定について見解が分かれ、結局、最終的な合意が成立しなかった。

しかし、2005年11月のキリスト教民主同盟（CDU）・キリスト教社会同盟（CSU）と社会民主党（SPD）による大連立政権の成立という政治状況を背景に、2006年7月、連邦参議院において連邦制改革法案が可決され、2006年9月1日をもって発効した。

今回の連邦制改革（Föderalismusreform）によって、連邦の大綱的立法権は廃止され（大学大綱法の廃止など）、また連邦と州の共同任務について規定した基本法91b条も改正されて（教育計画への連邦の関与権の削除・BLKの廃止など）、州の文化主権が原則として全面的に復活するなど、教育法制の領域においてもかなり大幅な制度改革がなされたのであるが、この連邦制改革についての考察は他日を期したいと思う。したがって、本章第1節・第2節の記述はそれ以前の法制度状況についてのものとなっている。

なお、この問題については、RdJB誌の2007年第1号と2008年第3号がそれぞれ特集を組んでいるところである。

12　H.Avenarius / H.Heckel,Schulrechtskunde,2000,. S.24.

13　連邦教育・学術・研究・技術省は、既述した連邦と州の共同任務を担うために1969年に創設された連邦教育学術省と、連邦研究技術省が1994年に統合されたものである（C. Führ, Deutsches Bildungswesen seit 1945, 1997, S.41）。

14　H.Heckel / P.Seipp, Schulrechtskunde, 5 Aufl. 1976, S.171.

15　W. Benz / H. Graml / H. Weiß (Hrsg.), Enzyklopädie des Nationalsozialismus, 1998, S.686.

16　1948年2月にもたれた第1回の同会議には、後に旧東ドイツとなったブランデンブルク、メックレンブルク、ザクセン、ザクセン・アンハルト、チューリンゲンの各州教育大臣も参加していた。しかし以後、参加しなかったためである（A.Leschinsky u.a.(Hrsg.), Das Bildungswesen in der Bundesrepublik Deutschland, 2003, S.161）。

17　C. Führ, Deutsches Bildungswesen seit 1945, 1997, S.39.

18　J.Schulz-Hardt, Die Ständige Konferenz der Kultusminister der Länder in der Bundesrepublik Deutschland (KMK), In: H. Krüger u.a. (Hrsg.), Handbuch des Wissenschaftsrechts, Bd.2, 1996, S.1656.

19　KMK, Handbuch für die Kultusministerkonferenz, 1981, S.25.

20　BVerfGE 1, 299 (315), zit. aus, J.Schulz-Hardt, a.a.O. S.1659.

21　J.Schulz-Hardt, dito.

22 ちなみに、これまでになされた文部大臣会議の決議・勧告・協定は1000を超えており、その内容は教育・文化の全域に及び、実に広範かつ多岐にわたっている。参照：Luchterhand Verlag (Hrsg.), KMK-Beschluß-Sammulung (1)-(5), 2005.
23 1991年2月、文部大臣会議は歴史的な地であるストゥッツガルト・ホーヘンハイムで「統一ドイツにおける教育・学術・文化政策に関する覚書」を採択している。そこにおいては、統一後のドイツにおける教育・学術・文化・スポーツ面での共生とヨーロッパ全体との関係が特に強調されている（*C. Führ, a.a.O. S.39-40*）。
24 *Verwaltungsabkommen zwischen Bund und Länder über die Errichtung einer gemeinsamen Kommission für Bildungsplanung v. 25. Juni 1970.*
25 以上については、*J. Schlegel, Bund–Länder–Kommission für Bildungsplanung und Forschungsförderung(BLK), in, H. Krüger u.a. (Hrsg.), Handbuch des Wissenschaftsrechts Bd.2, 1996, S.1689ff. A. Leschinsky u.a. (Hrsg.), a.a.O. S.165ff. C.Führ, Deutsches Bildungswesen seit 1945, 1997, S.44ff.*
26 *C.Führ, a.a.O. S.47.* なお BLK は中等段階 II の生徒を対象に毎年、手引書「学修と職業の選択」（Studien–und Berufswahl）を発行している。
27 *C. Führ, a.a.O. S.48-49.*
28 http://www.kultusministerium.hessen.de
29 ワイマール憲法144条は「国は、市町村を学校監督に参加させることができる」と明記していたが、この点について、基本法は何ら語るところがない。しかし、通説によれば、基本法下においても市町村がかかる可能性を有していることは自明視されている（さしあたり、*E.Stein / M.Roell, Handbuch des Schulrechts, 1992, S.32*）。
30 学校監督の特別な任務、とくに学校に対する専門監督のために、多くの州において、学校監督官にくわえて、専門的なカウンセラーが配置されているのが実態である（*H.Avenarius / H.Heckel, Schulrechtskunde, 2000, S.256*）。
31 参照：持田栄一「福祉国家の教育像」、国土社、1967年、167頁。
32 学校設置権をめぐっては、行政団体間で少なからぬ権限紛争が発生しているようである。一例を引くと、ザールラント州では1991年、ギムナジウム、アーベント・ギムナジウムおよびコレーグの学校設置権が州から市町村組合に移管されたのであるが、この設置について、郡が財政負担を理由に憲法異議の訴えを提起した。
　　この事案について、ザールラント州憲法裁判所（1994年1月10日判決）は、学校設置権の市町村ないし市町村組合への移管は地方自治を拡大するものだとして、訴えを棄却している（*H. Lang, Die Entwicklung des Schulrechts im Saarland von 1985 bis 1996, In: RdJB, 1996, S.387*）。
33 BverwG, Urt.v.31.1. 1964, In: SPE 3. Folge (2007), S.694-1.
34 こうした傾向に対する批判として、さしあたり、*I. Richter, Gestaltungsspielräume der Kommunalen Schulträger beim Schulangebot, In: DÖV (1992), S.144ff.*
35 OVG Münster, Urt.v.7.6.1991, In: SPE 3. Folge (2007), S.228-3.
36 しかし一方で、学校の設置・維持が当該地方自治体の財政負担能力を超える場合でも、当該地方自治体には国家にその引受けを請求する権限はない、とするのが判例で

ある (たとえば、VGH, München, Urt.v.6.8. 1984, In: Bay VBL (1985), S.146)。
37 ノルトライン・ウェストファーレン州憲法裁判所の判決 (1994年) によれば、学校監督庁が学級規模に関する規程を定めることは、その調整権に属する事柄であって、地方自治体の自治権を侵害するものではないとされる (*H. Avenarius / H. Heckel, a.a.O. S.163*)。
38 *R. Pfautsch / U. Lorentzen, Grundriß des Schulrechts und der Schulverwaltung in Shuleswig-Holstein, 1997, S.58.*
39 *D. Falckenberg, Grundriß des Schulrechts in Bayern, 1995, S.115.*
40 *H. Avenarius/H. Heckel, a.a.O. S.168.*
41 これに関する各州の憲法条項と規範構造については、参照：*D. Czybulka, Rechtsprobleme des Schulfinanzierungsrechts, 1993, S.16-S.19.*

第6章　日本国憲法と教育の自由

第1節　「教育の自由」法理の生成

　「教育の自由」はすぐれて歴史的に形成されてきた教育法上の原理である。この法理は、元来、教育の私事性や市民的自由の保障確立という自由主義的要請に由来するもので、それは、アンシャン・レジーム時代のカトリック教会による教育独占との抗争を経て、フランス革命下、公教育制度の組織化過程で、教育の国家的独占原理と対立・拮抗するなかで生成したものである[1]。

　「教育の自由」の法理を法制史上最初に明記したのは1793年のブキエ法1条＝「教育は自由である」(L'enseignement est libre) であるが[2]、それを国民の基本的人権として憲法上最初に保障したのは、1795年のフランス憲法300条である。そこには、こう書かれていた。「市民は科学、文学および美術の進歩に協力するために、私的教育施設および私的協会を設立する権利を有する」。

　その後、この憲法上の教育法理は、19世紀における近代市民法の発展と相俟って、19世紀西欧諸国の憲法に継受され、近代憲法に普遍的な法原理として確立したのであった。

　たとえば、「19世紀自由主義の典型的な産物」[3]、あるいは「欧州での50年にわたる憲法史の経験の果実として……最もリベラルなものの典型」[4]と評され、その後、多くの国の憲法が範としたベルギー憲法 (1831年制定) は[5]、市民の民主的自由保障の一環として、次のように高唱した。「教育は自由である。これに対するすべての抑圧措置は禁止される」(17条)。

　また、ベルギー憲法の影響を強く受けて生まれた1848年のオランダ憲法も、下記のように宣明して、「教育の自由」を憲法上の基本権として明示的に保

障したのであった。「教育を与えることは、政府による監督を除き、自由なものとする」。

さらにドイツ3月革命の所産であるプロイセン憲法（1848年）も——参考までに、明治憲法がモデルとしたプロイセン憲法は1850年の改定憲法である——、一国の憲法としては世界で初めて「教育をうける権利」を保障すると同時に（18条1項）、「教育を行いまた教育施設を設置経営することは、各人の自由である」(19条) と明記したのであった[6]。

第2節　現代公教育法制と「教育の自由」

20世紀各国憲法も社会国家原理、とくに生存権的・社会権的基本権たる「教育をうける権利」の保障と、第一義的にはこの権利の保障を規範原理とする「公教育」法制を形成することによって、それまでの私的自治的な「教育の自由」に修正を施したとは言え、この法理を基本的には承認した。

くわえて、国連の経済的、社会的及び文化的権利に関する国際規約(1966年・13条2項) や子どもの権利条約（1989年・29条2項）などの国際法による確認と保障をも受けることとなり、かくして「教育の自由」は今日においても教育法上の最重要な基幹的法原理の一角をなしていると見られるのである。

表現を代えると、今日の公教育法制は、先に触れたとおり、第一義的には「教育をうける権利」の保障を規範原理としてはいるが、基幹法理として「教育の自由」を包蔵し、それを踏まえて形成されているということである[7]。

ちなみに、この点、ドイツのラインラント・プファルツ州憲法（1947年）がきわめて示唆的である。こう書いている（27条）。

「1項——その子の教育について決定する親の自然権は、学校制度形成の基盤 (Grundlage für die Gestaltung des Schulwesesns) をなす。

2項——国および地方自治体は、親意思を尊重して、秩序ある子どもの教育を保障する公の諸条件および諸制度を整備する権利を有し義務を負う」。

第3節　「教育の自由」の歴史的内容

ところで、言うところの「教育の自由」は歴史的にどのような法原理とし

て形成されたのか。

　上述したように、この憲法原理は国家ないし教会による「学校独占(Schulmonopol)」を排除する原理として生誕した。それは宗教的・政治的多元主義社会、別言すれば、市民の思想・信条の多元性の保障を前提として、「教育をする権利」を私人の自由権的基本権として保障したものであった。すなわち、近代市民法にいわゆる「私的自治」の教育におけるそれである（教育における私的自治）。

　具体的には、それは、①親の家庭教育の自由（家庭教育権・宗教教育権）、②親の学校（私学・教育の種類）選択の自由、③私立学校（私的な教育施設）の設置と経営の自由、④私立学校における教育の自由（私学教育の自由）、⑤公立学校における教育方法の自由、を内容としていた[8]。

　ただこの場合、欧米においては伝統的に宗教的私立学校が私学の大半を占めてきたから、上記①と⑤を除けば、言うところの「教育の自由」の法的実態は多分に親の「宗教的」私立学校選択の自由と「宗教的」私立学校の設置・教育の自由に帰着していた。つまり、端的に言えば、親の教育権（教育の自由）とそれに対応した「宗教的私学の自由」こそが「教育の自由」の第一次的な内容をなしていたのである。この歴史的事実は押さえておかなくてはならない。

　以下に、先に引いた規定例にプラスして、これについての代表的な憲法条項と判例上の顕著な証拠を示しておこう[9]。

1. 憲法条項

○フィンランド憲法82条（1919年）──「私立学校……を設立し、そこにおいて教育を行うことはすべての市民の権利である」。「家庭教育は当局の監督に服さない」。

○アイルランド憲法42条（1937年）──「国は、子どもの第一義的で自然的な教育者は家族であることを認識し、親の資力に応じて子どもの宗教的、道徳的、知的、身体的および社会的教育を行う親の不可譲の権利および義務を尊重することを保障する」（1項）、「親は、この教育を家庭、私立学校、または国が承認しもしくは設立した学校のいずれにおいても

行うことを自由とする」(2項)、「国は、親に対し、その良心および法律上の選択権を侵して、その子どもを国が設立した学校または国が指定したいかなる形態の学校にも送るよう強制してはならない」(3項)。

○イタリア憲法33条(1947年)――「団体および私人は、国の負担を伴うことなしに、学校および教育施設を設ける権利を有する」(3項)、「法律は、国家の承認を求める私立学校の権利と義務について定めるにあたり、私立学校に対して完全な自由を保障しなければならず、また私立学校の生徒に対しては、国立学校の生徒が享受するのと等しい修学上の取り扱いを保障しなければならない」(4項)。

○ドイツ基本法(1949年)――「子どもの監護および教育は親の自然的権利であり、かつ何よりもまず親に課せられた義務である」(6条2項)、「私立学校を設立する権利は保障される」(7条4項)。

○デンマーク憲法76条(1953年)――「国民学校の教育について一般的に設けられた基準に相応する教育を、その子がうけられるように自ら配慮する親……は、国民学校においてその子……に教育をうけさせる義務を負わない」。

○ポルトガル憲法(1976年)――「学習の自由および教育の自由は保障される」(43条1項)、「国立学校に類似した私立学校の設立は、自由とする。ただし、国の監督をうけるものとする」(44条)。

○スペイン憲法27条(1978年)――「何人も教育への権利を有する。教育の自由は認められる」(1項)、「国は、親が子どもに親の信条と一致する宗教的道徳的人格を形成させる手助けとなる親の権利を保障する」(3項)、「法人および自然人は、憲法上の原則の尊重のもとに、教育機関を設立する自由が認められる」(6項)。

2. 判例
――アメリカ連邦最高裁判所判決

○ネブラスカ事件(Meyer vs. Nebraska, 1925)――英語による授業を私立宗派学校に強制した1919年のネブラスカ州法はアメリカ合衆国憲法修正第

14条に違反するとして、私立宗派学校における教育の自由とかかる学校を選択する親の教育権を確認した[10]。
○オレゴン事件（Pierce vs. Society of Sisters, 1925）——全学齢児童の公立学校就学を強制した1922年のオレゴン州法は、子どもを私立学校で教育する親の自由と私立学校の設置・教育の自由を侵害するもので、合衆国憲法修正第14条に違反するとした[11]。
○ウィスコンシン事件（Wisconsin vs. Yoder, 1972）——ウィスコンシン州法は子どもを16歳まで就学させる義務を親に課していたが、宗教上の理由から、親が第9学年以上の就学義務を拒否したケースで、州は「親の教育の自由」を凌駕するほどの強力な利益を有さないとした[12]。

なお付言すれば、フランスにおいても、私立学校の行政権による閉鎖を認めた1921年デクレ第5条を無効としたコンセイユ・デタ（最高行政裁判所）の越権訴訟判決（1924年）が見られている[13]。

第4節　憲法上の基本権としての「教育の自由」

　先に見たように、欧米諸国においては、「教育の自由」は国民の自由権的基本権として憲法上明記されるか、もしくは確たる判例法理となっているのであるが、日本国憲法には「教育の自由」を直接明文で謳った条項は見当たらない。しかし近代市民国家の憲法原理、より正確には「普遍基本法原理」[14]を踏まえて制定されたわが憲法が（前文「人類普遍の原理」・97条「人類の多年にわたる自由獲得の努力の成果」）、これを保障していない筈はなかろう。

　これについてはまず、「教育の自由」の歴史的な沿革に注目する必要がある。上述したように、歴史的には、それは「思想・信条の自由」と深く結合した精神的自由権として生成・発展したもので、その実体は多分に「親の教育の自由」とこれに強く対応した「宗教的私学の自由」にほかならなかった。

　こうした歴史的経緯からすると、「教育の自由」は「思想および良心の自由」（19条）、「信教の自由」（20条）、「表現の自由」（21条）といった一連の精神的自由権の保障に含まれ、また憲法13条〈幸福追求権〉の保護法益に含まれている「親の教育権（教育の自由）」に根拠を有すると解してもよかろう。

さらに、旭川学力テスト事件に関する最高裁判決（昭和51年5月21日）も判示しているように、「教育をうける権利」はほんらい「教育の自由」を前提としているから、憲法26条に「教育の自由」の根拠を求めることもできよう[15]。敷衍すれば、教育をうける権利は「自由権としての性質と生存権的基本権としての性質の両面をもつ」ということである[16]。

ただ、以上はあくまで憲法上に明文の根拠規定を求めた場合であって、「教育の自由」の第一次的な根拠とするにはやや間接にすぎるとの批判も生じよう。先に垣間見たように、「教育の自由」は教育法制上、それ自体として積極的で重要な意義を有しているものだからである。

とすれば、その直接の根拠は「憲法的自由」に求めるのがもっとも妥当であろう。これは、憲法の自由権条項は「人類の自由獲得の努力の歴史的経験に即し、典型的なもの」を例示的に掲げているものであって、「列挙した自由以外のものはこれを保障しないという趣旨ではない」。これら以外の自由も「一般的な自由または幸福追求の権利の一部として広く憲法によって保障されている」とするものである[17]。「教育の自由」はこうした「憲法的自由」の一つとして、それ自体憲法による保障を受けていると解される。

ちなみに、最高裁も上記「学テ判決」において、憲法上の根拠条項を示すことなく、「親の教育の自由」とともに、「私学教育における自由も……一定の範囲においてこれを肯定するのが相当である」との判断を示している[18]。

なお、この点、西欧諸国においても、「教育の自由」はすべての国で憲法の構成要素をなしており、したがって、この自由を明記していない国においても当然に憲法上の保障を得ている、と解されている[19]。

〈注〉

1　中村睦男「フランスにおける教育の自由法理の形成 (1)」『北大法学論集』23巻2号、1972年、239頁以下。野田良之「フランスにおける教育の自由」『教育』1971年12月号、7-9頁。

2　E. Spranger, *Die wissenschaftlichen Grundlagen der Schulverfassungslehre und Schulpolitik*, 1963 (Neudruck), S.32.

なおシュプランガーによれば、フランス革命期、「教育の自由」という概念について

は本質的に相異なる二様の理解が存在したとされる。一つは、コンドルセの立場で、「良心の自由」保障の帰結としての「公教育制度の全般的自律」という捉え方であり、他はミラボーが主張した「教育市場への委託による自由化論」である (E. Spranger, a.a.O., S.31-32)。

ここでわれわれは、すでにフランス革命期において、今日のいわゆる新自由主義的な教育政策の思想的萌芽が見られることに、改めて注目したい。

3 清宮四郎解説・訳「ベルギー憲法」宮沢俊義編『世界憲法集』岩波書店、1967年、56頁。
4 武居一正解説・訳「ベルギー憲法」阿部・畑編『世界の憲法集(第2版)』1998年、382頁。
5 ベルギー憲法をモデルとして19世紀に制定された憲法としては、たとえば、下記が挙げられる。1837年のスペイン憲法、1844年と1864年のギリシャ憲法、1848年のオーストリア、オランダ、プロイセン、ルクセンブルクの各国憲法、1866年のルーマニア憲法 (武居一正、同前)。
6 L. Clausnitzer, *Geschichte des Preußischen Unterrichtsgesetzes*, 1891, S.162.
7 奥平康弘『憲法』、弘文堂、1994年、もこう述べる。「公教育の発展は、少なくとも欧米諸国では、教育の私事性を完全に払拭したわけではない。ベースには、親の教育の自由が厳然とある」(90頁)。
8 I. リヒターによれば、「教育の自由」とは各人の「教育する自由 (Lehrfreiheit)」と「学習する自由 (Lernfreiheit)」にほかならない。彼の理解では、フランス憲法やベルギー憲法にいう「教育の自由」は「教育する権利」と「学習する権利」、それに私学の「教員を選択する権利」を保障したものである (I. Richter, *Bildungsverfassungsrecht*, 1973, S.77)。
9 各国の憲法条項は S. Jenkner (Hrsg.), *Das Recht auf Bildung und die Freiheit der Erziehung in Europäischen Verfassungen*, 1994, によった。
10 E.C. Bolmeier, *Landmark Supreme Court Decisions on Public School Issues*, 1973, pp.11-18.
11 D. Fellman, *The Supreme Court and Education*, 1976, pp.3-5
12 Data Research Inc., *U.S. Supreme Court Education Cases*, 1993, pp.84-85.
13 野田良之、前出、12頁。
14 松下圭一『政治・行政の考え方』(岩波新書) 1998年、17頁。
15 樋口陽一・佐藤幸治・中村睦男・浦部法穂『注釈日本国憲法』〈上巻〉青林書院、1991年、602頁。
　関連して、ドイツの国法学者 E. シュタインもこう述べている。「教育をうける権利は一般的な平等原則によってだけでなく、基本法が保障する自由権によって具体化される」 (E. Stein/M. Roell, *Handbuch des Schulrechts*, 1992, S.182)。
16 永井憲一『教育法学』エイデル研究所、1993年、30頁。佐藤 功『日本国憲法概説』学陽書房、1993年、288頁。
17 高柳信一「憲法的自由と教科書検定」『法律時報』41巻10号、57頁。
18 青木宗也編『戦後日本教育判例大系』労働旬報社、1984年、345頁。
　なお兼子 仁「教育法」、1978年、有斐閣も「私学設置や教科書作成などに関する

国民の教育の自由は、全体としては明文条項のない憲法的自由に該当する」とする。
19 F.R. Jach, *Schulverfassung und Bürgergesellschaft in Europa*, 1999, S.91.

第7章　国家の教育権と国民の教育権
——教育権論争とは何だったのか

第1節　論争の始まりと展開

　よく知られているように、昭和30年代以降、わが国の教育界はいわゆる「55年体制」を背景として数々の深刻な教育紛争に見舞われた。それらは、基本的には、与党の教育政策を執行していこうとする文部省（教育委員会）と、これを阻止しようとした教職員組合との対立・抗争であったと捉えられるが、そこにおいて一貫して重要な争点をなしてきたのが「教育権」の問題であった。言葉を換えれば、一連の主要な教育紛争とそこから生じた教育裁判は、端的に言えば、教育権をめぐる争い＝教育権の争奪戦であったと言っても差し支えないであろう。

　その端緒をなしたのは、1958（昭和33）年を中心に各地で実施された教員に対する勤務評定をめぐる紛争であった。法制上、校長が学校管理職として位置づけられ、教員勤評の第1次評定者と定められたことにより、教員に対する校長の監督権との関係で、「教員の教育権」の法理が語られ始め、論議を呼ぶことになったのである。

　ただ勤評裁判においては、もっぱら教組役員を地方公務員法上のストライキあおり罪（61条4号）に問えるかどうかが焦点となり、「教育権」の問題は直接には裁判上の争点となるまでには至らなかった[1]。

　同じく1958年、新たに道徳教育の特設を含めた小・中学校の学習指導要領が、文部省告示という法形式で公示され、しかもそれは、文部省の見解によれば、教育課程の国家基準として法的拘束力をもつとされた。文部省・教育委員会は、その周知徹底をはかるために「道徳講習会・伝達講習会」なる教

員研修を各地で開催したが、これに教員組合側が阻止運動をもって対したため、一団の講習会反対事件が発生した。

この事件では、文部省告示たる学習指導要領に法規的効力があるのか、学校の教育課程編成権の主体は誰か、教員には（自主）研修権が保障されているのか、国家は学校で道徳教育を実施できるのか、その場合、親の教育権との関係は如何、といった問題が、いわゆる「教育権」と連なってシビアな法的争点となった。

「教育権」の問題が正面から取り上げられ、それ自体として本格的な論戦の対象となったのは、「学力テスト事件」においてである。

文部省は1961（昭和36）年から4年間、全国の国公私立の中学校とその2・3年生全員を義務づけて「全国中学校一斉学力調査」を敢行した。文部省によれば、「学力調査」は教育課程に関する諸施策の資料を得るための「行政調査」（地教行法52条2項）とされたが、それは多分に「学力テスト」の実質を帯びていたところから、はたして文部省にそのような権限があるのか、が大きな問題となった。

具体的には、公教育内容の決定権はどこに帰属しているのか、教育基本法10条（旧法）が謳う「教育の自主性と教育行政の条件整備性」の原理は、教育行政権の教育内容へのオフ・リミットを定めたものなのか、これらと連動して、教員には職務遂行上「教育権の独立」の法的保障があるのか、学習指導要領の法的拘束力の存否はどうか、等の問題が裁判上の争点の基軸に据えられ、これに関して行政解釈と教育運動・「民主教育法学」の側の見解が真向から激しく対立するという構図をとった[2]。

1965年、東京教育大学・家永教授の提訴によって始まった「教科書裁判」は、それまで法律レベルで論じられてきた教育権問題を、憲法論レベルに引き上げたという意味で、教育権論争において一つの大きなエポックを画するものとなった[3]。原告・家永側は、現行の教科書検定制度は以下により違憲だとして、自著「新日本史」に対する検定不合格処分の取消しを求めたのであった。

すなわち、教科書内容の事前審査・思想審査である点で憲法21条2項が禁止する検閲に該当し、また教科書に盛り込まれている著者の学問研究の成果

に介入するという点で「学問の自由」(憲法23条)の侵害に当たり、さらに国家が公教育内容を一方的に決定するという点で、子どもの学習権や国民・教員の「教育の自由」(憲法26条・23条・教育基本法10条)を侵すものである。くわえて、憲法31条が定める適正手続保障にも違背している。

ここでは何と言っても、子どもの学習権や「国民(教員・教科書執筆者・親)の教育の自由」という教育基本権(Bildungsgrundrecht)保障の存否との法的緊張で、国家権力による公教育内容の決定の可否という憲法問題が基本的な争点をなしてきていることは[4]、改めて書くまでもないであろう。

第2節　何が争われたのか

上述したところからも窺えるように、教育権をめぐる争点は具体的にはきわめて多岐に亘っているが、この問題に対する理論的立場という観点から捉えると、それは端的には「国民の教育権説」と「国家の教育権説」との四つに組んだ一大論争であった、と特徴づけることができよう。敷衍すると、言うところの「教育権論争」は、これを一言で言えば、教育権は国民にあるのか、それとも国家に属しているのかというアプローチによる、これら両説の教育権の所在をめぐる理論闘争であったと概括できる。

ここに「国民の教育権説」とは、要するに、教育権は親と教員を中心とする国民の側にあり、公教育内容に対して国家が介入することは許されない、との立場を言う[5]。

これに対し、国家は国民の信託にもとづいて適正な教育を施す国政上の責任と権能を有しており、これには当然に公教育内容に関する決定権も含まれる、とするのが「国家の教育権説」である[6]。

ところで、ここで重要なことは、「論争」にいわゆる「教育権」はもっぱら公教育内容の決定権を意味しているということである。かくして、「教育権論争」とは、詰まるところ、公教育内容の決定権は誰にあるのか、その帰属主体の如何を問う争いであった、と結論されることになる[7]。

第3節　論争の一応の結着

　1976（昭和51）年5月21日、北海道永山中学学テ事件に関して最高裁判所の判断が示された。教育権問題を争点とする教育裁判において、最高裁が初めて下した判決である。

　判決は「文部省学テ」を適法とし、それを阻止しようとした被告人を全員有罪と結論したものであるが、いわゆる「教育権」にかかわる判旨に関しては、国側はもとより、教育法学の通説によってもきわめて高い評価を受けることとなり、この意味において本判決は教育権論争に、その大筋において一応の結着をもたらしたと評されよう。判決は、いわゆる「国民の教育権説」と「国家の教育権説」のいずれも極端かつ一方的な説として斥け、重要な争点に関して、大要、以下のように判示したのであった[8]。

(1) 教員の教育権について

　①「学問の自由」を保障した憲法23条により、教員は「教授の自由」を有し、公権力による介入を受けないで教育内容を決定できるとする見解は、採用できない。

　②普通教育の場においても、子どもの教育が教員と子どもの間の直接の人格的接触を通じ、その個性に応じて行わなければならないという本質的要請に照らし、教員には一定の範囲において「教授の自由」が保障されている。

(2) 親の教育権・私学教育の自由について

　①子どもの教育の結果に利害と関心をもつ関係者が、それぞれ教育の内容および方法につき関心を抱き、それぞれの立場からその決定・実施に対する支配権ないしは発言権を主張するのは、極めて自然な成行きである。

　②親は子どもに対する自然的関係により、子どもの教育に対する一定の支配権、すなわち子女の教育の自由を有する。しかしこの親の教育の自由は主として家庭教育等学校外における教育や学校選択の自由にあらわれるものであり、私学教育における自由も限られた一定の範囲においてこれを肯定するのが相当である。

(3) 国家の公教育内容決定権について

①（教員の教授の自由、親の教育の自由および私学教育における自由がそれぞれ一定の範囲において妥当することを前提に）、それ以外の領域においては、一般に社会公共的な問題について国民全体の意思を組織的に決定、実現すべき立場にある国は、国政の一部として広く適切な教育政策を樹立、実施すべく、また、しうる者として、憲法上は、子ども自身の利益の擁護のため、あるいは子どもの成長に対する社会公共の利益と関心に応えるため、必要かつ相当と認められる範囲において、教育内容についてもこれを決定する権能を有する。

②教育はほんらい人間の内面的価値に関する文化的営みとして党派的な政治的観念や利害によって支配されるべきではないから、教育内容に対する国家的介入についてはできるだけ抑制的であることが要請される。とりわけ子どもが自由かつ独立の人格として成長することを妨げるような国家的介入は憲法26条、13条の規定上からも許されない。

第4節　論争に欠けていたもの——残された課題

先に触れたように、いわゆる「教育権論争」は基本的には「国民の教育権説」対「国家の教育権説」という二極構造で展開されただけに、理論的には大雑把でラフなところがあり、その後に少なからぬ課題を残したと言える。なかでも、以下の4点は、「教育権の法的構造」の解明という見地からは、殊更に重要だと考えられる。

(1)「教育権」概念の整理

「国民の教育権」、「教員の教育権」、「国家の教育権」、「親の教育権」、「私学教育の自由」などのタームからも知られるように、ひとくちに「教育権」と言っても、その法的性質・種類・内容は様々である。法的性質としては、教育基本権、教育権限、教育権力（教育権能）の種別が認められ、その種類・内容においても基礎的権利、消極的権利、積極的権利、能動的権利に区別されうる。

けれども「論争」においては、「教育権」という同一名称のもとにこれらの異同関係が捨象され、概念の混交が見られている。それに「教育権」をもっ

ぱら公教育内容の決定権に縮小してしまっているのも、重大な欠陥の一つに数えられよう。

(2) 「教育主権」概念が入用

既に言及したように、公教育制度の組織・編成・運用に関する一般的形成権ないし規律権は、司法、課税、警察等に関する権能と同じく、国家の主権作用に属していると解される。「教育主権(Schulhoheit)」と称せられるべき国家的権能である[9]。改めて書くまでもなく、日本国憲法は「国民主権の原則」に立脚しているから、ここに言う公教育制度に関する国家主権＝教育主権の主体は国民全体ということになる。つまり、教育主権とは主権者たる国民が総体として有している公教育についての権能のことにほかならない。

この教育主権(国民の教育権力)は、現行の国民代表制・議会民主制下にあっては、憲法構造上、現実には「国権の最高機関」である国会をはじめ、内閣、司法、その他の国家機関が、主権者である国民の信託にもとづき、国民に代わって、これを分担し行使することになっている。こうして、統治機構は当然に公教育に関して権能を有し、義務を負っているのであるが、このことを目して「国家の教育権」と呼称するのであれば、これにはおそらく異論はないであろう[10]。

かくして「国民の教育権」か、しからざれば、「国家の教育権」かという、二律背反的な概念設定はその根本において致命的な欠陥を包蔵していると言わなくてはならない。

(3) 公教育内容の決定と国民主権の確保

教育においても国民主権を確保すると言うのであれば、言うところの「教育主権」には当然に、学校制度の内的規律権＝基本的な公教育内容の決定権が含まれているということが帰結される筈である(公教育内容の決定における国民主権の確保)。

とすれば、法的アプローチとしては、国家(地方自治体)＝統治機構が公教育内容に関してもある種の権能をもっていることを前提に、その範囲や態様・

強度の如何を、子どもの学習権や「思想・良心・信教の自由」などの各種の基本権、親の教育権、私学教育の自由、教員の教育権限や学校の教育上の自律性、さらには国民の学問の自由や表現の自由などの諸自由や権利との法的緊張・対抗関係において、それぞれの事柄や法域について、個別具体的に見定めていくことこそ肝要であると言えよう。「論争」における理論構成はあまりにも粗雑であるとの批判を免れえない。

(4)「親の教育権」の制度的現実化

「親の教育権」は親子という自然的血縁関係にもとづくオリジナルなもので、いわば「親族上の原権」ないし「人間の根元的権利」に属している。「始源的で前国家的な権利」・「親としての自明の権利」、つまりは「自然法的な権利」(natürliches Recht) だということである。わが国の実定法制も、親の教育権のこのような本質的属性を踏まえ、民法820条で確認的に規定しているが、それに止まらず、この権利は憲法によっても根元的基本権として厚く保護され、優越的な保障をえているばかりか――「憲法的自由」ないし13条(幸福追求権)の保障内容として――、自由・民主・人権保障を謳う憲法構造の基底に位置していると解される。

ところが「論争」においては、「国民による教育の負託」ないしは「親の教育権の委託」という概念操作を介して、「親の教育権」はいつの間にか国家的教育権能の正当性を根拠づけるための、あるいは教員の教育権を導出し補強するための理論的粉飾に成り下がっている、と言っても過言ではない。学校教育における親の教育権と教育責任の現実化のための法制度の構成が具体的に問われなくてはならない筈であろう[11]。

〈注〉
1 詳しくは参照：拙稿「勤評反対闘争事件」田中二郎・佐藤　功・野村二郎編『戦後政治裁判史録 (3)』第一法規、1980年、41頁以下。
2 兼子　仁・吉川基道『教育裁判』学陽書房、1980年、34頁以下。
3 教科書裁判の憲法訴訟的意義と課題については、参照：芦部信喜『人権と憲法訴訟』有斐閣、1994年、275頁以下。

4 芦部信喜著・高橋和之補訂『憲法 (第4版)』岩波書店、2007年、259頁。
5 さしあたり、国民教育研究所編『国民と教師の教育権』明治図書、1968年、175頁以下。
6 さしあたり、西崎清久監修『教科書裁判にみる教育権論争』第一法規、1986年、66頁以下。
7 内野正幸「教育権の所在をめぐる判決の検討」芦部信喜編『教科書裁判と憲法学』学陽書房、1990年所収、37頁。
8 青木宗也他編『戦後日本教育判例体系』〈第1巻〉労働旬報社、1985年、340頁以下。
9 H. Avenarins/H. Heckel, *Schulrechtskune*, 7Aufl.2000, S.234ff.
10 奥平康弘「教育をうける権利」芦部信喜編『憲法Ⅲ 人権(2)』有斐閣、1987年、420頁。
11 この問題については、拙著『学校教育における親の権利』海鳴社、1994年、に詳しい。

第8章　教員の教育上の自由

第1節　法的権利としての教員の教育上の自由

　学校教育法によれば、教員の職務は「児童の教育をつかさどる」ことにある（37条11項＝中学校・高校・特別支援学校へも準用）。

　改めて書くまでもなく、教育は子どもの人間としての個性豊かな成長・発達を目指す、高度に人格的で創造的な営みであり、そこで、事の本質上、教員は子どもの資質・性格・発達の状態などを考慮し、各自それぞれに創意工夫しながら教育活動を展開することが要請される。

　その際、教員には教育活動の「合法性」を確保することは勿論であるが、その域を超えて、様々な教育上の可能性のなかから、何がもっともよく子どもの成長・発達に叶うかの「合目的性 (Zweckmäßigkeit)」＝「子どもの最善の利益」（子どもの権利条約3条）を追求することが求められている[1]。

　つまり、「教育過程は個人的かつ状況関係的なものであり、それ故に、そのケルン（核）においては規範や命令による画一化にはなじまない」のであり、かくして、この「教育過程の自律性から教育内容と方法の決定に関する一定の自由が帰結されることになる」[2]。

　また教員は職務上、自らが自由で自律的に行為できる場合においてだけ、生徒を民主的自由ないし「自律的で成熟した責任ある市民」（自律的人間型）に向かって教育することができると言えよう[3]——自らが不自由で、非民主的・従属的な関係に置かれた「管理された教員 (Die verwaltete Lehrer)」にどうして「自律への教育」・「民主主義への教育」が期待できよう。

　くわえて、「教育の仕事は専門職とみなされるべきである」（ユネスコ「教員

の地位に関する勧告」6項・1966年)から、教員は職務遂行上、相対的にではあるが、専門職的自律性(professional autonomy)を享有することになる。

こうして教員にはその職務遂行に際して、自らの教育専門的判断と固有責任において行為し、決定できる職務事項・領域が認容されなくてはならない、ということが導かれる。

表現を代えると、教員がその教育責任を適切に果たすためには、教員に対して「教育上の自由」が法的に保障されなくてはならない、ということであり〈教育責任を履行するための教育上の自由〉、だとすれば、先に引いた学校教育法の教員の職務規定にはこの理が当然に包含されていると解するべきであろう。

実際、ドイツにおいては、1960年代後半以降、各州の学校法が「学校の教育自治(Pädagogische Selbstverwaltung der Schule)」や「教育会議権(Leherkonferenzrecht)」とともに、その基盤をなす「教員の教育上の自由(Pädagogische Freiheit des Lehrers)」を「教員としての特別な権利」として実定法上保障するところとなっており[4]、そして教員のこの自由は、学説・判例上、教員の公務員法上の地位を補充・修正する法原則だと解されるに至っている[5]。

ちなみに、この点について、ヘッセン州学校法(2005年)は下記のように明記している(86条2項)。

「教員は、第1条から第3条が規定する原則および目的(教育をうける権利の保障と学校の教育責務およびこれらを実現するための原則について規定・筆者注)の範囲内において、および法規や会議の決定の範囲内において、その固有責任において(in eigener Verantwortung)教育を行う。教員の教育活動のために必要とされる教育上の自由は法規や会議決定によって不必要かつ不当に制限されてはならない」(傍点・筆者)。

そして、上記のような「教員の教育上の自由」の法的保障の効果として、同州においては、学校監督庁や校長による教員の教育活動に対する監督は法監督(Rechtsaufsicht)──合法性を確保するための監督で合目的性の適否には及びえない──だけに限定されるところとなっている[6]。

第2節　教員の教育上の自由は憲法上の基本権か

このように教員は職務法制上、教育上の自由（教育権）を享有していると解されるのであるが、有力な憲法・教育法学説および先に引いた「学力テスト」事件に関する最高裁判決（1976年）によれば、教員のこの自由は憲法上に根拠をもつ基本的人権だと捉えられている。このような見解は、憲法上の根拠条項により、大きく、以下の4説に分かれている。

(1) 憲法的自由説

この説は、日本国憲法の自由権条項は「人類の自由獲得の努力の歴史的経験に即し、典型的なもの」を例示的に掲げているのであって、「列挙した自由以外のものはこれを保障しないという趣旨ではない」。これら以外の自由は「一般的な自由または幸福追求の権利の一部として広く憲法によって保障されている」とするもので、かくして、「主権の実質的担い手になるべき次の世代を権力に干渉されずに国民的立場において教育する自由」たる「教育の自由」は、こうした「憲法的自由」の一つとして、憲法的保障を受けている、と解するものである[7]。

(2) 憲法23条説＝学問・教授の自由説

教員の教育上の自由は憲法23条「学問・教授の自由」によって保障されている、と解する立場である。こう説かれる。

> 「教育においては真理教育が要請され、教育は学問的成果にもとづいて……および子どもの発達の法則性に即しておこなわれなければならない」から、「教師は各教科の関連科学および教育学の学問的成果を身につけ、自らも関連科学と子どもの成長発達に関する研究者でなければならず、その研究成果にもとづく教育実践をおこなわなければならない」。

こうして、「普通教育段階においても、教師は職務遂行上学問の自由＝教授の自由が保障されている」[8]。

また、指導的な憲法学説によっても、「初等中等教育機関における教師の

教育の自由を憲法の保障から排除する説は妥当ではない。また、学問の自由を伝統的な意味の『大学の自由』に限定しないで解する以上、教授の自由と教育の自由を概念上区別する見解も、必ずしも説得的とは思えない。教師の教育の自由を学問の自由に含まれるものと解する積極説……が妥当であろう」とされ[9]、さらに先に触れた最高裁判決も、23条の学問の自由には教授の自由が含まれるとしたうえで、下記のように判じている。

> 「普通教育の場においても、例えば教師が公権力によって特定の意見のみを教授することを強制されないという意味において、また、子どもの教育が教師と子どもの間の直接の人格的接触を通じ、その個性に応じて行われなければならないという本質的要請に照らし、教授の具体的内容及び方法につきある程度自由な裁量が認められなければならないという意味においては、一定の範囲における教授の自由が保障される」[10]。

(3) 憲法26条（教育をうける権利）説

憲法26条が保障する「教育をうける権利」の内容は広汎かつ多面的であり、この権利の前提には、「教育の自由があり、したがって国が教育制度を確立し教育の場を提供するにあたっては、各人のそうした自由が最大限に充足されうるよう配慮することが要請される。教育は人格的接触を通じて人の潜在的資質を引き出す創造的作用であるから、教育の実施にあたる教師の一定の『教育の自由』も、当然そのような配慮の中に含まれていなければならない」とする見解である[11]。

(4) 憲法23条および26条説

この説は、「教師の教育権には複合性があるため、その法的保障の根拠もまたある程度複合的にならざるをえない」として、次のように述べている。

> 学校教師の教育の自由は「真理教育の自由という意味での『学問の自由』とのむすびつきが有るが、……より広く、文化をになう国民としての文化的教育の自由や、子どもの成長発達を見定めていく専門的教育の自由を意味するものと考えられるのである。そしてとくに、個人および

集団としての学校教師の専門的教育の自由は、子どもの教育をうける権利保障（憲法26条）の一環を成すという意味で現代的な教育人権性を有しているると解される」[12]。

第3節 「義務に拘束された自由」としての教員の教育上の自由

　上述のように、わが国においては、学説・判例上、教員の教育上の自由（教育権）は憲法上に根拠をもつ教員の基本的人権だと解する見解が有力なのであるが、しかし、このような見解は、その憲法上の根拠条項の如何に拘らず、いずれも妥当とは言えない。言うところの教員の教育上の自由は、以下に述べるとおり、「自由」とは言っても、義務性を濃厚に帯びた「・義・務・に・拘・束・され・た・自・由（pflichtgebundene Freiheit）」たることをその本質的な属性としている[13]、ということが重要である。

　①改めて書くまでもなく、大学教員は基本的人権として、つまり憲法上の個人的自由権として、「学問・教授の自由」（憲法23条）を享有しているが、普通教育学校の教員の「教育上の自由」はいかなる意味においても、このような個人的自由ではありえない。それは、教員自身のために保障された「自利をはかる権利（eigennütziges Recht）」ではなく、教員がその職務を責任をもって遂行し、学校がその教育責務を履行できるように、学校・教員職務法制上の要請にもとづいて保障されているものである〈「他者の利益をはかる承役的権利（fremdnütziges, dienendes Recht）」〉[14]。

　つまり、教員のこの自由は教員の個人的自由ではなく、「学校目的および子どもの利益に向けられた自由（auf den Schulzweck und damit auf das Interesse des Kindes bezogene Freiheit）」だということである[15]。

　換言すれば、言うところの教員の教育上の自由は、教員によって支援・促進されるべき生徒の学習権ならびに適切な学校教育を提供するという国家（地方自治体）の教育責務に向けられた自由であり、したがって、その内実は子どもの学習権・人格の自由な発達権によって強く規定されるとともに、国民総体の教育権能＝教育主権によっても相当の規律を受けることになる、と

いうことである[16]。

②既述したように、公教育制度の計画・組織・編成・運用に関する一般的形成権ないし規律権は、「教育主権」として、国家の主権作用に属しているのであるが、学校教育の目的や内容・方法などのいわゆる「内的事項」もまた国家的教育権能＝教育主権＝国民総体の教育権能の規律対象に含まれている。国民の「教育をうける権利」（憲法26条1項）に対応して公教育体制を維持し、そこにおける教育内容の水準を保持し、さらには国民教育としてナショナルなレベルで一定の共通性をもたせようとするかぎり、国家＝統治機構が教育内容に関しても一定範囲の権能や責務をもつに至ることは当然だからである[17]。

こうして、教員の教育上の自由も教育主権による規律を受けることとなり、くわえて、現代公教育の基幹的な制度原理の一つとして、「教育の政治的・宗教的中立性」の原理も存している（教育基本法14条2項・15条2項）。

ちなみに、この点、先に言及したように、「学力テスト」事件に関する最高裁判決は普通教育学校の教員にも、憲法23条にもとづいて、「一定の範囲における教授の自由が保障」されていると判じているのであるが、しかしこの判決は、①児童・生徒には教授内容を批判する能力がなく、教師が強い影響力、支配力をもつこと、②子どもの側に学校や教師を選択する余地が乏しく、教育の機会均等をはかるうえからも全国的に一定の水準を確保する要請が強いこと、などを挙げ、「教師に完全な教授の自由を認めることは、とうてい許されない」とし、教育内容に対する国の「必要かつ相当と認められる範囲」の介入権を容認している点で、実質的には、上述したところと同じ理論的立場に立っていると捉えられる。

なお参考までにドイツにおいても、1960年代から80年代初頭にかけて、教員の教育上の自由の根拠をドイツ基本法が保障する「教授の自由 (Lehrfreiheit)」（5条3項）に求める学説が強力に唱導され[18]、また子どもの「人格の自由な発達権」（基本法2条1項）から導出する見解も存したが[19]、現在ドイツ学校法学の権威 H. アベナリウスによれば、「このような従前の試みは頓挫したと言わなければならない」と論断されるに至っている[20]。

また1952年の連邦最高裁判所判決 (Adler v. Board of Education) 以来、学校教員も、合衆国憲法修正1条および14条により、「academic freedom」を享有しているとされてきているアメリカにおいても、教員のこの自由は生徒の成熟度・判断能力によって制約を受けると捉えられているところである[21]。

第4節　学校法制上の職務権限としての教員の教育上の自由

　学校教育法37条11項が定める教員の職務は、国・地方自治体・学校法人等に負託された国民の教育主権ないし親の教育権が、さらにその組織体内部で教員に授権されたことにもとづいている。

　つまり、一般に教員の教育権と称されているものの法的性質は、第一次的には、学校教育の権利主体たる設置者法人の内部において配分された職務権限、すなわち、公立学校教員について言えば、それは公務員たる教員が地方自治体の内部機関として容認された教育権限にほかならない[22]。

　表現を代えれば、「教師は、親の直接的な信託 (私立学校の場合) もしくは間接的な信託 (国公立学校の場合)、および国民一般の抽象的な信託に基づいて存立するところの学校設置者の agent (機関) として、子どもたちと接する。教師の"教育権"は、こうした制度的な制約のもとにおいてのみ成立するものであるから、権利というよりは、権限である」ということである[23]。

　ちなみに、ここに「権限」とは、国・地方自治体・各種法人または個人の機関が、法律上もしくは契約上、それぞれその与えられた職務の範囲内において、することのできる行為 (処分の能力) またはその行為 (処分の能力) の範囲・限界をいう[24]。

　既述したように、たしかに教員には職務上、自らの判断と責任において決定できる事項・範囲が認容されているが、それは、第一次的には、あくまでこのような「権限」としてである。言うところの教員の「教育上の自由」は学校法令の範囲内において許容されているものであり、さらに事柄によっては、教育委員会の学校管理権や校長の校務掌理権のコントロール下にも置かれることになる。「教員の教育上の自由は、主体的公権として、『職務命令からの自由 (fachliche Weisungsfreiheit)』を帰結し、したがって、学校監督庁の行政規則・

訓令や校長の職務命令はこれに対して法的拘束力をもたず、教員のこの権利を制限する場合には法律の形式を必要とする」[25]という性質のものではない。

この点、既述したように、教員の教育上の自由をすべての州で実定法上の権利として明示的に保障しているドイツにおいても、教員のこの自由は法律その他の法規はもとより、規律事項によっては、学習指導要領(Rahmenrichtlinie)によっても拘束される、とするのが通説・判例である[26]。

参考までに、これに関する判例を引くと、たとえば、シュレスビッヒ・ホルシュタイン州高等行政裁判所判決 (1991年) は、教員の教育上の自由と学習指導要領の拘束力との関係について、下記のように述べている[27]。

「立法者によって強調されている、教員の自らの授業に対する教育上の責任は、教員を学習指導要領の規律から解除するものではない」。

なおいうところの教員の教育上の自由を親の教育権と対比すると、親の教育権が親子という自然的血縁関係にもとづくオリジナルなもので、いわば「親族上の原権」・「憲法上の自然権的基本権」・「子どもの教育についての包括的な教育基本権」であるのに対し〈「始源的教育権 (Das primäre Erziehungsrecht)」としての親の教育権〉[28]、教員のそれは教育公務員として配分された副次的・部分的・機能的・技術的な教育権限である〈「副次的教育権 (Das subsidiäre Erziehungsrecht)」としての教員の教育権〉、という点に決定的な差異がある。

〈注〉

1 N. Niehues/J. Rux, *Schul-und Prüfungsrecht, Bd.l, Schulrecht*, 2006, S.241.
2 H.U. Evers, *Verwaltung und Schule*, In: VVDStRL (23), 1964, S.179. S.181-182.
3 同旨：H. Heckel, *Schulrecht und Schulpolitik*, 1967, S.195.
4 ドイツにおける「学校の教育自治」や「教員の教育上の自由」法理の形成・法制化過程について、詳しくは参照：拙稿「西ドイツにおける学校自治の法的構造」季刊『教育法』28号、総合労働研究所、1978年、143頁以下。
5 さしあたり、H. Avenarius/H. Heckel, *Schulrechtskunde*, 2000, S.341 など。
　なお、この法理の理論化および法制化過程においては、H. Heckel が決定的に重要な役割を果たした。ヘッケルは「Die Pädagogische Freiheit in der Sicht des Schulrechts」(1958年) を皮切りに、これに関する夥しい数のモノグラフィーを著し、そしてその成果がドイツ学校法制史上初めてヘッセン州学校法 (1961年) において法制化を見たのであった。

6 J. Rux, *Die pädagogische Freiheit des Lehrers*, 2002, S.145-153.
7 高柳信一「憲法的自由と教科書検定」『法律時報』(臨時増刊・1969年8月号) 日本評論社、57頁。
8 日本教職員組合編『教職員の権利全書』労働旬報社、1984年、25頁。
9 芦部信喜『憲法学Ⅲ 人権各論 (1)』有斐閣、1998年、218頁。
10 最高裁・昭和51年5月21日判決、青木宗也他編『戦後日本教育判例大系 (1)』労働旬報社、1984年、344頁。
11 佐藤幸治『憲法 (第3版)』青林書院、1995年、627-628頁。同旨：種谷春洋「学問の自由」芦部信喜編『憲法Ⅱ 人権 (1)』有斐閣、1984年、392頁。
12 兼子 仁『教育法』有斐閣、1978年、272頁-273頁。同旨：永井憲一『主権者教育権の理論』三省堂、1991年、207頁。
13 H. Avenarius/H. Heckel, a.a.O., S.342.
14 この点に関する同旨の憲法学説として、以下のような見解も見られている。
    「子どもや親の立場からみると、教師は権力そのものであって、決して自由権の担い手たりえない存在なのである」。「教師が不当な権力的干渉を受けずに教育を行えるような保障……は絶対に必要なことである」。「ただしそれは、……教師の自由な創意・工夫なしに真の教育は成り立ちえない」し、したがって、「子どもの教育を受ける権利も満たされえないからである (浦部法穂『憲法学教室』日本評論社、2004年、192頁)。
15 H.U. Evers, a.a.O., S.181.
16 同 旨：F. Hennecke, *Versuche einer juristischen Begründung von pädagogischer Freiheit*, In: RdJB 1986, S.240. G. Eiselt, *Shulaufsicht im Rechtsstaat*, In: DÖV 1981, S.825.
17 同 旨：E.W. Bockenförde, *Elternrecht–Recht des Kindes-Recht des Staates*, In: Essener Gespräche 1980, S.84. この問題について詳しくは参照：拙著『生徒の法的地位』教育開発研究所、2007年、62頁以下。
18 たとえば、I. Staff, *Schulaufsicht und pädagogische Freiheit des Lehrers*, In: DÖV 1969, S.627. W. Perschel, *Die Lehrfreiheit des Lehrers*, In: DÖV 1970, S.34. A. Laaser, *Wissenschaftliche Lehrfreiheit in der Schule*, 1981 など。
19 E. Stein, *Das Recht des Kindes auf Selbstentfaltung in der Schule*, 1967, S.8. S.57-61.
20 H. Avenarius/H. Heckel, a.a.O., S.342. 同旨：F. Ossenbühl, *Die pädagogische Freiheit und die Schulaufsicht*, In: DVBl 1982, S.1160 など。
21 M. Imber/T.V. Geel, *Education Law*, 2000, pp.312-315. H.C. Hudgins/R.S. Vacca, *Law and Education*, 1985, pp.206-207.
22 同旨：市川昭午『教育行政の理論と構造』教育開発研究所、1975年、215頁以下。
23 奥平康弘「教育を受ける権利」芦部信喜編『憲法Ⅲ 人権 (2)』有斐閣、1987年所収、417頁。
24 味村治他共編『法令用語辞典 (第8次改訂版)』学陽書房、2003年、586頁。
25 M. Stock, *Pädagogische Freiheit und politischer Auftrag der Schule*, 1971, S.272-273. 同旨：ders. *Die pädagogische Freiheit des Lehrers im Lichte des schulischen Bildungsauftrags*, In:

RdJB 1986, S.212ff.
26 さしあたり、J. Staupe, *Schulrecht von A-Z*, 2001, S.172.
27 OVG Schl-H, Beschl. v. 30. 4. 1991, In: SPE (Dritte Folge・2007), 480-5.
28 親の教育権について詳しくは参照：拙著『学校教育における親の権利』海鳴社、1994年。

第9章　ドイツにおける教科書法制の構造

　教科書制度はいかにあるべきか。そもそも教科書は誰によってつくられ、どのような手続を経て学校で使用されるべきものなのか。教科書内容の「妥当性」は、いかなる主体によって、どのような基準にもとづいて確保されるのが望ましいのか。その場合、「表現の自由」、「出版の自由」、「教育をうける権利（学習権）」、「学問・教育の自由」、「親の教育権」等の基本的人権や「検閲の禁止」はもとより、「教員の教育上の自由」や「学校の自律性」との関係、さらに大きくは近隣諸国との国際関係における位置は如何に。

　このような観点からひろく教科書制度を見た場合、わが国ともっとも類似した制度を擁し、したがってまた共通の課題を数多くかかえているのは、多分、ドイツであろう。ドイツもまた「教科書裁判」を経験しているという事実が、このことを端的に象徴していると言えよう。

　しかし他方では、たとえば、歴史教科書づくりに際しての近隣諸国との関係や教科書採択の有りようなどの面においては、両国の間には際立った違いも見られている。

　以下、ドイツの教科書制度とそれをめぐる課題をできるだけ網羅的に紹介したいと思う。

第1節　教科書づくり

1. 州の教育主権と教科書制度

　ドイツは16の州 (Land) からなる連邦国家であるが、教育主権ないし文化高権は伝統的に各州に留保されている。これにもとづいて、各州はそれぞれ

文部省をもち、独自の教育政策を展開している。したがって、教科書制度の法制構造や運用実態も州によって異なるわけであるが、現行法制下では、その基本構造にさほどの差異は見られない。

2. 教科書の編集・発行
(1) 教科書市場における自由競争
　教科書の編集・発行は、「出版・表現の自由」(基本法5条1項)、「出版社の職業の自由」(同12条1項)、さらには「著作者の知的所有権」(同14条1項)といった一連の基本権の憲法上の保障もあって、原則として、民間の教科書市場における自由競争に委ねられている。

　かつてバイエルン州だけは事情を異にし、州立の機関が独占的に教科書を編集し発行していたが、今日ではこの機関も民営化され、他州と同じく市場原理が支配するところとなっている。

　教科書出版社の数は1970年代以降、ドイツ全体で70社〜80社台を推移している。ちなみに、たとえば、ヘッセン州について見ると、いささか以前の数字ではあるが、1997/98版の教科書カタログに登載されている出版社(他州の出版社ももちろん参入可能)は53社を数えている[1]。

　ただ教科書市場においては寡占化傾向がかなり進んでおり、現実には、大手の5大出版社が大半のシェアを掌握しているという[2]。この結果、教科書の内容的多様性が失われつつあるとの批判も聞かれる。

(2) ゲオルク・エッカート国際教科書研究所とドイツ−ポーランド教科書合同委員会
　ところでドイツにおいては、教科書、とりわけ歴史(地理)教科書のもつ(政治的)意味・国民教育や国際関係における重要性等に鑑み、その在り方について専門的に研究し、勧告を行う二つの重要な機関が存在している。

　一つは、「教科書研究のメッカ」として世界的に名高いゲオルク・エッカート国際教科書研究所 (Georg-Eckert-Institut für internationale Schulbuchforschung) である。この研究所は1951年、ナショナリズムから解放された歴史教科書をつくる目的で、歴史学者のゲオルク・エッカートによって創設された(ドイツ中

部のブラウンシュヴァイクにある)。1975年にニーダーザクセン州立になり、今日では他州からも財政支援を受けて、その名称の通り、国際的な規模とレベルでの本格的な教科書研究を進めている。研究の成果は「勧告 (Empfehlung)」として公にされ、各州の文部省や出版社にも送られるが、強制力はない。「勧告」に対する各州文部省の対応は、その政治的立場によって分かれ、バイエルン州などキリスト教民主同盟 (CDU)・社会同盟 (CSU) が統治する州は概してネガティブな反応を示している状況にある。

もう一つは、教科書づくりに当たって、国際的な対話を制度的に確保するための機関として設置されている「ドイツ-ポーランド教科書合同委員会 (Die Gemeinsame Deutsch-Polnische Schulbuchkommission)」である。

1972年に両国のユネスコ委員会の支援で発足し、第1回委員会はポーランド・ユネスコ委員会の招待でワルシャワで開催された。歴史的にドイツが侵略をくり返してきたポーランドと共同で、歴史と地理の教科書を継続的に見直し、双方の基本的合意のうえに教科書の内容の客観性を確保し、もって現在および将来にわたって、両国間の平和的で信頼に満ちた友好関係を維持・促進することに資する、というのがこの合同委員会の目指すところである。委員会は両国の歴史家、地理学者、教科書研究者および教科書発行者によって構成されている[3]。

1976年に委員会が出した「ドイツおよびポーランドにおける歴史と地理の教科書に関する勧告」は26項目からなり[4]、そこでは、たとえば、ナチスがポーランドを侵略し、ユダヤ系を含む500万人を殺害したという事実を、ドイツの歴史教科書に明記すべきこと等が勧告された。この76年勧告はドイツとポーランドの共通の歴史認識づくりに大きく貢献し、その後現在に至るも両国の歴史と地理の教科書に強く反映されているとされる[5]。

第2節　教科書検定制度

1. 教科書に対する検定法制

　ドイツの各州は歴史的にも、今日においても、教科書について検定制度を敷いている。1990年10月、東西ドイツが統一されたが、旧東ドイツであっ

た諸州においても同様である。すなわち、教科書として学校で使用できるのはその州の文部大臣の認可 (Genehmigung) ないし許可 (Zulassung) を受けたものに限られる。

この点を明記して、たとえば、ヘッセン州学校法 (1992年) は「教科書の許可」と題して、こう書いている。

「教科書は事前に許可をうけた場合に限り、学校で使用されてよいものとする。許可に関しては、文部大臣が……これを決定する」(10条2項)。

そして、この法律条項を受けて同州では「教科書の許可に関する規程」(1996年) が法規命令の法形式で制定されており、そこにおいて教科書の定義、検定の対象となる教材、許可の申請手続、検定手続、検定基準、教科書カタログ、宗教の教科書に関する特例等について具体的に規定されるところとなっている。

一方、旧東ドイツに属していた統一ドイツの新州、ザクセン州学校法(1991年) にも「文部大臣は、法規命令により、教材・教具の使用を許可しかつ許可手続を定めることができる」(60条1項) との規定が見えている。

なお、各州に共通した基準的検定法制として、文部大臣常設会議が決議した「教科書の認可規程」(1972年) がある[6]。

ここでは、たとえば、教科書検定権の所在、検定を要する教材、申請手続、検定不合格の場合の理由説明、異議申立て手続、検定料と検定期間等、10項目について各州文部大臣による合意がなされ、そのかぎりで現行の各州検定法制を拘束 (ただしハンブルク州を除く) するところとなっている[7]。

ところで、従来、ドイツの多くの州においては、教科書検定行政は法律にはよらず、行政規則で規定されてきた。それどころか単に回章で言及しているにすぎない州も見られた。

こうした法状況に対しては、当然のことながら、基本法が謳う法治国家原理や「学校法における法律の留保 (Gesetzesvorbehalt) の原則」に反するとの厳しい批判が存した[8]。

そしてかかる批判に応えて、近年、各州でこの法域が整備され、今日ではほとんどの州で教科書検定の基本構造は法律で規定されるに至っている。

2. 教科書検定の法的根拠

　判例・通説によれば、教科書検定は教育主権作用の一環をなすもので、ドイツ基本法7条1項「全ての学校制度は国家の監督(Aufsicht des Staates)に服する」に根拠をもつとされる。

　ちなみに、ここで「教育主権（学校高権）(Schulhoheit)」とは学校制度に関する国家の一般的形成権・規律権を言い、具体的には、学校制度の基本構造、学校の種類や編制、学校教育の目的や基本的内容、就学義務や学校関係、教員の法的地位などの確定がこの権能に属すると解されている[9]。

　教科書検定制度の根拠について、後に言及する教科書検定制度違憲訴訟に関する連邦行政裁判所決定は、より直接かつ具体的にこう判じている[10]。

　　「国の学校監督概念は学校制度の組織、計画、統轄および監視に関する国家的権限の総体である。……教育目的の確定や教材の決定は基本法7条1項の範囲内における国家の形成領域に属する。この権能は、教育目的によって設定された要件を充足する教科書だけが授業において使用されているかどうかに関する監督を必然的に包括している。それ故、いかなる教科書が公立学校の授業用に許可されるか否かの決定は、基本法7条1項により国家に帰属する任務で、これは教育主権の主体としての国家が長年その権能としてきたところである」。

　また、同じくこの点、学校法学の通説によっても次のように説かれている[11]。

　　「学校教育の内容はどのような教科書および教材が選択され、使用されるかによって強くかつ本質的に規定される。それ故、公立学校教育に対する国家の責任は当然に教科書の使用にも及ぶ」。

3. 教科書検定制度違憲訴訟に関する連邦行政裁判所決定

　ドイツにおいては、たとえば、親が「親の教育権」（基本法6条2項）を侵害するように思えた教科書の使用禁止を求めた裁判など[12]、教科書（制度）をめぐってはこれまでに様々な訴訟事件が起きているが、検定制度自体の合憲性を真正面から争った裁判は本件だけである。その概要は、以下のようである。

(1) 事実の概要

ヘッセン州のS出版社は、1966年4月、自社刊行で原告の著作にかかる歴史の教科用図書「時代と人間」(Zeiten und Menschen) について、教科書としての許可を求めた。しかしヘッセン州文部大臣は、その内容が著しく偏っているとの理由で、同年10月、この申請を却下した。

そこでS出版社と著作者は、大要、下記のように主張して、現行の教科書検定制度は違憲であり、文部大臣の上記検定不合格処分も違法であるとして、その取消しを求めて行政訴訟を提起した。

教科書検定制度は「官憲国家の遺物 (Relikt eines Obrigkeitsstaats)」であり基本法の理念・価値体系と相容れない。具体的には、それは先ず「検閲の禁止」に抵触する。憲法が禁止する実質的な検閲 (materielle Zensur) に該当するからである。検定制度はまた「表現の自由」、「出版の自由」、さらには「人格の自由な発達権」などの基本権をも侵害する。

さらに検定手続は法律上の根拠を欠いている。仮に教科書に対するコントロールが許容されるとしても、文部大臣の決定は「瑕疵ある裁量」として無効である。文部大臣には教科書の選択に際し「判定活動領域 (Beurteilungsspielraum)」は存しないからである。くわえて現行の教科書調査官制度は明らかに一方的なイデオロギー装置になっており、教育の中立性原則に違背している。

第1審のヴィースバーデン行政裁判所および第2審のカッセル高等行政裁判所ともに原告出版社側の主張を斥けた。そこでこれを不服として提訴したのが本件である。

ちなみに、控訴審の決定主文は下記のように述べている[13]。

> 「教科書検定手続は憲法に違背するものではない。教科書検定手続は、教科書が憲法上の一般原則や法規定に抵触していない場合にかぎり、学校における使用を許可される、ということを保障するものである。学校においてどのような教科書が使用されるかを決定する国家の権能は、基本法7条1項およびヘッセン州憲法56条1項にもとづいている」。

(2) 決定主文

1973年3月13日、連邦行政裁判所は先に引いた教科書検定制度の法的根拠を説き、重要争点のそれぞれについて検討したうえで、以下のような決定主文を言い渡して、原告の訴えを却下した。
　①基本法7条1項に基づく国の学校監督の範囲内で、各州は学校における授業用教科書を選定する権能を有する。
　②ヘッセン州の教科書検定に関する州法規程は、基本法5条1項によって保障された教科書発行者の基本権に不当に介入するものではない。

(3) 教科書検定制度に対する学説の評価

　既に触れたように、判例はもとより、憲法学や学校法学の通説も教科書検定は制度自体としては合憲である、との立場に立っている[14]。
　けれども一方で、少数説に止まってはいるものの、教科書検定制度違憲論ないし検定制度は憲法上重大な疑義を孕んでいるとする有力な学説も見られている[15]。
　こうした見解を端的に概括すれば、現行の教科書検定制度とその行政運用は、詰まるところ、教科書発行者・著作者の「出版の自由」、「表現の自由」、「職業活動の自由」、「生徒の人格の自由な発達権」、「親の教育権」などの各種の憲法上の基本権や、「教員の教育上の自由」などを侵害すると同時に、「検閲の禁止」に違反し、さらには「教育における中立性と寛容(Neutralität und Toleranz)の要請原則」や「学校法における法律の留保の原則」に違背しているとされている。

4. 教科書の検定手続
(1) 検定に服する教材

　認可義務を負う教材の範囲は州によってかなり異なる。まず通常、狭義の意味における教科書は検定を受けなければならないとされているが、教科書概念の曖昧さと相俟って、その範囲は必ずしも明確ではない。
　たとえば、ベルリンでは職業学校の専門実践的書籍には認可義務は課されておらず、またシュレスビッヒ・ホルシュタイン州の特定学校種・特定教科

の教科書についても同様である。
　しかし他方でヘッセン州では長期にわたって使用される補助教材も教科書と捉えられて認可を必要とし、またニーダーザクセン州やラインラント・プファルツ州においては教科書を補充するテープの類にも認可が求められている。
　なお、改訂版も一般的には改めて検定に服することになっている。

(2) 検定の効力期間と認可取消権
　教科書検定に合格した場合、その有効期間は州によって各様である。原則として3年に限定している州もあれば（シュレスビッヒ・ホルシュタイン州など）、5年としている州もあり（ベルリンなど）、さらには期限を付していない州も見られている（ニーダーザクセン州など）。
　関連して、ほとんどの州で、検定主体に事情変更等を理由としての認可の取消権が留保されている[16]。

(3) 教科書調査官・教科書調査委員会
　検定手続を大雑把に言えば、文部大臣から委嘱を受けた教科書調査官（Gutachter）ないしは教科書調査委員会（名称は多様）が、一定の基準によって教科書の内容を審査し、これにもとづいて文部大臣が合否を決するという仕組みになっている。
　教科書調査官は、通常、文部大臣によって任命され、文部大臣を身分上・職務上の上司とする公務員である。資格要件はあまり明確ではなく、たとえばニーダーザクセン州では、教授経験を有し当該教科について優れた見識を有すること、とされているに止まる。任期は、たとえばラインラント・プファルツ州では3年とされている。調査官の数は各教科につき通常2〜3人で、氏名はラインラント・プファルツ州を例外として——同州では出版社からの要求があれば告知される——公表されない。
　教科書調査官をめぐっては、職務上の独立を保障するとともに氏名を公表すべきだとの声が強い。

教科書調査委員会を設置している州も少なくない。たとえばベルリンやブレーメンでは教員その他の教育専門家によって構成される委員会が、各教科ごとに設けられている。委員は文部大臣が任命する。

ノルトライン・ウェストファーレン州においては、社会・政治科など政治問題化しやすい教科についてだけ、18人以内の委員で構成される州教科書委員会（Landesschulbuchkommission）が設置されている。

なお、バーデン・ビュルテンベルク州やシュレスビッヒ・ホルシュタイン州のように教員の現職教育機関に教科書の審査を委託している州も見られている[17]。

文部大臣は認可権の行使に当たって、教科書調査官ないしは委員会による審査の結果には原則として拘束されないが、ブレーメンなど事実上拘束力にちかい効果を認めている州もある。

(4) 検定基準

検定に際しての基準は概ね各州に共通しており、通常、以下の6点が挙げられている。

すなわち、①教科書の内容が憲法上の一般原則や法規に抵触していないか、②学習指導要領（Lehrplan/Rahmenrichtlinien）に対応しているか、③学問上および教授学・教育方法学上の要請を満たしているか、④性や宗教ないしは人種による差別を助長するものではないか、⑤記述内容に客観的な誤りはないか、⑥価格が妥当か、がそれである。

これらについて審査が行われ、要件をすべて充足していれば合格ということになる。

敷衍すると、たとえば上記①の点をめぐっては、解放教育学の立場に立つギムナジウムのドイツ語教科書の適格性が争われたケースで、連邦行政裁判所の次のような判決が見えている[18]。

> 「授業用教科書の許可に関する決定に際して、教育行政機関は教育における国家の中立性と寛容という憲法上の原則を尊重しなければならない。これにより教化的な教科書（indoktrinierende Schulbücher）を使用するこ

とは排除されることになる」。

また②の点については、有力な学説が説くところによれば、「教材が学習指導要領に対応しなければならないということは、学習指導要領との内容面での同一性を求めるものではない。学習指導要領の範囲内に止まり、そこに所定の大まかな学習目標を追求するということである」とされている[19]。

なお、検定基準の現実の解釈や運用においては、学問的ないし教育的観点のもと、教育行政機関に一定範囲の判定活動領域が認容される、とするのが通説・判例の立場である[20]。

(5) 検定不合格の場合の理由説明

検定結果は文書でもって出版社に通知されるが、検定不合格の場合、程度の差はあるが、ほとんどの州で理由説明が義務づけられている。ヘッセン州においてもっとも詳しいとされる。

(6) 教科書検定過程への親の参加

ドイツにおいては「親の教育権(Das elterliche Erziehungsrecht)」が自然権的基本権として憲法によって保障されており（基本法6条2項）、また親の公教育運営への参加権を州憲法上保障している州も見られているが（ヘッセン州憲法56条6項など）、こうした文脈において、たとえばバーデン・ビュルテンベルク州では教科書検定過程への親の参加が法認されるところとなっている。同州学校法はこう明記している。

> 「州父母評議会(Landeselternbeirat)は、教育制度の一般的な問題、とくに学習指導要領の制定や教科書検定の実施に際して、文部大臣に助言する」(60条1項)。

そして同法のコンメンタールによれば、ここに言う州父母評議会の助言は検定基準や検定手続の在り方など、検定制度の根幹にかかわる事柄にまで及ぶとされている[21]。

第3節　教科書の採択法制

1.「学校の自治・教育上の固有責任」の法的保障

ドイツにおいては、「教員の教育上の自由」と「教員会議権」、「親の公教育運営への参加権」、さらには「生徒代表制」の法的保障と相俟って、「学校の自治・教育上の固有責任 (Selbstverwaltung・Pädagogische Eigenverantwortung der Schule)」が実定法上に確立されており、それは教育行政運用や学校管理運営の重要な制度的原理の一つをなしている。

この原理はかつて1910年代後半からナチ政権が成立するまでドイツ各州で法制化を見ていたものであるが、ボン基本法下、とりわけ60年代に復活したという歴史をもっている。そしてドイツ教育審議会の学校自治強化勧告 (1973年) やノルトライン・ウェストファーレン州「教育の未来―未来の学校」委員会報告書 (1995年) 等が契機となって、70年代前半と90年代の半ば以降かなりドラスティックな学校法制改革が断行され、その結果、この法理はいっそうの拡大・深化を見せ、今日に至っている[22]。

現行学校法制上、「学校の自治・教育上の固有責任」はすべての州で明文でもって保障されているのであるが、これについて、たとえば、ヘッセン州学校法 (前出) は高らかにこう謳いあげている。

> 「国家の責任と法規程および行政規則の範囲内で、学校は、授業および学校生活の計画と実施、教育ならびに学校の固有事項の管理運営において、自律を (selbständig) 保障される」(127a 条1項)。

> 「授業、学校生活および教育を自律的に計画し、実施する学校の権限は、法規程・行政規則や学校監督庁の命令によって不必要ないしは不当に縮減されてはならない」(127b 条1項)。

言うところの「学校の自治・教育上の固有責任」の法内容は、具体的には、各州の学校法によって「学校会議」、「教員会議」、「父母評議会」、「生徒代表制」の組織権限として、あるいは校長の単独権限として法定されている。

なかでも、教員・親・生徒代表から構成される「学校会議 (Schulkonferenz)」の権限がそうとう強力で、学校の意思決定機関として位置づけている州が多い。

たとえば、ハンブルク州においては学校会議は「学校自治の最高の審議・議決機関 (das oberste Beratungs-und Beschlußgremium der schulischen Selbstverwaltung)」と明記され (学校法52条1項)、「学校のあらゆる重要事項について審議し決定する」(同条2項) とされている。

2. 「学校の自治・教育上の固有責任」事項としての教科書採択

先に引いたヘッセン州学校法が「学校は……教育において自律を保障される」と書いているところからも知られるように、ドイツにおいては、教科書の採択 (Einführung) は「学校の自治・教育上の固有責任」に属する事柄として、各学校の固有の権限とされている。

ただ学校における教科書採択権の帰属主体には、州によって差異が見られている。すなわち、シュレスビッヒ・ホルシュタイン州のように「学校会議」の権限としている (学校法92条1項) 州もあれば、ハンブルク州のように「教員会議 (Lehrerkonferenz)」の専権事項としている (学校法9条2項) 州も存する。

ここで注目に値するのは、教科書採択が学校会議の権限とされている州においては、親や生徒もまた教科書の採択過程に「権利として直接参加」しているということである。ちなみに、シュレスビッヒ・ホルシュタイン州の場合、学校会議は教員代表とそれと同数の親・生徒代表で構成されることになっている (学校法91条2項)。

同じ文脈において、ラインラント・プファルツ州では、教員・親・生徒代表からなる「教科書委員会 (Schulbuchausschuß)」が特別に設置されており、教科書の採択はこの委員会の所掌するところとなっている (学校法40条3項)。

なお採択主体が同じく教員会議の場合でも、各種教員会議間の権限配分により、採択権が「教科会議 (Fachkonferenz)」に属している場合と、「全体会議 (Gesamtkonferenz)」の権限とされている場合とに分かれている。

ところで、先に垣間見たように、ドイツにおいては1960年代以降、「教員の教育上の自由 (Pädagogische Freiheit des Lehrers)」もまた法的保障を受け、今日ではすべての州で学校法上法認されるに至っている。

それでは、教科書の採択や使用をめぐって、教員のこの自由と教員会議な

いし学校会議との法関係はどうなるのか。

これについては、学説、判例ともに、会議決定の方が優位し、したがって教員は教科書の採択に関する会議の決定を遵守する義務を負うと解している[23]。

一例を引くと、ニーダーザクセン州のギムナジウムの化学教員が、その有する「教育上の自由」を根拠に、教科会議が採択を決定した教科書の使用を拒否した件で、連邦行政裁判所は次のような判断を示している[24]。

> 「教員は、その教育上の固有責任を妨げられることなく、教科会議の提議と全体会議の申請にもとづいて採択された特定の教科書を、授業において使用する義務を負う」。

なおドイツにおいては一般に教科書は州の財産とされており、無償貸与制が採られている。そこで教科書の採択は現実には各学校に委ねられた予算とその配分に関する学校会議ないしは教員全体会議の決定の範囲内で、上述したところにより行われることになる。

〈注〉

1 *Amtsblatt des Hessischen Kultusministeriums*, 1997, S.103-104.
2 Institut für Bildungsmedien, *Zur Situation des Schulbuchmarktes*, 1998, S.8.
3 Deutsche UNESCO–Kommission, *14 Empfehlungen zur Behandlung der deutsch–polnischen Beziehungen in den Schulbüchern der Volksrepublik Polen und der Bundesrepublik Deutschland*, 1972, S.3-4.
4 この勧告については下記に詳しい。W. Jacobmeyer, *Die deutsch–polnischen Beziehungen zur Verständigung auf dem Gebiet der historischen und geographischen Unterrichtswerke*, In: Internationale Schulbuchforschung, 1979, S.23ff.
5 以上につき詳しくは参照：近藤孝弘『ドイツ現代史と国際教科書改善』名古屋大学出版会、1993年。
6 KMK Beschluß v. 29, 6, 1972, *Richtlinien für die Genehmigung von Schulbüchen*.
7 J. Hambrink, *Schulverwaltung und Bildungspolitik*, 1979, S.117-124.
8 たとえば、J. Staupe, *Parlamentsvorbehalt und Delegationsbefugnis*, 1986, S.361-362.
9 さしあたり、H. Avenarius/H. Heckel, *Schulrechtskunde*, 2000, S.235.
10 BverwG. Beschul. v. 13.3.1973, In: SPE, Neue Folge, I A VII, S.53.
11 N. Niehues/J. Rux, *Schul-und Prüfungsrecht, Bd1,Schulrecht* 2006, S.199.
12 VerwG. Oldenburg, Beschluß v. 16, 12, 1974, In: W. Müller, *Schulbuchzulassung*, 1977, S.206-207.
13 VGH Kassel, Urt. v. 8.6,1971, In: SPE (3. Folge), 2007, 702-1.

14　先に引いた文献の他、さしあたり、T. Maunz/G. Dürig, *Grundgesetz (Kommentar)*, 2002, Art 7. Rdnr. 21. H. Jarass/B. Pieroth, *Grundgesetz für die Bundesrepublik Deutschland*, 2007, S.250. T. Oppermann, Bildung, In: I. v. Münch (Hrsg.), *Besonderes Verwaltungsrecht*, 1976, S.641 など。

15　I. v. Münch, *Das Schulbuchzulassungs–und Prüfungsverfahren als Zensur*, In: Blickpunkt Schulbuch, 1969, S.33ff. C.H. Ule, *Zur Frage des Verfassungsmäßigkeit des Schulbuchzulassungsverfrahrens in der Bundesrepublik*, In: ditto. 1970, S.30ff. B.O. Bryde, *Anforderungen an ein rechtsstaatliches Schulbuchgenehmigungsverfahren*, 1983, S.60ff. E. Stein/M. Roell, *Handbuch des Schulrechts*, 1992, S.307ff.

16　以上につき参照:W. Müller, a.a.O., S.411ff. T. Böhm, *Grundriß des Schulrechts in Deutschland*, 1995, S.47ff.

17　B.O. Bryde, a.a.O., S.46-47.

18　BVerwG, Urteil vom 3. 5. 1988, In: SPE, Nr. 702, S.5.

19　N. Niehues/J. Rux, a.a.O., S.200.

20　さしあたり、H. Avenarius/H. Heckel, a.a.O., S.68. BVerwG, Urteil vom 3. 5. 1988 (前出) など。

21　H. Hochstetter/E. Muser, *Schulgesetz für Baden–Württemberg*, 2005, S.129.

22　詳しくは参照・拙著『教育法制の理論―日本と西ドイツ』教育家庭新聞社、1988年、161頁以下。

23　たとえば、N. Niehues/J. Rux, a.a.O., S.200. M.Stock, *Pädagogische Freiheit und Schulbuchreglement*, In: RdJB, 1992, S.241ff など。

24　BVerwG, Beschluß vom 28. 1. 1994, In: SPE, Neue Folge, 480 Nr. 14.

第10章 教員の研修法制

第1節 教員研修法制の生成

　教員の研修ないし在職教育はかなりの歴史をもっている。既に明治期から国または地方公共団体によって、あるいは教育会や教員自身によって種々の講習会や研修会がもたれ、また内・外地留学などの方途も講じられてきた。
　しかし、外地留学の場合を除いて、教員の研修に関しては法令上の規定はなく、それはただ予算の許す範囲内において事実上行われていたにすぎない[1]。本格的な教員研修法制の形成は、やはり戦後の教育法制改革を待たなければならない。
　以下、まず現行教員研修法制の基幹をなしている「教育公務員特例法」(昭和24年1月12日・以下「教特法」と略記)の研修条項について、その立法過程を概観しておきたいと思う。立法過程をたとえ大まかでもフォローしておくことは、その法律の解釈に際してきわめて重要な意味をもつからである。
　なお2006(平成18)年12月に制定された新教育基本法は「……教員は、自己の崇高な使命を深く自覚し、絶えず研究と修養に励み、その職責の遂行に努めなければならない」(9条1項)と書いて、教員の研修条項を創設した。けれども、この条項は、教員の研修に関するかぎり、教特法のそれの確認的再規定にすぎないから、本章ではそれ自体を取り上げることはしない。

1. 教育公務員特例法の制定過程における教員研修
(1) 教員身分法の制定に関する教員刷新委員会の建議
　1946(昭和21)年8月、内閣総理大臣の所轄の下に教育刷新委員会が設置

された。この委員会は教育に関する重要事項を調査審議して、内閣の諮問に答申するだけでなく、自主的に問題を取り上げ建議する権限をもっていた。その第1回建議事項が「教育の理念及び教育基本法に関すること」で、その4項にはこう書かれていた。「教育基本法の各条項として、おおむね左の事項をとりいれ、新憲法の趣旨を敷えんすることとともに、これらの事項につき原則を明示すること。……8 教員の身分」。

　これにもとづいて教育基本法6条2項（旧法）が生まれたわけであるが、同条をより具体化するために、1947（昭和22）年4月、教育刷新委員会は「教員の身分待遇及び職能団体に関すること」を決議し建議した。これは大きく教員身分法の制定と教育者の団体結成を促したものであり、したがって、当然のことながら、教員の研修にも言及していた。関連部分は、次の通りである[2]。

①教員の特殊な使命に鑑み、教員の身分を保障し待遇の適正をはかり、以って、教員をして、その職責の遂行を完からしめるため、政府は速やかに教員身分法（仮称）を立案すること。

②教員身分法の立案に当たっては大体次の諸点を考慮すること。

　11．教員服務規律

　　　官吏服務規律に準ずると共に教員の特殊性に鑑み一定の特則を設けること。

　12．研究及び教育の自由の尊重

　13．再教育又は研修の機会の賦与

③教員は、その特殊な身分に基づき労働組合法による組合とは別に、職能団体として左のような教育者の団体を作ることが望ましい。

　1　目的

　　　教育者としての品位を保ち、研究と修養に励み、教育者相互の切さと扶助により、職能の向上と福祉の増進を期し、学生及び社会への貢献をはかり、以って教育の振興に寄与すること。

(2) 法案段階における研修条項と研修に関する論議

1946年、上記の教育刷新委員会の建議をうけて、政府は教員身分法案を

具体的に構想していくことになる。それは、種々の経緯を経ながら、最終的には教育公務員特例法として成案をみるのであるが、そこに至るまでには各種の法案が生まれ、多様な議論が展開された。以下に、教員の研修関係だけに絞って、その主要なものを年代順に所載しておこう。

〈1〉「教員身分法案要綱案」

　文部省の省議資料で、1946年に作成されている。7項目から構成されており、下掲のような研修関連規定をもっていた[3]。

第四　服務

　一一　教員服務規律

　　㈡　教員は、国民の師表たるにふさはしく常に修養に努め、清廉に身を持すべきこと。

　　㈢　教員は常に研究に努め、工夫と努力を尽くすべきこと。

　一二　研究の自由

　　教員の研究の自由はこれを尊重し、何人もこれを制約してはならないこと。

　一三　再教育又は研修

　　教員は一定の期間その勤務に従事したときは、現職現俸給のまま再教育又は……研究のため、学校その他の研究機関に入り若しくは内外の留学視察により自由研究をする期間が与えられること。

第七　教員の団結権及び団体交渉権

　一九　教員連盟

　　教員は、左の目的を達成するため、その自発的な自治的団体として教員連盟を組織することができるものとすること。

　　㈠　知能の研磨、徳操の涵養……。

　　㈡　教育制度の改革、教育内容の充実及び学校運営の民主化。

〈2〉教育刷新委員会における「研究の自由」に関する論議

　教育刷新委員会は各テーマごとに計21の特別委員会を擁していて、「教員の身分、待遇及び教員組合に関する事項―教育公務員特例法制定」は第6特別委員会に付託審議されていた。1946年2月、同特別委員会の第1回会議で「教

員の研究の自由」が論議され、次のような発言があったという[4]。

〇田中二郎氏——「今度の教育基本法というようなものを考えていくと、あるいはこれから左翼的なものを勉強するという場合も出てくる。それをやるといかんというので免官になるということになると、教育の自由とかあるいは学問の自由ということを憲法にいっているが無意味になる。普通の官吏よりももう少し教育の自主性というたてまえからすれば、その身分を反面において保障しておかなくては困るのじゃないだろうかというのがこの問題の出てきたゆえんである。」

〇関口鯉吉委員——「研究の自由には、①研究発表の自由と、②研究のため、勤務場所を一定期間離れることの自由があるが、これまでのように、治安法規によって束縛する必要はない。」

〇文部省係官——「教員に研究の自由を保障するという意味で、上官の命令に従ってある種の研究をするというそういう一般官吏の場合と違って、教員には自主性といいますか自分の最も適当と思う方向に研究を進めていく、それを保障するというような意味で特別の規定を設ける必要がないかどうかということ、……縛る法ではなくて、むしろ自由闊達な研究をなし得るように教員身分法の中に保障的規定を設ける必要がないだろうか。」

〈3〉「国立、公立学校教員法要綱案」

1947(昭和22)年9月に発表されたもので、34ヶ条から成っている。1条に「この法律は、教員の職務と責任の特殊性に基き、その身分に関して国家公務員法に対する特例を定め、教員がその地位に安んじて専心職務を遂行することができるようにすることを目的とすること」とあり、22条（研修の義務）でこう書いている[5]。

　　「教員は、常に教育の目的を達成するために研究と修養に努めなければならないのであって、このため政令の定めるところにより、現職のまま一層精深な教育を受ける機会が与えられること。」

〈4〉日教組の文部大臣宛要望書

1947年10月の国家公務員法の制定後、政府が教員身分法の立案作業を進めていると伝えられるや、民間からも各種の意見や要望書が出された。その

代表的なものは、日教組が文部大臣宛要望書として提出した「国家公務員法に基く教員に対する特則に関する件」(1948年1月)で、そこには下記のような内容がもられていた[6]。

　ハ　給与については、「教育労働の特殊性に鑑み、教員がたえず自ら修養研究し、その資質を向上するに必要な給与を特別の手当として支給すること」。

　ト　「研究の機会及び教育の自由の保障をなす」こと。

　チ　「内地留学制度を確立する」こと。

　リ　「自由研究日を1年20日とする」こと。

〈5〉「教育公務員の任免等に関する法律案」の研修条項

　国家公務員法の制定と関連して、政府はそれまでの教員身分法案の構想を大幅に変更した。そして「教育基本法の精神を敷えん具体化し、米国教育使節団報告書の精神に沿い、教育刷新委員会の建議の趣旨を尊重するとともに、広く民間団体からの要望書、試案類の趣旨をくみ取り、内外の情勢を考慮し」[7]て教育公務員の任免等に関する法律案を立案し、1948 (昭和23) 年6月第2回国会に提出した。その20条と21条が研修条項で、「研修計画の樹立と実施については文部大臣又は教育委員会があたる」(20条) となっていた点を除けば、内容的には、それは既に現行の教育公務員特例法20条・21条 (旧規定＝19条・20条) とまったく同じものになっていた。

〈6〉「教育公務員特例法案」の国会における審議

　上述の「教育公務員の任免等に関する法律案」は国会の会期の関係で審議未了に終わった。しかし、国会は同案の重要性を認め、第3回国会 (1948年10月～11月) での継続審議案とした。ところが第3回国会で国家公務員法が改正されたことによって同案も修正を余儀なくされ、また他方、教育委員会法 (1948年7月) との関係もあり、政府は同案をいちおう撤回し、若干の修正を施して、1948年12月、「教育公務員特例法案」として第4回国会に提出した。

　〇提案理由・内容の説明──12月9日、下条文部大臣は衆参両院の文部委員会において「教育公務員特例法案」の提案理由および内容の概要説明を行い、研修条項についてこう述べている[8]。

「……次に一般公務員に対する特例として規定いたした主要な事項は次の3点であります。その第1は、(後略)。

第2は、研修に関する点であります。教育公務員は、その職責の遂行上、当然研究と修養に努めなければならないものでありますから、この点について、国家公務員法の教育訓練に関する事項を積極的に拡充明示して規定いたしました」。

また文部省調査局の辻田力政府委員は教特法第3章「研修」の立法趣旨について、次のような注目すべき発言をしている[9]。

「第3章におきましては、研修の事柄について規定しておりまして、教育公務員がその職責を遂行するためには、当然研究と修養に努めなければならないのでありますが、それは単に従事しておる者の義務としてのみではなく、権利としても研修をなし得るような機会をもたなければなりませんので、従来単に自発的に行なっておりましたが、これを法の根拠のもとに行うことができるようにいたしたいのでございます」。

さらに、参議院本会議における田中耕太郎参議院文部委員長の本案の趣旨説明は言う[10]。

「教育公務員特例法案は……国家公務員法に対する特例法を成しておるのであります。斯様な特例法が制定されまする必要は、一に教育公務員の職務の一般行政事務とは違っておりまして、……個性を帯びた創造的な活動であるということに起因しておるのであります。……教育公務員に関係しましては、採用その他の方面におきまして、国家権力によるところの統制を制限いたしまして教育者に広範な自治を認めまして即ちいわゆる教育権の独立を確保し、……もって教育及び研究に延び延びした発達を可能ならしめる必要があるからでございます」。

◎文部委員会における質疑応答——両院の文部委員会において、教員の研修に関しては、大要、ただ下掲のような質疑応答がなされただけであった[11]。

〈問〉研修費の支給について新たに1条設くべきはないか。

〈答〉具体的に研修費及びその支給については規定しなかったが、その精神は本案の研修の条文にある。また一般にいう研修費及び現職教育のため

の費用についても考えている。研修のための諸施設を整備拡充し、内地留学制度を一層広範化したいと思っているが、外地留学についても関係方面と交渉している。

こうして、教育公務員特例法案は12月8日の国会提出後、衆議院本会議において各派共同提案による一部修正がなされただけで、14日参議院本会議で可決され、翌1949（昭和24）年1月公布され、公布の日から施行された。

2. 要　約

以上、かなりのスペースを費やして、教育公務員特例法の制定過程において、ひろく教員の研修に関し、いかなる議論があったかについて見てきた。ここで、本書の視座から、それを集約し、重要だと見られる基本的メルクマールを端的に摘出・摘記すると、次のようになろうか。

①一般的に言って、学校制度を改善・活性化し、また教員がその職務を責任をもって遂行していくためには、教員研修は不可欠であるとの認識に立っている。

②民主的な人間の育成という教育目的と教員の民主的研修を一体的に捉えている。

③「研究の自由」および「教育の自由」を尊重し、学校教員に対しても、原則的には、これらの自由保障を予定している。

④「教育の自主性」ないし「自由な教育活動」を担保するものとして、教員の研修を位置づけている。

⑤教員の研修を単に職務遂行上の義務としてではなく、教育者の権利としても捉えている。

⑥教職の特殊性とかかわって、教員の勤務時間・勤務の方法等勤務態様に関し、一般行政公務員とは異なり、弾力的な運用を予定している。

⑦教員の研修に対しては、原則として、研修費が支給されることを当然視している。

⑧研修の場としては、教員自身が自主的に組織するそれをもっとも高く評価している。これには、「研修を組織する自由」が強く対応している。

⑨上記の⑧とかかわって、職能団体としての教員「組合」がもつ研修機能をかなり重視すると同時に、職員会議を第一次的には教員の自主的・自発的な再教育機関として位置づけている。

　⑩教員研修に対する指導助言の必要性を指摘するとともに、教育行政機関は教員の研修を奨励・援助する義務を負うとしている。

第2節　教職の特殊性と研修

　児童・生徒の「教育をうける権利（学習権）」（憲法26条1項）に応えるために、教員は、教育に関する研究を深めてその専門性を高めると同時に、人間的な修養に努めなければならない。

　そこで現行法制も、既述したところからも知られるように、教員の「研究と修養」（研修）を相当に重視している。それは、一般の行政公務員の場合と比較して見るとよくわかる。

　第1に、教員の職務と責任の特殊性にもとづいて、研修に関し、国家公務員法や地方公務員法の特例を定める教員公務員特例法を擁し、しかも同法は制定時わずか2ケ条の研修条項に独立の1章を当てている――その後、初任者研修（23条）と10年経験者研修（24条）およびこれらに関する研修計画の体系的な樹立（25条）が規定されて、現行法では5ケ条――。国家公務員法には研修に関する章や条はなく――73条1号が能率増進計画の一つとして「職員の研修に関する事項」を挙げているだけ――地方公務員法も39条で簡単に言及しているにすぎない。大きな違いである。

　第2に、研修条項の規定内容に重要な差異がある。地方公務員法39条1項は「職員には、その勤務能率の発揮及び増進のために、研修を受ける機会が与えられなければならない」と書き、国家公務員法73条1項も同旨である。つまり、そこにいわゆる研修は勤務能率の発揮および増進のための単なる手段でしかない[12]。

　これに対し、教特法21条1項（旧19条1項）は「教育公務員は、その職責を遂行するために、絶えず研究と修養に努めなければならない」と規定する。教育公務員の研修は職務遂行上の不可欠の要件として位置づけられているの

である。

　第3に、教特法は教員に対し直接に研修義務を課しているが、国家公務員法・地方公務員法においては職員自身には研修義務は課されておらず、任命権者の研修計画樹立・実施義務を規定するに止まる。

　第4に、現行法制は研修の意味内容を行政公務員と教員公務員の場合とで使い分けている。前者においては、それは教育訓練を意味するが、後者にあっては、教特法21条の「第2項にいう『研修』とは、第1項の『研究と修養』を併せ一語で呼んだ」ものなのである[13]。

　ちなみに、この点、文部省がGHQ/CIEに提出した教特法の英語版（1948年）では、「study and self improvement」となっている[14]。

　なお、以上に加えて、教育公務員特例法自体における研修条項の位置づけがある。これについて、同法制定直後の解説書には直截にこう書かれている[15]。

　　「第19条、第20条と、本章の条文はわずかに2ヵ条だが（現行の第4章「研修」の第21条と第22条・筆者注）、ここでいわれていることは、非常に重要な意義がある。本章は、いわば教育公務員特例法のヘソとでもいおうか。本章があってはじめて、教育者が一般公務員から切り離され、特別に扱われている理由がはっきりのみこめるのだ、ともいえよう」。

　このように、教員の研修は、主要には教職の特殊性に起因して、現行法制上かなり重く位置づけられているのであるが、近年における教育改革の推進動向との連関も重要である。「教育改革が教育構造の変革だけでなく、教育内容・方法の全面的な改正を必要とする以上、教員養成の改革だけでなく、現職教員の徹底的な再教育が不可避とな」り、この意味で「教育改革の成否は……教員の再教育いかんにかかっているといっても過言ではない」からである[16]。

第3節　教員の研修権と研修義務

　以上によって、教職における研修の意義はおおむね知られたであろう。これを一言にして、言うところの研修は教職にとって職務遂行上不可欠の要件をなしている、と端的に総括できよう。

それでは、このような研修は教員の権利なのか。それとも教員としての職務内在的な義務なのか。現行法制上、教員には「(自主)研修権」が保障されているのか。その存否・権利としての評価とも係わって、教員はいわゆる「行政研修」への出席を命じられた場合、それに出席する法的義務を負うか。あるいは、言うところの「研修権」に依拠して、ケースによっては、教員はそれを拒否することができるか。「研修命令」の適憲・適法性は如何に。

周知のとおり、これらの問題をめぐっては、昭和30年代から40年代を通して、深刻な法解釈論争が展開され、数多くの教育裁判が発生した。1958年の学習指導要領の改訂に伴って、各地で「伝達講習会」がもたれ、これに教員組合側が講習会阻止運動をもって対したのが、その契機となったのであった。

近年、いわゆる研修権論争はやや鎮静化の傾向を見せてはいるが、しかし教員研修裁判は絶えるところがないという事実からも知られるように、この問題は依然としてペンディングであり、重要な法的課題に属していると言わなくてはならない[17]。言うところの「教員の研修権」の存否とこれに対する法的評価は、教員研修をめぐる法的問題のほとんどすべてに係わってくるからである。

教育法学の支配的な学説は、憲法23条 (学問の自由)、26条1項 (教育をうける権利)、教育基本法2条 (教育の場における学問の自由の尊重)、16条1項 (旧法10条1項＝教育に対する不当な支配禁止)、教特法21条2項 (任命権者の研修計画樹立・実施義務) などによって、教員には「自主研修権」ないし「研修の自由」が保障されているという[18]。具体的には、たとえば、こう主張される[19]。

「教師は、その職責の遂行に不可欠な教育研究と人間的修養を十分に実現するために、自主的に教育研究と人間的修養の機会を求める権利があることを本則」とする。「教師の研修を義務と解すると……まさに行政に絶えず管理、監督された研修義務が課されてしまうことになってしまう」。「官許としての国定基準を修めるための研修……を職務研修として本人の希望もなく、強制して命ずることは、本条 (教特法21条2項・筆者注) の研修保障に反する」。

これに対して、行政解釈筋は大要下記のように述べてこれを批判する。

『学問・研究の自由』は高等学校以下の普通教育機関には妥当しない。また教育基本法10条を教育行政権の教育内容不介入原則の表明とみるのは誤りで、教育内容・方法への行政的介入は条件整備行政の一環として当然に許容される。一方、地方公務員法39条は「命令研修」を規定したもので、この規定は教員にも当然適用される。さらに教特法21条2項は、教員の研修義務に対応して任命権者の責任をより積極的・具体的に規定したもので、この規定を研修権の根拠と見る主張には無理がある[20]。市町村教委や校長から研修を命ぜられた場合、研修に参加すること自体が職務遂行であり、通常の職務命令と同様、教員はそれに従う義務がある。

要するに、前者によれば、現行実定法上、教員には職務命令からも自由な「研修権」が保障されているとされ、他方、後者は「研修権」という概念自体を否定し、それどころか「研修一般について教育公務員特例法を引き合いに出して法律的な意味での権利、義務を論ずるのは筋違いであ（る）」[21] とまで言い切る。果たして、そうだろうか。

思うに、現行教育法制上、教員は「研修をする権利」（研修権）を享有していると解釈される[22]。現行教育法制は教員研修を権利としても構成している、と言い換えてもよい。

それは、直接かつ第一次的には、教特法22条の「教育公務員には、研修を受ける機会が与えられなければならない」（1項）、「教員は……研修を行うことができる」（2項）、「教育公務員は、……研修を受けることができる」（3項）から読み取れる。教特法21条2項、教基法2条、同16条1項、学校教育法37条11項等の諸規定も、これを補強するに十分であろう。

ここで、既述した教育公務員特例法の立法過程とそこにおける諸論議を想起しよう。その法的強度はペンディングだとしても、「研究の自由」「研修を組織する自由」「自主的な研修」の保障が教特法の研修条項に結実していることは否定できないであろう。それに、なによりも、国会における辻田政府委員の教特法研修条項の立法趣旨説明（前掲）に注目しないわけにはいかない。

こうして、直接には教特法22条によって教員には研修権が法認されていると解されるが、同法21条1項〈教育公務員の研修義務〉および憲法26条1

項〈教育をうける権利〉との整合的解釈によって、それは義務性をかなり濃厚に帯びた権利だと見るのが妥当である。言うなれば、教員の研修権は、親の教育権にも似て、子どもの学習権・人格の自由な発達権に向けられた「承役的権利 (dienendes Recht)」[23]ないしは「他者の利益をはかる権利 (fremdnütziges Recht)」[24]として、すぐれて「義務に拘束された権利 (pflichtgebundenes Recht)」だと規定できよう[25]。主要には、権利性は任命権者を名宛人とし、義務性は子どもに向けられていると言える。

　なお、教特法21条1項を「条理上、教員の研修上の自主性という一種の権利保障をふくんでいると解しなければならない」[26]と読む有力な教育法学説が存する。また教特法22条1項は「教員が自己の職業的任務を自覚し、自主的につくすべき努力目標を訓示的に示したもの」であり、「規範的には、教員は、研修について何ら法上強制されうる具体的な義務を負うものではなく、法律は特にその研修の権利を保障したものである」[27]との見解も見られる。

　しかし、同条同項は教育公務員の研修を職務遂行上の不可欠の要件として捉え、そこで教育公務員に対し直接に「研修義務」を課したものと解するのが自然であろう。

　ちなみに、このような教員の研修権解釈は、ユネスコの1966年「教師の地位に関する勧告」30周年を期して、1996年10月に採択された「ユネスコ第45回国際教育会議宣言」における教員研修の位置づけとも符合するところである。同宣言の勧告3は「現職研修：すべての教育職員にとっての権利と義務」と銘打って、こう謳っている[28]。

　　「現職研修は教育者の権利であると同時に、義務であると考えなければならない。国内の状況や時代差によって多様ではあるが、権利と義務の2つの概念のバランスの取れたアプローチが取られるべきである。しかしながら、どのような研修政策も、すべての教師のための最低限の研修を保障しなければならない」。

　なお、以上と関連して、ドイツにおける教員研修の法的位置づけが大いに参考となる。ドイツといえば「教員の教育上の自由 (Pädagogische Freiheit des Lehrers)」や「学校の教育自治」を既に学校法上に確立している国であるが[29]、教員の研

修に関してはその義務性が強調される傾向が強い。一言で言えば、「教員の特別な義務(besondere Pflicht des Lehrers)」としての「研修義務(Fortbildungspflicht)」という位置づけである[30]。学校法学の通説的な見解を、以下に、H. アベナリウスに代表させよう[31]。

　「教員研修は、教員が大学で学修しそして現在教えている教科について、社会および教育政策の変化に対応できるように教員に学術的な発展を継続させ、教育学上ないし教授学上の新しい知識を習熟させることを旨としている。

　教職にとって必要な知識が、質的にも、また量的にも、きわめて短期間で変化している今日、教員研修はますます重要になっている。教員は公務員としてその職責を全うしなくてはならないから、教員は研修の義務を負うこととなる」。

ちなみに、現行法制も、この点を確認して、すべての州の学校法が「教員の研修義務」を明記するところとなっている。

たとえば、バイエルン州教員養成法(1995年) 20条1項は「教員の研修は教職を遂行するために必要な力量の保持ならびに学問および経済・労働界における知識の発展に対応するために入用である」としたうえで、2項でこう書いている[32]。

　「教員は自己研修に努めると共に職務上の研修に参加する義務を負う」。

そして、この文脈で法的に重要なのは、教員が研修を怠った場合、それは懲戒処分事由たりうるとされていることである[33]。実際、判例にも、たとえば、いわゆる「欠陥授業」を理由に研修義務を課された実科学校教員が、それを履行しなかったために減給処分に付せられた、というケースが見えている (コブレンツ行政裁判所・1982年)[34]。

第4節　教員研修の種別

　言うところの教員研修は、視点の設定の仕方如何により、さしあたり、下記のように類型化できよう。

1. 教員の自主研修と行政主催研修

　前者は教員が自主的に計画し行う研修を言い、各種の研究会、教組教研、民間教育研究団体主催の研究会や講演会、学会、自宅研修などがこれに属する。

　後者は教育行政機関の計画・実施にかかるそれを指す。

　現行法制上、地方公務員の研修は「任命権者が行うものとする」とされているが（地公法39条2項）、いわゆる県費負担教職員については任命権者である都道府県・指定都市教育委員会のほか、服務監督権者である市町村教育委員会も行うことができるとされている（地教行法45条1項）。また市町村教育委員会は都道府県教育委員会が行う上記研修に協力しなければならないとの定めもある（同条2項）。

　なお、2000年分権改革により、教員研修に関する権限が都道府県から中核市に委譲され、これに伴い、中核市は県費負担教職員の研修計画の樹立、初任者研修や10年経験者研修など、各種の教員研修の実施主体と法定されるに至った（地教行法59条）。

　今日、行政主催研修は、体系的・組織的研修として、教員の研修において大きなウエイトを占め、重要な役割を果たしていると見られるが、しかし「研修」というタームが「研究」と「修養」の短縮型であるということからすれば、事の本質上、本来、「自主研修」が教員研修の基本をなすべきは当然であろう。「基本としての自主研修」・「補完としての行政主催研修」という位置づけである。

　ちなみに、この点、中教審中間報告「今後の教員養成・免許制度の在り方について」（2005年12月8日）も、下記のように述べている。

　　「今後は、任命権者等が実施する研修や校内研修に加えて、教員の自主性・主体性を重視した自己研修が一層重要である。各学校や都道府県教育委員会等においては、大学や教育研究団体等における教員の研修活動を奨励・支援するとともに、教員の自己研修への取り組みを適切に評価し、処遇に反映していくことが必要である」。

2. 法定研修と非法定研修

　その根拠・実施が教育公務員特例法上個別的に明記され、教員に参加義務

が課されているか否かによる区別である。前者としては、周知のとおり、初任者研修制度と10年経験者研修制度がある。

初任者研修制度は、臨教審の第2次答申(1986年)が「教職生活へのスタートに際して現職研修を行い、新任教員が円滑に教育活動へ入っていけるよう援助することは重要である。このため、……新任教員に対して、実践的な指導力と使命感を養うとともに幅広い知見を得させるため、……初任者研修制度を導入すること」と提言したのを受けて、1988(昭和63)年に創設されたものである。

現行法制上、公立小学校等の教員の任命権者は、現職研修体系の一環として、教諭等に「採用の日から1年間の教諭の職務の遂行に必要な事項に関する実践的な研修(「初任者研修」)を実施しなければならない」とされている(教特法23条1項)。

初任者は学級または教科を担当しながら、校内において、指導教員を中心とする指導および助言による研修(週2日程度・年間60日以上)を受けるとともに、校外において教育センター等における講義、他校種参観・ボランティア活動等の研修(週1日程度・年間30日以上)を受ける。このため、初任者が所属する学校の教頭や教諭のなかから指導教員が選任され(同条2項)、初任者に対して指導および助言を行うこととしている(同条3項)。

なお公務員として採用された当初に教員となった場合、初任者研修期間中、その身分は条件附採用である(教特法12条1項)。

10年経験者研修制度は、在職期間が10年に達した小学校等の教諭等に対して、任命権者が実施を義務づけられている研修で(教特法24条1項)、2003(平成15)年に導入された。この制度は、個々の教員の能力や適性に応じて実施されるところに大きな特色がある。

すなわち、任命権者は、10年経験者研修を実施するに際して、この「研修を受ける者の能力、適性等について評価を行い、その結果に基づき、当該者ごとに10年経験者研修に関する計画書を作成しなければならない」と法定されている(同条2項)。

なお、文部科学省によれば、10年経験者研修においては、当該教員は、

長期休業期間中は教育センター等における研修 (20日程度)、また課業期間中は校内において、校長や教頭の指導助言のもと研究授業などの研修(20日程度)を行うことが想定されている。

3. 義務研修と任意研修

研修に参加することが、職務上の義務なのか、それとも教員自身の自由意思に委ねられているか、による区別である。前者にあっては、正当な事由がなく参加しなかった場合は、職務義務違反として懲戒処分の対象となる。

4. 各種の対象者別研修

各自治体により、その種類はきわめて多岐に亘っているが、たとえば、2000 (平成12) 年の分権改革で教員の研修権限をもつに至った中核市秋田市の場合は、行政主催研修として、下記のような実に多彩なメニューを擁している。

すなわち、同市における教員研修の目的は「秋田市立学校教職員の豊かな人間性を培い、職務上必要な専門的資質の向上と、本市の教育課題に適切に対応できる能力の向上を図り、中核市秋田の学校教育の発展に資すること」にあると謳われ、そこでこれをうけて対象者別に大きく、①基本研修、②職務別研修、③特別研修、④専門研修、および⑤土曜教養研修の5種類が設けられている。具体的には、①は教職5年経験者研修会や教職15年経験者研修会など4種、②は校長研修会や学校事務職員研修会など20種、③は初任者・転入教員研修会や公務員倫理研修会など9種、④は小学校国語科研修会や人権教育研修会など41種、そして⑤は英語指導助手との交流研修など5種の研修会からそれぞれなっている[35]。

5. 短期研修と長期研修

いわゆる新教育大学大学院・教職大学院への派遣研修、たとえば、大阪市の「長期自主研修支援制度」などの自治体独自の条例にもとづく長期研修、さらには2001年4月に導入された「大学院修学休業」(教特法26条～28条) な

どが後者の例である。教特法は「教育公務員は、任命権者の定めるところにより、現職のままで、長期にわたる研修をうけることができる」と書いて（22条3項）、長期研修を明文上保障している。

6. 校内研修と校外研修

文字通り、研修場所が学校の内か外かの区別である。

第5節　職務命令研修・職専免研修・自主的研修

ところで、行政解釈によれば、言うところの教員研修には法的に下記の3形態があるという[36]。この見解は、後述のように、従来の解釈を変更して1964（昭和39）年に打ち出されたものである。

第1に、「職務命令に基づく研修」（職務研修）。これは、服務監督権者である市町村教育委員会や校長の研修命令（職務命令）にもとづいて職務そのものとして行う研修を言う。研修対象は市町村教育委員会が自ら実施する研修のほか、文部科学省の所轄機関や都道府県教育委員会、さらには大学や民間団体が主催するものであってもよい。服務監督権者は、研修内容が教員の職務と密接な関係があり、職務遂行上、有益だと見られる場合に、学校運営への支障の有無等を考慮したうえで、教員に対して研修を命じることになる。

研修命令にもとづく研修はそれに参加すること自体が職務の遂行であるから、勤務場所を離れるときは公務出張として旅費が支給され、研修中に事故があれば、公務災害として認定される。

なお、教員は研修命令を拒否することができない。拒否すれば職務命令違反となり懲戒処分の対象となる。研修に参加せず、他の職務に従事した場合でも同様であるとされる[37]。

第2として「職務専念義務の免除による研修」（職専免研修）。教特法22条2項の「教員は、授業に支障のない限り、本属長の承認を受けて、勤務場所を離れて研修を行うことができる」にもとづく研修を指す。

教員を含めて、およそ公務員は「法律又は条例に特別の定めがある場合を除く外、その勤務時間及び職務上の注意力のすべてをその職責遂行のため

に用い」なければならない（地公法35条）。この規定を受けて、一般の行政公務員の場合は「職務に専念する義務の特例に関する条例」（職免条例）があり、研修への参加など特定の場合に職務専念義務を免除している。

しかし、教員については上掲の教特法の規定が地公法35条にいう「法律の特別の定め」となり、職免条例の適用をまつまでもなく、本属長の承認があれば職務専念義務が免除されることになる。これは、教員の側から服務監督権者に承認願が出される点に特色がある。

義務免研修は職務外の研修であるから、一般に旅費を支給する義務はなく、また公務災害の認定も受けられない。ただし、承認によって職専義務が免除されれば、給与条例上、給与は減額されることはない。

第3が、「勤務時間外の自主的研修」（いわゆる自主研修）。文字どおり、教員が勤務時間外に自主的・自発的に行う研修のことである。時間外におけるものだから、もちろん、職務には該当しないとされる。

行政解釈によれば、教員の研修は法的には、このように種別されるが、この場合、「ある研修を、①勤務そのものとして行わせるか、②勤務に有益なものとなると判断して職務専念義務免除の便宜を与えるか、③勤務時間外を利用すべきであると考えるかは、当該研修の内容に応じて服務監督権者が決定するところである」[38]。

なお、以上の行政解釈には重要な解釈変更があった。というのは、1949（昭和24）年2月5日の都道府県教育長あて文部事務次官通達「教員の勤務時間について」においては、「教育公務員特例法第20条（現22条）の規定による研修の場合は、当然勤務と見るべきである」とされていたし、また1958年の「教員の夏期休業日における服務について」（昭和33年9月13日・岩手県教育委員会教育長あて文部省初等中等教育局長回答）でも、同条にもとづく夏期休業日の自宅研修はこれを勤務として扱うとしていたのである[39]。

以上、要するに、行政解釈に従えば、職務命令にもとづく研修だけが職務行為（職務研修）なのであり、それ以外の研修はすべて非職務ということになる。行政解釈にあっては、教員の研修権は否認されるのであるから、このような結論は当然と言えば当然であろう。

第6節　校外自主研修の法的性質

　教特法22条2項にもとづく校外自主研修は、「職務研修」たりうるか。換言すれば、「職務研修としての自主研修」がありうるか。

　上述のように、行政解釈によれば、同項による校外研修は公務員としての職務専念義務を免除された職務外の行為だとされる（職務外的自主研修説・自主研修＝非職務）。行政解釈にあっては、「職務命令にもとづく研修」だけが職務行為（職務研修）なのである。

　これに対し、教育法学の通説は次のような自主的職務研修説（自主研修＝職務）を唱える。

　教特法22条2項は、教員の勤務時間内校外自主研修権の保障規定である。そこで、教員研修のうちで担任教育活動に関連性を有する研究は、その教職にとっての重要性からして自主的な職務行為と見るべきである。校外自主研修も職務行為である以上、旅費条例にもとづく出張命令扱いとして公費旅費支給の対象になりうる[40]。

　他方、判例は行政解釈を支持する例もあれば[41]、教育法学説に強く傾斜している下級審判例も見られ[42]、その動向は必ずしも既定ではない。

　この問題は、結局のところ、教員の研修権の存否とその評価如何にかかっている。既述したように、現行法制は直接には教特法22条によって教員に研修権を保障していると見られる。そして、教員の教育活動にとっての校外自主研修の重要性にかんがみて、同22条2項は特にこれについて規定し、そのための特別な機会を保障したものと解釈される。

　とすれば、教特法22条2項にもとづく勤務時間内の校外自主研修は、原則として、いちおう職務研修としての推定を受けることになると言えよう。「権利としての自主研修」が「職務としての自主研修」を根拠づけるのである。教特法の立法者意思・自主研修重視の現行研修法体制もこうした解釈を支援しよう。それにそもそも教員に職務遂行上の不可欠の要件として自主研修義務を課しておきながら（教特法21条1項）、研修と教育（職務）を切断し、自主研修の職務性をことごとく否定するのは不条理であろう。

問題は、校外における自主研修のうちのどこまでが研修権によってカバーされるか（職務行為とみなされるか）にある。この場合、研修内容が教員の本務である教育活動とどの程度の関連性をもつかが重要な判定基準をなす。職務行為と認定されるためには、両者が一体不可分・密接不離であることが要請されていると言えよう。

　もちろん、その判定は現実には難しい。それぞれのケースに即して個別・具体的に決する以外にない。ただ、研究職務の特殊性ならびに既述した教特法22条2項の立法趣旨を考慮すると、職務行為性はある程度緩やかに認定されてよいであろう。

　なお、校外における自主研修の職務性の存否についての判断権は、教特法22条2項により、第一次的な服務監督権者たる校長にある。

第7節　校外自主研修の校長承認制

　教育公務員特例法22条2項によれば、教員が勤務時間内に校外で自主研修できるのは、「授業に支障のない」場合であって、しかもそのためには「本属長の承認」を受けなければならない。この校外自主研修の本属長承認制をめぐっても、同条の趣旨解釈ないし教員の研修権の法的評価とかかわって、解釈見解の対立が目立っている。

　行政側の解釈によると、既述したように、教特法22条2項は職務専念義務の免除による研修について規定したものである。この職専免研修は「本来の勤務時間をさき、かつ有給であることからして」[43]、「職務との関連が相当に密接であり、当該研修の成果が職務遂行に役立つことが多大であり、本来の職務を離れることによる支障は少ないと見込まれる場合」[44]にかぎり、認容される。

　そこで、このような要件を充足しているか否かをあらかじめ提出させる研修計画をもとに吟味しなければならない。また研修後には、報告書の提出を求めることも（職専免）研修制度の趣旨から当然要請されるところである。そして、この場合、法的には、授業に支障がないかどうかを判断し、なお承認を与えるかどうかは、本属長＝校長の自由裁量に属すると言われる[45]。

なおここで自由裁量＝便宜裁量とは講学上、「行政行為をなすについて、行政庁にその裁量が、何が行政目的又は公益に適するかの裁量」を言うと説明される。法規裁量＝何が法であるかの裁量に対する概念で、「自由裁量は、その範囲内では行政庁の最終的判断権が認められるので、裁判所の審理の対象外となる」[46]。

判例も大勢としては行政解釈をおおむね支持する。たとえば、北海道教組教研集会への参加に関する札幌地裁判決はこう述べる。

> 「教特法20条（現22条）2項によれば、教員が勤務場所を離れて研修を行なおうとするときは本属長の承認を必要とする旨規定されており、本属長は、教員の申請にかかる行為が授業に支障がないかどうかおよびそれが研修であるかどうかの2点について判断した上、承認不承認を決すべきものと解されるのであって、およそ研修という名目の申出であれば授業に支障のない限り全て承認しなければならないということはできないと考えられる」[47]。

以上のような校外自主研修承認に関する校長の自由裁量権説に対しては、教員の自主研修権説・校外研修の自主的職務行為説の立場からの批判があることは、けだし当然であろう。それはおよそ次のように概括できる（校長承認の非裁量的・形式的確認手続説）。

校長の承認は、法文の文字通り「授業への支障」の有無を学校として確認するための裁量の余地なき行為（羈束行為）である。これは形式的な確認手続であり、もし授業への支障について判断を要する場合は、学校の教育計画にかかわる問題であるから職員会議で決すべきである。

校外研修の内容に関しては、それが職務行為であっても研修活動である以上、根本において各教師の自己規律に委ねるほかはない。本属長が研修内容について判断をくわえることがあれば、それは教員の研修権の侵害となり、違法である。研修計画書や報告書の提出を要求することも同様である[48]。

以上から、校外自主研修の校長承認制をめぐっては、具体的には、①校長の承認権の法的性質・内容、②校長の承認権の強度、が法的争点となっていることが知られよう。以下、順次見ていこう。

1. 校長の承認権の法的性質・内容

　この問題は、結局のところ、教員の研修権の法的評価如何にかかっており、したがって、教員の研修権を全面的に否認する行政解釈が校長承認の自由裁量権説を採り、これに対峙する支配的教育法学説が確認行為説に立つことは論理的に必然だと言えよう。

　そこで、既述したような研修権理解に立てば、次のように解釈されることになろう。

　教特法22条2項にいわゆる「承認」の法的性質は、法律行為的行政行為たる「許可」を意味すると解する[49]。校長の承認行為は、教員が公務員として一般的に負っている勤務時間中は勤務場所を離れてはならない義務（不作為義務）を解除し、教員の校外自主研修権を復原させる行為だと見られるからである。

　校長は承認権の行使に当たって、教員から申出のあった事項が「研修」に該当するか否か、職務行為性を帯びているか否かについて判断しうる（しなくてはならない）。否定の場合には、本条にもとづいての承認（職務研修としての承認）は拒否しなくてはならない。

　肯定であれば、さらに「授業への支障」を基準として承認するかどうかを決することになるが[50]、その場合の校長の判断権は単に特定の法律事実または法律関係の存否についての確認（行政法学に言う、いわゆる確認行為）だけに限定されえないと言えよう。すなわち、授業への時間的支障の有無に関する形式手続的な確認だけに止まらず校長の校務掌理権（学校教育法37条4項）に根拠づけられて、授業以外の校務運営上の支障をも併せて判断できると見られる。先に引いた北海道教組教研集会への参加に関する札幌高裁判決（1977年）にもあるように、校長は「当該学校運営全般にわたりこれを総括する責務を有し、個々の教員の勤務場所での職務内容も授業のみではなく、他の学年、学級との関連を考慮した教育課程の編成、これに基づく諸計画の立案、学級運営、課外での児童の生活指導、学校運営上の校務分担等に伴う各種業務がある」からである[51]。

こうして、承認不承認の決定に当たり、校長には一定範囲の裁量判断権が留保されていると解される。とは言っても、それは、行政解釈が説くような自由裁量 (freies Ermessen) ないし目的裁量 (Ermessen der Zwechmäßigkeit) とまではいかない。これでは、教員に研修権を保障している現行法の趣旨を没却してしまう。教員の研修権に羈束された法規裁量 (Ermessen der Rechtmäßigkeit) と解するのが相当であろう。

この結果、校長の裁量権行使をめぐっては、単に当・不当の問題だけでなく違法の問題が生じ、したがって、教員の正当な研修権の行使として承認されるべき校外研修が違法に不承認とされた場合には、これについて当然に裁判上の救済が及ぶことになる。

なお、1990年代以降、上記校長承認に際して、従来の「授業ないし校務運営への支障」の有無にくわえて、当該校外研修に「緊急性があるかどうか」(長期休業中にもできる) を判断基準とする判例が見られている[52]。

たとえば、兵庫県立高校事件に関する最高裁判決 (平成5年11月2日) は、この点について、次のように判じている。

「(定期考査中の担当科目の試験や試験監督がない日に、在日韓国・朝鮮籍生徒の指導のため校外研修をすることは) ……各研修予定日に実施される定期考査やその他の校務の円滑な執行に支障が生じるおそれがないとはいえない上、本件各研修を各研修予定日の勤務時間内に勤務場所を離れて行うべき特別の必要性があったとも認め難い。したがって被上告人が本件各研修につき……承認を与えなかった措置はその裁量権を逸脱、濫用したものとはいえないとした原審の判断は、正当として是認することができる」。

けれども、既述した教特法の立法趣旨および教員に対する研修権保障に鑑み、このような拡大解釈は認められないと言えよう。それは、学期中の校外自主研修の原則的全面否認に連なるものだからである。

2. 校長の承認権の強度

これは、要するに、教員からの校外研修の申し出について、校長はどの程

度までの審査権限を有するかという問題である。

　これに関して、教育法学の通説は、上述のように、校長が研修内容について、判断を加えたり研修計画書や報告書を提出させることは、教員の研修権を侵害し違法だと言う。

　しかし、校長の校外研修承認権の法的性質・内容は上述のとおりであって、校長は教員からの申し出事項について、その職務行為性・研修該当性の存否を当然に審査しうる（しなくてはならない）。すなわち、研修内容についても当然に一定の判断権をもつ。

　問題は、研修内容判断権の内実であろう。そこで、教員に研修権保障がある以上、校長の判断権は研修内容の当・不当には及びえないと言わなければならない。研修内容を実質的に審査したうえで、（職務行為性・研修該当性に関する審査以外の内容審査）、承認するかどうかを決してはならないということである。また同じ理由で、教員に対する変更命令権など個別・具体的な研修内容介入権も否定されよう。この面では、校長は指導助言をもって専らとすべきことになる。

　なお、研修計画書や報告書の提出を求めることができるかどうかであるが、校長の承認権を上述のように捉えるのであれば、肯定に解されることになる。教員の校外での研修状況を把握しておくことは、服務監督権者たる校長の職務上の義務に属し、その有力な一手段が研修計画書・報告書だからである。校外自主研修も、それが職務行為としてなされるかぎり、校長の服務監督権から全的に自由ではありえない。

第8節　「教組教研」参加の法的性質

　教特法22条2項にもとづく校外での自主研修に際して、いかなる場所でどのような研修を行うかは、原則として、個々の「教員の自由」に属する。研修場所の選定や研修内容の決定は言うところの「教員の研修権」の一内容をなしているからである。そこで、教育学関係学会や各種の民間教育団体の主催にかかる研究会ないし講演会などが校外自主研修の場たりうることは、改めて言うまでもないであろう。

問題なのは、いわゆる「教組教研」への参加である。教組教研が組合事業であるかぎり、それへの参加はあくまで組合活動＝職員団体のための活動なのか。それとも教職および教職員組合（活動）の特殊性とかかわって、むしろそれは教育研究活動・研修行為とみなされるべきものなのか。教組教研参加の研修性の存否いかん。先に引いた北海道教組教研集会への参加事件（1968年）はまさにこの点を問うたリーディング・ケースであるが、この問題は、結局のところ、教職および教職員組合の性格規定（これにプラスして教研集会の実態認識）如何にかかっている。

これについて、行政解釈筋は次のように述べる。

教研集会は組合活動の一環としての性格が強い。したがって、これに参加することは組合活動に参加することであり、出張として取り扱うことはできない。なぜなら、給与を受けながら職員団体のために活動することを禁じた地方公務員法第55条の2第6項に抵触するだけでなく、職務専念義務にも違反する。また労使相互不介入の原則から、組合活動に対して経理上の援助を与えることになり、不当労働行為に当たることにもなる。

なお、教研参加に対しては、職務専念義務の免除を与えることも妥当ではなく、年次有給休暇で処理するのが限度である[53]。

つまり、教育行政解釈にあっては組合活動と教育研究活動、労働組合と職能団体は無条件に峻別され、教組教研への参加は組合活動とみなされて研修性は全面的に否定される。

また判例にあっても、たとえば、神奈川県教組教研集会参加事件に関する横浜地裁判決（2003年）は、下記のように説いている[54]。

　　「本件教研集会は……県教組において、その職員団体としての活動の一環として主催したものであり、……本件教研集会への参加は、……地公法55条の2第6項の規定にいう『職員団体のための活動』たる法的性質を有するものであることを否定することはできない」。

　　「そもそも、教育公務員特例法は、同法20条（現22条）2項の規定による『研修』としての承認が、教員において、職務専念義務の免除を受けて、勤務時間中に、勤務場所を離れて、職員団体のための活動としての法的

性質をも有する研修活動を行うために付与されることを予定しているものではないと解されるところであるから、各学校長においては、その裁量権の行使としても、被告らの本件教研集会への参加につき、教育公務員特例法20条（現22条）2項の規定による『研修』として承認する余地はない……」。

第9節　職能団体としての教職員組合

しかし教職員組合は教員の労働組合＝職員団体であると同時に、「教育専門職の職能団体」たる性格を併有しており（専門職の組合・union of professionals）、したがって、教職員組合の活動は教育上の諸問題について研究討議することをほぼ必然的に含むと見るべきであろう[55]。教員は本来的に専門職労働者（professional worker）なのであって、教職は専門職的性格と労働者的性格を兼ね備えた職業として捉えられるべきだからである。

ちなみに、この点、山口県学力テスト事件に関する山口地裁判決（1971年）はこう判じている[56]。

「教職員組合が本来の職員組合活動のほか、その組織体内部で自主的に教育内容、教育施策等職員の直面する教育上の諸問題につき研究討論することは、上記組合が教職員という職業を有する者の集団であることに鑑み、相互研鑽の機会を組合という集団の場に求めるという面においては何ら妨げない」。

そこで、教職員組合は教育専門職能団体たる資格において教育研究活動を組織することができ、これには、かつて第1次アメリカ教育使節団報告書がその重要性を強く指摘した「研修を組織する自由」保障が対応していると見られる。現行の学校法制は「研修を組織する自由」を明記してはいないが、教特法の研修条項が全体としてこれを保障していると条理解釈されるのである。ここで、さしあたり、教特法の前身である「教員身分法」（案）が教員の特殊な身分にもとづき労働組合法による組合とは別に、職能団体としての教育者の団体結成を促し、その目的として「研究と修養」「教育者相互の切さと扶助」を挙げていたことを想起しよう。

こうして、教職員組合はILO・ユネスコの「教員の地位」勧告（1966年）に言う「教員団体（teachers' organization）」に該当すると解される。そこでは、「当局は、教員団体と協議して、すべての教員が無料で利用できる広範な現職教育の制度の樹立を促進しなければならない」(32項)、「教員と教員団体は、新しい課程、新しい教科書、新しい教具の開発に参加しなければならない」(62項)とされていることは、よく知られている。

第10節　最高裁判決による「教組教研」参加の研修性の確認

さて、このように見てくると、教組教研への参加は本来「研修性」を有しており、とすれば、それは原則として「職務行為としての校外自主研修」とみなされて然るべきことになる。より正確には、北海道教組教研事件に関する札幌地裁判決（1971年）にもあるように[57]、「教研集会が教特法20条(現22条)2項の研修と言えるか否かはその実体による」のであって、教研への参加がことごとく研修に当たるというわけではない。いちおう、研修としての推定を受けるということである。したがって、組合活動性が客観的にあまりにも濃厚な場合には、これに対応して、研修性が否認されることもあろう。

実際、たとえば東京都においては、長年、「教員が職員団体主催の教研集会に参加する場合の服務については、従来、教育公務員特例法第20条(現22条)第2項の承認研修を根拠に、①本属長（校長）が本務に支障がないことを確認すること、②研修内容がその教員の職務と密接な関係があり、かつ、職員の資質向上に役立つこと等を判断基準により職免（承認研修）等として扱」われてきた。

しかし東京都教委は2002年6月に従来の方針を転換し[58]、以来、「教員が教研集会に参加する場合の服務上の扱いとして、承認研修を承認しないものとした。したがって、参加する場合は職専免等の扱いは一切認めず、年次有給休暇を取得することになる」との運用がなされてきている[59]。

2006（平成18）年2月、この問題について、最高裁判所による初めての判断が示された。広島県教組が教研集会の会場として、呉市立中学校の学校施設の使用を申し出たところ、呉教育委員会から不当にその使用を拒否され

たとして、呉市に対し、国家賠償法に基づく損害賠償を求めた事案においてである。

判決において、最高裁は、行政解釈筋が強調し、また下級審判例のマジョリティーによっても支持されてきた（既述）、旧来の教組教研への参加＝組合活動（職員団体のためにする活動）説をその基本において排し、それどころか、教組教研への参加は教特法の趣旨に適うものである、との格調の高い判断を示したのであった。判決は教特法の立法者意思を的確に踏まえ、直截にこう判じている[60・61]。

「教育研究集会は、被上告人の労働運動としての側面を強く有するものの、その教育研究活動の一環として、教育現場において日々生起する教育実践上の問題点について、各教師ないし学校単位の研究や取組みの成果が発表、討議の上、教育現場に還元される場ともなっているというのであって、教員らによる自主的研修としての側面をも有しているところ、その側面に関する限りは、自主的で自律的な研修を奨励する教育公務員特例法19条（現21条・筆者注）、20条（現22条・筆者注）の趣旨にかなうものというべきである」（傍点・筆者・以下同様）。

関連して付言すれば、呉市教育委員会は右翼団体による妨害活動のおそれ等を理由に、教組教研のための学校施設の使用を不許可処分としたのであるが、これについて、最高裁は次のように述べて、同市教委の対応を厳しく指弾している。

「本件中学校及びその周辺の学校や地域に混乱を招き、児童生徒に教育上悪影響を与え、学校教育に支障を来すことが予想されるとの理由で行なわれた本件不許可処分は、重視すべきでない考慮要素を重視するなど、考慮した事項に対する評価が明らかに合理性を欠いており、他方、当然考慮すべき事項を十分考慮しておらず、その結果、社会通念に照らして著しく妥当性を欠いたものということができる」。

なお、上述したところと係わって比較教育法的補強をすると、たとえば、ドイツ教員組合はドイツ労働組合連盟傘下の労働組合であるが、歴史的にも、今日においても、教員研修機能を積極的かつ広範に担っている。あまり知ら

れていないが、ドイツ教員組合結成の主要な契機の一つは実に教員の研修機会を組織的に確保するということにあったのである[62]。

第11節　行政当局の教員研修実施義務

　先に言及した「教員の研修権」を根拠に、教員に対する行政主催研修は違法だという主張が見られる。「教員の教育の研修を行政研修として教委が主催することは、教基法10条・(現16条1項)の禁ずる教育への『不当な支配』となる」というのである[63]。

　しかし、このような見解は法解釈論としては明らかに間違っている。現行法制は下記のように書いて、都道府県教委・市町村教委、文科省のそれぞれにつき、教員研修主催権（義務）を明記しているからである。

　すなわち、まず都道府県教委については、地方公務員法39条2項の職員の「研修は、任命権者が行なうものとする」との規定を受けて、教特法21条2項に「教育公務員の任命権者は、教育公務員の研修……の実施に努めなければならない」とある。次に市町村教委の場合は、地教行法が「校長、教員その他の教育関係職員の研修に関すること」を教育委員会の職務権限としたうえで(23条8号)、「県費負担教職員の研修は……市町村委員会も行うことができる」(45条1項)、旨明記している。さらに文部科学省の所掌事務としても「教育職員の養成並びに資質の保持及び向上に関すること」が挙げられている（文部科学省設置法4条13号）。

　こうして、行政主催研修には法的根拠があり、教育行政機関がこれを適法に実施できることは明白である。それどころか、教員研修を実施し、教員の「質の保証 (quality assurance)」に努めることは、児童・生徒の「教育を受ける権利」(憲法26条1項)に対応した、教育行政機関の義務に属していると言えよう。

第12節　行政主催研修の役割

　教育行政解釈によれば、すでに言及したように、職務命令にもとづく研修だけが職務研修として認定される。これにはほんらい多様な研修形態がありうるはずだが、現実には職務命令研修＝行政主催研修という実態に近い。こ

うして職務命令研修こそ正規の教員研修だということになる。

はたして、現行法制は行政主催研修をどのようなものとして予定しているのか。

既述したように、現行法制上、教員は研修の権利を有し義務を負っていると解されるが、これに対応する形で、教特法21条2項は教員研修に対する教育行政当局の責務をこう書いている。

　「教育公務員の任命権者は、教育公務員の研修について、それに要する施設、研修を奨励するための方途その他研修に関する計画を樹立し、その実施に努めなければならない」。

この規定から知られるように、また旧文部省設置法が、文部省の権限内容として、「教育職員の研修について連絡し、及び援助すること」(5条22号) を挙げ、具体的には、初等中等教育局の所掌事務の一つとして「教育職員その他の関係者に対し、専門的、技術的な指導と助言を与えること」と規定していた (8条13号) ことからも窺えるように、現行法制は、教員研修に対する教育行政当局の役割を、基本的には、教員の自主的な研修を「奨励」・「援助」したり、これに対して「専門的、技術的な指導と助言を与えること」にあると捉えていると言えよう。

だとすれば、教育行政当局自らが主催・実施する教員研修もやはりこのコンテクストに位置しているはずで、それは、基本的には、条件整備行政・指導助言行政の一環をなしていると見るのが妥当であろう。

さて、行政主催研修の基本的性格が上記のように規定されるなら、その役割としては、主要には、次のようなことが期待されているということになろう。①教員研修の機会を組織的・制度的に確保すること、②教員の自主研修を質的・量的にカバーすること、それに、③これについては後述するが、(教育主権上の決定をうけて) 教育行政権の行使として一定内容の研修を組織し、教員にその修得を義務づけることなどがそれである。

他方、研修内容の決定や講師の選定を教育行政当局が一方的に行うのではなく、これに教員 (集団) の意向をできるだけ反映することも求められていると言えよう。言うところの「教員の研修権」がそれを求めるということで

ある。

　ちなみに、ILO・ユネスコの「教員の地位」勧告（1966年）によってもこのことは確認されており（32項、75項、76項）、また、たとえば、ドイツにおいても行政主催研修に当たる「職務上の研修（Die dienstliche Fortbildung）」の企画運用過程への教員（集団）の参加は常態となっている。それに我が国においても、実は、昭和30年代の前半までは教育委員会と教員組合の研修会共催形式が一般的だったのである。

　なお、以上と関連して、教育基本法10条2項（旧法）を教育行政の教育内容不介入原則の表明と見て、行政当局は研修のための諸条件を整備するだけで研修内容にはタッチできないとする学説が存するが[64]、上述したところにより、このような見解に与することはできない。

第13節　研修命令の適法性

1. 教育主権上の義務としての教員の研修義務

　市町村教育委員会ないし校長は、服務監督権者として教員に対し行政主催研修への参加を職務命令（研修命令）で強制できるか。いわゆる行政研修をめぐる法的問題は、端的に言えば、ここに収斂すると言ってよい。

　教育行政解釈筋が行政命令研修を教員研修の基本に据え、その職務研修性とかかわって、教員は研修命令を拒否することができず、もし拒否すれば職務命令違反となり懲戒処分の対象となるとすることは、既述したとおりである。その場合の法的根拠としては、地方公務員法29条・32条、地教行法43条・45条などが挙げられる。

　これに対し、教員には研修の自由ないし自主研修権が憲法・教育基本法上（憲法23条・26条・教基法16条）保障されていると解する教育法学の通説が、研修命令を違憲・違法だと見るのは蓋し当然であろう。「行政研修においても教師の自主性を保障すべく、それは法的に強制されることなく優れた内容の魅力で教師をひきつけていくという『指導助言』作用でなければなら」ない。「したがって行政研修への参加を命ずる研修命令は原則的に適法たりえないと解される。教師の教育研究としての研修はその性質上、他律的な職務とし

て上から命ぜられるべきものではないからである」とされる[65]。ここでは、「自主研修の行政研修に対する優先性」「行政研修の自主研修に対する補充性」が教育条理法の原則だとされている。

このように、行政研修命令の適法性をめぐる見解は割れているのであるが、これについては下記のように解釈されよう。

すなわち、これまでの検討によって明らかにされた現行研修法制の構造からすれば、行政研修への参加は、原則として「任意参加の原則」によることが要請されていると言える。主要には、現行法制は、①行政研修を条件整備行政・指導助言行政の一環として位置づけていること、②教員に研修権を保障していること、③自主研修を教員研修の本流と見ていること、などがその根拠として挙げられよう。これに、条理的根拠として、研修者本人の自発的意思を無視した「強制研修」は効果に乏しいということがくわかる。

この点について、たとえば、内地留学命令事件に関する松江地裁判決(1969年)も次のように判示している[66]。

「教育公務員の研修は、その職務の特殊性、並びに一般に研修が本人の意思に反して行われる場合はじゅうぶんな効果を期待できないこと、教育公務員特例法第19条(現21条)、20条(現22条)が教育公務員の研修につき自主性を基調とし、これを奨励するため任命権者に研修計画の樹立とその実施を命じていること等に鑑み、事前に当該教職員の意向を確かめ、その意思を尊重して実施することが望ましい」。

かと言って、行政研修命令を一律・無条件に違法だと見る教育法学説には与することができない。

なるほど、原則的には、あくまで「任意参加の原則」に立脚すべきではある。しかし、事柄の性質によっては、研修者本人の意思とは無関係に研修会への参加＝特定内容の研修を義務づけることが必要なケースもありうるからである。

先に書いた、教育主権上の決定を受けて、教育行政当局が一定内容の研修を組織する場合がその典型である。具体的には、たとえば、教育制度改革や教育課程の改訂に伴って、これに対応すべく実施される行政研修がこれに当

たる。この場合は、教員は行政研修に参加し、特定事項について研修する義務を負うと言わなければならない。そうすることが、まさに子どもの学習権をよく保障する所以だからである。

　前述したように、現行法制上、教員には研修義務が課せられている（教特法21条1項）。子どもの利益が求めるかぎり、たとえ自己の意思・信念に反する研修内容であっても、これを修得することは教員としての職務上の義務に属していると見るべきであろう。それは、あたかも、教職課程の履修が教員になるための必須要件とされているのに対比されえよう。

　他方で教員は確かに研修権を享有してはいるが、それは、既述のように、子どもの学習権・人格の自由な発達権に向けられた「承役的権利（dienendes Recht）」として、すぐれて「義務に拘束された権利（pflichtgebundenes Recht）」なのである。上述のような行政命令研修であれば、子どもの利益に規制されて、これを排除するほどの効力はもちえないと解される。

　ちなみに、この点、都立学校生活指導研究協議会事件に関する東京地裁判決（1991年）もこう述べている[67]。

　　教員の任命権者は「適法に教員の研修を行なうことができるものであるから、一般的に研修への参加を強制できるものと解すべきである。もちろん、教員の研修については教員の自主性を尊重することも重要であるから、職務命令を出して出席を強制することは慎重でなければならず、場合によって出席を強制された当該教員との関係では当該命令が違法となる余地もありうると解される」。

2．東京都のいわゆる「君が代不起立再発防止研修」

　既述したところと係わって付言すると、東京都においては入学式や卒業式の国歌斉唱・国旗掲揚に際して起立しなかった教員に対して、いわゆる「君が代不起立再発防止研修」（正式名称は『服務事故再発防止研修』）が実施されている。この「研修」をめぐっては出席命令を受けた教員が「思想・信条の自由」を侵害するものだとして提訴し、現在係争中であるが、ここでは、紙数の関係上、次のことだけを指摘しておきたいと思う。

すなわち、当該研修命令は「研修」という名称は付されてはいるが、実質的には多分に懲戒処分性を有しており、しかもそれは、当該教員の思想・信条の改変・放棄を強要するものであるから、いかなる意味においても教特法にいう「研修」には該当しない。

第14節　教員の長期研修法制

1. 長期研修条項

教特法22条3項は「教育公務員は、任命権者の定めるところにより、現職のままで、長期にわたる研修を受けることができる」と書いて、教員に長期研修の機会を保障している。

「現職のままで」とは、「教育公務員たる身分を保有し、現にうけている給与をうけつつ」という意味である。したがって、本項にもとづく長期研修の場合は休職する必要はない。

「長期にわたる研修」とは、内地留学、海外留学、民間企業・社会福祉施設等での長期社会体験研修、さらには大学院修学休業（教特法26条〜28条）等を指すが、その期間は、実務上3ヶ月以上とされているようである。

2. 長期研修命令の適法性

市町村教委は、服務監督権者として、教員に対し上記のような長期研修を職務命令によって強制できるか。

これについて、たとえば、香川県多度津町立中学校教員の教育センターへの研修命令に関する高松地裁判決 (1997年) は次のように判示して、市町村教委の長期研修命令権を肯認している[68]。

> 「県費負担教職員については、服務監督権者である市町村教委も職務命令として研修を命ずることができるものとされており、その研修方法、内容、態様等に格別の制限はないから、市町村教委は教育公務員としての職責を遂行させるために必要がある場合には、県費負担教職員を現職のまま相当長期にわたり学校以外の教育関係施設での研修を命ずることができると解するのが相当である。……研修命令が本人の同意のないこ

とにより直ちに違法になるものと解することはできない」。

この判旨は、上記「研修命令の適法性」として既述したところにより、大筋においては支持されよう。

けれども、いうところの長期研修命令は、いわゆる指導力不足教員に対する長期特別研修命令事件に関する仙台地裁判決（2003年）も認定しているように[69]、「実質的には転任処分としての性格を有するというべきであ」り、当該教員の勤務条件や生活条件を大きく左右するものであるから、教員の意思に反しても発せられなければならない点につき、「特に合理的な理由」が必要とされると解すべきである。その存否は各個のケースに即して個別具体的に判定するほかないが、一般的には、先に引いた東京地裁判決を借用して言えば、長期研修の場合は、通常の研修の場合よりもよりいっそう、「職務命令を出して出席を強制することは慎重でなければならず、場合によっては出席を強制された当該教員との関係では当該命令が違法となる余地」がより有りうる、ということである。

ここで、教特法22条3項の「教育公務員は、……長期にわたる研修を受けることが・で・き・る」との法条を想起しよう。この条文について、教特法制定当時の解説書は「『教育公務員は……研修をうけることができる』のであるから、長期研修を本人の意に反して強要することは定められないであろう」とコメントしているのである[70]。

〈注〉

1 辻田　力監修・文部省内教育法令研究会編『教育公務員特例法』時事通信社、1949年、126-127頁。
2 文部省『教育刷新審議会要覧』1952年、33-36頁。
3 文部省省議資料「教員身分法案要綱案」1946年、孔版。
4 鈴木英一「教育基本法体制における教師の研修権」『日本教育法学会年報』第1号、有斐閣、1972年、70頁。
5 文部省「国立、公立学校教員法要綱案」1947年、孔版。
6 辻田　力監修、前出、39頁。
7 井出成三『教育公務員特例法』労働文化社、1949年、16頁。
8 辻田　力監修、前出、46-47頁。

9 鈴木英一、前出、71頁。
10 辻田　力監修、前出、52頁。
11 同前、49頁。
12 柳　克樹編『地方公務員法』青林書院、1997年、157頁。
13 辻田　力監修・文部省内教育法令研究会編『教育公務員特例法』時事通信社、1949年、128頁。
14 久保富三夫・兵庫民主教育研究会編『よくわかる教員研修Q＆A』学文社、2006年、12頁。
15 文部省内文教研究同人会編『教育公務員特例法解説』文治書院、1949年、46頁。
16 市川昭午『教育行政の理論と構造』教育開発研究所、1975年、252-253頁。
17 今日、教員研修・教員の在職教育 (In-service growth or education) は重大事となっているが、それが法的論争化している国はまず見られない。特殊日本的な法現象だといってよいであろう。
18 さしあたり、兼子　仁『教育法（新版）』有斐閣、1978年、319頁以下など。
19 永井憲一編『教育関係法』（別冊法学セミナー・基本法コンメンタール）日本評論社、1992年、278頁、279頁（執筆・青木宏治氏）。
20 鈴木　勲『新訂学校経営のための法律常識』第一法規、1985年、166頁。学校管理運営法令研究会編『新学校管理読本』第一法規、2005年、186頁など。
21 高橋恒三『教師の権利と義務』第一法規、1966年、165頁。
22 研修権を「研修を受ける権利」と解する説が見られるが〈室井　力「学習指導要領と教員の研修権について」『日本教育法学会年報』第3号、1974年、68頁〉、これは妥当ではない。既述したように、教員の場合の研修は単なる教育訓練を意味するものではないからである。したがって、教特法22条1項が「研修を受ける機会」と書いているのも妥当を欠く。立法論としては、「研修の機会」または「研修をする機会」と規定すべきであろう（参照：有倉遼吉・天城　勲『教育関係法Ⅱ』日本評論社、1958年、544頁。）
23 F. Ossenbühl, *Das elterliche Erziehungsrecht im Sinne des Grundgesetzes*, 1981, S.51.
24 C. Starck, *Staatliche Schulhoheit, Pädagogische Freiheit und Elternrecht,* In: DÖV (1979), S.489.
25 U. Fehnemann, *Das elterliche Erziehungsrecht in der Schule*, 1990, S.28.
26 有倉遼吉編『教育法』〈別冊法学セミナー・基本法コンメンタール〉日本評論社、1972年、319頁（執筆・兼子　仁氏）。
27 室井　力、前出、68頁。
28 この宣言については、下記に詳しい。河内徳子「教師の役割と地位に関するユネスコ勧告」教育科学研究会編『教育』1997年4月号、国土社、103頁以下。
29 たとえば、ヘッセン州学校法86条2項やハンブルク州学校法50条など。
30 さしあたり、T. Böhm u.a., *Rechts ABC für Lehrerinnenn und Lehrer,* 1998, S.227 など。
31 H. Avenarius/H.Heckel, *Schulrechtskunde*, 7Aufl. 2000, S.282.
32 H.G. Kellner, *Schulrecht in Bayern*, 2007, S.6.1.1.‐9.
33 T. Böhm, *Grundriß des Schulrechts in Deutschland*, 1995, S.85.

34 Verwaltungsgericht Koblenz, Urt. v. 25.11.1982, In : RdJB (1984), S.155.
35 秋田市教育委員会「平成20年度秋田市教職員研修」2008年、1-18頁。
36 さしあたり、文部省教育管理研究会編『教育管理総覧』教育開発研究所、1987年、523頁など。
37 学校管理運営法令研究会編『新学校管理読本』第一法規、2005年、190頁。
38 昭和39年12月18日・大分県教育長あて初等中等教育局長回答「教育公務員特例法第20条の解釈について（教員の研修について）」文部省地方課法令研究会編『教育関係行政実例集』学陽書房、1976年、281頁。
39 文部省初等中等教育局地方課編『教育関係行政実例集（増補新版）』学陽書房、1966年、250頁。
40 さしあたり、兼子 仁『教育法（新版）』有斐閣、1978年、322-323頁。
41 札幌高裁判決・昭和52年2月10日『判例時報』865号、97頁。
42 山口地裁判決・昭和48年3月29日、兼子 仁・佐藤 司『判例からみた教育法』新日本法規、1977年、251頁。
43 職専免研修とこれに対する給与支給との関係について、神奈川県教組教研集会参加事件に関する横浜地裁判決（平成15年10月20日・原本コピー）は、行政解釈とは異なり、以下のような見解を示している。
「教員が教育公務員特例法20条（現22条）2項の規定による承認を受けて研修に参加し、あるいはこれを行う場合でも、その間の給与が当然に支給されるという関係にはなく、給与が減額されずにその全額の支給がされるためには、別途、給与条例の規定に基づく承認があることを要する」。
44 昭和39年12月18日・大分県教育長あて初等中等教育局長回答「教育公務員特例法第20条の解釈について（教員の研修について）」文部省地方課法令研究会編『教育関係行政実例集』学陽書房、1976年、281頁。
45 学校管理運営法令研究会編『新学校管理読本』第一法規、2005年、188-189頁。
46 金子・新堂・平井『法律学小辞典』有斐閣、2004年、549頁。
47 札幌地裁・昭和46年5月10日判決『判例時報』651号105頁。
48 兼子 仁『教育法（新版）』有斐閣、1978年、324頁。室井 力「学習指導要領と教員の研修権について」『日本教育法学会年報』第3号所収、68頁。
49 同旨：有倉遼吉・天城 勲『教育関係法Ⅱ』日本評論新社、1958年、545頁。
50 この点と関連して、札幌地裁はこう判示している（平成2年12月26日『労働判例』578号、40頁）。
「教員の研修参加が実質的にみて児童生徒の授業を受ける利益を損なうことになる場合、授業に支障を来たす場合に当たると解するのが相当であり、――本属長は承認に際して、児童生徒の授業を受ける利益と研修による利益との利益考量の上に立つ総合的判断が求められる」。
51 札幌高裁判決・昭和52年2月10日『判例時報』865号、97頁。
52 神戸地裁判決・平成2年11月6日、大阪高裁判決・平成3年12月5日、最高裁判決・平成5年11月2日、『判例タイムズ』870号、34頁。これらの判決については参照：

久保富三男「教員研修に関わる教育法学説の検討課題」『日本教育法学会年報』35号、2006年、154頁以下。

53 文部省新学校経営研究会編『教職員服務の基礎知識』教育開発研究所、1996年、93-94頁。学校管理運営法令研究会編『新学校管理読本』第一法規、2005年、193-194頁。
54 横浜地裁判決・平成15年10月10日、原本コピー。
55 たとえば、アメリカの教員組合の専門職団体化への動向について、詳しくは参照：高橋　哲「米国教員組合の専門職団体化施策の分析」『日本教育行政学会年報』31号、教育開発研究所、2005年、151頁以下。
56 山口地裁・昭和46年10月26日判決、我妻栄編『教育判例百選』有斐閣、1973年、230頁。
57 札幌地裁判決・昭和46年5月10日『判例時報』651号、105頁以下。
58 まったく同じ法制下において、どうしてこのような方針転換＝法解釈変更が可能になるのか。法解釈を基本的に変更するのであれば、従来のそれの非を認め、これに関する政策責任を明らかにすべきであろう。いずれにしても、この件は、行政における法解釈の恣意性の問題を孕んでいるといえよう。
59 東京都教職員研修センター「教育管理職候補者研修テキスト」2002年、35-36頁。
60 最高裁判決・平成18年2月7日『判例タイムズ』1213号、106頁以下。
61 なお教組教研の研修性を認めた判例はすでに見られていた。たとえば、山口県公立中学校教員懲戒免職処分事件に関する山口地裁判決（昭和48年3月29日、兼子仁・佐藤司「判例からみた教育法」新日本法規、1977年、251頁以下）は、この点について、下記のように述べている。
　「研究会に参加する研修も自主研修に含まれることは当然であり、日教組主催の教育研究集会については、それが一面では組合活動の性質を有することは否定しえないとしても、教育専門職員の集まりとしてその内部で教育上の諸問題の研究検討を行なうものである限り、研修に該当するものといわなければならない」
62 R. Rissmann, *Geschichte des Deutschen Lehrervereins*, 1908, S.43.
63 有倉遼吉編『教育法』（基本法コンメンタール）日本評論社、1977年、338頁。
64 鈴木英一「教育基本法体制における教師の研修権」『日本教育法学会年報』第1号、有斐閣、72頁。
65 さしあたり、兼子　仁『教育法（新版）』有斐閣、1978年、321頁。
66 松江地裁・昭和44年3月5日判。
67 東京地裁・平成3年9月9日判決『判例時報』1404号、125頁以下。
68 高松地裁判決・平成9年2月10日、下村哲夫他『教育法規便覧（平成18年版）』学陽書房、2005年、362-363頁。
69 仙台地裁判決・平成15年2月17日、文科省初中局『教育委員会月報』2003年12月号、14頁。
70 辻田　力監修・文部省内教育法令研究会編『教育公務員特例法』時事通信社、1949年、130頁。

第11章　ドイツの学校経営法制と校長の法的地位

　「教育行政の自治・分権改革」ないし「教育における規制緩和」の一環として、2000（平成12）年1月、学校教育法施行規則が改正されて〈同年4月施行〉、校長の資格要件が緩和され、民間人を校長に登用することが可能となった。そして既に実際、2000年度の東京都を皮切りに、その後現在までに年々増加し（2002年＝21名、2004年＝76名）、2008年4月現在、全国で99名の民間人校長──教員免許をもたず「教育に関する職」に就いた経験がない者──が誕生するに至っている[1]。言うところの民間人校長をめぐっては、その評価は分かれているようであるが、上記のような政策動向と相俟って、今後、こうした傾向はさらに強まるものと予想される。

　この民間人校長とその「思想」においてもっとも対極に位置しているのは、おそらくドイツの校長職であろう。一例を引けば、ドイツにおいては、校長は同時にその学校の教員でもあり、したがって、学校の種類を問わず、またどんなに大規模な学校であっても、一定時数の授業を担当することが職務上義務づけられているのである。1990年代以降、いわゆる「学校の自律性の強化」という政策動向のなかで、校長の権限強化が企図されるなど、その地位や役割にある種の変容が見られてはいるが、しかしドイツに伝統的な「教育校長」は基本的には今日に至るもなお根強く生き続けている。

　ところで、ドイツにおける学校経営法制は、歴史的には、「独任制学校経営（direktoriale Schulleitung）」法制から「合議制学校経営（kollegiale Schulleitung）」法制へと推移・発展してきた[2]。そして現行法制は、こうした歴史的伝統のうえに世界にあまり類例を見ない独自の法構造をなしている。一言で言えば、

「教育の専門性」の確保要請との緊張において、「学校における民主主義」の現実化・活性化を制度的に保障せんとする学校経営法制だと言えよう。この結果、校長職法制もきわめてユニークなものとなっている。

以下、校長職・学校経営法制史を概観したうえで、現在ドイツにおける校長職の法的構造を多角的に見ていくこととしたい[3]。

第1節　ワイマール憲法下までの学校経営法制と校長職

1. 独任制学校経営と校長職

第1次世界大戦以前においては「独任制ないし権威的学校経営」法制が支配的であった。それは、概ね次のような構造をもっていた。

①学校監督庁によって任命された校長が、教員の職務上の上司として、教員に対して包括的支配権を有した。したがって、たとえば校長が授業訪問をし、教員の教育活動について職務命令を発することは当然に許容され、その不遵守は懲戒事由たる「職務上の不服従」を構成した。

②教員会議は設置されていないか、設置されていても服務規程を設置根拠とする校長の単なる諮問・伝達機関でしかなかった。

③親・生徒は営造物権力＝学校権力 (Shulgewalt) の一方的規律下におかれ、こうして学校経営権は第一次的には校長の単独権限に属した。

④しかし、校長自身もその直近学校監督庁たる郡視学の直接的な支配監督に服していた[4]。

ちなみに、当時の主要な立法例を掲記すると下記のようである。

- ハンブルク1872年法──「校長は教員の直近上司 (der nächste Vorgesetzte) である。教員は教育活動・学校懲戒に関する校長の命令を厳守しなければならない」。「教員会議の決定は校長を拘束しない。それを実施するか否かは校長の権限に属する」。「教員は校長の許可を得て、しかも校長が同席する場所にかぎり、生徒の親と対話することができる」。
- ザクセン・ローブルク1905年法──「校長は教員の直近上司である。……校長は教員がその職務上の義務を履行しているかどうかをあらゆる点について監視しなければならない」。

・ザクセン・マイニンゲン1908年法——「学校の直接的監督、授業の監視、懲戒……は校長の義務である[5]」。

2. 合議制学校経営と校長職

　このような独任制学校経営に対して、ドイツ教員組合は学校自治・合議制学校経営を要求して根強い運動を展開した。学校経営を校長の単独権限から教員集団の合議制的権限とすること、教員会議の自律的権限を法認すること、校長を教員の上司ではなく「同輩中の首席 (Erster unter Gleichen)」として位置づけ、しかもその実質的任命権を教員集団に留保すること、教員は職務上の自律を保障されること、等がその具体的な要求内容であった[6]。

　こうした教員組合の要求運動は、一般的な民主化思潮や自由主義的教育思想、とりわけ「学校共同体 (Schulgemeinde)」構想を背景として、1910年代から20年代前半にかけて法制上に結実した。

　まず1910年代の前半には各州で教員会議(Lehrerkonferenz)は必置機関とされ、その権限もかなりの拡大を見た。教員には教員会議での議案提出権や議決権が保障され、校長は教員会議の決定に対してただ限定的拒否権を有するにすぎないという制度が生成した。つづいて1919年にはプロイセンとバイエルンで「自治としての合議制学校経営 (Kollegiale Schulleitung als Selbstverwaltung)」が法的保障を受けたのをはじめとして、1923年までにブレーメン他4州でもかかる法制度が確立したのであった[7]。またその他の州においても父母評議会 (Elternbeirat) と教員会議の学校経営参加権が保障され、こうしてすべての州で伝統的な独任制学校経営法制は大きく崩れたのであった。

　たとえば、プロイセンにおいては学校法制上こう明記された。「校長はもはや教員の上司ではない。校長は教員会議の議長をつとめる同輩中の首席にすぎない。校長および教員は、学校活動の内的統一性の基盤は合議制的協同によってのみ形成できるということを銘記すべきである」(1923年10月30日付け文部省令)。「校長は、教員会議の議決によるかもしくは上級行政庁の特別な委任にもとづく場合においてだけ、教員に対して教育上の命令を発する権限をもつ」(1919年9月20日付け文部省令)[8・9]。

またハンブルクでは著名な学校自治に関する法律(Gesetz über die Selbstverwaltung der Schule v.12, 4, 1920) が、「各学校の直接的管理 (unmittelbare Verwaltung jeder Schule) は教員会議と父母評議会によって行われる」(第1条) と謳ったうえで、校長の法的性格や職務について、大要、次のように規定した。
　校長の職務は「法規定、上級学校行政庁の命令および教員会議と父母評議会の決定に従って学校を経営する」(18条) ことにある。ただ校長は教員会議や父母評議会の決定が法規定ないし上級学校行政庁の命令に抵触もしくはそれを責任をもって実施しえないと考える場合には、異議申立てをしなければならない (25条2項)。校長は教員会議の議長を務めるが (25条1項)、「教員会議の決定は校長……を拘束する」(4条)。校長は教員会議の成員と父母代表とによって3年間の任期で選出される(19条1項・24条)。校長職は名誉職(Ehrenamt)あり、その身分は教員と同一である。したがって、教員とは上司・下僚の関係にはない (23条)[10]。

3. ナチ政権下における校長職

　1933年1月のナチ政権の成立により、上述のような合議制学校経営法制は根底から破壊され、強度の独任制学校経営法制が復活することになる。
　すなわち、職業官吏制度再建法 (1933年4月) の制定を機に教員に対する統制が著しく強化され、同年6月にはプロイセン教員組合が解散に追い込まれるなど、教育運動は壊滅的な打撃を受けた。またいわゆる「指導者原理 (Führerprinzip)」が学校にも援用され、「学校の唯一・権威的指導者」として位置づけられた校長が、学校経営の全権を掌握した[11]。1934年4月3日の国民学校および中間学校に関する改正規程は、こう書いている[12]。
　　「①校長は……学校経営の外的・内的秩序に関し学校監督庁に対して責任を負う。とくに監督庁の命令が遵守されているか、学校の教育活動がナチスの国家思想の精神にもとづいて行われているか、に対して責任を負う。
　　②校長は教員の職務上の上司である。教員は校長の職務命令に忠実に従わなければならない。

③学校経営のあらゆる事柄は校長の単独決定権に属する。

④校長は必要だと思う場合には教員（従来は教員会議）を招集する。

⑤校長は、授業訪問によって、教員の教育活動が職務命令に即して行われているかどうかを確認しなければならない……」。

第2節　ドイツ（ボン）基本法下における学校経営法制と校長職

1. 合議制法制と独任制法制の重畳・相対化

　第2次世界大戦後、ボン基本法（1949年）および各州憲法を受けて旧西ドイツ各州では学校法制改革が実施されたが、ベルリンを例外として[13]、学校経営法域においては概ね独任制的構造が維持された。

　しかし、1954年以降、こうした法制・「管理された学校」(Die verwaltete Schule)に対して鋭い批判が起こる(H. ベッカー)[14]。そして、これと表裏して、H. ヘッケル等によって「教員の教育上の自由(Pädagogische Freiheit des Lehrers)」・「学校の教育上の固有責任(Pädagogische Eigenverantwortung der Schule)」の法制化運動が推進され[15]、その結果、これらの法理は1950年代後半から60年代を通じて法的確立を見たのであった。すなわち、1956年のハンブルク学校行政法が「学校における自治は教員会議と校長によって担われる」(1条2項)と明記したのを最初として、60年代末までに7州の学校法が上記法理を法認するまでに至った。

　他方、以上のような法制改革と前後・併行して、ハンブルク、ブレーメン、ヘッセンの3州においてはすべての学校種で、ニーダーザクセン州では国民学校と実科学校において合議制学校経営が復活した。またバイエルン州を除くその他の州においても教員会議の議決権が大幅に拡大・強化され、伝統的な独任制形態は「強力な会議権を擁する独任制学校経営」へと大きく修正された[16]。くわえて、親の公教育運営参加権と生徒の共同責任権（参加権）もすべての州でいっそうの補強を見た。

　こうして、1960年代を通じて、「独任制学校経営と合議制学校経営との原理的な区別は今日ではもはや有効ではない。校長の固有責任の強度には程

度差があるが、すべての成員が学校における教授・教育活動に対する責任を分有するという原則が常にまたどこにおいても妥当する」[17]という法状況となった。

2. ドイツ教育審議会の勧告と校長職

　ドイツ教育審議会 (Deutscher Bildungsrat) は1970年勧告「教育制度のための構造計画」の具体化として、73年に「教育制度における組織および管理運営の改革」なる勧告を行った。その主要なモティーフは学校の自律性の強化と教員・生徒・親の参加拡大にあった。以下に、校長職に関する勧告内容を要約しておこう。

　学校の経営形態の決定は、国家的に確定された選択的モデルの範囲内で、自律した学校の権限とされるべきである。学校経営形態としては、大きく、「個人による学校経営」と「チームによる学校経営」が考えられる。両者の決定的な差異は、学校経営が最終的に個人の権限・責任に帰するか、集団のそれに帰するかにある。いずれの形態を採るかは学校の種類・段階・規模の如何によるが、大規模校では後者を採用することが望ましい。

　会議の負担を軽減するために、校長の権限を強化しなくてはならない。次の事項が校長の一般的な権限に属するであろう。学校の対外的代表、学校設置者や監督庁との接触、学校会議の準備と決定の実施、学校内部組織の違法な決定に対する異議申立て、学年・教科会議の調整、時間割、授業の委託と代理、人事問題、財政上および一般的な行政課題。

　校長の任用に際しては、学校と学校監督庁に対する責任という校長の二重責任が考慮されなければならない。学校だけによる選出も学校監督庁の一方的な任命も望ましくない。校長任用手続には学校および学校監督庁の双方が参加すべきである。ただ、国の人事高権 (staatliche Personalhoheit) は依然として留保される[18]。

3. 1970年代の学校法制改革と校長職

　上述のようなドイツ教育審議会の勧告を直接の契機として、1973年（ハン

ブルク州）から79年（バイエルン州とブレーメン州）にかけて、旧西ドイツ各州ではかなり大幅な学校組織・構造法制改革が敢行された[19]。

その結果、たとえば、ザールラント州の学校共同決定法(Schulmitbestimmungsgesetz・1974年)やノルトライン・ウェストファーレン州の学校参加法(Schulmitwirkungsgesetz・1977年）などの改革立法の名称が端的に示しているように、教員会議・学校会議・父母評議会・生徒代表組織などの各種会議権や教育行政・学校経営への参加権は総体としてはそうとう強化・補強された。しかし同時に、多くの州において校長の地位・権限も相対的にはかなりの強化をみることとなった。このうち、「校長と教員会議の権限関係」についてだけ敷衍して言及すると、これに関しては大きく二様の規律モデルが見られている。

一つは、学校経営権は原則として教員会議に属し、学校法によって特別に援権された場合にかぎり、そしてその限りにおいてだけ校長もこの面での権限を有する、という法制度であり、他は、その逆の権限関係法制である。

前者の範例としてはニーダーザクセン州が挙げられる。すなわち、同州学校法によれば、「教員全体会議はすべての本質的な事項(alle wesentlichen Angelegenheiten)について決定権を有する」のであり、しかもその権限事項は、たとえば、重要な教育問題や教育計画の策定など、25項目にも及んでいる(23条)。学校経営上のほとんどすべての重要事項が網羅されていると言ってよい。

これに対して校長は、教員全体会議を準備し、その議長を務め、会議の決定を実施するにすぎない(30条)。この関係は端的に「教員会議が決定し、校長が執行する(Die Lehrerkonferenz beschließt, der Schulleiter vollzieht)」と定式化できよう[20]。ノルトライン・ウェストファーレン、ヘッセン、ブレーメンなどの諸州もこのモデルに近い。

他方、後者の規定例の典型はバイエルン州であり、そこでは、「校長は秩序ある学校経営と教育活動に対して、および教員と共同で生徒の教育に対して責任を負う」(一般学校規程42条2項)と法定されている。学校経営権は基本的に校長の単独権限に属するとされているのである。

かくして、教員会議は会議権は享有するものの、校長との関係では、その

議決は単に「勧告(Empfehlung)」の意味しかもたない(45条2項)。バーデン・ビュルテンベルク州やハンブルク州がこのモデルの流れに位置している。

4. 1990年代以降の「学校の自律性」論議と校長職

ドイツにおいては1990年代に入って、ブレーメン、ハンブルクおよびヘッセンの3州に端を発したいわゆる「学校の自律性(Schulautonomie)」をめぐる問題が学校法政策上の重要なテーマとなった。「Schulautonomie」というターム自体は、多くの学校法学者が批判している通り[21]、法学上の概念としては適切ではないが、要するに、言うところの自律性論の目指すところは「個々の学校の責任の拡大ないし自律性の強化(Erweiterung der Verantwortung bzw. Verstärkung der Selbständigkeit der Einzelschule)」という点にある[22]。

具体的には、旧来の国家の学校監督権や学校設置者の行政権限を縮減し、とくに教育課程の編成と教育活動、教職員人事および学校財政の面において、学校の権限と責任をよりいっそう強化する必要がある、と唱えられる[23]。

ここで重要なのは、そこにいわゆる学校の自律性を強化するためには、もしくはそれを確保し、担保するためには、校長の地位と権限もまた強化されなくてはならない、とされていることである。H. アベナリウスによれば、「強い校長が学校の自律性を強化する」[24]。

この点、1990年代半ば以降のドイツにおける学校の自律性論議と学校法政策に少なからぬ影響を与えた、ノルトライン・ウェストファーレン州の教育審議会報告書『教育の未来―未来の学校(Zukunft der Bildung-Schule der Zukunft)』(1995)にも、次のような提言が見えている(要約)。

学校はそうとう程度拡大された形成権を有する「部分的に自律した学校(Teilautonome Schule)」であることが求められる。従来、学校監督庁と学校設置者に留保されてきた決定権が学校に大幅に委譲される必要がある。

部分的に自律した学校は、教育活動を展開するための諸条件を効果的に整備するために、とくに人事と学校予算の領域で拡大された権限をもつ校長を擁さなくてはならない。校長の裁量権が拡大され、責任ある上司として、その地位が強化されるべきである。その場合、とくに以下の事柄が校長の任務・

責任領域に属することになる。

　学校の教育・組織上の展開計画および学校プログラムと学校に固有な指導要領の策定、学校参加組織や学校会議における審議のための準備、学校の内部評価の実施とその報告責任、学校独自の人事上の権限と教員に対する勤務・職務監督権、教職員の選定および学校設置者による任用のための推薦、学校の財務管理領域における決定、学校予算と定員計画の策定[25]。

　ところで上述のような学校の自律性論議に呼応するかのように、1990年代半ばから後半にかけて、ブランデンブルク、ブレーメン、ハンブルク、ヘッセンなど8州で「学校の自律性の強化」を旨とした法制改革が行われた。そしてそれによって、たとえば、各学校が独自に学校プログラム（Schulprogramm）を策定するようになったり、学校財政および人事行政の面で学校に一定範囲の自律的な権限が法認されるに至るなど、学校の組織構造法域においても新たな展開が見られてはいる[26]。

　けれども、言うところの学校の自律性論が掲げる「広範な改革の目的と原則に関して、現実的な合意に達したところなど何処もない」[27]というのが現状であり、したがって、校長の法的地位についても、ヘッセン州やハンブルク州などで若干の手直しがなされたものの、学校の組織・権限関係の基本に触れるような制度改革は現在までのところ行われてはいない、という状況にある。

第3節　現行法制下における校長職の法的構造

1. 校長職の法的地位・性格

(1) 校長の設置

　たとえば、バーデン・ビュルテンベルク州学校法39条1項が「すべての学校に校長を置く。校長は同時にその学校の教員でもある」と規定しているように、校長は学校法制上すべての州で必置機関とされている。したがって、「学校に教員が1名しかいない場合は、その教員は同時に校長である」（ヘッセン州旧学校行政法46条）ということになる。

　ちなみに、この点、1897年のプロイセンの省令は「6学級以上の規模の学

校には校長が置かれるものとする」と書いて、校長の設置を学校規模の如何に委ねていた（任意設置）。

なお参考までに、ドイツでは「教頭 (Stellvertretender Schulleiter)」は任意設置とされており、教頭が置かれていない場合は——小規模の基礎・基幹学校でこのようなケースが見られる——、その学校の勤務年数のもっとも長い教員がその任を務めることになっている。

(2) 校長の身分・性格・待遇

上記規定例にもあるように、ドイツでは「校長は同時にその学校の教員」であり、公務員法上、教員としての身分を有している（州の公務員）。

つまり、校長は「教員の上司」ではあるが（後述）、したがってまた給与法上は一般教員よりも給与グループ (Besoldungsgruppe) が2段階ないし3段階上位にランクされてはいるが[28]、しかし身分法上は基本的には教員と同列なのである。

これは「よい教員がよい校長である」というドイツの教育伝統に根ざしている。J. テウスは1913年に「校長の授業時数の軽減は必要最小限に止めなくてはならない。校長が第一義的には教員として活動し、自ら常に学校の活動に直接関与できるようにするためである。校長はその学校の模範教員 (Musterlehrer) でなくてはならない」[29]と書いている。先に指摘した通り、近年、とりわけ経営学的なアプローチによって、校長の職務・役割にはある種の変容が見られはするものの[30]、上述の伝統的校長像は基本的には今日に至るもなお根強く生き続けていると言えよう。

なお以上のことは、「学校経営は教育的性格のものであり、教育的観点からなされなければならない」[31]という認識と深く関連している。

この点、有力な学校経営学説もこう指摘しているところである。「立法者は校長という職務は管理運営の専門家 (Verwaltungsfachmann) ではなく、教育者 (Pädagogen) によって担われるということに価値を置いている。『校長は同時にその学校の教員である』という基本的な命題はもとより、校長の養成条件も、校長という職務が第一義的には教育的な活動である、ということを旨

としている。かくして、行政法上の所定の要件を考慮しながらも、諸々の決定は教育的な観点からなされなくてはならない」[32]。

(3) 校長の資格要件

かつてドイツの多くの州（Land）では校長職には特別の任用資格要件が要求されていた。たとえば、シュバルツブルク＝ゾンダースハウゼンの1912年5月31日法によれば、「校長職への任用は中間学校教員試験または校長試験もしくは教育試験の合格が前提条件である」[33]となっていた。

しかし、現行法制下においては概してこのような特別な法定資格要件は存しない。通常、当該学校種の教員免許状を有していれば足りる。「校長には当該学校種の教職資格を有し……学校経営関係業務に適格な者が任命される」（バーデン・ビュルテンベルク学校法39条2項）といった規定が一般的である。

もっとも、90年代以降の学校改革立法によって、学校経営面での能力の実証を校長の任用要件として明記する州法が見られ始めている。

たとえば、ハンブルク州学校法は「校長の適格性」と題して、こう規定する（91条）。

> 「校長には、教職のための養成を超えて、学校経営のために必要な知識と能力を獲得したものだけが任用されるものとする。それはとりわけ指導力、集団を束ねる能力、コンフリクトを解決する能力、改革を進める気概、組織力、さらには学校内外の組織と協同し、また学校の任務を教育政策や社会政策の展開のコンテクストにおいて担う能力と姿勢のことである」。

(4) 校長の授業担当

上述の(2)とかかわって、ドイツにおいては校長もまた一定時間数の授業を担当することが義務づけられている（シュレスビッヒ・ホルシュタイン州学校法82条2項など）。学校種や学校規模に関係なく、すべての州の、すべての学校においてそうである。この点は、まさしくドイツの校長職に特徴的なメルクマールだと言えよう。

もとより校長の担当授業時数は、教員のそれよりは軽減される。軽減時数は州により、また学校種によっても異なるが、当該校の児童・生徒数（ヘッセン州など）、もしくは学級数（バーデン・ビュルテンベルク州など）を根拠として算定されるのが一般的である。具体的には各州文部省令・規則による[34]。

たとえば、ヘッセン州においては、義務授業時数に関する規程（Pflichtstundenverordnung, 1991年）の定めるところにより（3条）、基礎学校ならびにギムナジウム・総合制学校・職業学校の校長の週当たりの担当授業時数は、児童・生徒数を基準として、それぞれ表1、表2のようになっている。

ちなみに、同州における一般教員の週担当授業時数は、学校種により、23時間（ギムナジウム）から27時間（基礎学校）とされている（同規程1条）。

このように校長が教員として授業を担当する場合は、当然のことながら、教員としての学校法制上の権利・義務が校長にも妥当することになる。学級父母評議会への出席義務（とくに基礎学校）や「教員の教育上の自由」の享有などが、その例である。

なお付言すれば、ドイツにおいても「校長会（Schulleiterverband）」が連邦レベルと各州で組織されているが、「校長の担当授業時数の削減」は、校長会がその設立以来、一貫して強く要求してきているところである[35]。

表1 基礎学校長の週当たりの担当授業時数（ヘッセン州）

児童数	週当たりの授業時数
1 － 60	21
61 － 120	20
121 － 180	18
181 － 270	16
271 － 360	15
361 － 450	14
451 － 540	13
541 － 630	12
631 － 720	11
720 以上	10

出典）F. Köller, Hessisches Schulgesetz (Kommentar), 1993, S.1156

表2 ギムナジウム・総合制学校・職業学校長の週当たりの授業担当時数（ヘッセン州）

生徒数	週当たりの授業時数
1 － 270	12
271 － 360	11
361 － 450	10
451 － 540	9
541 － 630	8
631 － 720	7
721 － 810	6
811 － 900	5
900 以上	4

出典）F. Köller, a.a.O., S.1158

なお各州の校長会は概ね1970年代に設立されたが(たとえば、ヘッセン州の場合は1976年)、これらの州校長会が結集して1983年、「ドイツ校長会連合(Arbeitsgemeinschaft der Schulleiterverbände Deutschlands)」が設立され、今日に至っている。

2. 校長の職務内容と権限

校長の任務や権限は各州の学校法で一般的に規定され、これを受けて校長服務規程(文部省令)がかなり詳細な定めを置いている。その具体的内容は州や学校種・学校段階によって各様であるが、現行法制下ではその基本的構造にさほどの差異はない。

たとえば、ラインラント・プファルツ州では校長の一般的任務をこう書いている。「校長は学校の教育活動の実施に対して責任を負う。校長は学校設置者の権利を妨げないで学校の日常的な管理運営業務を遂行し、かつ学校を対外的に代表する。校長は教員の協同をはかり、親や学外の職業教育責任者と連携を促進し、学校の教育問題について助言する。校長はまた青少年・社会福祉局との連携を維持する。校長はその任務の一部を教頭ないしその他の教員に委託することができる」(学校法21条1項)。

またヘッセン州における校長の職務権限法制は次のような構造になっている。

まず学校法88条が「校長」と題して、第1項でこう規定する。「校長は学校がその教育責務(Bildungs-und Erziehungsauftrag)を達成すべく責任を負う。校長は現行の法規と行政規則および学校会議と教員会議の決定に従って、学校を経営する」。

これを受けて同法は、校長の職務と責任を大きく教育活動にかかわる面と学校の管理運営面とに2分し、同条第2項と第3項で、それぞれについてその内容を個別的に列記している。前者として規定されているのは、次の8事項である。①学校プログラムの展開と現実化、②教員全体会議が定立した原則にもとづいての時間割や監督計画の作成と学級編制、③教育活動の実態の把握と教員への助言、④教員間の協同に対する配慮、⑤教員養成・研修の促進、

⑥生徒・親代表の活動に対する支援、⑦地域への学校開放の促進、⑧他の機関（青少年保護・援助施設など）との協同。

また後者としては、①生徒の入学と卒業、②就学義務の履行に対する配慮、③学校の秩序維持、④社会に対する学校の代表、⑤学校予算年次計画の定立、⑥州ないし学校設置者の法律行為の代理、の6事項が挙げられている。

以上が法律レベルの規定であるが、これらをさらに具体化するために、文部省令で教員、校長および社会福祉職員服務規程（1993年）[36]が制定されている。この服務規程は38ヶ条からなっているが、16条から24条にわたって校長の権限と責任をそうとう具体的に定めている。

かくして、先に引いた規定例からも知られるように、一般に校長の職務内容には大きく次のような種別が認められる。①学校の教育活動や全教職員の統一的な協同に対する配慮、②秩序ある学校経営に対する配慮、③外的学校事項の管理と運営、④学校の対外的代表、がそれである[37]。

3. 校長と教員の法関係
(1) 上司としての校長

現行法制上、公立学校は「権利能力のない公の施設（nichtrechtsfähige öffentliche Anstalt）」として教育行政のヒエラルキーに、また教員は州の公務員（Beamte）として公務員法上のヒエラルキーにそれぞれ編入されている。したがって、学校ないし教員についても「上司（Vorgesetzter）」という概念が当然に妥当する。ここに「上司」とは、連邦公務員法によれば、「公務員に対してその職務行為につき命令を発することができる者」（3条2項）のことを言う。

こうして校長は、たとえば、ノルトライン・ウエストファーレン州学校行政法20条2項が「校長は学校に勤務するすべての職員の上司である」と明記しているように、現行学校法制上、すべての州で「教員の直接の上司」として位置づけられている。つまり、校長は学校における教育上および管理運営上の全体責任の範囲内において、教員の職務行為に関して拘束力ある命令を発することができる[38]。

ちなみに、この点について現行学校法制も、たとえば、ザールラント州学

校参加法16条5項は、こう明記している。「校長はその任務を遂行するにあたって……教員に対して命令をする権限をもつ（weisungsberechtigt）」。

ただ校長は学校法制上一般に、教員の上司ではあっても、「勤務上の上司（Dienstvorgesetzter）」ではない[39]。したがって、教員の公務員法上の地位に触れる事柄や人事上の事項については権限をもたない。

しかし、例外的に校長を教員の勤務上の上司として法定している州も見られている。たとえば、バイエルン州においては、実科学校、職業学校およびギムナジウム（これらに対応する障害児学校も含む）の校長は、現行法制上、教員の勤務上の上司として位置づけられており、そこで教員に対して勤務監督権を行使すると規定されている（バイエルン州立学校教員服務規程24条）[40]。そして、ここに言う勤務監督権には、たとえば、教員に対して懲戒罰を科したり、兼業や休暇を承認したり、勤務評定を行うなどの権限も当然に包含されている。

他方、ヘッセン州においても学校法制上、校長はほぼ同様に位置づけられているが、しかし同州の場合、「学校の自治がそれを要請する場合に限り」（学校法88条1項）との要件下で校長に勤務上司性が付与されているという事実は、注目に値しよう。まさしく上述した「学校の自律性の強化・拡大に伴う校長権限の強化」というコンテクストに位置しているのである。

(2) 校長の職務命令権と教員の教育上の自由

このように校長は教員に対して職務上の上司としての権限を有しているが、しかしそれがいかなる範囲でどの程度まで及びうるかとなると——とくに教員の教育活動に対する校長の指示・命令権の存否——、「教員の教育上の自由」との法的緊張が問われなければならないことになる。言うところの「教員の教育上の自由」は教員に対して教育活動上、固有責任にもとづく形成領域を保障する権利なのであり、そしてこの権限は今日、ドイツにおいては、すべての州で既に実定法上に確立を見るに至っているからである。

この問題は、「教員の教育上の自由」にかかわる重要な事柄であるが、これに関する今日の通説・判例を端的に要約しておくと（同旨のことを学校法で

明記している州もある)、次のようになろうか。

校長は、いまだ養成途上にある教員に対しては、その教育活動に関し、教授・教育的観点から職務上、命令できる。しかし全的に養成を終えた教員 (vollausgebildete Lehrer) の場合は、授業訪問の権限はもつが、教員の教育活動に関しては、「教員の教育上の自由」の法的効果から、原則としてこれに介入することは許されず、ただ例外的な場合にだけ介入することができる[41]。

(3) 校長の授業訪問権

上記と関連して、校長ははたして授業訪問権 (Unterrichtsbesuchsrecht) をもつか、ということも問題になるが、ここでは、通説・判例はこの権利を承認し[42]、また現行法制上も校長のこの権利 (ないし義務) を明記している州が見られる (たとえば、シュレスビッヒ・ホルシュタイン州学校法82条2項)、という事実だけを指摘するに止める。

(4) 校長の教員評価権

教員に対する勤務監督権の一環として、ドイツにおいてはすべての州で教員評価制度が導入されている。たとえば、ノルトライン・ウエストファーレン州では、州公務員法が次のように書いて、公務員に対する勤務評価制度を法制化している。

「公務員の適性、能力、職務上の業績は遅くとも試用期間が経過する前に評価されるものとする。それはさらに定期的に、あるいは昇進に際しても評価されるものとし、勤務評価を実施する間隔は上級勤務官庁がこれを定める。

評価は総合評価とし、今後の職務上の配置に関する提案を含むものとする。評価は人事記録に記載される。公務員には、自己の評価が人事記録に記載される前に、その内容について知らされ、かつ上司と話し合う機会が保障される」(104条)。

これを受けて同州では、教員の勤務評価に関する規程 (1992年) が制定されており、そこにおいて評価の一般原則、評価権者、評価の基準と形態、評

価の開示義務と取り扱いなど、教員評価制度の具体的な仕組みが規定されている。

なおこの場合、教員評価は教員の人事計画の基礎をなすものであり、その目的ないし制度の趣旨は、端的に言えば、教員の適正配置を可能にし、教員に職能成長を促し、もって公教育制度の機能の維持・向上を期することにある、と説明される。これには、子どもの「教育をうける権利」・「人格の自由な発達権」が対応している[43]。

ところで教員に対する勤評権は勤務上の上司である所管学校監督庁の権限に属し、そしてそれは通常、学校監督官に委任されているのであるが——校長には勤評の資料となる教員の実績報告書（Leistungsbericht）を作成する義務が課されている——、バイエルン州のように特定の学校種で校長を勤務上の上司として位置づけている州とは別に、教員評価を校長の権限としている州が見られている。

すなわち、ラインラント・プファルツ州では1974年以来、すべての学校種で評価権者は校長と法定されており、またバーデン・ビュルテンベルク州にあっては校長にこの権限が委任されるところとなっている（学校法41条2項）[44]。

4. 校長の選任手続——教員・親・生徒の参加

校長を誰が、どのような手続で選出し任命するかという問題は、ドイツにおいて歴史的にシビアな争点をなしてきた問題であるが、今日においても、学校の組織・構造法制上、依然として重要な課題の一つをなしている。

既に触れたように、第1次世界大戦後、ドイツ教員組合は合議制学校経営ならびに学校自治確立要求の一環として、校長の選任を実質的に教員集団に留保するよう要求し、そしてそれは1920年代にハンブルク、ザクセン、ブレーメン、チューリンゲンなどの諸州において法制上に結実した。たとえば、ブレーメン州ではすべての学校種で校長選出権（Schulleiterwahlrecht）は教員集団の自治事項とされたし（1923年5月30日公布・学校法）、またザクセンでも教員数5名以上の学校における校長の推挙権は教員集団に属した[45]。

現行学校法制は制度原理的に、こうしたワイマール期以来の学校伝統を継

受するとともに、更なる「学校の民主化」＝学校当事者の参加の保障と拡大という観点から、それを一段と拡充した法制を擁していると言えよう。多くの州において、従来の校長選任過程への教員（会議）の参加にくわえて、親や生徒の参加も法認されるに至っているのである。

　制度的には、それは主として「学校会議（Schulkonferenz）」を通して現実化されているのであるが、校長選任のための特別な機関である「校長選任委員会」や「校長推挙委員会」への親・生徒代表の参加を認めている州も存している（後述）。いわゆる「学校の自律性の強化・拡大」という近年の法政策動向とも相俟って、今日、ドイツにおいては、ひろく学校当事者の校長選任過程への参加は、バイエルン州やラインラント・プファルツ州などの例外は見られるものの[46]、大勢としては、学校法制上、既に確立した制度原理になっていると言ってよいであろう。

　ちなみに、この点、学校法学の権威 H. アベナリウスもこう述べている。
　　「自己責任を認められ、固有のプロフィールを策定しなければならない学校は、校長の選任に際しても、これについて発言できる可能性をもたなくてはならない」[47]。

　ただ、上記にいわゆる「参加」の形態や参加権の強度については、州によってかなり差異が存している。校長の選任手続のプロセスで、学校会議などの参加機関に単に「報告をうける権利（Informationsrecht）」ないしは「聴聞権（Anhörungsrecht）」を認めているにすぎない州もあれば、校長候補者につき「発議権（Anregungsrecht）」や「推挙権（Vorschlagsrecht）」を法認している州もある。また監督庁による決定に対して「異議申立て権（Einsprnchsrecht）」や「拒否権（Vetorecht）」を保障している州も存しており、さらにはこれらの域を超えて校長の「選任・指名権（Answahl–und Bennenungsrecht）」まで認めている州も見られている。

　制度現実に即して具体的に述べれば、たとえば、ベルリンにおいては、校長選任過程への親や生徒の参加制度はないが、学校監督庁が推挙した2名以上の候補者のなかから、教員全体会議が校長を指名するという仕組みをとっている（指名権の保障・学校組織構造法23条）。

またザクセン州では、文部大臣による任命の前に、学校設置者と学校会議に聴聞権が認められているに止まるが(学校法41条2項)、ノルトライン・ウェストファーレン州(学校参加法5条2項)とバーデン・ビュルテンベルク州(学校法40条3項)では校長候補者を提案・発議する権利が学校会議に認容されるところとなっている。

　一方、校長選任のために「推挙委員会(Findungsausschuß)」を設置している州としては、ハンブルク、ヘッセン、ブレーメンなどの諸州があるが、このうちハンブルク州における校長選任手続は、概要、以下のようになっている。

　校長は学校監督庁により公募されるが、応募者があった場合、当該校に「推挙委員会」が設置される。この委員会は監督庁代表・他の行政機関代表・人事委員会代表・他校の校長代表各1名と、教員会議代表1名、それに学校会議によって選出された生徒代表(14歳以上)もしくは親代表1名の、計6名によって構成される。この委員会が応募者のなかから2名ないし3名の候補者を選定し、学校会議に推挙する。学校会議は教員会議の意見を聞いたうえで、秘密投票により、校長候補者を決する——ちなみに、ハンブルク州の場合、学校会議は校長と、学校規模により、教員・親・生徒代表各3～5名から成っている(学校法53条)——。

　そして、この学校会議による決定を踏まえて、監督庁は校長候補者を最終的に確定し、まず18ヶ月の任期で「試用校長(vorläufige Schulleiter)」として暫定的に任用する。そして試用期間経過後、学校会議と教員会議が異議を唱えなければ、監督庁により正式に任命されることになっている(学校法92～94条)[48]。

　なお、シュレスビッヒ・ホルシュタイン州においては校長選任のための特別な機関として「校長選任委員会(Schulleiterwahlausschuß)」が設置されており、この委員会に文部大臣から推薦のあった候補者(4名以上)のなかから最終候補者を指名する権限が保障されている。校長選任委員会は、初等段階および中等段階Ⅰでは学校設置者代表10名、教員代表と親代表各5名によって構成され、中等段階Ⅱにあっては、親代表2名に代えて、生徒の代表が2名くわわっている(学校法88条・89条)。

　ところで、上述のように、校長選任委員会や教員会議などに校長の選任・

指名権といった強度の権限が保障されている場合、この権限と学校監督庁の校長任命権との関係はどうなるのか。

これについて、通説・判例は、学校監督庁には最低限、不適格だと見られる候補者の任命を拒否する権限が留保されていなければならず、したがって、学校監督庁の任務を単に形式的な任命行為(formale Ernennungsakt)だけに限定することは、憲法上、許容されえないとの立場に立つ。その理由を、有力な学説はこう説明する。

> 「校長の選任に際して国以外の機関——たとえば学校設置者、学校会議、教員会議、校長選任委員会など——の参加には、代議制民主主義の原則(基本法20条2項・28条1項)からの限界がある。議会に対して責任を負っている政府は、その責務を現実に履行するための、手段と可能性を自らのものとなしえて初めて、これを遂行することができる。……このことはとりわけ校長にも妥当する。校長なしでは国家は基本法7条1項に所定の学校制度に対する責任を履行することができないからである」[49]。

また判例においても、たとえば、ベルリン高等行政裁判所は、この点に関し、下記のように判示している。

> 「教員全体会議の校長指名権は、任命権を有する行政庁の、校長人事に対する憲法上の責任を侵害するものであってはならない。それ故、当該行政庁は教員全体会議が推挙した候補者を形式的に任命することに限定されるものではなく、教員全体会議による候補者の推挙が通常はかなりの重みをもつけれども、自らの責任で選任決定をしなくてはならない」[50]。

5. 校長の試用任用法制

ドイツにおいては伝統的に校長は「終身職」として任用されてきた。しかし1978年、ブレーメン州の教育行政法が「校長……は8年の任期で任用される」(52条3項)と定めたところから、同州の職業学校長がこの規定の合憲性を問うて提訴するという事件が発生した。

この件について、連邦憲法裁判所は1985年、校長としての職務期間に期限を設けることは、職務ごとの給与グループを定めている連邦給与法ならび

に職業公務員制度の伝統的原則（基本法33条5項）に抵触し、違法・違憲であるとの判断を示した[51]。

この問題はその後も学説上、厳しい見解の対立を見たが[52]、しかし1997年、公務員法大綱法（Beamtenrechtsrahmengesetz）が改正され、いわゆる試用校長制を採るかどうかは各州の判断に委ねられることとなった。

かくして、今日ではハンブルク、ブレーメン、ヘッセン、ニーダーザクセンなどの諸州で試用校長法制が敷かれているのであるが、敷衍して言えば、この制度はワイマール期にドイツ教員組合が強く要求したものであった。

なお校長としての試用期間は通常2年で、1年に短縮することは可能であるが、2年を超えて延長することは認められないとされている[53]。

〈注〉

1　文部科学省のホームページによる。
2　H. Heckel/P. Seipp, *Schulrechtskunde*, 1 Aufl. 1957, S.104.
3　校長職名は歴史的に変化しており、また州や学校種によっても異なる。Schulleiter, Erster Lehrer, Oberlehrer, Hauptlehrer, Rektor, Schulrektor, Direktor, Studiendirektor, Oberstudiendirektor などがあるが、ここでは原則としてこれらを区別しない。
4　K. Nevermann, *Der Schulleiter*, 1982, S.162-174. W. Seufert, *Die Lehrerkonferenz* In: Blätter für Lehrerbildung, 1968, S.184.
5　J. Tews, *Grundzüge der deutschen Schulgesetzgebung*, 1913, S.117-119. Schulbehörde der Hansestadt Hamburg (Hrsg.), *Selbstverwaltung der Schule in der Demokratie*, 1952, S.12.
6　R. Bölling, *Volksschullehrer und Politik*, 1978, S.234.
7　G. Bäumer, *Deutsche Schulpolitik*, 1928, S.40-41. A. Dumke, *Die Schulleitung*, 1960, S.271.
8　Preußischer Lehrerverein (Hrsg.), *Schulaufsicht, Schulleitung und Konrektorat an Volks- und Mittelschulen*, 1927, S.271.
9　ちなみに、プロイセンの「合議制学校経営に関する命令」（Erlaß zur kollegialen Schulleitung v.20. 9.1919）の序文は、高らかにこう謳っている。「この命令は時代の精神に対応している。すべての公の生活領域において、自治を拡大することによって、これまで抑圧されてきた諸々の力を解放し、共同の活動への関心を高め、共同責任の感情と共同意識を覚醒し、個々人の経験を従来よりもより多く全体のために活用するという時代の精神である」（W. Kühn, *Schulrecht in Preußen*, 1926, S.190）。
10　Schulbehörde der Hansestadt Hamburg (Hrsg.), a.a.O., S.70-76.
11　W. Seufert, a.a.O., S.168.
12　K. Nevermann, a.a.O., S.217.
13　ベルリンにおいては1952年の学校法によって「学校経営および学校行政は合議制的

な基盤にもとづいて (auf kollegialer Grundlage) 行われる」(16条) ことが確認されている (C.A. Werner, *Das Schulgesetz für Berlin*, 1954, S.121)。

14　H. Becker, *Die verwaltrete Schule* (1954) In: ders, *Quantität und Qualität—Grundfragen der Bildungspolitik*, 1968, S.147ff.

15　ヘッケルがこの問題を本格的に論じたのは、1956年の論文「学校法の今日的状況と将来の課題」(*Heutiger Stand und künftige Aufgaben des Schulrechts*, In: DÖV 1956, S.585ff.) が最初である。その後も主著「学校法学」をはじめ、これに関する多くの論稿を著し、またこの法理の立法案を具体的に提示した。

16　H. Heckel/P. Seipp, a.a.O., 4Aufl. 1969, S.138-141. T. Oppermann, *Kulturverwaltungsrecht*, 1969, S.197-198.

17　H. Heckel/P. Seipp, a.a.O., 5Aufl. 1976, S.70

18　Deutscher Bilduungsrat, *Zur Reform von Organisation und Verwaltung im Bildungswesen. Teil I. Verstärkte Selbständigkeit der Schule und Partizipation der Lehrer, Schüler und Eltern*, 1973, S.31-32. A.112-116.

19　K. Nevermann, a.a.O., S.239-240. ders. *Grundüge des Schulverfassungsrechts*, In: ders./I. Richter (Hrsg.), *Rechte der Lehrer, Rechte der Schüler, Rechte der Eltern*, 1977, S.173ff.

20　H. Amberg/W. Schiedermair, *Bayerisches Schulrecht*, 1974, S.496.

21　さしあたり、H. Avenarius/H. Heckel, *Schulrechtskunde*, 7Aufl, 2000, S.113.

22　H. Döbert, *Schulen in erweiter Verantwortung—Projekte und Modelversuche in Berlin und Brandenburg*, In: RdJB 1997, S.406.

23　さしあたり、参照 : K.J. Tillmann, *Autonomie für die Schule und ihre Lehrer*, In: RdJB 1997, S.331.

24　H. Avenarius/H. Heckel, a.a.O., 7Aufl, S.118. この点、詳しくは参照 : H. Avenarius, *Schulische Selbstverwaltung—Grenzen und Möglichkeiten*, In: RdJB 1994, S.268ff.

25　Bildungskommission Nordrhein–Westfalen, *Zukunft der Bildung–Schule der Zukunft*, 1995, S.64-65, S.159-160. S.162-165.

26　H. Avenarius/H. Heckel, a.a.O., S.111-113. 各州の法制状況について詳しくは参照 : H. Avenarius/T. Kimmig/M. Rürup, *Die rechtlichen Regelungen der Länder in der Bundesrepublik Deutschland zur erweiterten Selbständigkeit der Schule*, 2003, S.11ff.

27　M. Stock, *Auf dem Weg zur "teilautonome" Schule? Bemerkungen zur Reform—diskussion in Nordrhein—Westfalen*, In: RdJB 1997, S.374-375.

28　ドイツでは公務員の給与は連邦給与法 (Bundesbesoldungsgesetz v. 3. 12. 1998) によって連邦レベルで統一的に規定されている。それによると、教員、校長ともに学校種によって (校長の場合は学校規模によっても) 給与法上の位置づけが異なっている。すなわち、教員の場合、基礎学校と基幹学校では給与グループA12、実科学校、障害児学校、職業学校およびギムナジウムにあっては、A13と位置づけられている。一方、校長の場合は、基礎学校と基幹学校がA14、それ以外の学校種は規模によりA15ないしA16となっている (H. Avenarius/H. Heckel, a.a.O., S.352-354. Behörde für Schule, Jugend und Berufsbildung, *Schulrecht Hamburg*, 2000,7.6.1.)。

29 J. Tews, *Grundzüge der deutschen Schulgesetzgebung*, 1913, S.121.
30 参照：E. Münch, *Neue Führungsperspektiven in der Schulleitung*, 1999, S.118ff.
31 H. Mahrenholz, *Aufgaben eines Schulleiters als primus inter pares*, In: Erziehungswissenschaft und Beruf, 1971, S.123.
32 H-J. Holtappels u.a., Die Schulleitung—Ein wertender Vergleich zwischen den Bundesländern, 1991, S.69.
33 J. Tews, a.a.O., S.119.
34 詳しくは参照：H.J. Holtappels u.a. a.a.O., S.69 ff.
35 ヘッセン州校長会の設立の経緯と活動方針については、参照：A. Sigulla, *Schulleiter in einem rechtsfähigen Verein*, In: Schulmanagement 1981 H.5, S.23ff.
36 Dienstordnung für Lehrkräfte, Schulleiterinnen und Schulleiter und sozialpädago-gische Mitarbeiterinnen und Mitarbeiter vom 8.7.1993.
37 H. Avenarius/H. Heckel, a.a.O., S.123-124.
38 さしあたり、D. Margies/K. Roeser, *Schulverwaltungsgesetz*, 1995, S.203.
39 公立学校教員の勤務上の直近の上司は直接的な学校監督を行う行政機関の長である。それは州や学校種によって異なるが、視学官、県知事、上級学務局長などとなっている。最上級の勤務上の上司は文部大臣である（H. Avenarius/H. Heckel, a.a.O., S.293)。
40 D. Falckenberg/W. Schiedermair/H. Amberg, *Bayeriches Gesetz über das Erziehhungs- und Unterrichtswesen*, 1983, S.207. ちなみに、この点、バイエルン州立学校教員服務規程（1984年）28条は、「勤務上の上司としての校長の任務」と題して、こう書いている。「校長は勤務上の上司として、その学校の公務員、被用者および労務者の人事事項に関して人事法上の決定権（personalrechtliche Entscheidungen）を有する」（28条1項）。
41 さしあたり、H. Avenarius/H. Heckel, a.a.O., S.120. J. Rux, *Die pädagogische Freiheit des Lehrers*, 2002, S.184.
42 T. Böhm, *Grundriß des Schulrechts in Deutschland*, 1995, S.77 など。
43 W. Hahn/J. Wenyelburger, *Dienstrecht für Lehrer in Baden Württemberg*, 1996, S.226.
44 R. Bessoth, *Lehrerberatung—Lehrerbeurteilung*, 1994, S.79. なお参照：拙稿「ドイツの教員評価制度」『学校運営研究』2000年4月号、明治図書、48-49頁
45 G. Bäumer, *Deutsche Schulpolitik*, 1928 S.38-39.
46 ちなみに、バイエルン州では、基礎学校と基幹学校の校長は県知事が、それ以外の校種については文部大臣が、「業績原理」（Leistungsprinzip）にもとづいて、それぞれ任命することになっており、その過程において学校設置者、教員、親、生徒の参加制度は存していない（H.J. Holtappels u.a., *Die Schulleitung—Ein wertender Vergleich zwischen den Bundesländern*, 1991, S.73）
47 H. Avenarius/H. Heckel. a.a.O., S.121.
48 参考までに、ヘッセン州の校長推挙委員会は学校監督庁の代表1名と学校会議代表4名からなる。後者の内訳は教員代表2名と親代表・生徒代表各1名（7学年以降、それ以前は親代表2名）となっている。この委員会が3名の候補者を順位をつけて学校監督

庁に推挙し、監督庁は学校設置者および学校会議の意向を聞いたうえで任命する、という仕組みになっている（学校法89条）。

49　H. Avenarius/H. Heckel, a.a.O., S.121. 同 旨：R. Pfautsch/U. Lorentzen, *Grundriß des Schulrechts und der Schulverwaltung in Schleswig–Holstein*, 1997, S.44.

50　OVG Berlin, Beschluß vom 12.10.1978, In: SPE 3. Folge, 2007, 728, S.3.

51　Bundesverfassungsgericht, Beschluß vom 3.7.1985, In:RdJB 1986, S.249. なお前審のブレーメン高等行政裁判所（1982年5月18日決定）も同旨の見解を示している（In: RdJB 1983, S.80）。

52　さしあたり参照：E. Reuter, *Die Übertragung der Schulleiterfunktion auf Zeit*, In: ZBV 1986, S.18ff.

53　以上につき参照：H. Avenarius/H. Heckel, a.a.O., S.121-122. J.Staupe, *Schulrecht von A-Z*, 2001, S.231. H.J. Holtappels, u.a. a.a.O., S.75.

第12章　親の教育権と公教育運営への参加

第1節　なぜ「親の教育権」なのか

1. 学校教育への親の異議申立て

　かつては教育界における争いと言えば、文部省対日教組という具合にほぼ相場が決まっていた。これまでの主要な教育裁判が、両者の対立に起因し、それをめぐるものであったことがこのことを端的に示していると言ってよい。勤評・学テ裁判がその代表である。

　ところが、近年、様相がかなり異なってきた。親（子ども）が学校教育の有りようや学校での出来事について、教員・学校ないし教育委員会にクレームをつけたり、裁判所に訴えるというケースが多発しているのである。親が学校教育に異議を唱えたり、先生や学校を訴追するなどということは、わが国の教育伝統からすればおよそ想像できなかったところに違いない。

　くわえて、親（子ども）の側からの異議申立てが学校教育のほぼ全域にわたっているという事実にも、注目しないわけにはいかない。今日とみに社会問題化している「いじめ」や校内暴力はもとより、下記のような広範な事項にまで及んでいるのである。

　髪形や服装など校則による生徒規律・生徒指導、体罰、学校の教育責任、日の丸・君が代、就学義務、男女共学、学校教育内容の一部拒否、宗教教育の自由、学校行事、就学旅行、教育課程、補助教材、教科書検定・採択、指導要録、内申書、成績評価、教育を受ける権利、障害児教育、義務教育の無償制、公私立高校間の学費格差、私学助成、入学者選抜方法、入学不許可、就学拒否、学区制・就学校の指定変更・学校選択・越境入学、学校統廃合、

部活動、学校掃除、進路指導、学校給食、教員の授業ぶり、学級担任の変更、授業内容や方法、教育情報の公開、生徒や家族のプライバシー、教員によるセクハラ、PTA会誌のあり方……等々。

一般に、裁判にまでもち込まれるのはよほどの場合であろう。それに、学校内の出来事には司法審査にはなじまない問題が数多くある。教育界に独特な閉鎖性や法アレルギーという現実もある。「子ども人質論」に象徴されるような親の側のセルフ・コントロールもある。いわゆる公法上の学校特別権力関係論的思考の残存や後遺症も見られる。これらのことを考慮すると、親（子ども）―学校間のトラブルはかなりの件数に達しているのではないだろうか。欧米の教育現実からも推測できるように、市民社会化や法律社会化の進展、親の権利意識の高揚、子どもの権利の確認と拡充、学校観の変容、学校の法化 (Verrechtlichung) ＝学校教育関係の法的把握などと相俟って、今後、こうした傾向は一段と加速すると見てよいであろう。

2. 疎外されてきた存在――親
(1) 法制の不備と研究の貧困

ところで、そもそも親は公教育制度の全体構造のなかでいかなる位置を占め、子どもの学校教育についてどのような権利をもち、責任を負っているのか。プロイセン絶対主義教育体制下の法諺：「学校の権利は親の権利を破棄する (Das Schulrecht bricht das Elternrecht)」のように、親は学校教育についてはまったくの無権利なのか。それとも、たとえば、ドイツにおけるように、親は憲法上の基本的人権として「親の教育権 (Das elterliche Erziehungsrecht)」を保障されており、それにもとづいて、学校教育の場面でも、たとえば、「知る権利」や学校運営への参加権など、様々な権利をもっているのか。そうだとした場合、国・地方自治体の教育権能や学校・教員の教育権限との関係で、親の権利は学校教育のいかなる範囲で、どの程度に及びうるのか。

この問題は公教育法制の基本構造に触れる重要な問題だと見られるが、これについてわが現行法制はほとんど語るところがないし、教育法学や教育行政学等の研究分野においても未だペンディングな課題に属していると言って

よい。近時、いわゆる学校・家庭・地域の連携というコンテクストにおいて、「地域住民や保護者のニーズを踏まえた教育行政・学校教育」などが漸く政策課題とされ始めてきてはいるが、それはともかく、学校法制上は基本的には依然として「疎外された存在――親」なのである。

(2) 国民の教育権と親の教育権

　たしかに、昭和30年代以降、いわゆる「教育権」に関する問題がにわかに争論化し、「国家の教育権」論に抗して、「親と教師を中心とする国民の教育権」論が活発に展開されてきた。「教育の自由」の伝統を欠くわが国において、その果たした役割は実に大きいと言えよう。しかし、端的に言えば、この理論の主たる眼目は対教育行政権との関係において教員の教育権を確立することにあり、親の教育権にはそれほどウエイトが置かれてはいない。それどころか、直截に言えば、「親の教育権の委託」という概念操作を介して、親の教育権は教員の教育権を導出し、それを補強するための理論的粉飾に成り下がっている、と言っても過言ではない。親はア・プリオリにそのもつ始源的教育権を委託するものとして措定され〈親の教育権の教員への委託論〉、学校教育における直接的な権利行使主体ないし責任主体としては位置づけられてはいないのである。

　しかも問題なのは、そこにおいては「親と教師の提携」がこともなげに説かれているということである。子どもの学習権や人間的な成長発達権によく応えるためには、親（家庭）と教員（学校）の相互理解や協同が不可欠であることは改めて言うまでもない。PTAの制度理念が、それを端的に示していると言えよう。しかし、親と教員（学校）が「子どもの利益」ということで即自的に提携できると考えるのは、いささか情緒的にすぎはしないか。子どもの教育をめぐって、親と教員（学校）の間には対立的な契機が存在しているということも、認識すべきなのである。だからこそ既述したように、両者が法廷で対決するという事態が多発するに至っているのである。親―教員・学校関係の現実を直視しよう。多くのPTAの実態が如実に物語っているように、親は学校教育の主体ないしパートナーとはみなされてはいない（通常、

PTAは社会教育関係の任意団体とされている)。それどころか、学校(教育権)の親(の教育権)に対する圧倒的優位、学校教育における親の無権利、親の教員・学校への従属というのが現実ではないだろうか――一方で、子どもの教育をもっぱら学校に委ね(押しつけ)、親としての教育責任を果たそうとしない学校依存の無責任な親や、学校に対して無理難題ばかりを要求するエゴイスティックな親(いわゆるモンスター・ピアレンツ)も目立つ、というのもまた現実である――。

他方、法的筋道からしても、教員の教育権は公務員制度内で配分された職務権限であるから、「国家の学校教育権」の一部をなしており、その意味では、文科省や教育委員会の教育権能と同列に位置していると言えよう。ちなみに、ドイツにおいては、「国家の学校教育権(Das staatliche Schulerziehungsrecht)」なる語は通常「親の教育権」との対抗関係において用いられ、それが「教員の教育権」も包含する概念であることは自明視されている[1]。

また学校教育関係は、これを法的に捉えれば、学校(国・地方公共団体)と子どもおよび親との間の法律関係、すなわち、相互的な法主体間の権利・義務関係にほかならない。そこにおいては、親(子ども)の権利と教員(学校)の権利との衝突や後者の濫用や違法行使による前者の権利侵害が当然にありえる。

だとすれば、親の教育権と教員の教育権を一般的・抽象的な国民全体の教育権に解消するのは、いかにもラフで恣意的な理論構成だと言わなくてはならない。親の教育権はほんらい親が一国民として自分の子に対してだけ有する個人的権利であるのに対し、国民全体の教育権とは主権者国民総体の教育権能＝教育主権(国民の教育権力)のことにほかならない。親の教育権は「国民の教育権」とは異なる親に独自で固有な権利であり、それ自体の法的構造や学校教育における位置・内容が学校教育権との関連で、具体的に明らかにされてしかるべきであろう。

いずれにしても、わが国の従来の教育権論においてはその重点が国・教育行政機関・学校・教員の側に傾斜しすぎており、親の教育権はあまりにも過小評価されてきた憾みがある、との謗りを免れえない。それは親の側から

見れば、「学校教育権内部での抗争」でしかなかったと言えないであろうか。学校教育における親の無権利という今日の法状況・教育現実は、そのことと決して無縁ではないと見られる。

なお、以上と関連して、西欧の法状況についてひとこと付言しておきたいと思う。

西欧においては歴史的にも今日においても、親の教育権こそが教育権論の基軸をなしてきており、「教育権」といえば、第一次的には、親のそれを意味している。ドイツ語の「教育権者 (Erziehungsberechtigte)」というタームが親を指しているという事実が、このことを端的に象徴していよう。また親と学校は概して緊張関係にあり、多くの教育裁判は教員・学校の教育上の措置などいわゆる「学校内部法 (Das innere Schulrecht)」とかかわって発生している。そこで、これに対応して、この領域における法制度はすでにそうとう程度に整備されており、また学校法学理論も緻密な展開を見せている状況にある。

3. 親の教育権の空洞化
(1) 就学上の義務主体としての親

ところで、後に言及するように、わが国においても親の教育権は単に民法上の権利たるに止まらず、自然権的な基本権として現行憲法によっても厚く保護されていると解される。そしてこの親の教育権にはその「基礎をなす権利 (Basisrecht)」としての「知る権利」をはじめ、教育上の自由権や選択権、教育要求権や学校教育への参加権など、各種の自由や権利が包摂されていると見られる。

しかし、この親の教育権は最高裁学テ判決（昭和51年5月21日）にも「主として家庭教育等学校外における教育や学校選択の自由にあらわれる」[2]とあるように、わが国の教育現実においては、家庭教育や社会教育の領域ではともかく、学校教育に関しては、ほとんど有名無実化していると言ってよい[3]。

と言うのも、現行の学校法制は、親を就学上の義務主体としてだけ指定しており、学校教育における権利主体ないしは積極的な責任主体としては捉えてはいない。ほんらい始源的な教育権者であるはずの親は、民法上はともか

く、学校法制上はもっぱら義務だけを課させられ（憲法26条2項・教基法10条1項など）、実定法上（国内法）、親に対する教育上の権利保障条項はいっさい存在してはいない。日本国憲法の誕生によって「義務としての教育」から「権利としての教育」へ教育法制構造は決定的な転換を遂げたはずであるが、こと「学校法制における親の位置」に関しては——近年、政策動向と制度現実に変化の兆しが見られ始めてはいるが——、依然として、「義務としての教育」が存続していると言っても差し支えない[4]。

(2) 無権利客体としての親

かくして親はその権利や自由を大幅に制限されて公教育運営からも疎外され、それどころか、学校教育権との関係においては、先に引いた法諺：「学校の権利は親の権利を破棄する」にも似て、法制上はほとんど何らの権利ももたない客体＝学校教育のアウトサイダーに堕している、というのが法制現実である。国家の学校教育独占・臣民の義務としての学校教育・公法上の特別権力関係としての学校関係といったメルクマールで刻印された、明治憲法下の学校教育・教育行政運用とその残映、さらには儒教的教育観、学校と家庭の教育領域分担論や親代わり論、生活学校・丸抱えの教育観、学校部分社会論、教職の専門職性論、教育裁量論、等々が相俟ってのことである。

すなわち、現行法制とその通説的解釈によれば、親には「教育義務」ではなく「就学義務」が課され、親が子どもを家庭だけで教育したり、学校教育に代えて私教育を受けさせることは許されない。義務教育については就学校指定制が採られているから、学校選択の自由も大幅に制約されている——ただ、周知のとおり、東京都品川区が2000（平成12）年度から小学校について「ブロック内学校選択制」をスタートさせたのを機に、現今、学校選択制を導入する自治体が相次いでおり、2006年11月現在、その数は全国の自治体の約1割〈小学校＝14.2％、中学校＝13.9％〉を数えるに至っている（朝日新聞・2008年11月30日付）——。教員の評価・選択権や人事行政への参加権、教科書の決定・選定過程への参加権も法制上の制度としては認められておらず、また学校教育内容を個別的に選択（拒否）したり、その決定に参加すること

も認められてはいない。教育政策・立法過程や教育行政過程さらには学校の意思決定過程にも教育権者たる親としてかかわることはできない。学校の教育過程に直接関与できないことはもちろんである。

学校の教育状況や内申書など学校の公文書の記載内容について、知る権利やこれに対して異議を申し立てる権利も保障されてはいない。私学設置・経営の自由が保障されているとは言っても、その主体は原則として学校法人に限定され（学校教育法2条）、私人たる親はこれを享有することができない。

この点、西欧型自由・民主主義諸国においては、公教育制度は私教育原理を包蔵し、親の教育権を踏まえて構築されており――ドイツのラインラント・プファルツ州憲法が端的にこう明記しているのが象徴的である。「子どもの教育を決定する親の自然的権利は、学校制度形成の基盤を形成する」（27条1項）――、親は学校教育の協同的主体として、様々な権利を有し責任を分有しているのと大きく異なっている。

ちなみに、若干の具体例を摘記すると、たとえば、デンマークやアイルランドにおいては、義務教育の制度類型として、「教育義務 (Unterrichtspflicht)」（家庭義務教育）制度が敷かれており、子どもの義務教育を家庭を中心とする私教育の場で行うか、学校で行うかの決定は親に委ねられている。

またオランダにおいては、「教育の自由 (vrijheid van onderwijs)」が教育における最重要で基幹的な法制度原理をなしてきており、親は「私学設置の自由」をもつほか、公立の義務教育学校についても「学校選択の自由」を享有している。教員の人事権が学校自治の一環として各学校に属しているのであるが、「教員選任委員会」には親代表もくわわっている。

ドイツでは、先に垣間見たように、親の教育権の憲法上の保障を受けて、親の公教育運営への参加が法律上制度化されているが、ヘッセン州など2州では、共同決定権 (Mitentscheidungsrecht) をも含む親の参加権は教育課程行政や人事行政の領域にまで及んでおり、さらにハンブルク州においては、教育的に適格な親は授業の形成に参加できる、とまでされている。また親の教育権にはその基礎をなす権利として「知る権利」が当然に内包されていると解されており、親は「知る権利」にもとづいて、授業訪問したり、子ども（親

にとって重要な意味をもつすべての学校事項について知る権利をもつとされている。

一方、アメリカにあっては、家庭教育権およびプライバシーに関する法律（Family Educational Rights and Privacy Act of 1974）によって、親にその子の教育記録を閲読・調査する権利やその訂正を求める権利が保障されており、またマサチューセッツ州では、一定の法定要件の下で、親（生徒）に公教育内容の請求権が法認されるまでに至っている。

(3) 親の教育権の現実化と教育責任の強化

ここで改めて確認しておきたいと思う。世界人権宣言（26条3項）や子どもの権利条約（18条1項）も明記しているように、ほんらい親は子どもの教育について第一次的な権利を有し、責任を負っている。親は親子という自然的血縁関係にもとづいて、自然法的な「親の教育権」をもっていると同時に、親として「特別に強化された教育責任」を負っている、と言い換えてもよい。

そして言うところの親の教育権は、すでに触れた通り、自然権的な基本権として、憲法による保障を受けていると解されるのであり、しかもこの権利は「教育の自由」の主要な一環として、現行教育法上の最重要原理の一角をなしていると見られる。近代以降、自由権的基本権として憲法的確立を見た「教育の自由」の第一次的な実体は、「私学の自由」に対応した「親の教育の自由」にほかならなかったという歴史的事実を、ここで押さえておきたいと思う。

また学校教育は、教育主権の規律下に置かれているものの、親の教育権の委託というアスペクトをもっている、ということも重要である。それに、親はその子の教育を国・教育行政機関・学校・教員に白紙委任したわけでもあるまい。

さらに、ドイツ連邦憲法裁判所の判旨にもあるように[5]、「子どもの人格の完成を目指すという、親と学校の共通の教育上の任務は、両者の有意義な協同においてだけ達成されうる」という、教育上の要請もある。ここで、子どもの荒れ、いじめ、不登校、非行といった問題現象を想起しよう。こうした問題はひとり学校だけでとうてい対応できるものではない。学校外の各種の

機関や様々な教育主体、なかでも親との連携・協同が不可欠であろう。親の教育権と教育責任は子どもの全生活関係に及び、しかも第三者である学校・教員とは違い、親だからできるという事柄も少なくないからである——栃木県黒磯市の中学校女性教員刺殺事件 (1998年1月) を直接の契機として、学校による生徒の所持品検査の当否が社会的に大きな論議を呼んだが、その過程で「親の役割や責任」について語られることはほとんどなかった。けれども、このような場合こそまさに親の出番ではないのか——。

このように見てくると、家庭教育にかぎらず、学校教育の領域においても、親の教育権を現実化し、日常的に活性化するとともに、親の教育責任をも問う制度的な方途が追求されてしかるべきである、ということになりはしないだろうか。

敷衍すると、親を学校教育や教育行政の制度運営に権利・責任主体として構成的に組み込み、そこにおいて、言葉ほんらいの意味での「教育権者」たるにふさわしい位置を確保し、これまで空虚な美辞に止まり現実的な実効性を欠如してきた「親の教育権」に、積極的かつ具体的な内実を獲得させることが求められる、ということである。

そうすることは同時に、学校における生徒の人権を後見するとともに、「教育主権による社会化の対象としての生徒」に、自らの義務や責任の履行を促すことにもなると考えられる。

なお、子どもの法的地位を踏まえたうえで、親の教育権に視座をおいて学校教育を理解することは、「学校における児童・生徒や親の人権保障」、「学校教育における自由と自治・分権の拡大」、「学校教育の民主化」、「学校の法治主義化」、「教育行政・学校の官治的封鎖性の打破」といった、わが国の学校教育 (法制) がかかえている課題にアプローチすることにもなると思われる。

第2節　親の教育権の法的構造

1. 親の教育権とは何か

親の教育権とは、狭義には、「親がその信念や価値観にもとづいて子どもを教育する権利」[6]といちおう定義されようが、広義には、「親がその子の教

育について、あるいは教育にかかわって有する権利・義務の総体」と把握されよう。

そこで、いずれにしても、ここに言う「教育」の範囲・内容が問題となるが、これと関連して民法820条は、「親権を行う者は、子の監護及び教育をする権利を有し、義務を負う」と書いて、「監護」と「教育」を概念上区別している。そして、家族法学の通説が説くところによれば、監護とは身体の保全育成をはかる行為であり、教育とは精神の発達をはかる行為である、とされている[7]。こうした説に厳格に従えば、親の教育権の範囲・内容はもっぱら子どもの精神的な発達にかかわる事項だけに限定され、たとえば、学校において「子どもの身体の安全を求める権利」などは親の教育権の対象法益には含まれないことになる。

たしかに「教育」と「監護」は概念的には別物であろう。しかしこれらの権能は現実の動態にあっては、多くの場合、密接不離・不可分一体をなしており、両者を明確に区別することは不可能であるし、またその意味もないと言えよう。民法820条が「監護及び教育」というのは、親権の身上監護の面を包括的に示したものであって、それは、一言で言えば、子を自立した責任ある市民・社会人に育成するという親の職分のことにほかならない。「監護及び教育」は両者を包摂する単一の統一的な概念として理解されるべきなのである。換言すれば、民法学上、親権は一般に身上監護権と財産管理権に大別されるが、親の教育権は、とりわけそれを広義に捉える場合には、原則として前者と同義に解してよいと思われる。

2. 親の教育権の法的性質
(1) 自然権としての親の教育権

先に引いたように、民法820条は親権の一部として、親の教育権を規定しているが、この権利はその起源を家族という自然的秩序に発し、親子という自然的血縁関係にもとづくオリジナルなもので、いわば「親族上の原権 (familiäres Urrecht)」ないしは「人間の根元的権利 (menschliches Elementarrecht)」に属していると言えよう[8]。「婚姻および家族の理念の中には、その本質的要

素として必然的に子女の教育という機能を当然包含している」と解されるからである[9]。

そして、家族は人類の発生と同時に存在し、それは国家に先行する社会の基礎単位であるところから、一般にこの権利は「始源的で前国家的な権利」、すなわち「自然権 (natürliches Recht)」だと解されている。

現にワイマール憲法は「子を教育して、肉体的、精神的および社会的に有能にすることは、親の至高の義務かつ自然的権利であ(る)」(120条)と書いて、親の教育権の自然権性を憲法上明文をもって確認していたし、またスペイン憲法でも、親の教育権は、「すべての実定法以前の、かつそれに優位する権利」(22条1項)だとされ、さらにアイルランド憲法によっても「あらゆる実定法に先行し、譲渡不可能かつ消滅せざる権利」(41条)だとされている。

また英米においても、親はコモン・ローにもとづく natural right として、子どもの知的および道徳的な育成を指導する始源的かつ不可譲の権利を有するとされ、そしてこの権利は、学説・判例上、通常の憲法上の権利ではなく、「基礎的な憲法上の権利 (fundamental constitutional right)」だとみなされている[10]。

わが国においても、学説・判例上、この点に関してはほとんど異論はないといってよい。たとえば、有力な教育法学説は「親の教育権が、自然の親子関係にもとづいて子の生まれながらの学習権を保障する、条理上当然の手だてだという意味なら、自然法的といっても悪くはない。すくなくとも、自然の条理にもとづく権利として『自然権』とよばれるのにふさわしい」[11]と説き、また和歌山県教組勤評反対事件に関する和歌山地裁判決(昭和38年10月25日)も、端的にこう判示している。「教育は、先ず、家庭教育に始まる。子供に対する本源的教育権者はその両親であり、民法820条は、このことを規定しているが、このことは法律の規定をまつまでもなく、法以前の自然法上の権利である。」[12]。

親の教育権は「自然権」に属しているということから、以下のような法的効果が導かれることになる。

第1に、子どもの教育に対する第一次的な権利と責任は親にあるということである。この点を確認して、世界人権宣言が「親は、子どもに与えら

れる教育の種類を選択する優先的権利 (prior right) を有する」(26条3項) と謳い、また子どもの権利条約も「親は……子どもの養育および発達に対する第一次的責任を有する」(18条1項) と書いていることは、既によく知られている。別言すれば、親は子どもの教育に際して何が子どもの福祉や最善の利益にもっともよく叶うかの「解釈優先権 (Interpretationsprimat)」をもっている、と言えよう。親の教育権は「始源的教育権 (Das primäre Erziehungsrecht)」であるのに対して、国・地方自治体・学校 (教員) などのそれは「副次的教育権 (Das subsidiäre Erzihungsrecht)」だと呼称される所以である。

こうして、国・地方自治体・学校は親の教育権を尊重する義務を負い、学校教育は可能なかぎり親意思を反映して運営されなければならない、ということが帰結される。

第2に、親の教育権は、国家に先行する始源的な権利であるから、実定法上、明文の根拠規定がない場合でも、「親としての自明の権利」として、既に条理 (法) 上保障されている、ということが導かれる。先に引いた民法820条の「親の監護・教育権条項」は、いわばその実定法的反映にほかならない。

第3に、親の教育権には、通常の権利よりも (憲法上) 優先的な保障が与えられている、ということが帰結される。このことは、親の教育権と国・地方自治体の学校教育権が対抗関係に立つ場合、何らかの利益衡量手続を経ることになるが、その際、前者は後者の側の「真にやむをえない利益 (compelling interest)」にもとづく、必要最小限度の制約しかうけない、ということを意味する。

第4に、「自然法」上の存在としての家族制度とかかわって、国・地方自治体は、濫用や懈怠がないかぎり、親から教育権を剥奪したり、その本質的な内容に破壊的な介入をしてはならない義務を負っていることになる。それどころか、「親……が子どもの養育責任を果たすに当たって適当な援助を与え(る)」(子どもの権利条約18条2項) 義務があると言えよう。

(2) 憲法上の基本権としての親の教育権

親の教育権はすぐれて歴史的に形成されてきた法理であるが、教育法制史

上、その淵源が近代憲法上に自由権的基本権として確立を見た「教育の自由」にあり、しかもその主要な内容をなしてきたことは既によく知られている。くわえて、今世紀に入り、ワイマール憲法を嚆矢として、「婚姻や家族に関する権利」が憲法上の基本権として各国で保障されることとなり、こうして今日では親の教育権を憲法上明記している国は少なくない[13]。

　日本国憲法には親の教育権を明文で謳った条項は見当たらないが、憲法13条〈幸福追求権〉の保障内容に当然含まれていると解される。有力な憲法学説も説いているように、各個別的基本権規定によってカバーされず、かつ「自律的な個人が人格的に生存するために不可欠と考えられる基本的な権利・自由として保護するに値すると考えられる法益」は、憲法13条が保障する幸福追求権によって基礎づけられるからである[14]。

　また憲法24条に親の教育権を読み込むことも可能である。同条1項に言う「『夫婦が同等に有する権利』のなかに、子に対する親権——その結果として、子の監護教育に関する権利が存在する——が含まれて」おり、また同条2項の「『家族に関するその他の事項』の中に、親権——したがって両親の教育権——が含まれることは自明の理」だからである[15]。

　ちなみに、アメリカ連邦最高裁判所の判例にも、「結婚し・家庭を設け・子どもを育てる」個人の権利を一体的に捉え、この権利は憲法上の自由としての「親の教育の自由」に属するとした判例が見えている[16]。

　くわえて、いわゆる「憲法的自由」に親の教育権の根拠を求めることもできる。ここに「憲法的自由」とは、憲法の自由権条項は「人類の自由獲得の努力の歴史的経験に即し、典型的なもの」を例示的に掲げているのであって、「列挙した自由以外のものはこれを保障しないという趣旨ではない」。これら以外の自由や権利も、「歴史上、また人権保障の条理解釈上にうらづけのあるもの」は憲法で保障されている、というものである[17]。既述のように、親の教育権は歴史的に「教育の自由」の第一次的な実体をなしてきた権利であるから、こうした「憲法的自由」の一つとして、憲法的保障を受けていると見られるわけである。

　以上、親の教育権の憲法上の根拠について見たわけであるが、それはより

根元的には、私的領域としての家庭＝人間的自然としての家族制度、教育の私事性、教育における価値多元主義・市民の思想・信条の多元性などの保障要請とかかわって、自由・民主主義体制自体によって根拠づけられている、ということが重要である。

(3) 憲法上の具体的権利としての親の教育権

このように、親の教育権は憲法上の明示的な保障を欠いてはいるものの、憲法13条、24条の保護法益ないし「憲法的自由」として、憲法による保障をえている基本的人権だと見られるが、それは抽象的権利ではなく、「直接に妥当する客観的権利 (unmittelbar geltendes objektives Recht)」として、具体的内容をもった法的権利であると解される。言葉を換えると、親の教育権は具体的権利として憲法自らが確定していると見られ、こうして、この権利は、いわゆる「憲法の力をもつ基本権」として、立法・司法・行政を拘束するとともに、裁判所に対してその保護・救済を求め、法的強制措置の発動を請求しうる権利だということである。親の教育権は、既述したように、自然法的な人間の根元的権利・憲法上の根元的基本権として、憲法秩序の基底に位置しており、そこで、この権利には憲法上優先的な保障が与えられていると見るべきだからである。

(4) 国際法上の普遍的人権としての親の教育権

親の教育権は、国内法による保障に止まらず、国際的にも普遍的な妥当性をもっていると考えられる。親の教育権は「超国家的な核 (überstaatliche Kern) をもつ」と観念される所以である。既に触れた通り、世界人権宣言が親に「子どもの教育に関する優先的選択権」を保障し、また国連の子どもの権利宣言が、「子どもの教育および指導について責任を有するものは子どもの最善の利益をその指導の原則としなければならない。その責任は、まず第1に子どもの親にある」(7条2項)と書き、さらには子どもの権利条約が「親の第一次的教育責任」(18条1項)を確認しているとおりである。

3. 親の教育権の属性・類型

　ドイツの学校法学の権威 I. リヒターも指摘しているように[18]、親の教育権は、基本的人権のカタログのなかできわめてユニークな地位を占めていると言える。自由権、社会権、受益権、参政権といった基本的人権の伝統的なカテゴリーによっては把握できない、複合的な性格を併せもつ特殊な基本権であり、またその対象法益も各個別基本権のそれをはるかに超えて実に広汎かつ多岐にわたっている。その基本的な属性ないし特徴的メルクマールを摘出すると、以下のようである。

(1) 親の個人的な教育の自由権

　親の教育権は、その歴史的な経緯からも知られるように、基本権の類型としては、第一次的には、教育主体としての親個人の、しかも自分の子についてだけ働く自由権的基本権に属している。自由権的基本権として、それは、消極的には、公権力や第三者による親の教育権領域や子どもの人権領域への不当な介入に対する防禦権 (Abwehrrecht) として、また積極的には妨害排除請求権として機能する[19]。

　なお、民法820条にいう親の監護・教育権についても、それが一身専属的身分権として、排他的・妨害排除的性質を有し、その侵害に対しては原則として損害賠償請求権が発生することは、学説・判例上、ひろく承認されているところである。

(2) 子どもの利益に向けられた承役的基本権

　このように親の教育権は、第一次的には、自由権的基本権に属しているが、他の自由権とは法構造的にその性格を大きく異にしている。というのは、一般に自由権は、対公権力との関係において、権利主体の自己決定権の保障を確保することを本旨とするが、親の「教育の自由権」にあっては、その自由は親の自己実現の自由ではなく、「子どもの利益や福祉の実現に向けられた自由」にほかならないからである。

　言い換えると、親の教育権は、その本質において、親自身の利益のため

に保障された「自利をはかる基本権 (eigennütziges Grundrecht)」ではなく、子どもの利益・福祉に向けられた「他者の利益をはかる基本権 (fremdnütziges Grundrecht)」、すなわち「承役的基本権 (dienendes Grundrecht)」だという特質を有している[20]。

(3) 社会権的基本権

上述の(2)とも関連するが、親の教育権は、第一次的には、親の個人的自由権であるが、しかしこの権利は、通常の自由権とは異なり、社会権的基本権たる性格を併有しているという特質をもっている。既述したように、親の教育権は子どもの利益の実現を旨とする承役的基本権なのであり、そこで、この権利の主たる実質は子どもの「人格の自由な発達権」・「学習する権利」によって強く規定されているからである。別な表現をすると、「教育を受ける権利は、市民的自由の主体を社会的存在として定立するものとして、自由権と社会権の両面をふくみ、むしろそれらの基礎をなす。……さらにその基礎をなす家族に関する基本権は、自由権と社会権の母たる位置づけをもつ」[21]ということである。

この「社会権的基本権としての親の教育権」は、子どものいわゆる学習権を有意なものとするための手段的権利として、教育における一連の積極的権利を根拠づけるものである。

(4) 子どもの教育についての包括的な教育基本権

親の教育権は、本質上、子どもの教育についての「包括的・全体的基本権 (allumfassendes–und Gesamterziehungsrecht)」だという本質的属性をもっている[22]。その対象や内容は、子どもの成長・発達にかかわるすべての事項ないし子どもの福祉の実現に資するあらゆる事柄に及ぶものであり、「信教の自由」、「思想・良心の自由」、「表現の自由」といった在来の特定の市民的自由ないし個別的基本権によってだけではカバーしきれない。この権利は各種の消極的権利、積極的権利および能動的権利を包摂すると同時に、それ独自の存在理由と内実をもつ包括的教育基本権たる性質を有している。この親の教育権の包

括的保障としての機能は、憲法上、個別的保障をうけていない法益にも及ぶことにある。

なお、親の教育権の包括性は親子関係の包括性に対応しており、この点、学校教員の「教育権」が、教育公務員として配分された職務権限として、「部分的・技術的教育権」にすぎないのと決定的に異なる。

(5) 親集団としての集団的基本権

親は、上述した個人的自由としての教育権にくわえて、親集団としても教育上の権利を有していると条理解釈される。親の教育権のこの属性については、後に改めて取り上げるので、ここではこれ以上立ち入らない。

(6) 公教育運営への参加基本権

親の教育権は、既述した教育における消極的自由や選択権、さらには教育要求権や請求権を内実とするだけでなく、公教育運営への各種の参加権を内包する観念と捉えられる。この点についても、上記(5)と併せて後に言及するので、これ以上立ち入らない。

4. 親の教育権の法的内容

親の教育権は、既に垣間見たように、本質上、子どもの教育についての包括的・全体的教育権であり、その対象や内容は、子どもの成長・発達や福祉にかかわるすべての事柄に及ぶ。したがって、その具体的内容をいちいち個別的に列挙することは不可能であるが、比較教育法制史上に、また親の教育権保障の条理解釈上に裏づけのあるものとして、さらには前述したような親の教育権の基本権としての特質に由来して、その主要な内容としては、たとえば以下のような各種の権利が予定されていると見られる。

①**親の基礎的権利**　知る権利、適正な手続的処遇を受ける権利、教育上平等な取扱いを受ける権利など。

②**親の消極的権利**　(a)親の教育上の自由権——家庭教育の自由、私学設置・経営・教育の自由など。(b)親の教育選択権・評価権——学校選択権、教員選

択権、学校教育内容の一部拒否権など。

③**親の積極的権利** 教育の機会均等に関する請求権、中立な学校教育を要求する権利、安全な学校教育を求める権利・危険な学校教育を拒否する権利、学校教育内容に関する要求権、教育の条件整備要求権、教員人事に関する要求権など。

④**親の能動的権利** 公教育運営への参加権・学校教育の共同形成権、PTAへの参加権、教育行政機関に対する請願権など。

第3節　親の教育権と学校の専門的教育権

　さて、このように、親は権利として教育行政機関や学校・教員に教育上の要望や要求を出したり、公教育運営に共同責任的に参加することが可能だと解されるが——親の教育権の内容として教育上の要求権と参加権が含まれているということである——、ただその際、国家の教育主権や地方自治体の教育事業経営権による制約にくわえて、学校・教員のいわゆる「専門的教育権」ないし「専門職的自律性」との関係で、その範囲および強度が問題となる。

　まず親の教育要求権・教育参加権は、その権利形態は措くとして、学校教育事項のいかなる範囲にまで及びうるのか。

　これについては、領域的には、原則としてオフ・リミット（立入り禁止領域）はないと見られる。すなわち、いわゆる「内的学校事項」と「外的学校事項」の如何に拘わらず、学校教育の全領域が親のこうした権利の対象となりうると言える——現実にはすでにそのような事態になっており、学校教育のほぼ全般にわたって、親の側からの異議申立てが多発していることは、先に触れたとおりである——。

　具体的には、たとえば、学校の施設・設備、学校安全、学校財務、PTA、学校と地域との関係・学校開放などはもとより、学校の教育方針、全校的な教育課程編成、授業の内容・方法、成績評価・指導要録・内申書、学校行事、部活動、生徒指導・校則、生徒懲戒、校内人事・校務分掌・学校の教育組織編制、教員の資質や勤務態度なども、その有りようの如何によっては、親は教育権の行使として、これについて要望・要求・請求したり（要求権・請求権）、報告

を受けたり(知る権利)、意見を求められたり(聴聞権)、場合によっては、学校・教員と共同で討議・決定できると解される(協同権・共同決定権)。

　親の教育要求権・教育参加権の対象をこのように広範に捉えることに対しては、なかんずく教育課程の編成や授業の内容・方法、成績評価などの「教育専門的事項」、さらには教員の人事に関する事柄までそこに含めることには、おそらく異論のある向きが少なくないであろう。

　けれども、「教員選択」というディメンションにおいて、またそこから導出される権利として、親(子ども)には「特定の教員(いわゆる問題教員)を拒否する権利」や「集団的な人事要求権・異議申立て権」が留保されていると条理解釈されるのであり、また学校における教育課程の編成についても、これに関して親に「原告適格」を認めた判例がすでに存在しているのである。ちなみに、その判旨(大阪地裁・昭和48年3月1日判決・判例時報721号24頁)にはこうある。

　　「親権者はその子女が学校においてほどこされる教科・科目の授業およびそのもとになる教育課程の編成について法律上の利害関係を有するものというべきであり、教育課程の内容が、生徒に適切な教育をほどこすことを目的として制定された教育関係法令の規定に違反していると、原告は主張するのであるから、原告には右課程の編成の取消を求める適格がある」。

　なお、以上と関連して、「親が教育内容に対し積極的な関心をもち、これをきびしく批判していくことが何よりも必要である」、「このような批判をくぐりぬけることによってのみ教師の力量はたかめられる」[23]との指摘は、重要だと考える。

　次に親のこの教育要求権や教育参加権は、その権利の性質・強度において、学校・教員の「専門的教育権」とどのような関係に立つことになるのか。

　これについて一般的に言えば、いわゆる「教育専門的事項」に関しては、原則としてその最終的決定権はあくまで学校の側にあると言えよう。これらの事項の決定は、一般的には、「教育の専門機関」である学校に委ねたほうが、子どもの人間的な成長発達権によく応えることになると見られるからで

ある。

それに実定法上も、教育専門的事項に関する決定権は、教育主権による規律に服しながら、「学校の教育権限」(校長の校務掌理権・教員の教育権限など・学校教育法37条)の中核的内容として法的保障を受けていると解される。

こうして、この領域においては学校・教員の専門的教育権が親の権利に原則的に優位し、ここに親が直接的かつ決定的な介入をすることは越権となるであろう。この点を確認して、ILO・ユネスコ「教員の地位に関する勧告」(1966年)も次のように書いている。

「児童・生徒の利益のために、教員と父母の緊密な協力を促進するあらゆる可能な努力がなされるものとするが、教員は、本質的に教員の専門職上の責任である問題についての父母の不公正または不当な干渉から保護されるものとする」(67項)。

ちなみに、アメリカにおいても、教員の授業の有りように対する親からの異議申立てを受けて、教育委員会が当該教員を停職処分にした事件で、教員のアカデミック・フリーダムを根拠に処分を違法とした連邦裁判例が見られている[24]。

とはいっても、言うところの教育専門的事項も「親(子ども)の権利から自由な学校の専管事項」と言うわけにはいかず、親の教育要求権・教育参加権は、その法的効果として、これについては学校側に「教育専門的な対応義務」、場合によっては「親との協同義務」をもたらすことになると見られる。したがって、学校・教員が、「学校の教育については親・父母に発言資格なしとして、話合いや回答を一切拒否したりすることは、義務違反であるとともに親の教育要求権の侵害」[25]となるであろう。

くわえて、学校・教員の側に専門的教育権の違法行使がある場合には、親は当然にその是正や取消しを要求することができ、さらに違法教育の是正を求めて裁判所に提訴することが可能であることはもちろんである。

ところで、上述のように、「教育専門的事項」については学校・教員の教育権が親の教育権に原則的に優位するとは言っても、子どもの教育をめぐっては「教育的専門性」ではカバーしきれない事柄が数多くある。教育はすぐれ

て価値にかかわる営為であり、また子どもの人生的幸福の追求ととりわけ強く結びついているからである。ここに、親の教育権が親族上の原権・自然的教育権・包括的な教育基本権であるのとは異なり、部分的・機能的・技術的な職務権限である学校・教員の教育権の決定的な限界がある——いわゆる専門家が素人に対して優位を誇れるのは知識や技能の面においてであって、子どもや親の価値観や精神的な諸自由にかかわることは専門性では説明がつかない、ということである。くわえて、「教職の専門職性」は裁判官や医者のような「既成専門職」ほどには高くはなく、典型的な「半専門職」であるということも、ここで押さえておこう。更に言えば、今日、教職の実相は「ソーシャル・ワーカーやカウンセラーなどのような役割も担う援助専門職」と捉えることもできる——。

　こうして、一般に「教育専門的事項」として一括されているもののなかにも、その如何によっては、親・子どもの側にこそ最終的な決定権が留保されなければならない事柄がありうる。

　一例を挙げれば、性格テストがこれに当たると見られる。たしかにそれは心理学的に根拠づけられた科学的なテストかもしれないが、その内容や用途によっては子どもの人格権を深く侵害する危険性が常に伏在している。したがって、親は「性格テスト」の趣旨・内容・用途などについて説明を受け、子どものために良しとしない場合にはこれを拒否する権利を有していると解される。テストを受けさせるか否かの決定権は親にあると言えよう[26]。

　この点、ドイツ・バイエルン州憲法は大いに示唆的である。こう規定している。「親は教育権を行使するに際し、国および市町村によって援助される。しかし、個人的な教育問題（persönliche Erziehungsfragen）においては親の意思こそが決定的である」（126条1項）。

第4節　親の公教育運営への参加権

1.　近年の政策動向と制度現実

　1987（昭和62）年、臨時教育審議会は「教育改革に関する第3次答申」において、「開かれた学校と管理・運営の確立」というタイトルのもと、「学校の

活性化のための新しい課題」の一つとして、次のように提言した。

　「学校は、家庭・地域社会などに対して努めて開かれたものとし、その教育について理解を得るようにするとともに、家庭・地域社会の建設的な意見をその運営に反映させるなどしてそれらとの連携を密にし、その教育力の向上にさらに努力する」。

　戦後の法制改革によって確立を見た「教育の地方自治」・「住民の教育自治」(憲法第8章)を背景とし、直接には上記提言を契機として、それ以降、わが国においてもいわゆる「親の学校教育参加」は公教育運営上の現実的な政策課題とされるに至った。そしてとくに1990年代以降、この領域における政策と制度現実はかなりドラスティックな展開を遂げつつあるように見える。親の参加領域・事項に即して、近年におけるティピカルな先駆的事例を掲記すれば、以下のようである。

(1) 親の学校運営参加
〈1〉学校評議員としての参加

　1998 (平成10) 年9月、第16期中央教育審議会は答申「今後の地方教育行政の在り方について」において、「地域に開かれた学校づくりを推進するためには学校が保護者や地域住民の意向を把握し、反映するとともに、その協力を得て学校運営が行われるような仕組みを設けることが必要」であるとの認識のもとに、学校評議員制度の創設を提言した。

　これを受けて、周知のとおり、2000年1月に学校教育法施行規則 (省令) が改正されて学校評議員制度が導入され (同規則23条の3)、実施されているところである。この制度は、イギリス、ドイツ、オランダなどのヨーロッパ諸国における親の学校教育参加制度とは大きく異なり、①その設置は学校設置者の判断に委ねられており (任意設置)、②親 (集団) に固有な合議制の参加制度でもなく、③「校長の求めに応じ、学校運営に関し意見を述べることができる」(同条2項) だけで、学校運営の意思決定過程には参加できないなど、その権限は極めて控え目なものではあるが、それはともかく、わが国の教育法制史上初めて、「親の学校運営への参加」の法的可能性を国法上制度化し

たものとして、さしあたり、高く評価されてよいであろう。

そして、ここで刮目に値するのは、学校評議員制度の運用実態である。法制上、学校評議員は「当該学校の職員以外の者で教育に関する理解及び識見を有するもののうちから、校長の推薦により、設置者が委嘱する」(同条3項)こととされているが、その職種別等の現実の構成比を見た場合(2006年8月1日現在)、親が全体の15.6%(第3位)を占めているのである——ちなみに、もっとも多いのは自治会等関係者(17.7%)で、以下、社会福祉施設・団体関係者(16.0%)、社会教育団体関係者(14.9%)で学識経験者(11.3%)の順となっている[27]。学校評議員制度は、法制上、親の学校運営への参加制度というアスペクトをもち、そして制度現実においてもそのように機能しているということである。

〈2〉教育協議会・「四者会議」等を通しての参加

ヨーロッパ型の親・生徒の学校教育(行政)への参加制度をモデルとしたもので、全国各地の自治体で様々な組織形態や制度現実が見えている。

①福岡県豊前市では、学校運営を活性化するためには、「学校運営のあり方について親と教師が徹底的に論議し、コンセンサスを形成する努力が不可欠」との認識のもとに、教職員・PTA・子ども代表・地域住民代表からなる「教育協議会」が2002(平成14)年5月に設置を見ている。

②川崎市では、「それぞれの地域においていきいきとした川崎の子どもと学校、そして市民の自主的・自発的な生涯学習を地域から推進すべき組織」として、1990年代以来、「地域教育会議」が設けられているのであるが(『教育だより・かわさき』1994年春号)、この会議には教職員・市民とともに、親も参加するところとなっている。

③東京都では、「保護者や地域住民との連携・協力を通して、いっそう開かれた学校づくりを推進することにより、学校の教育内容の改善・充実を推進していく」ために、都立学校に「学校運営連絡協議会」が設置され(1999年4月から試行、2002年度から全校で実施)、しかもこの協議会のなかには学校評価を任とする「外部評価委員会」が設けられている[28]。

④高知県においては、「土佐の教育改革」の一環として、「学校・家庭・地

域社会がそれぞれの役割を果たしながら相互に連携し、一体となって子どもたちの教育に取り組むため」、1997年以来、各学校に生徒・親・教員・地域住民の代表からなる「開かれた学校づくり推進委員会」が設置されている[29]。

また同県の奈半利町立奈半利中学校は1999年、「奈半利中学校、共和制推進要綱」を制定し、教員・親・生徒代表の3者が対等の立場で可能なかぎり学校運営に参加することを目指しているという[30]。

⑤長野県上田市の市立第六中学校では、「もっと学びがいのある学校にするために、学校生活に関すること(授業、部活動、校則、いじめ問題等々)について、日頃思っていることを自由に出し合う」場として、1999年2月以来、「上田六中の学校づくりを考える生徒・保護者・地域・教職員の四者会議」が設けられている[31]。

〈3〉学校運営協議会委員としての参加

2000(平成12)年12月、教育改革国民会議は「地域独自のニーズに基づき、地域が運営に参画する新しいタイプの公立学校(コミュニティ・スクール)」の創設を提言したのであるが、この提言はその後、総合規制改革会議「規制改革の推進に関する第2次答申」(2002年12月)や閣議決定「規制改革推進3か年計画」(2003年3月)などを経て、中央教育審議会答申「今後の学校の管理運営の在り方について」(2004年3月)において具体化を見るに至る。

すなわち、同答申は「今後、公立学校をより多様で魅力的なものとするためには、……既存の枠組みを超えて、新たに保護者や地域住民が一定の権限と責任を持って主体的に学校運営に参加する」新しいタイプの公立学校(地域運営学校)制度の導入が必要であるとし、その基本的な制度内容として、学校運営協議会の設置を求めたのであった。

これを受けて、2004年6月に地教行法が改正され、学校運営協議会は法制化されたのであるが、この協議会が国法上下記のような法制度として位置づけられたことは、「親の学校教育参加」という観点からは画期的だと評してよいだろう。

すなわち、言うところの学校運営協議会は、①教育委員会が指定する学校(指定学校)の運営に関して協議する機関として、指定学校ごとに設置できる

ものであるが（地教行法47条の5第1項）、②教育委員会の任命にかかるその委員には親が含まれなければならないとされている（同条2項）。学校組織・権限関係上、学校運営協議会の権限はきわめて強力で、③指定学校の校長は教育課程の編成その他学校運営の基本的な方針について、その承認を得なければならないとされ（同条3項）、さらに④学校運営協議会はその学校の運営に関して教育委員会や校長に意見を述べることができるとされている（同条4項）。それどころか、⑤当該学校の職員の採用その他任用に関する事項についても、任命権者に対して意見を述べることができるとされており（同条5項）、これを受けて、⑥任命権者は当該職員の任用に当たって、その意見を尊重しなければならないと法定されているのである（同条6項）。

なお、2006（平成18）年8月1日現在、学校運営協議会は都道府県・指定都市立学校において20校、市区町村立学校で55校が設置されているという状況にある[32]。

〈4〉職員会議を親に公開・親による学校評価

新潟県新津市立結小学校では、教員に親の目を意識させてモラール（勤務意欲）を高め、指導力を向上させる目的で、2002年4月から職員会議を親に公開している。

また親の声を教室にフィードバックさせる仕組みとして、親による学校評価を実施しているという[33]。

(2) 親の教育行政参加
〈1〉教育行政一般への参加

よく知られているように、東京都中野区においては、「より良い教育の実現を図る」ためには、「区民の意思が教育行政に適切に反映されるべきであるとの認識に基づいて」(1条)、「中野区教育行政における区民参加に関する条例」が制定され（1997年3月）、親を含む区民の教育行政への参加が制度化されている。

区民参加は「教育に関する問題について区民の意見を統合し、地域の意思の形成をめざして行われるもの」で(2条)、参加の仕組みは「審議会、協議

会等の設置、公聴会、対話集会等の開催、意向調査の実施」等によるものとされ (3条)、そして区の機関には「区民参加の成果を主体的に実現するよう努めなければならない」(6条) との責務が課されるところとなっている。

〈2〉教育委員としての行政参加

　先に引いた中教審答申は「教育委員会が教育、文化、スポーツ等の幅広い分野においてますます多様化する地域住民の要望に的確に対応し、きめ細かな教育行政を主体的かつ積極的に展開できるようにするため」に、その方途の一つとして、「幅広い分野の人材から教育委員が構成されるようにすることが必要である」と提言したのであるが、教育改革国民会議の「教育を変える17の提案」(2000年12月) は、これをさらに具体化して、こう述べた。

　　　「地域の教育に責任を負う教育委員会は刷新が必要である。……教育委員の構成を定める制度上の措置をとり、親の参加……を担保する」(傍点・筆者)。

　そしてこの提言を受ける形で2001 (平成13) 年7月に地教行法が改正され、地方自治体の長が教育委員を任命するに当たっては、「委員のうちに保護者 (親権を行なう者及び未成年後見人をいう) である者が含まれるように努めなければならない」との条項が新たに設けられた (4条4項)。

　法条からも知られるように、この条文は地方自治体の長に対して、「配慮義務ないし努力義務」を課すに止まっているが、しかしそうであっても、わが国の教育行政・学校法制史上、本条はきわめて大きな意義を有していると言える。

　ところが先般、東京都八王子市が教育改革国民会議の上記提言をそのまま制度化し、「2003年9月末で任期満了になる教育委員1人について、新たに『保護者枠』を設け、未成年の子どもを持つ市民から公募することを決め」、市教委が「教育への市民参加の新しい形として定着させたい」としていることは[34]、親の公教育運営への参加権 (後述) の観点からは、まさしく画期的だと評されよう。「教育委員としての親の行政参加」の制度化である[35]。

〈3〉教科書の採択過程への参加

　臨時教育審議会の第3次答申(1987年)が教科書の採択に際して「学校・教員・

保護者の意見がよりよく反映できるようさらに工夫する」必要があると唱え、この改革提言を受けて、1990（平成2）年、文部省の教科書採択の在り方に関する調査研究協力者会議が、その現実化として、都道府県レベルの「教科用図書選定審議会」と市町村レベルの「採択地区協議会」の委員に親代表を加えるよう促した。

その後、2002年7月には、教科用図書検定調査審議会が「教科書制度の改善について」を取りまとめ、「採択手続の改善について」と題して、「開かれた採択の一層の推進を図るため、採択結果や理由などの採択に関する情報のより積極的な公表に努めるとともに、採択への保護者の参画をより一層進めていくことが必要（である）」との見解を表明し[36]、かくして今日、文部科学省も「教科書採択に関しては、保護者や国民により開かれたものにしていくことが重要です。具体的には、教科用図書選定審議会や採択地区協議会等の委員に保護者代表等を加えていくなど、保護者等の意見がよりよく反映されるような工夫をする……ことが求められています」との基本的な立場に立っているところである[37]。

ちなみに、1995・96年度分についての文部省調査によると、教科用図書選定審議会には全都道府県で親代表が参加していたが、採択地区協議会に親が参加していたのは、436の協議会のうち15％でしかなかった[38]。

そこで文部省は1997年9月、都道府県教育委員会に対して改善通知を出し、この結果、2002年度分については、たとえば、千葉県は全12の採択地区協議会に、親代表を最低1人入れることとし、また徳島県でも県内全4地区の協議会に、それぞれ2〜6人の親やPTA会長が加わっている。さらに滋賀県でも県内6地区すべてで2〜6人の親が委員になっていると報じられている[39]。

〈4〉 教員の人事行政過程への参加

いわゆる「学校の自律性」の一内容として、たとえば、ドイツでは校長の選任過程に、またオランダでは教員の任用過程に、それぞれ親代表が参加しているのであるが、わが国においては教員の人事行政は「参加」にもっともなじまない領域だと見られてきていると言えよう。

こうした行政現実にあって、横浜市教育委員会は2003年度の教員採用試

験から、2次試験の「模擬授業」の採点者に、子どもを学校に通わせている親を加えるとの政策を打ち出した。従来は市教委事務局の職員と現役の校長が採点していたのであるが、「保護者のほうがより子ども達の視線に近い。教育のプロとは違った見方で評定することも必要なので新しい方法をとることにした」とされる[40]。

なお、学校運営協議会（上述）が教員の人事行政上の権限を有していることは、先に言及したところである。

(3) 学校の教育活動・教育過程への親の参加
〈1〉通知表の共同作成

神奈川県相模原市では小学校の通知表「あゆみ」を「あゆみを考える父母と教師の会」で共同で検討・作成した、という事例が報告されている[41]。

〈2〉おやじの授業

東京都大田区立松仙小学校では、2001（平成13）年9月以来、「おやじの授業」が行われているが、2003年度からこの授業を正規のカリキュラムに取り入れ、「総合的な学習の時間」で実施している。同校の父親たちでつくる「おやじ会」が、「自分たちの生き様を子どもたちに見せるような活動ができないか」と学校側に提案したのがきっかけで始まったという[42]。

また岡山県立岡山東高校も書道や外国語など親の特技を学校で活用する「保護者教育ボランティア」の制度を擁しているという[43]。

〈3〉学校自由参観・通年の授業参観

先に紹介した上田市立第六中学校は1996年9月以来、親がいつでも学校を訪れることができる「学校自由参観」を実施している。「保護者に学校生活をありのままに見てもらい、閉鎖的と言われる学校のイメージを変えようと始まった。始業時刻から部活動終了まで、原則的に校内のどこを参観しても構わない」とされる[44]。また東京都でも「閉鎖的といわれる学校の体質を変え、教員に常に外部の目を意識させて指導力向上につなげる狙い」で、2001年度から都立高校全校で、学校が決める授業公開日以外でも親が参観できる「通年の授業参観」を実施している[45]。

2.「親の教育権」なき親の学校教育参加

　上述のように、近年、わが国においても、いわゆる「親の学校教育参加」は公教育運営上の現実的な政策課題とされるに至り、そしてとくに1990年代以降、この領域における政策と制度現実はかなりドラスティックな展開を遂げつつある。現段階ではなおきわめて限られたケースであるとはいえ、言うところの親の学校教育参加はいわゆる内的教育事項や教員人事の領域にまで及び、また参加の場面も学級や学校段階に止まらず、地方自治体の教育行政運営の域にまで及んでいるのである。

　それに何よりも、親の学校教育参加（の可能性）について、わが国の教育法制史上初めて、国法上、明文の根拠が与えられた意義は大きい。従来、わが国においては、学校法制上、親は就学上の義務主体としてだけ措定され、学校教育についてはほとんど何らの権利ももたない客体＝学校教育のアウトサイダーとして位置してきただけに、こうした状況はまさしく画期的だと言ってよい。明治以来の「官治・集権・閉鎖型の学校教育・教育行政」から、「自治・分権・参加・公開型の学校教育・教育行政」への構造転換が強く求められているという時代状況にあって、また市民社会化や法律社会化の進展、親の市民的成熟の始まり、子どもの権利の確認と拡充、学校観の変容、さらには学校教育関係の法的把握などとも相俟って、こうした動向は今後、「ゆっくりとではあるが、しかし確実に（Langsam, aber sicher）」進展していくと見てまず間違いないであろう。親の学校教育参加はほんらい、教育条理に深く根ざした、学校法制上の普遍的な制度原理なのだからである（後述）。

　ただ学校法学の観点からは、ここで看過されてはならない重要な問題がある。それは、上述したようなコンテクストにおいて、わが国にあっては「親の教育権」、したがってまた「親の教育参加権」という権利の存在がまったくと言ってよいほど意識されておらず、語られることもないということである。親の学校教育参加とは言っても、かかる仕組みを導入するかどうか、肯定の場合、その範囲や形態をどうするかは、原則として、教育行政や学校側の裁量に委ねられているのであり、したがって、法学的な観点から捉えると、そ

れは事実上の任意組織ないし制度にすぎない。

　この点、親の教育権保障を前提に、その現実化を担保する制度として、学校法制上、親の学校教育参加を確立しているヨーロッパ諸国とは、決定的に異なるところである。

　ちなみに、たとえば、ドイツにおいては、親の教育権が憲法によって保障されているのであるが（既述）、これを受けて親の公教育運営への参加が各州の法律上制度化されており、しかもヘッセン州など2州では、共同決定権をも含む親の参加権は教育課程行政や人事行政の領域にまで及んでいる。

　また、オランダにおいては1848年の憲法が「（親の）教育の自由」を憲法上の基本権として確立したのであるが、それ以来、この自由は教育における最重要で基幹的な法制度原理をなしてきており、親は公立義務教育学校についても「学校選択の自由」を享有する一方で、教員の選任・人事行政過程への参加をはじめ、学校教育（行政）領域の様々な事柄について、協同権や共同決定権を保障されるところとなっている。

　いずれにしても、ここでは取り敢えず、言うところの親の学校教育参加は学校法制上、「親の教育権」という憲法上の自然権的基本権を基盤とし、この権利から導出され、この権利によって根拠づけられるフォーマルな法制度である、ということを押さえておきたいと思う。

3. 親の公教育運営への参加権・学校教育の共同形成権
(1) 親の参加権・共同形成権の根拠

　「参加」とは、法的意味においては、「法律関係に当事者以外の者が当事者として、または利害関係人として加わること」[46]だとすれば、言うところの「親の教育権」には「家庭教育の自由」や「学校選択の自由」といった消極的自由や選択権だけではなく、公教育運営に参加したり、学校教育を共同で形成していく権利が内包されていると解される。それは、主要には、次のような理由にもとづく。

　第1に、子どもの学習権・人間的な成長発達権の保障要請からの帰結である。ドイツのノルトライン・ウェストファーレン州一般学校規程（Allgemeine

Schulordnung・2002年）の法条を借用すれば、「学校に課せられた教育責務を達成するためには学校と教育権者（親のこと・筆者注）との密接かつ信頼に満ちた協同が要請される。教育権者は学校制度の形成に参加する」権利を有する（38条1項）、ということである[47]。すでに教育的な理由から、学校教育は親の協同的参加・学校と親のパートナーシップを求めていると言ってよい。

　第2に、親の教育権の法的性格からくる要請がある。すでに触れたように、親の教育権は自然権的・根元的基本権として、また子どもの教育についての包括的教育権として積極的な効果を内在させている。さらにこの権利は子どもの権利の代行という側面をもっており、したがって、この権利を単に消極的自由と見たり、その妥当領域を学校外教育・私教育に局限することは、このような性質に抵触する。くわえて、くり返すが、親は子ども教育を学校に白紙委任したわけではあるまい。

　この点、先に垣間見たように、ヨーロッパ諸国においては伝統的な親の教育上の自由権や選択権の法的保障と相俟って、いわばこれらの権利を実効化し、制度的に担保する現代的な権利として、親の教育参加権が実定法上法認・制度化されているのが一般的である。

　第3に、教育主権によって大幅に規律されているとは言え、学校教育関係は「親の教育権（教育責任）の委託契約関係」というアスペクトを有しており——親は子どもの教育を学校に白紙委任しているわけではなく、契約の当事者として契約内容の形成に関与できるということ——、こうして親の教育権は学校制度形成の基盤をなしている、ということが挙げられよう。このことは、親の学校教育共同形成権を導くはずである。

　第4に、親の側に原則として学校選択権や教員選択権が存していないということも、親の積極的な権利や能動的な権利を根拠づけることになる。学校（教員）の教育権の範囲・強度と親の教育上の選択権の存否・広狭は対応関係にあるからである。

　このように、親は公教育運営に参加したり、学校教育を共同で形成していく権利をもっていると見られるのであるが、この権利は、親の教育権に内包される権利として、憲法上保障されているものであって、「公教育運営への参

加基本権 (Grundrecht auf Mitbestimmung)」とでも称しうる性質のものである[48]。

(2) 親集団としての参加基本権

親は、上述した個人的権利としての教育権にくわえて、親集団としても教育上の権利を有していると条理解釈される。それは、「共同的権利としての親権 (Elternrecht als gemeinschaftliches Recht)」ないし「集団的親権 (Das kollektive Elternrecht)」と称しえよう[49]。教育行政機関や学校・教員に対する教育要求権や公教育運営への参加権などがこれに当たる。

もちろん、これらの積極的な権利や能動的権利は、たとえば、内申書の開示請求権のように、その法益が自分の子だけにかかわる場合は、個々の親の個人的権利としても存しているが、集団性をもつ学校教育事項については、これに関する要求権や参加権の実質的な主体は親集団であろう。「親たちの教育要求が矛盾対立していたり、ごく少数にとどまっているよりも、多数の親が集団的にまとまって教育要求権を行使するほうが、教師・学校が応答しやすい有効な教育要求」になるであろうし[50]、また、集団化されることによって、個々の親の個人的教育権は補強され、より強固・実効的になると考えられるからである。

そしてこの場合、重要なことは、親の集団的教育権もまた、個人的教育権と同じく、憲法上の保障をえているということである。「集団的基本権としての親の教育権」の憲法上の保障である。親集団の教育権は、「憲法上の権利」としての個々の親の教育基本権によって根拠づけられ、そこから導出される集合的権利だからである。

この点、ドイツの学校法制と学説が参考にされてよいであろう。

ドイツにおいては、ヘッセン州憲法56条6項やノルトライン・ウェストファーレン州憲法10条2項など8州の憲法が親の学校教育への参加権を憲法上明示的に保障しているが、有力な学校法学説によれば、「それは、集団的な親権の表出であり、その意味で集団的基本権 (Gruppengrundrecht) と解釈される」とされている[51]。

なお、親の個人的教育権と集団的教育権との関係であるが、これについて

は、さしあたり以下の2点に留意を要しよう。

　一つは、親の教育権の対象法益には、その本質上、集団化（多数決支配、代表制のルートを通じての集団的行使）にはなじまない事柄や領域が少なくない、ということである。思想・良心・信教など、すぐれて価値的・高度に人格的な領域における親の教育権について、とくにこのことが妥当する。基本的人権保障のケルン（核）は「個人の自己決定」を確保することにあるが、集団化ないし代表制はこの属性を「他者による決定」に転化させてしまうからである。ドイツにおいて、親の個人的教育権と集団的教育権の区別は、「宗教上の親権（Das konfessionelle Elternrecht）」と教育要求権や教育参加権を内実とする「教育上の親権（Das pädagogische Elternrecht）」との区別に対応しているとされているのが、このことを端的に示していると言えよう。

　二つは、親の集団的教育権は、原則として、親の個人的教育権を強制的に廃棄したり、これに代替したり、さらにはその内容を変更したりすることはできない、ということが挙げられよう。親の教育権の本質はあくまでその個人権性にあるからである。こうして、たとえ民主的な手続にもとづいて親集団の教育意思が形成され、それが親の集団的教育権として行使される場合でも、これを拒否する自由（消極的自由）が個々の親に留保されていなくてはならない、ということになる。

4. 親の学校教育参加権の種類・性格

　ひとくちに親の学校教育参加と言っても、そこには様々な態様がありうる。参加の権利形態ないし参加権の種類としては、以下のような各種の権利が予定されていると解される[52]。

　①**知る権利・報告を受ける権利**——親の「知る権利」についてはすでに詳しく考察したが、ここでの文脈に引きつけて言えば、要するに、この権利は親の教育権の基底に位置するとともに、親の公教育運営への参加を確保し、それを有意なものとするために必須不可欠な権利だということである。それは親の学校教育参加権の「基礎をなす権利（Basisrecht）」である、と言い換えてもよいであろう。まさに「情報なければ参加なし」なのである。この意味で「

知る権利」は広義には「参加権」にカテゴライズされてよく、実際、ドイツの学校法制は授業計画や成績評価基準などに関しての親の知る権利および親の「学校を訪問する権利」・「授業を参観する権利」などを「学校における親の直接参加」の一環として位置づけているところである[53]。

②**聴聞権**——この権利は、教育行政機関や学校が子どもや親にとって重要な決定を行う（措置を実施する）前に、親（子ども）に対して、これに関して自らの見解を表明し、もしくは弁明する機会を保障するものである。それは、親の「適切な手続的処遇をうける権利」と称されてよい。具体的には、この権利は親に対して、子どもや親の法的地位・権利領域に強く触れる教育行政施策の策定・実施ないしは学校の措置・決定に際して、事前に告知および聴聞をうけ、これについて意見を表明し、もしくは弁明・防禦をするなどの機会を保障するものである（告知および聴聞を受ける権利）。

どのような措置や決定がここで言う「子どもや親の法的地位・権利領域に強く触れる」（法的教育措置・決定）かは、個々のケースに即して具体的に判定する他はないが、たとえば、障害児学校（学級）への指定、退学・停学などの懲戒処分、入学・原級留置、学校統廃合などに関する決定がこれに該当することは疑いを容れないであろう。

③**協同権**——教育行政上の、あるいは学校における措置・決定に際して、親は教育行政当局・学校に対し、その理由説明を求め、必要な場合には親との協議を求めることを可能にする権利である（理由説明を求める権利・協議を求める権利）。この権利はさらに、当該案件・決定について、親の側から提案・発議したり、助言する権利が含まれていると見られる（提案・発議権・助言権）。

④**共同決定権**——もっとも強力な参加権の形態で、親に対して、教育行政当局・学校と同権的立場で共同で協議し、決定する権利を保障するものである。教育行政当局や学校は、教育（行政）上の措置・決定に当たり、親の同意を得ることを義務づけられていることになる。反面として、親の同意がなければ、当該措置・決定は適法には成立しない、という法効果をもたらす権利である（拒否権）。

参考までに、ドイツのヘッセン州とシュレスビッヒ・ホルシュタイン州に

おいては、学校法上、親（父母協議会）にこのような共同決定権が保障されるところとなっている。ちなみに、ヘッセン州では、たとえば、教育目的や教育制度、上級学校への入学、教科の選定、学校規程などについて大綱的立法をなす場合には「州父母協議会」の同意が必要とされている。

　さて、言うところの「親の学校教育参加権」には上記のような種別が認められるが、それでは親はどのような学校事項について、どのような参加権をもちえる（もちえている）のか。

　この問題は多分に教育立法政策上の課題に属している面もあるが、親の教育権の条理法解釈として、一般的には、次のような原則が存していると解される。

　すなわち、教育行政当局や学校の措置・決定が、子ども・親の法的地位や権利領域に触れる度合いが強くなればなるほど、したがってまた子ども・親の権利に対する侵害を強く伴う措置・決定であればあるほど、さらに親の教育権がより始源的で根源的な発現を求める領域（思想・良心・信教・プライバシーなど親の教育権がきわめて敏感な領域）の核に近づけば近づくほど、親の参加権は、「知る権利」を前提としたうえで、「聴聞権」→「協同権」→「共同決定権」（拒否権）へと強化されていく、ということである。

第5節　PTAの法的性格・役割と親の教育権

1.　PTAは単なる「社会教育関係の任意団体」なのか

　改めて書くまでもなく、PTAは「Parent–Teacher Association」の略称であるが、その性格や役割については、通常、「子どもの教育と幸福を高めるために、親と教師が協力して学習や行動をすることを課題とした自主的任意団体である」[54]と説明される。

　また文部大臣（当時）の諮問機関である社会教育審議会は、この点について、次のように捉えている。

　　　「児童生徒の健全な成長を図ることを目的とし、親と教師とが協力して、学校および家庭における教育に関し、理解を深め、その教育の振興につとめ、さらに、児童生徒の校外における生活の指導、地域における

教育環境の改善、充実をはかるため会員相互の学習その他必要な活動を行う団体である」[55]。「学校・家庭・地域をつなぐ社会教育団体としてのPTA」という位置づけである[56]。

言うところのPTAが、第2次世界大戦後の教育改革の過程で、その設置を占領当局によって強く勧奨され、これを受けて文部省が「父母と先生の会——教育民主化の手引」(1947年3月)を刊行して都道府県知事に送付したのを機に——翌48年12月には文部省は、「父母と先生の会参考規約」を作成して全国の教育委員会に配布している——、全国的に急ピッチで組織化されていったことは、よく知られているところである。

ちなみに、1948(平成23)年4月に文部省が実施した「全国PTA実態調査」によれば、この時点ですでに全国の小学校の85％、中学校の83％、高等学校の65％でPTAの結成を見ていたとされる[57]。

そして、それから半世紀を経た今日においては、日本PTA全国協議会(1952年10月に「日本父母と先生の会全国協議会」として設置、その後改称)によれば、「現実に父母の全員参加という組織編制がほぼ完全に定着」しており、会員数は全国で1100万人を数えるまでに至っているという[58]。実に、国民の10人に1人がPTAの会員という現実である。

ところで、このPTAの法的性格について、従来一般に、PTAは、少年団や体育・レクリエーション団体などと同じく、社会教育法上の「社会教育関係団体」(任意団体)に属すると捉えられてきている[59]。ここで「社会教育関係団体」とは、「公の支配に属しない団体で社会教育に関する事業を行うことを主たる目的とするもの」(同法10条・傍点筆者)を言う。

この点、先に触れた日本PTA全国協議会も従来、自らを「社会教育団体としてのPTA」と位置づけ、「社会教育団体としての活動」にもっとも力を注いできたところである[60]。

また一方で教育研究の面においても、PTAは従来、社会教育学の研究対象とはされても、教育法学・教育行政学・教育経営学などの学問分野からはほとんど見向きもされてきていない、という現実もある(社会教育学の対象としてのPTA)。

こうして、わが国においては、PTAは、その基本的性格としては、圧倒的に「学校後援会・学校協力団体」として位置づけられてきており（きたのであり）、PTAが学校教育の有りようや学校の管理運営などについて発言したり、要求したりすることはフォーマルにはまず許されない建前になっている（いた）。

事実、「学校教育行政や運営に干渉しない」（千葉市立〇〇中学校）、「学校の教育方針、学校管理、教員人事には一切干渉しない」（大阪市立〇〇中学校）などと明言しているPTA規約が多いことは、人のよく知るところである。

先に引いた文部省の「父母と先生の会——教育民主化の手引」がいみじくもタイトルに付しているように、そもそもPTAは戦後、わが国における教育民主化の重要な担い手の一つとして結成されたのであるが、その組織実体と運用の現実は、「学校の後援会」たることをもっぱらとした戦前の父兄会・母姉会・保護者会・後援会などと、基本的にはさほど変わるところなく推移してきた、と言って差し支えないであろう。「制度理念は変われど、制度現実は変わらず」である。

以上と関連して、ここでは、学校法学の観点から、①戦前法制においては、「学校教育の主体は国家なり」との原則のもと、親には「臣民の公義務としての就学義務」だけが課され、親は学校教育から疎外されて無権利にちかい状態に置かれていた、②現行の学校法制も実定法上、親を就学上の義務主体としてだけ措定しており、学校教育における権利主体ないしは積極的な責任主体としては捉えてはいない、という法現実を指摘しておきたいと思う。要するに、言うところのPTAないし父母組織の法的性格・役割と学校法制における親の位置づけは、表裏一体・密接不可分の関係をなしているということである。

この点、たとえば、ドイツにおいて、親の公教育運営への参加が法制度化され、しかもヘッセン州などでは学校法制上、「父母協議会（Elternbeirat）」に共同決定権という強力な権限が保障されているのは（親の共同決定的参加）、親が憲法上の基本権として「親の教育権（Elterliches Erziehungsrecht）」を享有していることにもとづいている[61]、という法制現実を見れば判然としよう。

2. 始源的教育権者の組織体としてのPTA

しかし果たして、PTAは言われているように「単なる社会教育関係の任意団体」にすぎないのか。

たしかに、現行学校法制上、PTAについて定めた特別な法律はなく、実定法上、PTAは社会教育関係団体という面でのみ法律の規定に結びついている。それに、わが国PTAのルーツであるアメリカのPTAにあっても、ほんらい、地域で有志者が加盟するボランタリー組織で、その主目的は成人教育事業の実施と児童の福祉の増進にあるとされている[62]。

けれども、ここで確認しておきたいと思う。

PTAは子どもに対して自然権的教育権をもつ親によって構成されている、始源的教育権者の組織体なのである〈教育権主体の集合体〉。しかも親が有する教育権は、すでに書いたように、前国家的な憲法以前の権利であると同時に、「直接に妥当する客観的権利」ないし具体的権利として憲法自らがこれを保障しているものである。

このことは、これに対応して、国・教育行政機関・学校は親の教育権を尊重し、その現実化・制度化に努めなければならない法的義務を負っていることを意味する。そして、ここにいう親の教育権には学校教育運営への参加権が包含されていることは、すでに言及したとおりである。

とすれば、PTAの法的根拠は、親の教育権保障それ自体に求められることになる。親の教育権・学校教育参加権がPTAの法的基盤を形成し、その性格を規定しているということである。

くわえて、PTAはすでに長い慣行と活動実績をもち、親や教職員の法規範意識にも支えられていると見られるから、学校慣習法上にも根拠をもつ組織だとも言える。

他方、親の教育権は家庭教育や社会教育の領域だけではなく、学校教育領域においても妥当し、それどころか、学校教育事項に関しても、その妥当範囲には原則としてオフ・リミットはないと解される[63]。

かくして、親の教育権の集合体・親の集団的教育権 (kollektives Elternrecht)

の制度的現実化という組織実態をもつPTAは、当然に、学校の教育方針や管理運営などについても、事柄により、既述したような各種の参加権を擁してこれに関与しうる、と解されることになる。

このような見地からは、先に引いた規定例のように、PTAの学校教育運営への参与を否認しているPTA規約は、親の学校教育参加権を侵害ないしは放棄するものだと言える。またPTA無用論・解体論に代表されるような、そもそもPTAの存在それ自体を認めない所説についても同じことが言えよう。

参考までに、文部省が1948（昭和23）年に発表した「父母と先生の会参考規約」（第1次参考規約）においても、PTAの目的の一つとして「児童青少年の訓育について、父母と教員とが聡明な協力をすること」が掲げられ（2条）、これを受けて、PTAに対し教員・校長・教育委員会と「学校問題」について討議し、意見を具申することが保障されていた（7条）という事実を、ここで付記しておこう。同規約には「"父母と先生がともに教育を創る"熱意」が「みちみちていた」と評価される所以である[64]。

以上、要するに、PTAは決して法的根拠のない、社会教育関係の事実上の非公式組織などではなく、親の教育権と学校慣習法によって根拠づけられた、フォーマルな学校教育関係組織であると解される、ということである。

この点、「学校・教師にたいして父母集団が教育要求をとりまとめて出していく活動がなされる場合には、学校・学級PTAはまさに父母の学校教育参加制度にほかならず、学校慣習法の上で正式な学校教育組織をなしているものと解される」[65]という学説も見えている。

なお教職員がPTA会員であることは、何ら上述のようなPTAの性格を妨げることにはならない。「規約上一般には個人参加の教職員会員であっても、PTA集会で父母の教育要求を受けとめる立場においては、教師は、教育条理法上、その学校で教育責任を果す教師集団のメンバーとして臨んでいるものと解されざるをえない」[66]からである。

以上を踏まえたうえで、PTAの法的性格や位置づけとかかわる重要な問題として、さしあたり、以下の3点を指摘しておきたいと思う。

① PTAの自主性と活動の自由の問題。PTA活動をめぐって、たとえば、「学

校側の介入に悩むPTAの広報づくり」といった類の苦情が新聞紙上に報ぜられることがある[67]。旧来のPTA観に立つ学校側と自主的な活動を展開しようとする親とが対立する、という図式のようである。

ここでは、PTAが前述したような性格の組織であるとするなら、(a) PTAの活動内容が、親の集団的教育権の行使と目される領域・事柄に関しては、PTAの組織・活動原則として、「自律性と自己責任（PTA活動の自由）の原則」が当然に措定されていると解されること、(b)したがって、PTAが親の集団的教育権行使の一環として、たとえば、学校・教員に批判的意見や要望を提出したり、親集団の教育意思をPTA会報誌上などで表明することは〈親の集団的教育権の一内容としてのPTA会報編集権〉、この「PTA活動の自由」によってカバーされている、ということを押さえておきたいと思う。

②これまで述べてきたことは、単に学級・学校PTAだけではなく、様々な段階のPTA連合組織についても原則的には妥当すると言える。前者が単位PTAと称されるように、後者は前者を基礎組織として構成されているものだからである。

こうしていわゆる「P連」も、事柄の性質により、親の学校教育・教育行政への参加組織をなしていると見られ、各種の参加権をもって、それに対応する各段階の教育行政過程に関与していくことが可能だと解される。

③立法論・制度論としては、現行のような教職員を含むPTAに代えて、あるいはこれに併置して、親だけによって構成される「父母評議会」のような組織が制度化されることが望ましいと考える[68]。権利とはほんらい「一定の利益を自己のために主張することができる法律上保障された力」を言うのであれば、親の（集団的）教育権は、親に固有な利益代表組織によってもっとも有意に行使されうると見られるからである。それに、そもそも親の教育権には、その内容として、「親だけの組織を結成し、それに参加する権利」が含まれていると解されることも、このような「父母評議会」の制度化をバック・アップすることになるであろう。

なお付言すれば、ドイツにおいては、教員、親、生徒それぞれに固有な利益代表組織として、「教員会議 (Lehrerkonferenz)」、「父母協議会 (Elternbeirat)」、

「生徒代表制 (Schülervertretung)」が法制化されている。くわえて、教員・親・生徒代表から成る「学校会議 (Schulkonferenz)」も設置されており、州によっては、「学校の教育自治」上の最高議決機関として位置づけられている[69]。

3. PTA の性格・役割に変化の兆し

　わが国における PTA の有りようをめぐっては、とくに昭和30年代以降、さまざまな批判がくわえられ、PTA 改革の必要性が唱えられてきた。それは、端的に言えば、PTA の「学校の後援団体化からの脱皮」と「民主化」ということに集約できよう[70]。

　このような PTA 批判を背景に、また近年における教育政策動向、なかでも中央教育審議会答申「今後の地方教育行政の在り方について」(1998年) における「地域住民の意向の積極的な把握・反映と教育行政への参画・協力」、「地域住民の学校運営への参画」に関する政策提言などを主要な契機として、（とかく行政寄りと評されてきた）日本 PTA 全国協議会の認識によっても、「最近になって、PTA の新しい可能性を期待させる動きが、各学校 PTA にも、中央・地方の協議会にも芽生えてきている」という現実は、刮目に価しよう。

　具体的には、「学校の課題について、PTA の立場から、学校教育そのものに協力するケースが出てきて」おり、PTA は「責任を担う団体へと成長してきている」。PTA の活動が「学校の教育活動と密接に関係したものが中心」になりつつあり、「その意味で PTA は、当初意図された一般的な社会教育団体とはやや性格の異なる団体であり、主として個々の学校での教育活動に直接かかわる活動を中心的に進める団体とならざるを得ない状況になっている」。PTA を社会教育団体として運営していくことは「現実的」ではなく、「PTA 組織の運営の在り方を修正していくほかはない」。

　詰まるところ、PTA は「単なる社会教育団体ではなく、それぞれの学校を基盤に、子どもと子どもの教育を、親という立場で、またその学校の教員という立場で、学び活動する団体たらざるを得ない」とされるまでに至っているのである[71]。

　実際、たとえば、高知県における PTA (県 P 連) の現実を見ても、いわゆる「土

佐の教育改革」のもと、「学校への参画の推進」がPTAの活動方針の基軸に据えられ、かくして「県の審議会……にPTAの役員が名を連ねるようになった。また県校長会との意見交換会も（平成）12年度から開かれるようになった。学校や行政に言われたことをそのままやってきていた、いわば『お手伝い』の立場から対等の関係に近づきつつあ（り）、……『PTAはサポーターからパートナーへ』という動きが加速している」とのPTA当事者の弁が報ぜられている[72]。

　先に言及した「始源的教育権者の組織体としてのPTA」というPTA把握からは、旧来のPTAの組織原則の組み換えは不可避であり、かくして学校法学の観点からは、上述したような「PTAの新しい可能性を期待させる動き」は、けだし自然の流れだと評されよう。それどころか、さらに歩を大きく進めて、西欧型民主国家におけるように、「親の公教育運営への参加制度」としての「PTA（父母評議会）の法制化」が、近い将来求められることになろう。

　参考までに、国立教育研究所（当時）が1999（平成11）年7月に実施した「学校の自律性と自己責任に関する調査」（対象・全国の公立小・中学校から無作為抽出した2000校〈小学校＝1385校、中学校＝615校〉の学校長、調査票の回収率＝67.0％〉）によると、学校における親やPTAの位置づけについて、校長の評価は期待も込めてか比較的ポジティブなものとなっている。

　すなわち、校長の8割近く（77.4％）が「親や住民の意思や要望を学校運営に反映させ、施策化できるようなシステムを構築する必要がある」との判断を示している。これに対応する形で、「学校教育の領域においても、親を権利・責任主体として位置づける必要がある」と考える校長は7割台を占め（76.8％）、否定的な見解（13.0％）を大きく引き離してる。そこで「PTAが学校教育の有りようについて発言することは、原則として、差し控えた方がよい」と思っている校長は比較的少なく（25.4％）、7割ちかく（67.7％）が「差し控える必要はない」としている。「学校教育への参画・協力団体としてのPTA」という位置づけである。くわえて、いわゆる開かれた学校の創造や学校と家庭との連携・協力の促進ということとも係わってか、大多数の校長（95.2％）が「事前に校長の了解さえとれば、親が通常の日でも授業参観がで

きるようにされてよい」との見解を示している。

ただ、言うところの「親・地域住民の学校運営の参画」には自ら限界があるとの認識は強いようで、8割以上の校長 (83.2%) は「教員の校内人事や校務分掌の決定に際して親の要望が反映されること」に対しては否定的な立場を表明している[73]。

第6節　ドイツにおける親の学校教育参加制度

1. 親の教育権と学校教育参加

ドイツにおける親の教育権 (Das elterliche Erziehungsrecht) ないし学校教育における親の権利の強さには、われわれの予想をはるかに超えるものがある。強すぎるという声さえ聞かれるくらいである。なにしろ、憲法で親の教育権と公教育運営への参加権を保障している国なのである。

親の学校教育ないし教育行政への参加は、制度的には主として「父母協議会 (Elternbeirat)」——メンバーは文字どおり親だけで、校長や教員は加入できない仕組みになっている——という組織を通してなされる。父母協議会とは言っても、わが国のPTAをイメージされては困る。教育行政および学校管理・経営組織の一翼を構成し、「学校の教育自治 (Pädagogtische Selbstverwaltung der Schule)」を担う法制上の必置機関なのである。

参考までに、ドイツでは、1960年代以降、いわゆる「管理された学校 (Der verwaltete Schule)」に対する批判として「学校の教育自治」の法理が、「教員の教育上の自由 (Pädagogische Freiheit des Lehrers)」、「生徒代表制 (Schülervertretung)」などとともに、学校法制上確立しているということを、ここで付記しておこう。

2. 父母協議会の歴史

ドイツにおける親の学校教育参加は、歴史的には、教育権者（ドイツでは親だけを指す）の組織である「父母協議会」の生成によって実現した。その歴史は古く、すでに、ワイマール革命期には制度的な保障を見ている。すなわち、19世紀半ば以降、F.W. デルプフェルト等によって唱導されてきた「自由

な学校共同体 (Freie Schulgemeinde)」構想を背景とし[74]、より直接には革命期の民主主義思想や自由主義的教育思潮 (とくに改革教育学) の影響を強く受けて、1918年にプロイセンで法制化されたのを最初として、20年代末までにはほとんどの州でこのような法制度が確立した[75]。

「父母協議会」は学校教育に対して親の影響力や発言権を確保するために組織されたもので、たとえば、ハンブルク州の学校の自治に関する法律(Gesetz über die Selbstverwaltung der Schule v. 12. April 1920) によれば、「各学校の直接的な管理運営は教員会議と父母協議会によって行われる」(1条) との原則のもとに、「学校と家庭との協同により、子どもの肉体的・精神的・道徳的福祉を増進すること」を目的とした。その任務や権限は学校生活に関連するすべての事柄に及び、たとえば、「校長は教員会議の成員と父母協議会代表とによって3年間の任期で選出される」と法定されるなど、教員会議とともに「学校の教育自治」を担うものとされたのである。ただ、言うところの学校自治の第一次的な主体は教員会議とされ、したがって、学校や教員 (集団) との関係では、父母協議会の法的地位や権限は基本的にはあくまで補助的ないしは諮問機関的なものであった[76]。

なお、1933年以降のナチ政権下においては、いわゆる「指導者原理(Führerprinzip)」の学校への導入＝校長の学校における唯一・権力的指揮監督者としての位置づけ、参加民主主義の否定＝労使共同決定制をはじめとする各種の参加制度の解体、親の教育権のほぼ全面的な剥奪＝国家の教育独占などと表裏して、このような親の教育参加制度が根底から破壊されたことは[77]、改めて言うまでもないであろう。

3. 今日における法制状況
(1) 親の学校教育参加権の憲法による保障
1949年に制定されたボン基本法は、憲法史上、初めて「親の教育権」を明記したワイマール憲法の親権条項をほぼそのまま継授して、こう書いた。「子どもの育成および教育は、親の自然的権利(das natürliche Recht der Eltern)であり、かつ、何よりもまず親に課されている義務である」(6条2項)。いわゆる親の

自然的教育権の憲法上の保障である。これを受けて、親の学校教育への参加制度も各州で復活することになる。しかもヘッセン、バーデン・ビュルテンベルク、ノルトライン・ウェストファーレンおよびザールラントの4州では参加制度自体が憲法によって保障されたのをはじめ――ドイツは1990年10月に再統一を果したが、統一後、ブランデンブルク州など旧東ドイツ地域の4州でも、親の学校教育参加権が憲法上の基本権として保障されるところとなっている――、今日では、すべての州で法律上のフォーマルな制度として確立するに至っている。

　ちなみに、ヘッセン州憲法56条6項はこう謳っている。「教育権者は教育制度の形成に参加する権利 (das Recht, die Gestaltung des unterrichtswesens mitzubestimmen) を有する」。この憲法条項を現実化するために同州では教育権者の参加および州学校協議会に関する法律 (Gesetz über die Mitbestimmung der Erziehungsberechtigten und den Landesschulbeirat v. 13. November 1958) が制定されており、「父母協議会」など親の学校教育・教育行政参加についてその組織・任務と権限・文部大臣や学校の権限との関係・役員の選出手続などについて具体的に定めているわけである。

　このように、ドイツにあっては、親は憲法上の基本的人権として教育行政や学校教育運営への参加権を保障されており、そしてそれは、個々の親の個人的な権利であると同時に、親集団の集団的な権利 (kollektives Elternrecht) でもあるとされている〈個人的基本権および集団的基本権としての親の教育運営参加権〉。言い換えると、教育行政機関や学校は父母協議会などによる親の学校教育参加を容認し、保障しなければならない憲法上の義務を負っているということになる。このような制度は、おそらくは世界にあまり類例を見ないであろう。

　なお、親の学校教育参加の理論的ないし条理的な根拠に関しては様々な見解があるが、ここではドイツ連邦憲法裁判所の判旨 (1978年) を引いておこう[78]。

　　「子どもの人格の形成を目指すという、親と学校の共通の教育上の任務は、個々の権限に分解できるものではない。それは、両者の相互にかかわり合いをもつ有意味な協同においてだけ達成されうる」

(2) 親の学校教育参加の態様（教育参加権の種類）

親の学校教育参加の態様は、別言すると、親の学校教育参加の種類は、大きく以下の二つのカテゴリーに分かれている。一つは、協同的参加ないし諮問的参加とでも称すべきもので（協同権・Mitwirkungsrecht）、他は共同決定的参加（共同決定権・Mitbestimmungsrecht）である[79]。

前者の協同的参加は、具体的な権利の種類に即して言えば、「知る権利」、「聴聞権」および「提案権」に区別できる。

「知る権利（Informationsrecht）」は他のすべての親の教育権ないし教育参加権行使の前提をなしており、具体的には、たとえば、教育制度の構造、卒業・資格制度、学校の教育方針や授業計画、教育内容や方法、子どもの成績や学校での様子などについて報告をうける権利・知る権利がこれに含まれる。この権利はさらに積極的に生徒個人や試験・成績・評価に関する書類その他の、生徒の法的地位や権利領域に触れる文書を閲読する権利・記載内容について訂正を求める権利なども導くとされている。

ちなみに、この点、ハンブルク州学校法（1997年）は「教育権者と生徒の知る権利」と題して、「生徒とその教育権者はすべての重要な学校事項（alle wichtige Schulangelegenheiten）について報告を受けるものとする」（32条1項）と書き、その例として上記のような事項を摘記している。

さらにこの親の知る権利の具体化として、たとえば、ブレーメン州やノルトライン・ウェストファーレン州などにおいては、親の「授業訪問をする権利（Unterrichtsbesuchsrecht）」が学校法上明記されている。

次に「聴聞権（Anhörungsrecht）」としては、上は州レベルの教育立法から下は学校・学級段階での、生徒や親の法的地位や権利領域に触れる重要な諸決定に際しての聴聞される権利や説明を求める権利、生徒懲戒に際しての聴聞権が重要な位置を占めている。

現行の規定例を引くと、たとえば、ハンブルク州学校法にも「生徒ないし教育権者は懲戒措置の前に聴聞されるものとする」（49条5項）とある。

さらに「提案権（Vorschlagsrecht）」は学校や教育行政機関に意見や要望・要求

を提出する権利、それらの決定に対して態度表明したり、異議を申し立てる権利、などを内容としている。

なお、以上のような協同的参加(権)は、学校教育事項により、また州により、その強度において多少の違いはあるが、今日すべての州で法的な保障を受けている。

参考までに、たとえば、ヘッセン州学校法(1997年)は州父母協議会の権限の一つとして、こう規定している。「州父母協議会は教育制度の形成にかかわる措置を提案する権利を有する」(120条2項)。

他方、後者の共同決定的参加(権)——父母協議会の同意がなければ教育行政機関・学校側の決定は法的には成立しえないということ——であるが、ドイツにおいて親の教育権が強いとは言っても、このような権利が保障されているのは、現在のところ、ヘッセン州とシュレスビッヒ・ホルシュタイン州においてだけである。とくにヘッセン州でその度合いが強くなっている。

先に引いた同州学校法は「子どもや青少年の教育に際して学校、家庭、職業訓練施設を援助するために、ならびにヘッセン州憲法56条6項に従って親の共同決定権を保障するために、公立学校には父母協議会が設置されるものとする」(101条)と書いたうえで、下記のように定めている。①教育目的や教育制度、上級学校への入学や転学、教材・教具の選定、学校規程などについて文部省が一般的基準を定立する場合には「州父母協議会」の同意が必要であり(118条)、②文部大臣と州父母協議会との間の合意が成立せず、州父母協議会が3分の2の多数決で再度文部省側の案を拒否した場合には、文部省は州政府の承認をうけてのみ州父母協議会の意に反する決定を実施することができ、また各学校レベルでは、③学校プログラムの定立、法律で一般的に規定されたものとは異なる授業の実施、外国語の選択や基礎学校への外国語の導入時期、宿題の範囲や与え方に関する原則、実験校への指定と試行の実施等、10項目に関しては、学校会議(後述)は学校父母協議会の同意を得ることを義務づけられている(110条2項)。換言すれば、父母協議会はこれらの事柄について第一次的な拒否権を有しているということである。

(3) 親の学校教育参加の組織
〈1〉父母協議会

　父母協議会組織は州によって一様ではないが、その基本的な構造はおおむね以下のようになっている。

　まず各学級の父母集団で「学級父母協議会 (Klassenelternbeirat)」を構成する。これがあらゆる組織的・制度的な親の教育参加の基礎単位となる——父母協議会のメンバーになるか否かは親の自由である。自動加入制ではない。筆者がドイツ滞在中に各地の父母協議会役員から聞いた話では、加入率は大体90パーセント前後ということであった——。各「学級父母協議会」はその代表を選出し、これによって「学年父母協議会」が構成される。さらにその代表者が母体となって「学校父母協議会 (Schulelternbeirat)」を形成する。またこのような学校レベルの組織を基礎として、その上部組織として、「郡・市父母協議会 (Kreis–und Stadtelternbeirat)」および「州父母協議会 (Landeselternbeirat)」が制度化されている。さらに法制上のフォーマルな組織ではないが、1952年以来、「連邦父母協議会 (Bundeselternrat)」が設置されている。

　父母協議会の構成や役員の選出手続は州により、また父母協議会の種類によっても異なる。たとえば、ヘッセン州の州父母協議会の場合は次のようになっている。

　役員は郡父母協議会ないし市父母協議会の代表のなかから、その地域の生徒数を考慮して、3年間の任期で選出される。その数は15名で、学校の種別ごとに定数が定められている。基礎学校、基幹学校、特別学校、実科学校およびギムナジウムの代表が各2名、総合制学校と職業学校の代表が各3名、それに私立学校の代表が1名という構成である。この15人の役員のなかから議長と副議長が選ばれ、父母協議会は議長により招集、主宰される。

　他方、以上のような各段階の父母協議会の他に、下記のような組織もまた、現行法制上、親の学校教育参加の重要なルートをなしている。

〈2〉学校会議

　学校経営への参加・共同決定機関として、ニーダーザクセン州を除くすべての州で、「学校会議 (Schulkonferenz)」が設置されている。

これは学校の教育活動に対する教員・親・生徒の共同責任機関で、原則として、これら3者の代表によって構成されている。3者の構成比は州によって各様である。教員代表が過半数を占める州（バーデン・ビュルテンベルク州など）もあれば、親・生徒代表がマジョリティーを形成している州（ブランデンブルク州など）もある。3者の代表が同数の州もある（バイエルン州など）。校長が議長を務める場合が多い。
　学校会議の法的性質・学校組織権限上の位置づけは州によって異なる。バイエルン州などのように、意見表明・勧告権をもつにすぎないとしている州もあれば、ハンブルク州のように学校の最高審議・決定機関として位置づけている州も見られている[80]。
　ちなみに、ハンブルク州学校法（52条）はこう明記している。
　　「①学校会議は学校自治の最高審議・議決機関 (das oberste Beratungs-und Beschlußgremium der schulischen Selbstverwaltung) である。学校会議は生徒、親、教員……の協同を促進するものとする。
　　②学校会議は、学校のすべての重要事項について審議し、この法律の定める基準に従い、それらについて決定する」。

〈3〉教員会議への親の参加

　ドイツにおいては、ほとんどの州で学校の意思決定上、教員会議 (Lehrerkonferenz) はかなり強力な権限を有しているが、この教員会議への親・生徒代表の参加を制度化している州が存している。親・生徒代表はたいてい審議権をもつにすぎないが、表決権を与えている州もある（ニーダーザクセン州）。

〈4〉地方自治体の学校行政機関への親の参加

　多くの州で親代表の学校行政への参加が制度的に保障されている。たとえば、バーデン・ビュルテンベルク州では、学校の設置・廃止・学校財政など重要な学校事項について聴聞権をもつ「学校評議会 (Schulbeirat)」が設置されているが、そのメンバーに親代表が含まれている。

(4) 親の教育参加の範囲と限界

　親の参加は学校教育の様々な領域に及んでいる。それを事項別に整理する

と、教育目的の実現や教育活動の実施に関すること、学校における子どもの利益の保護に関すること、親自身の権利に関すること、それに学校と父母協議会との協力関係の維持・促進に関すること、などとなっている。

　このうち、教育目的や教育内容・方法などいわゆる「教育の内的事項」、したがってまたいわゆる「教育の専門的事項」の領域において親の参加が法認されていることは、注目に値しよう。具体例としては、すでに触れたヘッセン州のケースのほかに、たとえば、ベルリンでは親は授業計画の立案に際して参加権をもっているし、またザールラント州では成績評価基準について教員に、親に対する報告義務を課している。州父母協議会に教科書検定に関して文部大臣に提議する権利を認めている州もある（バーデン・ビュルテンベルク州）。それどころか、ハンブルク州においては、教育的に適格な親は授業の形成に参加できる、とまでされている。

　このように、親の学校教育参加は広範な領域に及んでいるが、教育行政機関や学校・教員の権限との関係で、その程度においては一定の制約に服していることはもちろんである。たとえば、父母協議会は教員の人事行政過程に原則として参加することはできない（ただしシュレスビッヒ・ホルシュタイン州では、校長選出機関である「校長選任委員会（Schulleiterwahlausschuß）」に父母代表の参加〈教員代表と同数〉が保障されている）[81]。また父母協議会には当然のことながら校長や教員に対する職務上の監督権や命令権がない。これとの関係で重要なのは、父母協議会は学校経営に直接的な介入をなしてはならない、とされていることであろう。

〈注〉

1　さしあたり、K. Liske, *Elternrecht und Staatliches Schulerziehungsrecht*, 1996, S.26ff.
2　青木宗也編『戦後日本教育判例体系』〈第1巻〉労働旬報社、1984年、345頁。
3　市川昭午編『教育改革の論争点』教育開発研究所、2004年、21頁以下。
4　参照：拙稿「教育法制における親と子の地位」日本教育法学会編『戦後50年と教育法学』(年報26号) 有斐閣、1997年、58頁以下。
5　BVerfG, Urt. v. 6. 12. 1972, In: SPE 2000, S.260.
6　H. Avenarius/H. Heckel, *Schulrechtskunde*, 2000, S.436.
7　中川淳一『親族法逐条解説』日本加除出版、1990年、423頁。

8　E. Stein/W. Joest/H. Dombois, *Elternrecht*, 1958, S.10.
9　田中耕太郎「教育権の自然法的考察」『法学協会雑誌』69巻2号、1951年、103頁。
10　J.W. Whitehead/W.R. Bird, *Home Education and Constitutional Liberties*, 1987, p.31.
11　兼子仁『国民の教育権』(岩波新書) 1971年、52頁。
12　兼子仁編『教育裁判判例集』東京大学出版会、1964年、79頁。
13　たとえば、ベルギー憲法24条、デンマーク憲法76条、フィンランド憲法82条、アイルランド憲法42条、ドイツ基本法6条、スペイン憲法27条、イタリア憲法30条。
14　芦部信喜・高橋和之補訂『憲法(第4版)』岩波書店、2007年、115頁。
15　相良惟一「両親の教育権の実定法的考察」『京都大学教育学部紀要』8号、1962年、177頁。
16　Meyer v. Nebraska, 1923, In: *E.C. Bolmeier, Landmark Supreme Court Decisions on Public School Issues*, 1973, p.11.
17　高柳信一「憲法的自由と教科書検定」『法律時報』41巻10号、1969年、57頁。
18　I. Richter, *Bildungsverfassungsrecht*, 1973, S.47.
19　H. Avenarius/H. Heckel, a.a.O., S.443. I. Röbbeln, *Zum Problem des Elternrechts*, 1966, S.17など。
20　U. Fehnemann, *Die Bedeutung des grundgesetzlichen Elternrechts für die elterliche Mitwirkung in der Schule*, In: AöR 1980, S.534. F. Ossenbühl, *Das elterliche Erziehungsrecht im Sinne des Grundgesetzes*, 1981, S.50-51.
21　利谷信義『家族と国家』筑摩書房、1987年、128頁。
22　H. Heckel, *Schulrecht und Schulpolitik*, 1967, S.176.
23　持田栄一『教育における親の復権』明治図書、1973年、168頁。
24　ケーフエ事件、1969年、L. Fischer/D. Schimmel/C. Kelly, *Teachers and the Law*, 1987, p.124.
25　兼子　仁『教育法』有斐閣、1978年、302頁。
26　同旨、U. Fehnemann, a.a.O., 1980, S.543.
27　文部科学省『教育委員会月報』2007年5月号、68頁。
28　東京都教育職員人事研究会編『東京都の教育職員人事考課制度』ぎょうせい、2002年、25頁。
29　野村幸司「検証・開かれた学校づくり推進委員会」『教育』1999年4月号、国土社、15頁以下。
30　『高知新聞』1999年10月3日付け。
31　『信濃毎日新聞』1999年3月8日付け。
32　文部科学省『教育委員会月報』2007年5月号、62頁。
33　『毎日新聞』2003年5月5日付け。
34　『朝日新聞』2003年7月12日付け。
35　八王子市のこの「保護者枠」は、その後、2007年6月に地教行法が改正されて、「地方公共団体の長は、……委員の任命に当たっては、……委員のうちに保護者……である者が含まれるようにしなければならない」(4条4項)と規定され(義務規定)、国法

レベルで制度化されるに至った (2008年4月1日から施行)。
36 文部科学省『教科書制度の概要』2003年、19頁。
37 文部科学省、同前、17頁。
38 『朝日新聞』1997年9月18日付け。
39 『毎日新聞』2001年7月4日付け。
40 『朝日新聞』2003年6月27日付け。
41 『朝日新聞』1993年5月28日付け。
42 『読売新聞』2002年2月22日付け。
43 『朝日新聞』1999年9月8日付け。
44 前出『信濃毎日新聞』。
45 『朝日新聞』2001年4月20日付け。
46 味村治他共編『法令用語辞典』学陽書房、2003年、316頁。
47 D. Margies u.a., *Allgemeine Schulordnung für Nordrhein–Westfalen*, 2001, S.396.
48 参照：W. Däubler, *Das Grundrecht auf Mitbestimmung*, 1973.
49 U. Fehnemann, a.a.O., S.545.
50 兼子　仁、同前書、303頁。
51 F. Ossenbühl, *Das elterliche Erziehungsrecht im Sinne des Grundgesetzes*, 1981, S.97.
52 H. Avenarius/H. Heckel, *Schulrechtskunde*, 7Aufl. 2000, S.117-118.
53 T. Böhm, *Grundriß des Schulrechts in Deutschland*, 1995, S.5.
54 持田栄一『教育における親の復権』明治図書、1973年、94頁。
55 社会教育審議会報告『父母と先生の会のあり方について』1967年6月。
56 文部科学省『教育委員会月報』2000年4月号、35頁。
57 宮原誠一『PTA 入門』国土社、1986年、54頁。
58 日本PTA全国協議会『日本PTA 50年の歩み』、http://www.nippon-PTA.or.jp。
59 さしあたり、有倉遼吉・天城　勲『教育関係法Ⅰ』日本評論新社、1958年、456頁。
60 日本PTA全国協議会、前出。
61 さしあたり、N. Niehues/J. Rux, *Schul–und Prüfungsrecht*, 2006, S.233ff.
62 宮坂広作「PTA」細谷俊夫他編『新教育学大辞典』第一法規、1990年、28頁。
63 詳しくは参照：拙著『学校教育における親の権利』海鳴社、1994年、82頁以下。
64 永畑道子『新PTA 読本』岩波ブックレット、No.32、1984年、9頁。
65 兼子　仁、同前書、有斐閣、1978年、305頁。
66 兼子　仁、同前書、306頁。
67 たとえば、大木　薫「PTA 広報――見栄えより表現の自由を」『朝日新聞』2003年6月28日付け。
68 参照：今橋盛勝「学校父母会議（父母組合）の結成を」『世界』1990年5月号、岩波書店、23頁以下。
69 J. Staupe, *Schulrecht von A–Z*, 2001, S.149ff.
70 禰津義範『PTA 改革の課題』国土社、1979年、10頁以下。
71 日本PTA全国協議会、前出。

72 森田昭司「役割増すPTA」『日本教育新聞』2004年2月27日付け。
73 この調査について詳しくは参照：結城　忠・屋敷和佳・本多正人「地方教育行政の在り方に関する総合的調査研究」、文部科学省『教育委員会月報』2001年3月号、37頁以下。
74 K. Diedrich, *Elternhaus und Schule*, 1961, S.9-10.
75 F. Blättner, *Das Elternrecht und die Schule*, 1927, S.66ff.
76 E. Stein, *Elteliche Mitbeteilung im deutschen Schulwesen*, In: JZ 1957, S.121
77 K. Nevermann, *Der Schulleiter*, 1982, S.209ff.
78 BverfG, Urt. v. 6.12.1972, In: SPE 2000, S.117-118.
79 H. Avenarius/H. Heckel, *Schulrechtskunde*, 2000, S.117-118.
80 J. Staupe, *Schulrecht von A–Z*, S.326ff.
81 詳しくは参照：拙稿「ドイツの学校法制と学校法学(1)」季刊『教育法』134号、2002年、61頁以下。

第13章　私学の自由と公共性の法的構造

第1節　私学の存在理由

1.「自由な学校」としての私学

　私立学校は言うまでもなく国公立学校に対する概念であって、私営の学校、つまり私人ないしは私的団体がその費用で設立し、維持する学校のことを言う。

　より本質に即した言い方をすれば、私立とは本来「私的主体によって自由なイニシアティブによって設置・経営され、そこにおける教育は自己責任において行われ、くわえて親ないし児童・生徒によって自由に選択されうる学校」と捉えられよう[1]。

　この点、ドイツにおいて、私学が別名「自由な学校(Freie Schule)」ないし「自由な主体による学校(Schulen in freier Trägerschaft)」と呼称され、そしてそれは既に実定法上の概念になっているのが象徴的である[2]。

　ちなみに、これについて、ドイツの有力な私学法制書には下のような記述が見えている（要約）。

　　「19世紀に至るまで、私的な教育施設は、一部特定層の私的な教育要求に奉仕してきた。しかし、今日においては、教育は公的な課題(öffentliche Aufgabe)に属している。とすれば、私的目的の追求をもっぱらとするかのような私立（私的な）学校(Privatschule)という名称はわが国の教育景観にはもはやなじまない。非国公立の、私立の学校については、"自由な主体による学校"あるいは"自由な学校"という名称こそがふさわしい」[3]。

　わが国の場合は、学校を設置できるのは国、地方公共団体および法律に定

める法人に限られており（教育基本法6条1項）――ただし、私立の幼稚園については、当分の間、学校法人以外の法人または個人も設置することができることになっている（学校教育法附則6条）――そこで、現行法制上は、「私立学校とは学校法人の設置する学校をいう」（学校教育法2条2項・私立学校法2条3項）と定義されている。設置主体の如何だけにかかわる形式的な私学の概念規定である。

なお付言すると、いわゆる「教育における規制緩和」の一環として、2003（平成15）年6月、株式会社やNPO法人による学校の設立が可能となり、またその後、協力学校法人という制度も創設されたが、この問題については後に「私学設置の自由」として言及するので、ここでは立ち入らない。

2. 私学の意義と役割

ところで、教育史をひもとけば知られるように、各国の教育制度は歴史的に私教育制度から公教育制度へと発展し、今日では、オランダやベルギーのような「私学優位国」は例外として[4]、私学の占める比重が量的にはかなり減少しているのが一般的である。（旧）社会主義国やアフリカの一部の国では私学は存在しない（しなかった）[5]。

しかし、わが国をはじめ大多数の自由・民主主義国家においては、「思想・良心の自由」、「信教の自由」、「教育の自由」（親の教育の自由）といった一連の市民的自由の保障を前提とし、また「教育における価値多元主義(Bildungspluralismus)」という要請もあって、私学の存在が容認され、それどころか積極的に評価されている。その理由は、ひとことで言えば、私学は学校教育に多様性と革新をもたらし、そのことは同時に、ドイツ憲法裁判所の判旨にもあるように、「人間の尊厳の尊重に立脚する、自由で民主的な基本秩序という価値概念に対応する」[6]ものだからである。

ちなみに、この点、「国公立学校の教育が平等と社会的統合の原理に基づいて組織されるのに対し、私立学校の教育は自由と社会的多様性の原理に基づいて存続する」と捉えられているところでもある[7]。具体的には、以下のような私学の類型を見ることによってその内容が明らかとなる[8]。

第1は、宗教的私立学校。歴史的に私学の主流を占めるもので、欧米の私学の大半はこれに属する。わが国にも仏教系やキリスト教系の私学は少なくない。わが国をはじめアメリカやフランスなどでは国公立学校における宗教教育は禁止されており（教育基本法15条2項）、そこで「信教の自由」（憲法20条1項）保障とかかわって、また子どもの「宗教教育をうける権利」ないし「親の宗教教育権（Das konfessionelle Elternrecht）」にも対応して、このような私学の存在意義は大きい。

　第2は、特定の教育思想や教育方法にもとづいて独自の教育実践を行う私学。いわゆる実験学校もここに含まれる。ドイツの教育学者R.シュタイナーがその教育哲学（人智学）を基に設立した（1919年）自由ヴァルドルフ学校（Freie Waldorfschule：通称・シュタイナー学校）やA.S.ニイルの創設（1921年）にかかるサマーヒル・スクール（イギリス）は世界的に有名であり、わが国では自由の森学園（埼玉県）や「きのくに子どもの村学園」（和歌山県）などを挙げることができよう。「学校改革への貢献としての私学（Freie Schule als Beitrag zur Schulreform）」[9]という書名が端的に示しているように、多くの教育的改革は私学から始まって徐々に国公立学校に推及していった、という事実をここでは指摘しておきたい。私学は教育改革・学校改革のパイオニアである、と言うことができる。

　第3は、建学者の強烈な思想にもとづいて設立されたもので、いわゆる「建学の精神と独特の校風」を標榜する私学。今日ではその度合はかなり弱まってはいるが、慶応や早稲田に代表される。こうした私学が果たしてきている役割はいまさら言うまでもあるまい。

　第4。入学者の選抜や教育指導上の独自の工夫によって、公立学校よりも「卓越した教育」（エリート教育を含む）を提供する私学。いわゆる「進学校」と称されている私学で、その例は枚挙に暇がない。

　第5は、国公立学校の補完的私学。これには、国公立学校の教育内容を質的に補うものと、国公立学校の量的不足をカバーするものの2種類がある。ただ前者は、正規の学校（いわゆる1条校）には属さない専修学校や各種学校である場合が多い。

以上、要するに、私学の積極的な存在意義は、国公立学校では不可能な、あるいは容易に期待できないユニークな教育を提供することにあると概括できよう。それは、法的な観点から捉えると、「国家の学校独占 (staatliches Schulmonopol)」の否定とその裏腹の「教育の自由」の保障を前提に、親の教育権と生徒の学習権、なかでも学校 (私学) 選択権と「独特な私学教育をうける権利」に対応するものである[10]。

ただわが国の場合は、歴史的にも今日においても、欧米諸国の私学と比較した場合、私学教育の独自性は相対的に乏しく[11]——「限りなく予備校にちかい私学」における受験教育や特待生制度に依拠してのいわゆる「準プロ・スポーツ校」などはともかく——、基本的には、国公立学校の量的補完をその存在理由としてきている私学が少なくないと評されよう。この類の私学が多いことに、他国には見られない特異性がある。

第2節　私学の自由

1. 憲法上の基本権としての私学の自由

既に述べたように、私学の積極的な存在意義は国公立学校におけるのとは異質な私学教育の独自性に求められるが、そのためには私学は自由でなくてはならない。つまり、「私学の自由 (Privatschulfreiheit)」が法的に保障されていなければならない。それ自体が不自由な私学にどうして特色ある教育が期待できよう。それに、そもそも「私学は学校制度において自由という理念を実現することによって、その存在が正当化される」[12]ということが何よりも重要である。

そこで、西欧においてはこの「私学 (教育) の自由」を憲法上明文でもって保障している国が少なくない。「憲法上の基本権としての私学の自由」という位置づけである[13]。

たとえば、オランダ憲法 (1983年) には、こう書かれている (23条)。

「何人も、当局の監督権を侵すことなく、……教育を与えることは自由とする」(2項)。「私立学校については、宗教その他の信条に応じて教育を与えることができる自由に十分配慮するものとする」(5項)。「私立

学校の助手を選び適任と考える教師を任命する自由を尊重するものとする」(6項)。

またイタリア憲法 (1947年) も「団体および私人は、学校および教育施設を設ける権利を有する。法律は、……非国公立学校の権利および義務を定めるにあたり、それに対して完全な自由を保障しなければならない」(33条) と規定している。

日本国憲法には「私学の自由」(ないし「教育の自由」) を直接明文で謳った条項は見当たらない。しかし、欧米の近代憲法原理を踏まえて制定されたわが憲法がこれを保障していない筈はなかろう。

これについてはまず、「私学の自由」の歴史的な沿革に注目する必要がある。歴史的には、それは「思想・信条の自由」と深く結合した精神的自由権として生成・発展したもので、その実体は「親の教育の自由」に強く対応した「宗教的私学の自由」にほかならなかった。こうした歴史的経緯からすると、「私学の自由」は「思想および良心の自由」(19条)、「信教の自由」(20条)、「表現の自由」(21条) といった一連の精神的自由権の保障に含まれ、また憲法13条 (幸福追求権) の保障内容に含まれている「親の教育権」に根拠を有すると解してもよかろう。さらに「教育をうける権利」には「ユニークな私学教育をうける権利」が包含されているから、憲法26条に「私学の自由」の根拠を求めることもできよう。

他方、「公の性質」(教育基本法6条1項) を要求されているとは言え、私学が本質的には「私的事業」であるということからすれば、それは経済的自由の一環をなす「営業の自由」(22条1項・29条1項) によってカバーされていると言えなくもない。

ただ、以上はあくまで憲法上に明文の根拠規定を求めた場合であって、「私学の自由」の第一次的な根拠とするにはやや間接に過ぎるとの批判も生じよう。「私学の自由」はそれ自体として積極的な存在意義を有しているものだからである。

とすれば、その直接の根拠は「憲法的自由」に求めるのがもっとも妥当であろう。これは、憲法の自由権条項は「人類の自由獲得の努力の歴史的経験

に即し、典型的なもの」を例示的に掲げているのであって、「列挙した自由以外のものはこれを保障しないという趣旨ではない」。これら以外の自由も「一般的な自由または幸福追求の権利の一部として広く憲法によって保障されている」とするものである[14]。「私学の自由」はこうした「憲法的自由」の一つとして、それ自体憲法による保障を受けていると解される[15]。

ちなみに、最高裁判所もいわゆる「学テ判決」〈昭和51・5・21〉において、憲法上の根拠条項を示すことなく、「親の教育の自由」とともに、「私学教育における自由も……一定の範囲においてこれを肯定するのが相当である」との判断を示している[16]。

なお、このような憲法による保障もさることながら、「私学の自由」は根元的には上述した私学の存在意義に由来して、自由民主主義体制自体によって根拠づけられている、ということが重要である。

ここで、ナチス・ドイツにおいては私立学校制度が全面的に解体された[17]、という事実を想起しよう。「私学の存在は民主主義の存否を測定する一つの尺度となり得る」[18]といわれる所以である。

2. 私学の自由の内容

それでは、「私学の自由」には具体的にどのような内容が含まれているのか。大きく、次の3点を挙げることができる[19]。

(1) 私立学校を設立する自由

先に触れたように、私学の存在は決して自明のことではない。私学を全面的に禁止している国も見られる。そこでまず、この点を確認して、たとえば、ドイツ基本法(1949年)は、「私立学校を設置する権利は、これを保障する」(7条4項)と規定する。いわゆる「国家の学校独占」の憲法上の否定である。とは言っても、国民各人が勝手に私学を設置できるわけではない。設置に際しては様々な要件が法定され、しかもわが国の場合、既述したように、設置主体は原則として学校法人だけに限られている[20]。

(2) 私学における教育の自由

　特定の宗教観や教育思想などにもとづいて独自の教育を行える自由である。宗教教育の自由、実験教育の自由、教育目的・教科・教育課程設定の自由、教材・教具選定の自由、教育方法の自由などがこれに属する。言うまでもなく、ここにこそ私学教育の本領がある。

　このうち、宗教教育の自由については、現行法制上も確認的に規定されている。教育基本法15条2項は「国及び地方公共団体が設置する学校は、特定の宗教のための宗教教育その他宗教的活動をしてはならない」と書いて、裏腹に私学におけるそれを認めているのである。そして実際、私学では宗教をもって道徳教育に代えてよいことになっている(学校教育法施行規則50条2項)。

　なお、私学が建学の精神や独特の校風にもとづいて、独自の学内・生徒規律を設定したり、学校運営をする自由(独自の教育的校風を形成する自由)もここに含まれよう[21]。

　ところで、この私学における教育の自由とかかわって、学習指導要領は私学に対しても拘束力をもつか、という問題がある。

　学習指導要領の法的性質について、先に引いた最高裁「学テ判決」は「全体としてはなお大綱的基準としての性格をもつ」との判断を示している。よしんばこの見解に与するとしても、言うところの法的基準性は、私学に対しては、その範囲および強度ともに、公立学校の場合よりも縮減し弱化することになる。この場合、国家の学校教育権＝教育主権は「私学の自由」と法的緊張関係に立ち、憲法上、この自由によって制約されるからである。

　参考までに、ドイツにおいては、「私学の自由」の憲法上の保障効果として、通説・判例上、学習指導要領は私学に対しては法的拘束力をもちえないと解されている[22]。

(3) 教員や生徒を選択する自由

　国公立学校においては、教員の採用や生徒・学生の入学に当たって、たとえば思想・信条を理由として、特定の人を優先的に取り扱うことはできない。「すべて国民は、法の下に平等であって、人種、信条、性別、社会的身分又

は門地により、政治的、経済的又は社会的関係において、差別されない」(憲法14条1項)からである。

ところが、私立学校の場合はやや事情を異にする。入学者の選抜について言えば、受験生自身の能力や適性以外の要因を入学者選抜基準にすることができる。たとえば、宗派的私学がその宗派の子弟を優先的に入学させても直ちに憲法違反とはならない。このような自由もまた憲法によって保障された「私学の自由」に含まれているからである。

しかし、私学に要求されている「公共性」との関連で、現実にどこまでがこの自由によってカバーされるかが問題となる。これは、結局は程度問題だから、それぞれのケースについて多角的な観点から総合的に判定していく以外にない。ただ私学が独自の選抜方法を採用している場合には、生徒・学生の募集に当たって、それを明示しておかなければならないであろう。なお、教員の採用や雇用関係においても、いわゆる「傾向経営(Tendenzbetrieb)」の理論の適用の可否はともかく、原則的には、上述した考え方がおおむね当てはまる。

第3節　私学の公共性

1. 公教育機関としての私学

私立学校は基本的には私人や私的団体の発意と自己責任にもとづいて設置・経営されるものだから、本来、それは私的機関であって、そこにおける教育は私教育に属する。現に欧米においては、歴史的に、私学教育は「国家の学校監督から自由な私教育」とされてきたし、今日においても、たとえば、フランスやスペインなどにおいては基本的にはそうである。

ちなみに、たとえばスペインでは、「教育の自由」と「私学の自由」の憲法によるダブル保障を受けて(27条1項・6項)、公費助成を受けるために国と契約を締結した私学はともかく、そうでない私学(「承認を受けていない私学〈centro no concertado〉」と称する)は国家的規制としてはただ学校設置の認可手続だけに服しているにすぎない[23]。

ところがわが国においては、現行法制上、私立学校は公教育機関として位

置づけられており、私学教育は公教育に包摂されている。旧教育基本法は「法律に定める学校は、公の性質を有する」(6条1項)と規定していたし、新教育基本法もこの点を改めて確認しており(8条)、さらに私立学校法も「私学の公共性」を高めることをその主要な目的としているところである(1条)。

　こうして公教育機関たる私立学校は、一方では「私学の自由」を享有しながらも、他方ではその公共性に起因して、教育基本法をはじめ学校教育法令の適用を国公立学校と基本的には同様に受け、所轄庁の監督下に置かれている。

　たとえば、設置に当たっては設置基準にもとづく認可を要し、教育課程に関しては宗教教育を除いて公教育法令に則ることを要求され、教員の資格要件も国公立学校教員の場合と何ら異ならない。学校法人の経営組織や収益事業などに対しても監督がなされ、一定の事由がある場合には、所轄庁は学校法人に対して解散を命ずることもできる(私学法62条)。くわえて、平成17(2005)年4月には「私学の公共性」をより高めるために、学校法人における管理・運営制度、財務情報の公開、私立学校審議会の構成などに関し、私立学校法が改正されたところでもある(10条・38条・47条など)。

　ところでこの場合、私学の公共性の根拠については、大きく、以下のような二様の見解が見られている。

　一つは、学校教育＝国家の専属事業説。私立学校法の制定に携わった文部省関係者の見解である。それによると、「学校教育は国家の専属事業であり、国が自ら行う場合の外は、国の特許によってのみこれを経営することができると解される。したがって、私立学校は、国が自ら行うべき事業を、国に代わって行っているものと解せられるから、私立学校は公共性を有する」[24]とされる。

　しかしこうした見解は、学校教育権を国家が独占的に掌握し、教育の自由は否認され、「国家的事業としての私学」[25]という位置づけがなされていた明治憲法下においては妥当しえても、現行法制下においては到底容認できるものではない。既に詳しく見た通り、日本国憲法は国民の基本的人権として「私学の自由」を保障していると解されるのであり、そしてそれには「私学設

置の自由」が当然に包含されているからである。
　次に、学校教育事業＝公的事業説。こう説かれる。
　　「系統的学校制度において実現される学校教育事業は、国民全体のものであるという基盤の上にたって行われるとき、公的事業であり、公共のために行われるものであるということができ、それ故に、公の性質をもつ」[26]。
　やや一般的かつ抽象的な表現ではあるが、この限りでは確かにその通りであろう。
　しかし問題は、なぜ、私学にも「公共性」が求められるのか（あるいは私学は公共性を有しているとされるのか）、そしてそれは私学（教育）にとってどのような意味をもつのか、その場合、私学の存在意義・私学教育の独自性や「私学の自由」との関係はどうなるのか、ということである。
　私学（教育）が公共性ないし公益性を有していると見られるのは（あるいは私学にそれが期待されるのは）、自由・民主主義憲法体制下、「教育における価値多元主義」を前提として、私学が第一義的には「親の教育の自由」（とくに宗教教育権・教育の種類の選択権）と「子どもの教育をうける権利」（ユニークな私学教育をうける権利・宗教教育をうける権利）に対応して、これら個人的権利の保障に任ずると同時に、「自律（自立）し成熟した責任ある市民＝パブリック・シチズンの育成」、したがってまた自由で民主的な社会や国家の維持・発展という社会公共的な課題を担っている（担うことが求められている）からである。私学は単に子どもや親の個人的便益に応えるだけではなく、公共的便益・社会的需要に資することも期待されている、と言い換えてもよい。ドイツの学説を借用すれば、「私立学校もまた公共的な教育課題 (öffentliche Bildungsaufgaben) を担っており、かくして公教育制度に参画している」ということにほかならない[27]。だからこそ親以外の国民の負担にもかかる公費によって私学補助がなされているのであろう。
　ちなみに、この点、ドイツのバーデン・ビュルテンベルク州憲法は端的に、こう明記している。
　　「公の需要 (öffentliches Bedürfnis) に応え、教育的に価値があるものとして認

められ、かつ公益に立脚した教育をしている私立学校 (Auf gemeinnützige Grundlage arbeitende Privatschulen) は、……財政的な負担の均等を求める権利を有する[28・29]」(14条2項)。

そして、これを受けて、私立学校法が「私立学校は……州の学校制度を豊かする (bereichern) という公共的課題に資するものとする。私立学校は自由な学校選択の機会の提供を補い、また独特な内容と形態の教育を行うことによって学校制度を促進するものである」(1条)とのべるところとなっている。

なお、ここで重要なのは、私学の存在意義ならびに「私学の自由」保障とかかわって、言うところの社会公共的な教育課題の遂行として私学に求められているのは、国公立学校教育との「等価値性(Gleichwertigkeit)」であって、「同種性(Gleichartigkeit)」ではないということである。

表現を換えると、教育目的・内容、組織編制、教員の資質などに関して私学には国公立学校との等価値性が要求されるということであり、この要件を具備することがすなわち私学が公共性をもつということなのである。

かくして、言うところの「私学の公共性」にもとづくパブリック・コントロールは「私学教育と国公立学校教育との等価値性」を確保するための、必要かつ最小限の措置に限定されなくてはならない、ということが帰結されることになる。

2. 私学の公共性と私学助成

改めて書くまでもなく、憲法89条は公の支配に属しない教育の事業への公金支出を禁止している。そこで、私学補助はこの条項に違反して違憲ではないかということが長い間論議の的となってきた。私立学校が「公の支配 (public control)」に属しているか否かが問題とされたわけである。

これについては、1950年代、違憲説に立つ有力な憲法学説も見られたが[30]——私立学校法制定直前まで政府は私立学校は「公の支配」に属しているか疑義もあるとの見解をとっていたが、同法の制定に当たって解釈を変更した——、今日では私学助成は合憲だということで、学説・批判上、既に一般的な合意が成立していると言ってよい[31]。

しかし正確には、私学に対する公費助成は、とくに高校以下の教育段階(なかでも高校)にあっては、合憲であるばかりか、より積極的に憲法の要請するところと捉えられる。憲法の社会国家理念を背景とし、具体的には、「法の下の平等原則」(憲法14条)、「教育をうける権利」・「教育の機会均等原則」(憲法26条1項)ならびに「親の教育権」(憲法13条)保障などからの要請である[32]。

敷衍して言えば、現行の私学助成法制は「国または地方公共団体は、教育の振興上必要があると認める場合には……私立学校教育に関し必要な助成をすることができる」(私立学校法59条)と書いて、私学に対して助成するかどうかの判断を助成主体の裁量に委ねているが〈行政の裁量に委ねられた私学助成〉、しかし「私学の自由」および「私学の公共性」について上述したところを踏まえての、憲法の上記各条項の体系的・構造的解釈からは、私学教育法の規範原理として、私学に対する公費助成は、高等教育段階はともかく、高校以下(なかでも高校)におけるそれは、憲法上の権利(私学助成請求権)ないし憲法上の義務(国・地方自治体の私学に対する助成義務)として措定されていると解される。

ここで高等教育と中等教育以下をいちおう区別し、なかでも高校にあってはと限定したのは、主要には、下記の理由による。

①「高等教育をうける権利」は「営業の自由」「職業の自由」(憲法22条・29条)と強く呼応し、経済的自由権としての性格を濃厚に帯びている。

②義務教育段階においては教育の無償制が実施され、また子ども・親は積極的な私学選択権を享有している。

③高校卒業が職業上の様々な資格取得の条件とされ、くわえて高校教育が「準義務教育化」している今日、高校教育は「社会人として自立するための基礎教育」と見られるのであり、かくして「高校教育をうける権利」は第一次的にはなお社会権的基本権の範疇に属していると捉えられる。

とは言え、この問題は多分に立法政策上の課題にも属しており、したがって、上記に言う私学助成請求権は現行法制上は具体的権利ではなく、背景的権利として措定されている、と見るのが妥当であろう。

以下、この点について若干の比較法制的な補強をしておきたいと思う。

まず徹底した「教育の自由」保障で世界的に名高いオランダにおいては、「教育の自由」は教育における最重要で基幹的な法制度原理をなしてきている。1848年の憲法は「教育の自由」とともに「私学の自由」も明記していたし(201条)、現行憲法においても同様である(23条)。そして1917年の憲法改正以来、「私学の自由」に現実的・財政的基盤を与えるために、私立学校も公立学校と同じく公費によって設置・管理運営されるという「私学と公立の財政平等の原則」が憲法上の原則として確立している(国庫負担金としての私学助成)[33]。

またドイツでは、「私学の自由」の憲法による保障を受けて、私学助成請求権が憲法上の権利として、多くの州憲法によって明記されている。

たとえば、ノルトライン・ウェストファーレン州憲法は「私立学校は公立学校と同じような権利を有する。私立学校はその任務を遂行し、またその責任を履行するために必要な公的助成を請求する権利 (Anspruch auf erforderlichen öffentlichen Zuschüsse) を有する」と謳っているし(8条4項)、バーデン・ビュルテンベルク州憲法の規定例は先に引いたところである。

そしてこのような実定法制を受けて、「憲法上の権利としての私学助成請求権」は、1966年以降、連邦行政裁判所によっても確認されており、また連邦憲法裁判所も1987年に「基本法7条4項(私学設置権・私学の自由)は国に対して私立学校を支援する義務を課したものである」と判示して、私学に対する国の憲法上の支援義務を確認している[34]。

さらにベルギーにあっては1831年の憲法によって「教育の自由」が保障されたが、現行憲法もこれを継受するとともに(17条1項)、新たに「親の学校(私学)選択権」(同条同項)と「教育をうける権利」(17条3項)ならびに義務教育の無償制を憲法上明記した。1989年以来、教育に関する権能は原則として「共同体」(ゲマインシャフト)に属しているが、子どもの道徳教育・宗教教育をうける権利に対応して、憲法は共同体に対してその費用負担義務を定めている。かくしてベルギーにおいては憲法のこれらの条項から私学の公費助成請求権が導かれるとされており、私学は「国・共同体から財政支援をうけた自由な学校」として位置づけられている[35]。

なお、「私学の自由」と「私学助成」の関係について、1984年、ヨーロッパ

議会が次のような格調の高い決議をしている。

「教育の自由権から本質かつ必然的に (wesensnotwendig)、この権利の現実の行使を財政上可能にし、また私学に対しては、私学がその課題を達成し、義務を履行するために必要な公費助成を、それに対応する公立学校が享受しているのと同じ条件で、保障する加盟国の義務が導かれる」[36]。

「私学の自由」と「私学助成」は相容れない原則ではなく、むしろ「私学の自由」に財政的基盤を与えるものとして「私学助成」があり、かくして「私学の自由」保障から、国家の私学に対する助成義務が導かれるというのである。

なお、これまで述べてきたこととかかわって、以下について付言しておきたいと思う。わが国においては従来、私立学校に対する公費助成の根拠はひろく「私学の公共性」に求められてきたが (既述)、「私立学校をとりまく環境の変貌」を踏まえ、私学助成の根拠として、「公共性よりも自主性・独自性を前面に打ち出すべきである」とし、また「公財政支出節減への寄与が助成の有力な根拠となる」とする有力な学説が見られているということである。こう述べている[37]。

「私学の自主性は学校教育全体の多様性を生み、それが人々の選択の可能性を増大させるなど、独自性の発揮が広い意味での公共性の推進となる場合が十分ありうる」。

「現在のように、財政が国も地方も未曾有の危機に陥っている場合、政府にとっては私学存在の最大のメリットは、公財政支出の節減に寄与してくれることである」[38]。

現行実定法制の解釈論としてはともかく、私学助成の政策論ないし運動論としては傾聴に値する見解だと評されよう。

〈注〉

1　H. Avenarius/H. Heckel, *Schulrechtskunde*, 7Aufl. 2000, S.196.
2　たとえば、バーデン・ビュルテンベルク、ヘッセン、ラインラント・プファルツ、旧東ドイツ諸州などの学校法や私立学校法は、従来の「私立学校」(Privatschule) という用語に代えて、Schulen in freier Trägerschaft という名称を用いている。旧来の「私」学概念が批判的に検証され、廃棄されるに至っているドイツの私学法制現実は刮目に

値しよう。
3 J.P. Vogel, *Das Recht der Schulen und Heim in freier Trägerschaft*, 1997, S.4.
4 2000年現在、オランダにおける私学と公立の割合（児童・生徒数）は、初等学校で68対32（％）、中等学校で73対27（％）となっている（Ministry of Education, Culture and Science, *Education, Culture and Science in the Netherlands*, 2001, P.37, P.47）。
5 ロシア・ポーランド・ハンガリー・チェコなどのヨーロッパの旧社会主義国はもとより、中国でも、市場経済の導入・自由化経済の推進で、今日、私学が容認されるに至っている。たとえば、中国では1995年の中華人民共和国教育法により「民営学校」の設置が認められるに至った。
6 BVerfGE27, 195, zit aus J.P. Vogel, a.a.O., S.5.
　F-R. ヤーハによれば私学は学校の多様性と教育制度の豊富化をもたらし、かくして「人格の自由かつ包括的な発達権」に応えている。機会均等の原則が機会の多様性によって補充された教育制度だけが、今日、青少年の発達上の要請に応えることができるという（F-R. Jach, *Abschied von der verwalteten Schule*, 2002, S.92）。
7 岩木秀夫「私学教育」、日本教育社会学会編『新教育社会学辞典』東洋館、1986年、334頁。
8 参照：市川昭午『教育行政の理論と構造』教育開発研究所、1975年、131-132頁。
9 K.G. Pöppel (Hrsg.), *Freie Schule als Beitrag zur Schulreform*, 1977.
10 ドイツ連邦憲法裁判所の判旨によれば、「私学の自由」は憲法上、人間の尊厳（基本法1条1項）、自由と自己責任における人格の発展（2条1項）、信教・良心の自由（4条1項）、国家の宗教的・世界観的中立性および親の自然的教育権（6条2項）保障に対応するものである（zit. Aus. F.R. Jach, *Schulvielfalt als Verfassungsgebot*, 1991, S.48-49）。
11 俵正市『改正私立学校法』法友社、2006年は、わが国の私学の特性は、①宗教教育その他宗教的活動をすることができる。②義務教育においても授業料を徴収できる。③通学区域の制限なく、児童・生徒を募集できる、ことにあるという（16-17頁）。
12 H. Heckel/P. Seipp, *Schulrechtskunde*, 5Aufl. 1976, S.135.
13 F.R. ヤーハによれば、「教育の自由」、したがってまた「私学の自由」は西ヨーロッパのすべての国で憲法の構成要素をなしており、したがってこの自由を明記していない国においても当然に憲法上の保障をえているという（F.R. Jach, *Schulverfassung und Bürgergesellschaft in Europa*, 1999, S.91）。
14 高柳信一「憲法的自由と教科書検定」『法律時報』41巻10号、1969年、57頁。
15 兼子　仁『教育法』有斐閣、1978年、219頁も「日本国憲法上は私学設置の自由は、憲法的自由として条理解釈されよう」とする。
16 青木宗也他編『戦後日本教育判例大系』労働旬報社、1984年、345頁。
17 K.I. Flessau, *Schule der Diktatur*, 1979, S.21.
18 田中耕太郎『教育基本法の理論』有斐閣、1969年、662頁。
19 参照：F. Müller, *Das Recht der Freien Schule nach dem Grundgesetz*, 1982, S.49-50.
20 私学設置権の主体・内容・強度は各国の私学法制によって異なる。西欧諸国においては私人にもこの権利が保障されているのが通例であり、また例えばデンマークでは

私学の設置に際して単に届出義務が課されているにすぎない（F.R. Jach, a.a.O., S.189）。
21　B. Pieroth/B. Schlink, *Grundrechte Staatsrecht II*, 2003, S.171 はこの面における私学の自由を、さらに①外的学校経営の形成権（学校・授業の組織編制）、②内的学校経営の形成権（教授要綱の定立、教育目標の設定、教材・教具の選定など）に区分している。
22　さしあたり、I.v. Münch/P. Kunig (Hrsg.), *Grundgesetz-Kommentar*, 2000, S.562。ちなみに、自由な授業形成を認めない学校監督は私学の自由の本質的な核（Wesenskern）を侵害し、基本法に抵触するとされる（J.A. Frowein, *Zur Verfassungsrechtlichen Lage der Privatschulen*, 1979, S.24）。
23　Eurydice, a.a.O., S.33. また、この点と関連して、ドイツ連邦憲法裁判所もこう判じている。「基本法7条4項（私学の自由）は国家の影響を免れる領域（Der dem staatlichen Einfluß entzogene Bereich）としての私立学校制度を保障している。そこにおける教育は自己責任によって刻印され、かつ形成される。とくに教育目的、世界観的基盤、教育方法および教育内容に関してはそうである」（zit. aus. M. Sachs (Hrsg.), *Grundgesetz-Kommentar*, 4 Aufl. 2007, S.408）。
24　福田繁・安嶋　彌『私立学校法詳説』玉川大学出版部、1950年、27頁。
25　この点、行政法学の泰斗美濃部達吉はこう書いている。「私立学校ハ……国家的事業タル性質ヲ有スル」、「（それは）国家的性質ヲ有シ国家ノ特許ニヨリテノミ私人ニ於テ之ヲ設立シ得ベキモノ」（『行政法撮要』〈下巻〉有斐閣、1932年、495頁）。
26　有倉遼吉・天城　勲『教育関係法III』日本評論社、1958年、92頁。なお私学関係者もこの見解を強く支持している（たとえば、東京私学教育研究所『私学の性格についての研究』1993年、4-7頁）。
27　J.P. Vogel, a.a.O., S.3.
28　ドイツにおいても私学には「公益性」（Gemeinnützlichkeit）が求められており、かかる「公益に資する学校」（gemeinnützige Schule）は一定の要件下で私学助成請求権を有し、また税法上の特権を享有している。なお、ここで「公益に資する」とは、利潤の追求ではなく、宗教的、世界観的、教育的な目的の追求をもっぱらとすることをいう（H. Avenarius/H. Heckel, a.a.O., S.202）。
29　この点、オーストリアにおいては、「私学の公共性」はさらにクリアで、憲法が「私立学校には公権（Öffentlichkeitsrefht）が賦与される」と明記している（14条7項）。その意義については、参照：M. Juranek, *Schulverfassung und Schulverwaltung in Österreich und in Europa*, 1999, S.246.
30　たとえば、宮沢俊義『日本国憲法（コンメンタール1）』日本評論社、1955年、741頁など。
31　さしあたり、戸波江二『憲法（新版）』ぎょうせい、1998年、478頁。兼子　仁、前出書、243頁など。判例では、たとえば、東京高裁判決・平成2年1月29日：高橋・長谷部・石川編『憲法判例百選II（第5版）』有斐閣、2007年、221頁。なお関連して、文部省（当時）はかつてフリー・スクールや英語塾に対する財政支援を行ったが、財政支出の名目はどうであれ、これは憲法89条違反の疑いが強い。
32　憲法13条が保障する「幸福追求権」の保護法益には親の自然法的教育権が含まれていると解される。詳しくは参照：拙著『学校教育における親の権利』海鳴社、1994年、

63頁以下。
33 詳しくは参照：拙稿「オランダにおける教育の自由と学校の自律性(1)-(5)」『教職研修』教育開発研究所、2004年5月号-2004年10月号。
34 F. Hufen/J.P. Vogel (Hrsg.), *Keine Zukunftsperspektiven für Schulen in freier Trägerschaft?*, 2006, S.17ff.
35 F.R. Jach, *Schulverfassung und Bürgergesellschaft in Europa*, 1999, S.176ff.
36 Entschließung des Europäischen Parlaments v. 14.3.1984. Ziffer 9. In: S. Jenker (Hrsg.), *Das Recht auf Bildung und die Freiheit der Erziehung in Europäischen Verfassungen*, 1994, S.88.
37 市川昭午「私学への負担金（私学助成）についての理論的考察」東京私学教育研究所『所報』67号（2002年3月）、50-56頁。
38 実際、市川氏の計算によれば、いささか以前になるが、平成10年度について見ると、私立学校が存在することによって、国・地方の学校教育費は6兆7773億円節減されたとされる。詳しくは、市川昭午、同前、57-59頁。

第14章　教育の市場化・民営化の憲法適合性

第1節　教育の市場化・民営化

　1980年代以降、福祉国家的な政策の行き詰まりを背景として、いわゆる新自由主義的な教育政策が、国境を超えて、教育改革の一つの大きな潮流をなしてきている。それは、端的に、「市場重視の教育改革」と捉えられよう[1]。教育サービスを努めて市場化ないし民営化（民間化）し、競争的な教育市場を形成して、学校教育を基本的には「契約の自由原則」の支配に委ねるという政策である。これは、すぐれて経済政策的な思想・手法の教育への援用であるが、ここでは、いわゆる「消費者主権」を前提に、教育市場における競争機能を円滑に維持することが、政府ないし教育行政の基本的な役割とされる。

　わが国においても、臨時教育審議会(1984～1987年)の「教育の自由化論」を直接の契機として[2]、とくに90年代以降、こうした政策が勢いを増し、この流れに属する各様の政策が、すでに様々な教育分野で実施されてきているところである。構造改革特区に限定してではあるが、義務教育段階において、株式会社による学校の設置・経営が容認されるに至ったのが(2004年4月開校)、その最たる例として挙げられよう[3]。

　ところで、言うところの規制緩和ないし市場化・民営化の目的は何か。この点について、行政改革推進本部・規制改革委員会「規制改革に関する論点公開」(2000年7月26日)は、直截にこう述べている。

　　「規制緩和・規制改革とは、まず第1に、国際的に開かれ、自己責任原則と市場原理に立つ自由で公正な経済社会の構築を目ざすものである。この意味で規制緩和・規制改革は我々の生き方を変える。

第2に、こうした変革を実現するために現実の障害となっている広い意味の公的規制という行政関与の在り方を抜本的に見直すことである」。

　詰まるところ、規制緩和・規制改革の目指すところは、市場原理を積極的に導入して競争社会を構築し、経済の活性化を図る、ということであり、そのために依拠すべき原則が自己責任と市場原理および行政関与の縮小・撤廃ということである。教育分野における規制緩和・規制改革も、このような経済活性化策の流れのなかに位置しているということを、ここで押さえておかなくてはならない〈経済活性化のための規制改革の各論としての教育改革〉[4]。

第2節　日本国憲法と市場化・民営化

　小売市場事件に関する最高裁判決（昭和47年11月22日）にもあるように、日本国憲法は経済秩序の選択については中立的な立場をとっており、その決定は立法裁量に委ねていると解されている。

　したがって、たとえば、旧西ドイツが社会国家原理にもとづいて、競争制限法（1957年）により、社会的市場経済の原理＝社会的権利に制約された市場経済の原理を法制化したことがあるが、わが国においても、もとよりこのような立法政策をとることは可能である[5]。

　そのうえで、ここで重要なのは、憲法は「社会国家」を標榜しており、そこで基本的人権の価値序列・基本的人権としての強度において、経済的自由権は「社会的に制約された権利」として、精神的自由権に劣位する、と位置づけていると解されることである〈二重の基準論〉[6]。

　ちなみに、この点に関して、先に引いた最高裁判決も以下のように判じている。

　　「憲法は、全体として、福祉国家的理想のもとに、社会経済の均衡のとれた調和的発展を企図しており」、そこで経済的自由に対しては、秩序維持のための消極規制のみならず、生存権確保の観点から、「個人の精神的自由等に関する場合と異なって、……これに一定の合理的規制措置を講ずることは、もともと、憲法が予定し、かつ、許容するところと解するのが相当であ」る[7]。

ところで、言うところの規制緩和 (deregulation) ないし市場化 (marketization)・民営化 (privatization) の含意するところはきわめて多義的である。公共サービスの廃止・撤廃と民間開放・民間移管、行政組織の株式会社化（法人化）・公務員の非公務員化から、業務の民間委託や外部資源の活用等に至るまで、そのバリエーションは多岐にわたっている[8]。

ただ以下では憲法上の論点を明確にするために、言うところの「市場化・民営化」を原理的に「公共的任務を私的主体に委譲し（行政的課題の民間化・私化）、原則として契約の自由原則の支配に委ねること」と把握することとしたい。

とすれば、憲法レベルでは、それは経済的自由権である「営業の自由」──憲法22条1項（職業選択の自由）と29条1項（財産権の保障）により保障されていると解されている[9]──の拡大・強化を意味することになる[10]。

以上を踏まえたうえで、ここで以下のことを確認しておかなくてはならない。

既述したところから知られるように、教育の市場化とは、これを憲法レベルで捉えると、教育分野における「営業の自由」の拡大・強化を軸に、政府の基本的役割を教育市場における競争機能を維持することに限定し、学校教育を基本的には「契約の自由原則」の支配に委ねるということに他ならない。

けれどもそれは、同じく憲法上の自由権を軸としながらも、19世紀近代市民国家における「教育の自由」を基幹原理とする私教育制度〈教育における私的自治〉とは、法原理的に決定的に異なるということである（「教育の自由」と「営業の自由」の関係については後述）。教育の市場化は「社会国家」理念・社会権的基本権を後退させ、自由権を強調するものであるが、しかしそれは憲法史上、現代憲法から近代憲法への先祖返りを意味するものではないのである。

なお参考までに、E. シュプランガーによれば、フランス革命期、「教育の自由」という概念について本質的に相異なる二様の理解が存在したとされる[11]。

一つは、コンドルセの立場で、「良心の自由」保障の帰結としての「公教育制度の全般的自律」という捉え方であり、他はミラボーが主張した「教育市

場への委託による自由化論」である。

ここでわれわれは、すでにフランス革命期において、今日のいわゆる新自由主義的な教育政策の思想的萌芽が見られることに、改めて注目したい。

第3節　教育の市場化・民営化の憲法上の限界

1. 憲法への意思

わが国における教育行政学の泰斗・市川昭午氏の壮大な予言によれば、今後、教育における市場化・民営化がさらに徹底され、「教育の私事化と公教育の解体」が急速に進行するとされる[12]。

はたしてそうなのか。日本国憲法はこの問題についてどのような構えをとっているのか。言うところの教育の市場化・民営化の憲法適合性は如何に。

改めて書くまでもなく、憲法は国家・社会の基本構造法であり、その価値原理と組織原理は実定法秩序・社会制度全体を貫いて規範的に拘束する。この問題についても「憲法の規範力・内容を実現しようとする現実的意思」=「憲法への意思 (Wille zur Verfassung)」[13] が重要となる。

このような観点からは、言うところの教育の市場化・民営化には、憲法上、以下のような限界ないし制約が存することを指摘しなくてはならない。

2. 主権国家における「主権」による制約
——教育主権にもとづく憲法上の制度としての公教育制度

公教育制度の計画・組織・編成・運用に関する一般的形成権ないし規律権は、司法、外交、通貨、課税、警察等に関する権能と同じく、「真正の国家的任務 (genuine Staatsaufgaben)」として[14]、国家の主権作用に属していると解される。「教育主権 (Schulhoheit)」と称せられるべき国家的権能である[15]。ここで「教育主権」とは、主権者たる国民が総体として有している公教育についての権能をいう〈国民の教育権力〉。

つまり、主権国家であるわが国においては、公教育制度は「教育主権にもとづく憲法上の制度」なのであり、したがって、公教育制度を組織してその適切な運用をはかることは、国家の主権作用として、憲法上、国家の権能で

あると同時に、その責務に属しているということである。

敷衍すると、「公教育からの国家の原則的撤退＝私教育制度化」は憲法上認められないということであり、ここに教育の市場化・民営化の憲法原理的な限界が存する〈教育主権による規律の範囲内での教育の市場化・民営化・私教育化〉。

なお、ここで上記に言う「国家の教育主権」に関連して、次のことを付言しておきたいと思う。

わが国においては、明治以来、「国家の学校教育独占」「国ノ教育」法制のもと、国家観念崇拝と結合し、国家統治・行政の絶対・無謬性を前提とした、国家主権型権力分立論＝行政権中軸理論たる官治的行政法学に根拠づけられて[16]、教育に関しては、文部省が「国家」を僭称してきた（きている）憾みがある。表現を代えると、国家の教育主権（法律事項）と国の教育行政権（行政規則事項）の混交が見られてきている。

たとえば、文部省「告示」たる学習指導要領によって、日の丸・君が代を国旗・国歌と確認・指定し（1999年の国旗・国歌法制定以前）、学校教育においてその義務化をはかったり、また新教育基本法によれば、政府が策定する教育振興基本計画は、明治憲法下における「教育立法の勅令主義」にも似て、「国権の最高機関」（憲法41条）である国会に対しては単に報告義務が課せられているにすぎない（17条）、といった例が、こうしたコンテクストに属していると言えよう。

しかし、既述したところからも知られるように、国家の教育主権＝国民総体の教育権能と憲法65条にもとづく国の教育行政権とは、憲法構造上、明確に区別しなくてはならないことは判然としていよう。

3. 教育における法治主義・民主制原理との緊張

上記に言う教育主権にもとづく決定は、そのもつ法的意味、重要度により、「基本的決定（Grundentscheidung）」とこれを具体化するための「副次的決定（Sekundärentscheidung）」とにカテゴライズすることができる[17]。

このうち基本的決定は法治国家・民主制原理にもとづき「国権の最高機関」

である国会が法律上確定することを要し〈議会への留保・Parlamentsvorbehalt〉、行政権や民間その他への委任（民間化）は認められない〈教育における国民主権の確保〉。

それでは学校教育の領域においてどのような決定が上記にいわゆる「基本的決定」に該当し、したがって「法律の留保の原則」の適用を受けることになるかであるが、これについてはドイツ連邦憲法裁判所の理論的創造にかかる「本質性論（Wesentlichkeitstheorie）」が、その判断基準としてきわめて有用であると思われる。

すなわち、同憲法裁判所によれば、社会制度としての学校教育が国民に対してもつ意味に鑑み、このような重要な生活領域に対しては「法律の留保の原則」が推し及ぼされなくてはならないことを前提に、「基本法にいう法治国家・民主主義原則が、立法者に、学校制度における本質的な決定は立法者自らがなすことを義務づける」とされる。そして「（学校教育のように）基本権が重要な意味をもつ領域にあっては、"本質的"（wesentlich）とは一般に"基本権の実現にとって本質的"ということを意味する」と判示されているのである[18]。

ここでのテーマに引きつけて言えば、「教育をうける権利」や「親の教育権」などの教育基本権の実現にとって本質的な事柄は、いわゆる教育市場における「契約の自由原則の支配」に委ねられてはならず、社会公共的な課題として、議会制民主主義の制度手続によって確定しなければならない、ということである。

かくして、教育の市場化論には「教育における民主主義」の確保という視点ないしそのプロセスが全面的に欠落している、と批判しなくてはならない[19]。

4. 公教育制度の規範原理としての「教育をうける権利」の保障要請

「教育をうける権利」（憲法26条1項）は、第一次的には、国・自治体に対して合理的な教育制度を通じて「適切な教育」を提供することを要求できる憲法上の基本権である。そこで、これに対応して、国・自治体は、この権利を確保するために、教育制度を敷き、その外的諸条件を整備する義務を負うと

同時に（旧教育基本法10条2項）、その内容においても「適切な教育」を確立することを憲法上要請されている〈国・自治体の憲法上の義務としての教育制度の形成とその適切な運用〉。

詰まるところ、教育をうける権利の第一次的な名宛人は国家公権力・統治機構であり、国・自治体は憲法上この権利の確保・保障責任を免れることはできない、ということが帰結される。

一方、教育の市場化・民営化（論）にあっては、「契約の自由原則」のもと、教育の事業主体はいわゆる「消費者」に対して単に私法上の教育契約責任を負うに止まる。しかもこの場合、教育事業の主体の側には「契約不締結の自由」や「廃業の自由」も留保されているから、教育をうける権利に関し憲法が予定している「ユニバーサル・サービス保障（universal Dienstgewährleistung）」の責任主体たりえない。

ちなみに、ここで「ユニバーサル・サービス保障」とは、ドイツにおいては既に憲法上の概念となっているのであるが[20]、「国土に普く（flächendeckend）適当かつ十分なサービスが提供されるように保障する（こと）」（ドイツ基本法87f条）を意味する[21]。

5. 憲法上の統治権としての地方自治権
——自治体の「義務的自治事項としての教育の原則」

憲法94条が保障する地方自治権（地域統治権）は国家統治権から伝来したものではなく、国民主権と並存する住民主権に由来し、それに根拠をもつ〈国と自治体の双方に対する複数信託・統治権力の多元・重層化〉[22]。

自治体の教育統治権＝住民総体の教育権能は、国家の教育主権による規律下にあって〈国民国家における国家主権（国民主権）の自治体主権（住民主権）に対する原則的優位〉、住民の教育基本権に対応しており、かくして自治体は、憲法上の原則としての「教育の地方自治」にもとづいて、自治体事務としての教育事務を担う権能を有すると同時に、義務を負っている。

表現を代えると、自治体が担っている教育事務は、ドイツ行政法学にいわゆる「自治体の義務的自治事項（pflichtige Selbstverwaltungsangelegenheit）」に属し

ているということであり[23]、これには現行学校法制上、「設置者負担主義・設置者管理主義の原則」(学校教育法5条)が対応している。

こうして、たとえば、政府の「骨太の方針2003」(2003年6月27日・閣議決定)で示された、公立学校の管理運営の包括的な民間委託は、憲法上認められないと結論されることとなる。

くわえて、「教育の地方自治」は、最高裁「学テ判決」(1976年)にもあるように、人格の完成や積極的な政治主体たるにふさわしい主権者国民の育成といった[24]、教育目的を達成するために必須・不可欠なものであり、すぐれて教育法的な憲法上の組織原理である、ということも重要である〈教育目的達成のための憲法上の組織原理としての「教育の地方自治」〉。

上記のような教育目的は「教育主権による社会化の対象としての児童・生徒」(後述)という位置づけによってはじめてその達成が可能となるのであり、「契約の自由原則」が支配する「市場化された教育」ないし「販売された教育(Die verkaufte Bildung)」[25]によってはおよそ達成できない、と言わなくてはならない[26]。

なお関連して、ここで自治体の教育行政権と国の教育行政権との関係について言及しておきたい。

改めて書くまでもなく、自治体の教育行政権は地方自治権＝自治体統治権(憲法94条)に根拠を有し、その一環をなしているものである。とすれば、それは憲法上、国の教育行政権(憲法65条)とは別立てで保障されているということになる〈自治体教育行政権の国の教育行政権からの自立＝教育行政権の多元・重層化〉。

この点を踏まえると、たとえば、先般の地教行法の改正によって、「教育における国の責任」という名目のもと、地方自治法に所定の域を超えて[27]、自治体の自治事務について、文部科学大臣の教育委員会に対する是正・改善の「指示」権限を法定したことは(50条)、憲法上疑義が残ると言わなくてはならない。

6.「教育の自由」「私学の自由」VS.「営業の自由」
(1)「教育の自由」

「教育の自由」を基本的人権として憲法上最初に保障したのは、1795年のフランス憲法であるが、その後、この教育法理は、19世紀における近代市民法の発展と相俟って、ベルギー憲法(1831年)やオランダ憲法(1848年)など、19世紀西欧諸国の憲法に継受され、近代憲法に普遍的な法原理として確立した。

20世紀各国憲法も社会国家原理、とくに生存権的基本権たる「教育をうける権利」の保障と、第一義的にはそれを規範原理とする公教育法制を形成することによって、それまでの私的自治的な「教育の自由」に修正を施したとは言え、この法理を基本的に承認した。

くわえて、国連の社会権規約(1976年・13条2項)や子どもの権利条約(1989年・29条2項)などの国際法による確認と保障をもうけることとなり、かくして「教育の自由」は今日においても教育法上の最重要な基幹的法原理の一角をなしていると見られる。

「教育の自由」は歴史的に国家ないし教会による「学校独占」を排除する原理として生誕した。それは宗教的・政治的多元主義社会、別言すれば、市民の思想・信条の多元性の保障を前提として、「教育をする権利」を私人の自由権的基本権として保障したものであった。すなわち、近代市民法にいう「私的自治」の教育におけるそれである〈教育における私的自治〉。

日本国憲法には「教育の自由」を直接明文で謳った条項は見当たらないが、わが憲法は近代市民国家の憲法原理、より正確には「普遍基本法原理」を踏まえて制定されており、「教育の自由」も当然に保障していると解される。

憲法13条(幸福追求権)、19条(思想・良心の自由)、20条(信教の自由)、26条(教育をうける権利)等にその根拠を求めることも可能であるが、より直接にはいわゆる「憲法的自由」としてそれ自体憲法による保障を受けていると解される。

(2)「教育の自由」の基幹としての「私学の自由」

このような「教育の自由」の主要な内容をなしてきているのが、歴史的にも、

今日においても、「親の教育権」に強く対応した「私学の自由(Privatschulfreiheit)」である。

「私学の自由」は、私学の積極的な存在意義に根拠をもつもので、大きく、「私学設置の自由」、「私学における教育・経営の自由(傾向経営の自由)」および「教員や児童・生徒を選択する自由」をその内容としている[28]。

ちなみに、ここに「傾向経営(Tendenzbetrieb)」とは、ドイツの労働法学説が定義するところによれば、「第一次的に経済的目的ではなく、精神的・理念的目的(geistig ideele Ziele)を追求する経営」のことを言う[29]。

(3) 似て非なるもの:「教育に自由」と「教育における規制緩和」

さて、以上を踏まえたうえで、ここで重要なのは、「教育の自由」ないし「私学の自由」は精神的自由権に属しており、そこで歴史的にも、今日においても、その対象法益として第一義的に措定しているのは、理念型としては、精神的自由権を基盤とし、教育的ないし宗教的な目的の追求をもっぱらとする「教育の自由」型私学である、ということである。

「教育における規制緩和」＝教育の市場化論に言う株式会社による学校の設置は、構造改革特別区域法12条はともかく、憲法上は経済的自由権たる「営業の自由」条項(22条・29条)に依拠するもので〈営業の自由型私学〉、上述のような精神的自由権たる「教育の自由」「私学の自由」の保護法益を享受できない。すなわち、物的・資本的結合たる営利法人＝株式会社は、教育事業の主体たりえても[30]、「教育の自由」「私学の自由」の主体たりえないということである。

かくして、その制度的な有りようは「営業の自由」の保護法益にもとづいて、別途、構成される必要があるということになる。

ここで教育の市場化論がいう「設置主体の多様化による多様な教育の提供」というテーゼに引きつけて言えば、それは本来、「私学の自由」の保護法益に当然含まれていると解される。換言すると、「私学の自由」の制度的現実化によって、そのような教育は可能だということである。「私学設置の自由」は、オランダ、ドイツ、デンマークなど多くの西欧諸国においてそうである

ように、自然人たると法人たるとを問わず、私的主体に対して私学設置権を憲法上の基本権として保障したものであり[31]——私人や民間団体はほんらい憲法上の基本権として学校を自由に設置することができるということである。実際デンマークにおいては「親の教育の自由」の憲法上の保障効果として(76条)、私学の設置に際して行政機関の認可は必要ではなく、届出制が採られているにすぎない[32]——また「私学における教育の自由」は私学が特定の宗教観や教育思想などにもとづいてユニークで多彩な教育を行うことを同じく憲法上の基本権として保障したものだからである。

さらに言えば、株式会社によるとくに義務教育学校の設置・経営は、教育法原理的に「義務教育制度の本旨」になじまず、またその運用如何によっては、憲法14条(法の下の平等)、26条(教育をうける権利)、教育基本法4条1項(教育の機会均等)、同16条・私立学校法1条(学校の公共性)などに違反する可能性もある。

なお、既に触れたように、経済的自由権は、その基本的人権としての強度において、精神的自由権に劣位するから、いずれにしても株式会社立私学は、学校法人立私学の場合よりも、相対的にはより強い公共規制の下に置かれても、直ちに違法・違憲ということにはならない。

一方、特定非営利活動促進法にもとづくNPO法人については、義務教育段階においても、原則として、学校設置権が認められてよいと言えよう。その設置は上記「教育の自由」「私学の自由」の保護法益に属し、また、たとえばシュタイナー・シューレや不登校児を対象としたフリー・スクールの教育現実からも知られるように、子どもの「義務教育をうける権利」・「ユニークな私学教育をうける権利」や親の教育の自由にも対応するものだからである。

実際、構造改革特区においてではあるが、NPO法人立のフリー・スクールを母体とした学校法人立の私立学校が、神奈川県(シュタイナー学園・2005年4月開校)と東京都(東京シューレ葛飾中学校・2007年4月開校)ですでに設置・運営されているところとなっている。

第4節　教育の市場化論における教育をうける権利
　　　　　（学習権）と親の教育権の矮小化

1. 教育主権 vs. 消費者主権

　すでに言及したように、公教育制度は教育主権にもとづく憲法上の社会制度なのであり、子どもや親の権利・義務ないしは「消費者のニーズ」といった個人(権)的ファクターにくわえて、国家的・社会的要請にも根ざしている。

　敷衍すると、公教育制度には国民国家・民主的法治国家・産業国家の維持発展や社会的統合を旨としての「子どもの社会化 (socialization)」ないし「自律的で成熟した責任ある市民＝パブリック・シチズン (public citizen) への教育」という、社会公共的な役割も併せて求められている〈「教育主権による社会化の対象としての子ども」という法的地位〉。

　ところが、教育の市場化論にいう「消費者主権」論は、同じく教育において「主権」という概念を措定してはいるものの、このようなアスペクトを完全に欠落させている、と批判しなくてはならない。

2. 公教育運営への参加権・学校教育の協同形成権 vs. 教育選択権

　「親の教育権」は自然法的な普遍的人権であり、日本国憲法によっても当然に保障されていると解されている[33]。この権利は複合的な性格を併せもつ特殊な基本権として、その対象法益や内容は広範かつ多岐に亘っているが、大きく、①基礎的権利（知る権利など）、②消極的な権利（教育上の自由権・選択権）、③積極的な権利（教育の機会均等に関する請求権など）、④能動的権利（公教育運営への参加権など）に類型化できる[34]。

　このうち、学校教育・教育行政の領域においては、親の個人的な教育上の自由権や選択権もさることながら、「公教育」法制の価値原理・組織原理としては、親集団としての集団的基本権 (Gruppengrundrecht)[35]＝公教育運営への参加基本権がより重要な意味をもつ。

　そもそも親の教育権とは第一義的には「親がその信念や価値観にもとづいて子どもを教育する権利」なのであり[36]、だとすれば、始源的な教育権者である親を公教育法制、したがってまた教育行政や学校教育の制度運営に権利・

責任主体として構成的に組み込むことが規範原理的に求められているからである。

この点、ドイツにおいて、親の教育権の憲法による保障を受けて（ドイツ基本法6条2項）、ラインラント・プファルツ州憲法が「その子の教育について決定する親の自然権は学校制度形成の基盤 (Grundlage für die Gestaltung des Schulwesens) をなす」と書き（27条1項）、またヘッセン州憲法がより積極的に「教育権者は教育制度の形成に参加する権利 (Recht, die Gestaltung des Unterrichtswesens mitzubestimmen) を有する」(56条6項) と規定しているのが参考にされてよい。

また「教育をうける権利（学習権）」（憲法26条1項）は各人の人間としての生存と成長・発達さらには人格の自由な発展や人格的自律にかかわる教育基本権であり、しかも旧来の基本的人権の類型によっては把握できない、社会権としての性格と自由権としてのそれを併せもつ複合的人権として捉えられる。

このように教育をうける権利（学習権）は、包括的人権にも似て、基底的で多義的な教育基本権たることを本質的属性としているのであるが、その保護法益として、「公教育運営への参加権」が包含されているということが重要である。

この権利は、生徒を学校による単なる「教育の客体」としてではなく、自律（自立）に向けての「学習の主体」として措定し、その論理的帰結として、公教育運営へのいわゆる「生徒参加 (Schülermitbestimmung)」を根拠づける手段的権利である[37]。「自律への教育」「積極的な政治主体・主権者への教育」「民主主義への教育」といった学校の役割・教育目的も、このような生徒の能動的権利を根拠づけることになる。

ところが、教育の市場化論は上述したような法的属性をもつ、親の教育権と教育を受ける権利（学習権）を不当に矮小化し、その効力・妥当範囲を「消費者」としての個人的な選択権だけに限局している〈教育主体と教育客体の分離〉。自由で民主的な社会的法治国家における公教育制度の在り方としては、基礎的権利としての親・生徒の「知る権利」を前提に、教育上の自由権や選択権を踏まえながらも、そこにおける親・生徒の参加権・「協同的形成

権(mitwirkendes Gestaltungsrecht)」をこそ重要視すべきなのである。

また義務教育段階においては、そこに言う「義務性」とかかわって、子どもや親の「思想・良心の自由」や「信教の自由」にもとづく拒否権も重要となる。

なお市場化論にいう「消費者主権」論は、憲法92条が規定する「地方自治の本旨」の基幹内容をなしている「(教育における)住民自治」という視点を完全に欠落させていることも、憲法上、重大な欠陥として指摘しなくてはならない。

〈注〉
1　八代尚宏編『市場重視の教育改革』日本経済新聞社、1999年。
2　詳しくは参照：市川昭午『臨教審以後の教育政策』教育開発研究所、1995年、1頁以下。
3　株式会社立学校の現状と問題点については、参照：高橋寛人「規制改革・民間開放推進会議の教育改革提言(2)」『教職研修』2007年4月号、75頁以下。
4　参照：竹内俊子「学校管理の民営化と学校教育の公共性」『日本教育法学会年報』36号、有斐閣、2007年、81頁以下。
5　石川健治「営業の自由とその規制」高橋和之・大石　眞編『憲法の争点(第3版)』有斐閣、1999年、129頁以下。
6　さしあたり、芦部信喜著・高橋和之補訂『憲法(第4版)』岩波書店、2007年、181頁、210頁。高見・高橋・中村・野中『憲法Ⅰ(第3版)』有斐閣、2003年、245頁以下。
7　最高裁昭和47年11月22日判決、高橋・長谷部・石川編『憲法判例百選Ⅰ(第5版)』有斐閣、2007年、204頁。
8　参照：米丸恒治「行政の民営化・民間委託と行政救済法」『法律時報』79巻9号、2007年、35頁。
9　さしあたり、大須賀・栗城・樋口・吉田編『憲法辞典』三省堂、2001年、26頁など。
10　安念潤司「国家VS市場」『Jurist』1334号、2007年、83頁。
11　E. Spranger, *Die wissenschaftlichen Grunlagen der Schulverfassungslehre und Schulpolitik* (Neudruck), 1963, S.32.
12　市川昭午『教育の私事化と公教育の解体』教育開発研究所、2006年。
13　K. Hesse, *Grundzüge des Verfassungsrechts der Bundesrepublik Deutschland*, 1995, S.17.
14　J. Hengstschläger, *Privatisierung von Verwaltungsaufgaben*, In: VVDStRL 1995, S.174.
　　いわゆる民営化の憲法上の限界として、「民営化になじまない」(Privatisierungsunfähige)、国家に固有かつ必須の中核的な任務領域が存するということについては、ドイツにおいても、学説上、見解の一致をみている。さしあたり、H. Bauer, *Privatisierung von Verwaltungsaufgaben*, In: VVDStRL 1995, S.255. A.v. Hagemeister, *Die Privatisierung öffentlicher Aufgaben*, 1992, S.102.
15　H. Avenarius/H. Heckel, *Schulrechtskunde*, 2000, S.235. T. Maunz, *Gestaltungsfreiheit des*

Lehrers und Schulaufsicht des Staates, In: H. Mauer (Hrsg.), *Das Akzeptierte Grundgesetz*, 1990, S.276.
16 官治的憲法学・行政法学に対する本格的な批判としては、さしあたり参照：松下圭一『市民自治の憲法理論』(岩波新書) 1975年。同『日本の自治・分権』(岩波新書)、1996年。
17 H. Heckel/P. Seipp, *Schulrechtskunde*, 5 Aufl.1976, S.159-160.
18 連邦憲法裁判所・1977年12月21日判決など。この理論について、詳しくは参照：F. Ossenbühl, *Vorrang und Vorbehalt des Gesetzes*, In, J. Isensee/P. Kirchhof (Hrsg.), *Handbuch des Staatsrecht*, Bd.III, 1996, S.337ff.
19 この点を衝いて、磯田文雄『新しい教育行政』ぎょうせい、2006年、もこう指摘する (268頁)。
「市場原理下における学校教育は、議会制民主主義、又は、何らかの民主的意思形成過程の下に管理運営されるのではなく、アダム・スミスのいう『神の手』に委ねられるのである」。
20 さしあたり、参照：H.D. Jarass/B. Pieroth, *Grundgesetz für die Bundesrepublik Deutschland*, 2007, S.880.
21 ドイツのユニバーサル・サービス保障法制について詳しくは参照：米丸恒治「ドイツにおける民営化と公共性の確保」原野・浜川・晴山編『民営化と公共性の確保』法律文化社、2003年、211頁以下。
22 参照：兼子 仁『行政法学』岩波書店、1997年、236頁以下。松下圭一『転型期日本の政治と文化』岩波書店、2005年、63頁以下。
23 ドイツの権威ある行政法教科書によれば、自治体の義務的自治 (pflichtige Selbstverwaltung) とは、特定の公的事項を担う自治体の法律上の義務をいう。とくに住民に対する「基本サービスの確保 (Grundversorgung)」を保障する義務が、これに該当し、学校の設置・管理運営はその典型例だとされる (H.J. Wolff/O. Bachof/R. Stober, *Verwaltungsrecht*, Bd.l, ll Aufl. 1999, S.87.
24 主権者教育については、詳しくは参照：永井憲一『主権者教育権の理論』三省堂、1991年。同『教育法学』エイデル研究所、1993年、60頁以下。
25 L. Lohmann/R. Rilling, *Die verkaufte Bildung*, 2002.
26 同旨：竹内俊子「学校管理の民営化と学校教育の公共性」『日本教育法学会年報』36号、有斐閣、2007年、87頁。
27 地方自治法は法定受託事務についてだけ、各大臣の都道府県に対する「是正の指示」を法認している (245条の7)。
28 「私学の自由」について詳しくは参照：拙著『生徒の法的地位』教育開発研究所、2007年、395頁以下。
29 E. Frey, *Der Tendenzschutz im Betriebsverfassungsgesetz 1972*, 1974, S.31.
なおこの概念は1920年の経営協議会法に由来するもので、現行の経営組織構造法〈Das Betriebsverfassungsgesetz v.19.1. 1972〉も「精神的・理念的」傾向性を有する経営を「営利的・経済的目的」をもつ経営に対置し、「慈善的・教育的目的」を前者に含めて

いる〈A. Söllner, *Arbeitsrecht*, 1976, S.140〉。
30 樋口陽一氏は物的・資本的結合たる株式会社を「個人の人格の尊厳と自由の理念に由来する基本的人権の担い手」とするような「法人の人権」論は否定すべきだという(樋口陽一編『講座・憲法学4―権利の保障(2)』日本評論社、1994年、38頁)。
31 たとえば、ドイツにおいては、「私学の自由」(Privatschulfreiheit)の憲法上の保障(基本法7条4項)をうけて、私学設置主体は私人、民法上の社団法人・財団法人・協同組合、教会などの公法上の団体・公法人など多岐にわたっている (J.P. Vogel, *Das Recht der Schulen und Heime in freier Trägerschaft*, 1997, S.179)。
32 F.R. Jach, *Schulverfassung und Bürgergesellschaft in Europa*, 1999, S.189.
33 親の教育権の憲法上の根拠条文については諸説があり、13条、23条、24条、26条など学説は分かれている。ただ最高裁「学テ判決」(1976年)も含めて、この権利が憲法上の基本権であることは、今日、学説・判例上、ひろく承認されている。
34 親の教育権の法的構造について、詳しくは参照:拙著『学校教育における親の権利』海鳴社、1994年。
35 F. Ossenbühl, *Das elterliche Erziehungsrecht im Sinne des Grundgesetzes*, 1981, S.97.
36 H. Avenarius/H. Heckel, *Schulrechtskunde*, 2000, S.436.
37 K.D. Heymann/E.Stein, *Das Recht auf Bildung,* In: AöR 1972, S.231.

第15章　東京都杉並区立中学校「夜間塾」の憲法・学校法学的評価

第1節　事実の概要

　東京都杉並区立和田中学校は、同校のいわゆる民間人校長の発案で、2年生の成績上位層の生徒を対象として、株式会社S進学塾と提携し、同校の施設・設備を使用してのS進学塾による夜間有料授業「夜スペシャル」(以下、夜間塾と略記)の実施を計画した。週3日、国語と数学の授業を各3時間行い、希望者にはさらに土曜日の午前中に英語の授業を3時間実施するというものである。

　受講料は週3回受講の場合は月1万8000円で、週4回では2万4000円であるが、S進学塾の通常の受講料の半額程度だとされる。ただ受講できるのは成績上位層の生徒だけに限られ、S進学塾が行う「入室テスト」に合格することが受講条件とされている。

　この夜間塾は親や地域住民などで構成される学校支援ボランティア組織「地域本部」が主催するものとして、「学校の教育活動外の活動」だとされる。「地域本部」の下に、「夜スペシャル実行委員会」が置かれ、両者が提携して夜間塾にかかわる事務作業や生徒の送迎をし、さらには学校の調理室を使用して受講者のために夕食をつくるという。

　なお同校では2004年から学生ボランティア等による補習授業「土曜寺子屋」を実施しており、また2005年からは英検を目指す「英語アドベンチャーコース」も開設している。そこで同校長によれば、夜間塾もそのような学校独自の取り組みの一環をなすものだとされる。

　しかし、このような夜間塾の実施について、東京都教育委員会(以下、都

教委と略記)は主要には下記の点を問題視して、地教行法48条1項(都道府県教委の市町村教委に対する指導・助言・援助)により、杉並区教育委員会(以下、区教委と略記)に対して再考を促した(2008年1月7日)。

すなわち、①生徒が費用負担し、また入室テストがあることなどから、教育の機会均等が確保できない、②特定の学習塾が学校を使うのは、公共施設の営利利用にあたる、③教材開発に教員が関与するのは、公務員の兼業・兼職にあたるおそれがある、の3点がそれである。

都教委から行政指導を受けた区教委は、1月23日、都教委に対して、夜間塾は、①地域本部を主催者とする学校教育外の活動である、②公共性のある学校支援活動であり、受講料も実費相当の範囲内で営利性はない、③教材は学習塾が開発し、教員は塾講師の相談に応じるだけである、と文書で回答し理解を求めた。

回答を受けた都教委は、翌1月24日に開催された定例教育委員会で、区教委の回答を「指摘した疑義は解消されている」と評価し、夜間塾の実施を容認した。委員会では木村教育委員長が「全国的に影響を与える問題であり、都教委として明確な見解を示す必要がある」と提案し、夜間塾は「学校の教育活動外であり、学力向上という公共の利益のためであることが明確となり、不適切なものではない」とする見解私案を示し、全員一致で了承された(都教委「杉並区立和田中学校における私塾連携の取組についての東京都教育委員会の見解」・以下「都教委見解」と略記)。これを受けて夜間塾は当初の予定より17日遅れて、1月26日にスタートした。

なおこの間、文部科学省は、渡海文科相が「義務教育の機会均等という問題を解決したうえで進めてほしい」と述べはしたが、この問題については一貫して静観の構えであった。

一方、東京都公立学校教職員組合は、1月17日、夜間塾は「義務教育の諸原則(教育機会の均等保障・無償性)を逸脱し、公教育の破壊につながる」とする文書を石原都知事と都教委に提出し、夜間塾を中止させるよう要求している[1]。

第2節　憲法89条に言う「公の支配に属しない教育の事業」と夜間塾

1. 夜間塾は「公の支配」に属しているか

　憲法89条は「公の財産の支出又は利用の制限」に関して、次のように規定している。

　　　「公金その他の公の財産は、……公の支配に属しない……教育……の事業に対し、これを支出し、又はその利用に供してはならない」(傍点・筆者・以下同様)。

　改めて書くまでもなく、かつて憲法論争として展開された私立学校に対する公費助成の可否は、第一次的には、この条文の解釈をめぐって争われたのであるが、言うところの「夜間塾」についても、上記憲法条項との緊張が重要であり、その憲法適合性が問われなくてはならない。

　具体的には、公立学校は地方自治体が「住民の福祉を増進する目的をもってその利用に供するための施設(公の施設)」(地方自治法244条1項)であるから、上記条項に言う「公の財産」に当たることは自明であるが、ここで検討を要するのは、夜間塾は憲法89条が便宜供与を禁止している「公の支配に属しない教育の事業」に該当しないか、ということである。肯定であれば、夜間塾は同条に違反するものとして、憲法上その実施は許されないことになる。またこれを許可した杉並区教委の決定は違憲・無効であり、さらには同区教委の決定を容認した都教委の行政指導上の見解も違憲性を帯びることになり、かくして、両教委はそれぞれその教育行政責任を問われることになる。

　憲法解釈上、ここでの重要な論点はさしあたり下記の2点である。

2. 夜間塾は「教育の事業」に該当するか

　次に、憲法89条が禁止しているのは公の支配に属さない「教育の事業」への公金支出や便宜供与であるが、夜間塾は上記にいう「教育の事業」に該当するのではないか、という問題がある。

　内閣法制局の見解〈昭和24・5・30法制意見、昭和32・2・22法制意見〉に

よれば、上記憲法条項に言う「教育の事業」とは、①教育する者と教育される者がはっきり分かれていること、②教育される者の精神的または肉体的な育成をはかるべき目標があること、③教育する者が計画的にその目標の達成をはかること、などの要素を備えているものとされる[2]。

また有力な憲法コンメンタールも、教育事業とは「学校その他の施設や社会において、人の精神的または肉体的育成を目指して、組織的・継続的に人を教え導く活動を行う事業をいう」とし、これには、学校教育の事業にかぎらず、社会教育の事業も含まれると解している[3]。

ちなみに、ここで社会教育とは、社会教育法が定義するところによれば、「学校教育法に基き、学校の教育課程として行われる教育活動を除き、主として青少年及び成人に対して行われる組織的な教育活動をいう」(2条)。

すでに触れたように、杉並区教委は夜間塾を地域のボランティア組織「地域本部」の主催にかかる「学校の教育活動外」の活動として位置づけ、また都教委もこの点を最重要視して夜間塾を容認したという経緯がある。

とすれば、言うところの夜間塾は法的には上に引いた社会教育法2条に言う「社会教育」として位置づくことになり、また主催者である「地域本部」は「社会教育関係団体」(同法10条)——「公の支配に属しない団体で社会教育に関する事業を行うことを主たる目的とするもの」——として捉えられることになる。

かくして夜間塾が憲法89条に言う「教育の事業」に該当することは明らかであり、疑問の余地は存しない。

一方、家庭教育については、憲法学説上、「家庭教育そのものを行うのは家庭であり、家庭教育を行う事業というものは考えられないから、本条にいう教育には家庭教育は含まれない」と解されている[4]。

そこで夜間塾は親を中心とする「地域本部」が主催し、S進学塾との「親の教育権の委託契約」にもとづいて実施されているのであるから、それはひろく「家庭教育」の範疇に属するとの見方もありうるかもしれない。

けれども、仮にそうだとした場合は、夜間塾は上述したところを超えて、さらに一段と「公の支配」には属さない教育活動として位置づくことになる

〈パブリック・コントロールから自由な私教育の原初としての家庭教育〉)。

3.「公の支配に属しない教育の事業」としての夜間塾＝夜間塾は憲法違反

以上、憲法89条の趣旨・法意を夜間塾に引きつけて考察してきたのであるが、詰まるところ、憲法89条によって補助・助成や便宜供与が禁止されている「公の支配に属しない教育の事業」とは、「私立学校以外の私人による教育の事業(いわゆる私塾などや社会教育に属する私的・私立の教育の事業)を意味する」のであり[5]、かくして、夜間塾は本条に違反し、違憲であると結論されることになる[6]。

第3節　学校施設の目的外使用と夜間塾

既述したように、夜間塾は社会教育関係団体である「地域本部」を主催者とし、杉並区立和田中学校の施設・設備を使用して実施されている「社会教育」であると捉えられるから、それは、学校教育法85条が規定する「学校施設の目的外使用」に当たる。

ちなみに、同条によれば、「学校教育上支障のない限り、学校には、社会教育に関する施設を附置し、又は学校の施設を社会教育その他公共のために、利用させることができる」こととされている。

この「学校施設の目的外使用としての夜間塾」という法制上の位置とかかわって、法律レベルでは、次のような問題が指摘されよう。

1. 地方自治法の「行政財産への私権の設定禁止」条項との関係

まず「行政財産」について「私権の設定」を禁止している地方自治法の規定との関係である。

1963 (昭和38) 年6月に地方自治法が一部改正され (第9次改正)、行政財産の目的外使用は原則として行政上の許可処分として取り扱う[7]、私法上の契約にもとづく私権の設定＝私法関係における行政財産の運用はこれを認めないとの条項が新設された (238条の4、1項・7項)。そしてその実効性を担保するために、この禁止規定に違反する行為は無効とされている(同条6項)[8]。「行

政財産について私法上の契約による私権の設定を認めるときは、契約の解除をめぐって、行政財産の目的を効果的に達成するうえに支障となるおそれも考えられる」[9]というのがその理由であった。

そこで地方自治法のこの条項に引きつけて夜間塾を捉えると、たしかに、それは行政財産（学校の施設・設備）自体について私権を設定するものではない。しかし夜間塾は、区教委による学校施設・設備の無償貸与決定を受けて（使用許可の行政処分）、既述した通り、「地域本部」とＳ進学塾との間の民法上の双務・有償契約にもとづいて運用されており、その法的実質は行政財産（の使用）について、私法上の契約にもとづいて私権（使用権）を設定しているのと基本的には何ら変わるところがない。区教委による学校の施設・設備の使用許可という行政処分の実質的な内容が、具体的には、「地域本部」とＳ進学塾との間の民法上の契約によって決定されるところとなっている、と言い換えてもよい。

とすれば、公立学校という行政財産を使用しての夜間塾の実施は、上記地方自治法の規定に違反し違法である、とまでは言えないとしても、同条の立法趣旨に適うものでないことは明らかであろう[10]。

2. 学校教育法85条の趣旨との関係

次に、先に引いた学校教育法85条との関係で、はたして夜間塾はその趣旨によく適合するか、が問われなくてはならない。

従来、行政解釈は、同条の趣旨について、積極的要件として「社会教育その他公共のため」の使用である場合に、消極的要件として「学校教育上支障のない」のであれば、学校施設を使用させることができるのであり、その他の場合には使用させることができないと解してきた[11]。

そして上記にいわゆる「公共のため」という要件には、消極面から規定すれば、「専ら私的営利を目的とするものではないこと」が当然に含まれており、また同条後段はほんらい「長期間にわたる継続的なものではなくごく短期間の一時使用の場合」について規定したものだとの見解を示している[12]。

ちなみに、この点、国有財産の目的外使用についてではあるが、国有財産

法を受けて制定された「国の庁舎等の使用又は収益を許可する場合の取扱の基準」(1958年)も「使用又は収益を許可する範囲」に関して、詳細に限定列挙しているのであるが、教育・研究・文化等にかかわるものとして「公共的な講演会、研究会等のため使用させる場合」を挙げ、それは「使用期間が一時的であり、かつ、使用目的が営利を目的としない場合」としているところである[13]。

そこでまず夜間塾について営利性の存否が検討されなくてはならないが、「事実の概要」で見た通り、杉並区教委は、受講料はS進学塾の通常の受講料の半額程度で、実費相当の範囲内であるから営利性はないという。

けれども、この点に関しては、①有償の事業について、営利性の存否・程度を客観的かつ一義的に認定することはきわめて困難であるということに加えて、②そもそもS進学塾は営利の追求をもっぱらとする営利法人・株式会社なのであり、さらに③「地域本部」とS進学塾との間には、受講料の設定も含めて、「契約の自由の原則」が働いているという事実が重要である。

次に夜間塾の期間が1年間とされているのは、杉並区教育財産管理規則17条＝「財産の使用許可の期間は、1年を超えてはならない」にもとづいてのことであろうが[14]、しかし、既述した通り、学校教育法85条はほんらい短期間の目的外使用を予定しているのであり、同条の趣旨とは相容れないと言えよう。ましてや今後、夜間塾が常設され、事実上「制度化」されるような事態になれば、同条の趣旨をますます逸脱することになると評さなくてはならない。

ところで、上述したような「夜間塾」＝「学校施設の目的外使用」という捉え方に対しては、夜間塾は当該校の生徒を対象に「教育活動」を行うのであるから、「学校施設の目的外使用」には当たらないとの反論も予想される。

けれども、既述した通り、杉並区教委は夜間塾を「学校の教育活動外」と位置づけており、また都教委もだからこそ夜間塾を容認したという事実を、ここで改めて確認しておかなくてはならない。

〈注〉

1 以上の記述は下記の新聞各紙によった。朝日新聞・2007年12月9日・2008年1月9日・10日・23日・24日・25日・2月3日付け。『読売新聞』2008年1月8日・9日・10日・12日・23日付け。『毎日新聞』2008年1月25日・26日付け。『日経新聞』2008年1月10日付け。『東京新聞』2008年1月16日・18日・25日・27日付け。
2 参照：宮沢俊義著・芦部信喜補訂、前出、744頁。鈴木　勲編『逐条学校教育法』学陽書房、1999年、860頁。
3 樋口陽一・佐藤幸治・中村睦男・浦部法穂『注釈・日本国憲法』〈下巻〉青林書院、1988年、1356頁
4 佐藤　功、『憲法(下)〔新版〕』有斐閣、1990年、1172頁。同旨：宮沢俊義・芦部信喜補訂、前出、745頁。樋口・佐藤・中村・浦部、前出、1356頁。伊藤正巳『憲法(第3版)』弘文堂、1995年、488頁。
5 佐藤　功、前出、1178頁。なお樋口・佐藤・中村・浦部、前出は、89条にいう「公の支配に属しない教育の事業」とは、「公教育制度の外にあって私的に行われる教育事業を指す」と解している(1362頁)。
6 事実、和田中学校長は同校のホームページで「お待たせしました！和田中の校舎を使って夜間に塾を開きます」と題して、直截に次のように記している。
　「私立に行かずに済む受験サポートを、全国の公立中学校に先駆けて、地域本部主催で行います。平日の夜に学校で開く進学塾」。
7 なお田中二郎『新版・行政法』〈中巻〉弘文堂、1997年は、行政財産の許可による目的外使用の法的性質について、これを行政上の非権力関係(管理関係)と捉え、「私権の成立の余地がないものとする結論を導き出すことは妥当とはいえない」と述べている(325頁)。
8 詳しくは参照：松本英昭『逐条地方自治法』学陽書房、2001年、836頁以下。太田和紀『地方自治法Ⅱ』青林書院、1998年、714頁以下。
9 俵　静夫『地方自治法』有斐閣、1973年。
10 参照：俵　静夫、前出、395-396頁。長野士郎『逐条地方自治法』学陽書房、1995年、829頁。教育法令研究会編『教育法令コンメンタール・学校教育(1)』(加除式)、第一法規、5706-5722頁。
11 さしあたり、鈴木　勲編、前出、858頁。学校管理運営法令研究会編『新学校管理読本(第4次全訂)』第一法規、2005年、276頁。
　ただ上記の積極的要件に関しては、既述した地方自治法の改正に伴っての解釈の変更があり、今日では、より広義に解されるところとなっている(参照：鈴木勲編、前出、859頁)。
12 天城　勲『学校教育法逐条解説』学陽書房、1954年、267-268頁。
13 鈴木　勲編、前出、854-855頁。
14 とは言っても、この規定は同規則が「使用の許可基準」として、水道・ガス等の供給事業の用に供することや、食堂、売店等の施設の設置を挙げていることによるもので、それ以外の使用は原則として短期間とされている。「区長又は行政委員会の事務事業

を遂行するため、学校その他の教育機関の施設を短期間使用し、又は利用させることが必要と認められるとき」(16条7号) との規定が、その例である。

第16章　オランダにおける教育の自由と学校の自律性の法的構造

第1節　「教育の自由」の法制史

1. 分権的・身分制的私教育法制

　ドイツにおけるオランダ教育研究の第一人者 G. ブリンクマンによれば、今日のオランダの教育制度は、①自由獲得への努力、②中央集権的な権力の否定、③地方の自律性の固守によって特徴づけられるとされるが[1]、もとよりこれらのメルクマールはすぐれて歴史的に形成されてきたものである。

　中世においては、他のヨーロッパ諸国におけると同じく、教育は私事に属し（私教育）、学校（制度）は基本的には教会ないし修道院によって担われていた。寺院学校、修道院学校、教区学校、神学校などがそれである。これらの学校はもっぱら聖職者の養成教育を任とするものであった。

　その後、12世紀から13世紀にかけてラテン語学校が創設され、また15世紀末にはフランス語学校の設立を見るに至ったが、ただこれらの学校はいずれも上流階級の子弟を対象としたものであった。民衆の子ども達のための教育機関としては、教会による救済学校や貧民学校があったにすぎない。学校制度は著しく身分制的な色彩を帯びていたのであった。

　その後、オランダは、スペインによる支配に抗して、1579年から1795年まで7つの州からなる連合国家であったが、この間にあっても、上述のような学校制度の基本的な性格は変わることはなかった。

　ただ、このいわゆる「旧共和国」においては、教育に関する権能は中央国家にはなく、各州に属していた。各州はそれぞれ固有の教育権力にもとづいて、独自の学校法令を擁していた。オランダの教育制度の特徴とされる上記

②および③の点は、この国の地勢的な自然条件とも相俟って[2]、歴史的には、この時期にまで遡るのである。

ところで、以上のようなコンテクストにおいて刮目に値するのは、11、12世紀頃から発達し始めた自由都市においては、市民に「学校設置の自由」が認められ、市政府がこのような自由私学の保護政策をとっていたという事実である。

ちなみに、ガンという自由都市では、1192年に市政府が次のような宣言を発している[3]。「今後なんぴとも自由にガンの市内で学校を開くことができる。なんぴともこれを妨げてはならない」。

関連して付言すると、13世紀から14、15世紀になると、オランダ、ドイツ、ベルギーなどの多くの自由都市が市民のための市立の学校をもつようになり、この都市学校 (Stadtschule) が「今日の公立学校の発端をなすもの」と捉えられている[4]。

2. 公教育制度の成立と国家の学校教育独占

オランダの公教育制度は、歴史的には、ナポレオン支配下のフランスの影響を強く受けて、18世紀末から19世紀初頭にかけて創設された[5]。草創期におけるその制度的メルクマールは、一言で言えば、「国家の教育独占 (staatliches Bildungsmonopol)」と、その裏腹の「教育の自由」の原則的否認にあったと言えよう[6]。

すなわち、1798年に制定をみたオランダ憲法は、将来にわたって国の統一を確保するためには、国家を主宰者とする教育が必要であるとの観点から、国民教育・公教育の創設とこれに対する国家の統轄権を明記した (61条)。これを受けて、19世紀初頭に相次いで学校法が制定され (1801年・1803年・1806年)、言うところの「国家の教育独占」が法律上に具体化されることになる。

まず、1801年の学校法 (オランダにおける最初の公教育法) は、従来、教会や私人等の自由に委ねられていた私 (学) 教育に対する規制に着手し、かかる教育施設の設置を所轄庁の認可にかからしめた。つづく1803年法においては私立学校 (Bijzondere scholen) は法禁されるに至り、公立学校教育も厳しい

権力統制の下に置かれ、公立学校（openbare scholen）における宗教教育は禁止された。1806年の学校法は私学の存在を再び容認しはしたが（認可制）、教育内容や教員の資格等に関して公立学校とさほど変わらぬコントロールをくわえ、また詳細にわたる教授要綱を制定し、さらには国の学校監督権の行使に任ずる視学制度を創設するなどして、公立学校教育に対しても権力的統制を一段と強化した――公立学校はキリスト教的基盤に立脚しながら、宗派的には中立であることが求められた――。かくして、中央集権的な教育行政機構と権力的な行政運営に担保されて、国家は全学校制度を掌握するところとなったのである。

3. 宗派的私学の自由と財政平等の原則

このような教育状況にあって、カトリック教徒と正統派プロテスタントは自由な宗派的私学教育を求めて国家権力と鋭く対立することになる。いわゆる「学校闘争（Schulkampf）」の始まりである[7]。それは言葉を代えれば、「国家による教育」に抗しての「教育における自由」（私学教育の自由）獲得のための闘いであったと言ってよい。

こうした抵抗運動は、1815年の学校法――宗派的私学の設置権を法認した――を経て、1848年の改正憲法に結実することになる[8]。同憲法はこう宣明して、「教育の自由」を憲法上の基本的人権として保障したのであった。「教育を与えることは、政府による監督を除き、自由なものとする（Het geven van onderwijs is vrij）」。

ところで、こうして私学は「教育の自由」を享受したものの、同時に教員の資質・施設設備・学級規模などの教育条件を整備して、教育の質ないし水準を高めることを法律上義務づけられ（1857年学校法・1878年学校法）、この結果、多くの私学が深刻な経営上の危機に陥ることとなった。かくして、とりわけ1878年以降、私学を教育財政上いかに処遇するか、が教育政策上の最重要かつシビアな争論的課題となったのであった。

この、いわゆる「学校闘争」は1917年の憲法改正によってキリスト教勢力の優位のうちに終結を見ることになる。改正憲法（208条）において「自己の

信念にもとづいて子どもを教育する親の権利」が保障され、あわせて「基礎学校領域における公立学校と私立学校の実質的に平等な取り扱いの原則」が明記されるに至ったのである[9]。そして、この憲法条項を具体化するために制定された1920年の学校法は、①学校の設置と管理運営は第一次的には「市民（とくに親）の事柄」に属すること、②私立の一般教育学校は、公立学校と同様の基準により、公費によって維持・管理されるべきものと法定し（教員の人件費は国が負担し、学校の施設設備費は地方自治体が負担）、ここにおいて公立学校と私立学校との「財政平等の原則」が憲法上の原理として法律上確立したのであった。この原則はその後さらに拡充されて、今日に至るもなおオランダにおける教育法上の最重要な原理の一角をなしていることは、後に見るとおりである。

第2節　現行教育法制と「教育の自由」
——「教育の自由」の憲法上の保障

既述したように、オランダにおいては1848年の改正憲法が、ベルギー憲法（1831年）——「教育は自由である。これに対するすべての防圧手段は、これを禁ずる」（第17条）——の流れを汲んで、「教育の自由（vrijheid van onderwijs）」を憲法上の基本権として確立したのであるが[10]、それ以来、この国にあっては「教育の自由」は教育における最重要で基幹的な法制度原理をなしてきており、現行憲法（1983年制定）も以下のように書いて、この法理を明文でもって確認している。

> 「何人も、所轄庁の監督権を留保して、また法定の教育形態について法律上規定された、教師の適格性と道徳的誠実さを審査する所轄庁の権限を留保したうえで、教育を与えることは自由とする」（23条2項）。

ちなみに、この点、オランダでは「教育の自由」は「もっとも価値のある財産」と見做されており、それは、「教育の自由によって、すべての国民が自分にふさわしい方法で、自分にとって基本的な意味をもつ精神的価値を実現させ、そのことによってまた社会の維持・発展に個人として寄与することができる機会をもち得ることになるからだ」[11]と説明されている。

また教育・文化・学術省（以下、教育省と略称）の手になる教育制度概説書にも、「教育の自由」についてこう記されている。

　「オランダの教育制度の顕著な特徴の一つは、憲法23条によって保障された教育の自由にある。すなわち、学校を設置する自由、学校において教育を組織する自由および学校が立脚する原則を決定する自由が保障されていることにある。このことは、社会において様々なグループがそれぞれ固有の宗教的、イデオロギー的ないしは教育的信念にもとづいて学校を設置できる権利を有している、ということを意味する。

　このような権利が憲法上保障されている結果として、オランダにおいては、学校は宗教的にも、あるいはイデオロギーに関しても各様の様相を呈するところとなっている」[12]。

なお、ここに言う「教育の自由」は、自由権的基本権に特有な「国家からの自由」といった消極的・防禦的な自由ではなく、学校教育への参加権や学校教育の共同形成権をも含む、いわば「教育への自由」とでも称されるべき積極的かつ能動的な自由を意味している[13]。それは、主要には、後に言及するような各種の「教育における自由」を法的内実としている[14]、とされる。

第3節　教育行政における権限配分

オランダは立憲君主制国家であり、そこで教育ないし学校制度に関しても、先に見た「教育の自由」をはじめ重要な事柄が憲法上規定されているのであるが、こうした憲法の教育条項の基盤のうえに、現行の教育行政の組織・権限関係は、大要、以下のように構成されている[15]。

(1) 教育省

教育主権の制度的発動としての、議会による立法的なコントロールのもとで、教育省（教育大臣のもとに、2人の事務次官を擁し、21局から構成されている）は中央教育行政機関として、主要には、①教育制度の組織・編成・運用、②学校監督、③教育財政、④試験制度、⑤育英奨学制などについて所掌権限を有し責任を負っている。

具体的には、①に関する権限としては、たとえば、初等・中等教育に関して、学校の種類、就学・教育期間、必修・選択教科、最低(最高)授業時数、授業時間、学級規模、教員の資格・給与・地位などについて大綱的な基準設定権を有している。これらの基準は公立学校だけではなく、私立学校に対しても同じように適用される。

②の学校制度に対する国家の学校監督権は、憲法23条に明示的な根拠をもつ教育主権作用であるが、この権能は直接には、教育省の委任を受けて、組織・権限関係上も、また予算面においても教育省から相対的に独立した学校監督庁 (本庁のほかに13の地方支庁からなる) によって行使される。これについては学校監督法に定めがある。

ちなみに、主たる権限としては下記が挙げられている。〈a〉教育法令の遵守を確保すること (いわゆる法監督)、〈b〉学校訪問によって教育現場の状況を継続的に把握すること (学校評価を含む)、〈c〉私学設置者、教職員、地方教育行政当局などからの教育上の問い合せや相談に対応すること、〈d〉以上について教育大臣に報告し提言すること、がそれである。

なお、教育大臣には、学校監督庁の職務遂行や権限行使に関して報告を求め、指導助言をする権限、年次活動計画の当否について自らの見解を表明する権限が留保されている。

③の教育財政にかかわる権限と責任は、公立学校と私立学校とを問わず、また学校段階の如何に拘わらず教育省に専管的に帰属しているものである。

ただ、国による財政支出計画の枠内で、各学校にはかなり広範な財政上の自律的な権限が法認されていることは、後述の通りである。

④の具体例としては、たとえば、後期中等教育の修了認定国家試験制度が挙げられる。

(2) 州の教育行政当局

広域行政区として12の州があるが、州の教育行政上の権限はきわめてかぎられている。たとえば、初等・中等教育の領域において十分な教育サービスが提供されているか、教育・訓練や成人教育の場は確保されているか、等

についての監督権限や争訟事件の管轄権がその例である。

(3) 市町村の教育行政当局

市町村は教育行政上、二様の役割ないし機能を果たしている。

一つは、地方教育行政機関としてのそれであり（市町村長あるいは市町村評議会が機関を代表）、公立・私立を問わず、当該区域内のすべての学校に対して所轄権限をもつ。たとえば、就学義務の履行に関する監督権や私学の設置認可権などがこれに属する。

二つは、公立学校の設置者たる地位にもとづく権限と責務である。市町村は公立学校の設置義務を課されており、これに伴って施設・設備の整備、教職員の確保など様々な条件整備義務を負う一方で、公立学校の直接的な管理運営権を有している。

(4) 学校設置者

学校の設置者は、公立学校の場合は上述のように市町村であり、私立学校にあっては協会、社団、財団などであるが、これらの学校設置者は教育行政・学校の管理運営上、きわめて重要な位置を占めている。

学校設置者の権限は、法制度上は、それを代表する機関によって行使される。公立学校については市町村評議会（Gmeinderat）、私立学校の場合は学校理事会（Schulvorstand）がそれであり、これらの機関は後に言及する「学校の自律性と自己責任」を留保して、各学校の管理運営について権限を有し、責任を負っている。

この点、端的に「学校設置者はその固有責任において人事および財政を決定する」[16]と表徴されている所以である。

注目されるのは、学校理事会は親、文化組織、地方教育行政当局、経済団体の代表などによって構成されており——校長、教員、生徒代表は含まれていない——、そこで「私学においては、多くの市民が学校理事会のメンバーとして、学校の形成に参加している」[17]という現実が見られていることである（私学教育における自由の保障と公共性の確保）。

なお、学校設置者の数はオランダ全体でおよそ6300を数えており[18]、かくして、学校の自律性や私学の自由の法的保障とも相俟って（学校の多様性）、「ヨーロッパの文化の園としてのオランダ (Niederlanden als dem Kuturgarten Europas)」[19]という現実を醸し出している。

第4節 親の教育の自由

1. 家庭教育の自由・私教育の自由

後述の各種の教育における自由の基底に位置しており、教育法制上、「(宗教的)私学の自由」にストレートに対応し、両者相俟って「教育の自由」の主要かつ第一次的な実体をなしてきている。

ただ親には「教育義務」ではなく、「就学義務」が課されているから、たとえば、アイルランドやデンマークなどとは異なり[20]、「学校に代わる私教育」ないし「家庭義務教育」は認められてはいない。

なお付言すれば、就学義務は法制度上、満5歳に始まり満17歳あるいは満16歳に達した学年末でもって終了する建前になっている――学校教育の無償制は16歳まで――。しかし1985年、基礎学校法の制定により、就学前教育と初等教育にまたがってドラスティックな制度改革がなされ、従来の幼稚園 (kleuteronderwijs) と小学校 (Lageronderwijs) が統合されて、4歳から12歳の子どもを対象とする8年制の「基礎学校 (Basisonderwijs)」が創設された。そこでこれに伴い、今日、現実にはほとんどすべての4歳児が就学している状況にある[21]。

2. 学校を設置する自由

就学義務年齢段階の子どもをもつ親は、その信念や教育観にもとづいて子どもを教育するために、自ら学校を設置することができる。学校設置権が、国・地方自治体、法人や教会等の団体にかぎらず、私人（親や市民）にも認められているということが重要である。ただ実際には、私立学校の設置に際してはたいてい、協会や社団ないしは財団が組織され、設置主体となっている[22]。

学校の設置後、国から財政援助を受けようとする場合は、設置に際して所

定の要件を充足しなければならない。設置基準については学校法に定めがある。教育目的が憲法の基本理念に抵触しないことを大前提としたうえで、具体的には、たとえば、教育計画・授業時間表を学校監督庁に提出すること、教育目的を達成するにふさわしい施設・設備を具備していること、ティーチング・スタッフは教職適格性を有すること、当該地方自治体の住民数に応じての最低生徒数を上回っていること（1994年以前）——たとえば、住民数が2万5千人から5万人の自治体にあっては最低120人の生徒がいるものとされていた——、などである[23]。

3. 学校選択の自由

親は私立学校については言うに及ばず、公立学校、しかも義務教育学校についても「学校選択の自由」ないし「学校の自由な選択権」をもつ。つまり、親は自らが良しとする学校を選び子どもを自由に就学させることができる。就学校指定制や学区制は存在しない——ただ若干の都市においては、生徒数に偏りが生じないようにするために、学区 (catchment area) を設定して学校選択を認めないという例も見られている[24]——。

この結果、いわゆる「人気校」とそうでない学校が生じ、前者にあっては児童・生徒が過剰となるケースもありうるが、その場合は、当該校のために施設・設備を拡充するなどの行政上の条件整備措置が講じられなくてはならないとされている。

以上のような親の「学校選択の自由」に対応して、学校側には当該校における教育目標や方針・カリキュラム・学校の組織編制・特別教育活動、さらにはこれまでの教育上の成果など、各学校についてのインフォメーションを「学校案内 (Schulführer)」ないし「学校計画 (Schulplan)」という形で親に提供する義務が法律上課されている、ということは重要である。親はその有する「学校選択の自由」を現実かつ有効に行使できるよう、「学校について知る権利」を保障されている、と言い換えてもよい。

くわえて、この親の知る権利の対象には、子どもや親がこれから学校教育においてどのような権利を有し、義務を負うことになるか、も含まれている

と解されている[25]。

「親の学校選択の自由」はまた「学校の教育自治ないし教育上の自律性と自己責任」の法理によっても制度的に裏打ちされている。後述のように、学校には教育運営上かなり広範な自治ないし自律性（自己責任）が法認されているのであるが、これに依拠して各学校は子ども・親にとって魅力的で特色ある教育を提供することが求められる。このような教育を可能にするために、各学校に教員の選任権が認められている（後述）ことは殊更に注目されてよかろう。

詰まるところ、選択の自由と自由競争をベースとした「学校の教育自治」によって親の教育意思やニーズに応え、親の教育権の現実化をはかるという仕組みである。こうして、公立学校教育についても「親意思が優位する（Der Elternwille dominiert）」と言われており[26]、また「学校間の競争がオランダの教育景観を特徴づけている」[27]と捉えられている所以でもある。

ところで、学校選択を規定するファクターとして、今日、宗教はさほど大きな役割を果たしてはいないとされる。「学校が近いこと」が一般的には重視され、くわえて、学校の質的水準ならびに児童・生徒の社会的・人種的構成が重要な要因をなしている。

後者について言えば、とくに大都市においては、トルコ人やモロッコ人など外国人の子どもが多い学校からの「白人の逃避」（Weißenflucht）現象が目立ってきているという[28]。

なおオランダの教育制度の特徴の一つをなす「多様化された中等教育」も、法原理的には、「学校選択の自由」に対応するものではある。しかし中等教育学校への進学に際しては、学校種の決定に当たり、基礎学校長の「勧告」が事実上大きな影響力をもっており、こうして中等教育段階においては親の学校選択権は理論的なレベルに止まっている、と評されている[29]。

とは言え、OECDの調査書も述べているように「オランダ人は様々な方法で差異が存在することを良しとしている。寛容の伝統は公的なシステムのなかにあっても、異なる哲学に依拠した学校の共存を認容している。学校選択はほとんどのオランダ人によって社会に積極的な影響を与えるものとして評

価されている」(要約) と結論されえよう[30]。

4. 教員の選任権
後述のように、「学校の教育自治ないし自律性」の重要な法内容として、教員の選任権が含まれており、親代表もそのプロセスに参加できることになっている。

5. 学校教育（行政）への参加権
「教育における参加に関する法律」(1992年) が制定されており、上記教員の選任・人事行政過程への参加をはじめ、学校教育（行政）領域の様々な事柄について、親に協同権や共同決定権が保障されている (後述)。

第5節　学校の自律性

既述したように、オランダにおいては1848年の憲法によって「教育の自由」が憲法上の基本的人権として保障されたのであるが、これを受けてとくに1917年以降、各学校にもかなり広範な自律的権限や自由が認められてきた。

たとえば、学校はカリキュラム、教科書その他の教材、さらには教員の任用などについて自ら決定権を有し、一方で国家の学校監督は個々の教員を対象とするものではないとされ、また私立学校に対しては、国家は指示・命令権をもたないとされてきた[31]。

かくして、オランダの学校は伝統的に多彩を誇り、そしてこの「学校の多様性 (Schulvielfalt)」は他のヨーロッパ諸国から教育制度における一つの範例と目されてきたのであった[32]。

このように、オランダにおいては、学校は歴史的に相対的にはかなり広範な自律性を享有してきたのであるが、言うところの「学校の自律性」ないし「学校の自由」は1980年代半ば以降、さらに一段と強化されることになる。「教育制度のすべての領域、あらゆる段階において、国家中央の行政上の規定権は必要最低限かつ不可欠な範囲に縮減され、個々の学校の自律的な決定権が拡大・強化されなくてはならない」との基本原則のもとに[33]、1985年の基礎

学校法（Wet op het Basisonderwijs）などにおいて「学校の教育上の自律性の原則」が明記され、これに対応する形で、学校法制上、学校は権利能力（Rechtsfähigkeit）を有し、固有の法人格（eigene Rechtspersönlichkeit）をもつとされるに至ったのである[34]。

この点、この間の法的推移について、下記のような記述が見えている[35]。「オランダの教育制度は決定権限の広範な分権化によって特徴づけられる。中央政府によって行使されてきた権限が、この15年間で各学校に大幅に移譲された。個々の学校の全般的な自律性強化はオランダの教育制度の基本構造を大きく変えた」。

もとより、こうした学校法制改革の動因はきわめて複合的であるが、端的には、「変化した社会関係に対する回答としての教育における自由な価値多元主義（liberale Bildungspluralismus）のよりいっそうの承認、すなわち多文化社会における教育観の多様性のさらなる承認、これが改革にとって決定的であった」[36]と捉えられている。

それでは、言うところの「学校の自律性」ないし「学校の自由」は現行法制上どのようなものとして措定されているのか。具体的には、それは、次のような事柄に関する学校の決定権限や運営上の自律権を意味している。

1. 教育上の自律と内部組織編制の自由

各学校には、教育上、きわめて広範な自律権が保障され、自己責任が求められている。学校法によって学校種ごとに「教育の目標」が規定されているが（たとえば基礎学校法8条）、それをどのような手段と方法で、いかに達成するかは、各学校に委ねられている。学校で教えるべき教科領域は法定されている。たとえば、基礎学校の場合は、基礎学校法9条により、体育、オランダ語、算数、英語、様々な事実領域（地理、歴史、自然、生物など）、表現活動、社会的な能力の促進、健全な行動の促進が法定教科領域とされている[37]。けれども、すべての学校を一律に拘束するナショナル・レベルでの教育課程基準ないしカリキュラムは存在せず[38]、教育課程の編成はひろく各学校の独自の判断に委ねられている——とは言っても、学校は生徒が卒業資格を獲得で

きるようにカリキュラムを編成しなくてはならないことは勿論である——。

具体的には、各学校における教育課程の法的基盤をなしているのは「学校の教育計画 (Schulwerkplan)」であるが、これは各学校 (正確には教員会議の提案にもとづいて学校理事会) が、自らの権限と責任において2年ごとに策定する。言うなれば「学校の自治立法」に属するもので、ここにおいて学校の教育方針や学習の目標、教科の編制、教科書や補助教材、教育方法、教授組織や学習形態、学校の組織編制 (親の参加の種類や方法を含む)、校務分掌、校則、成績評価の基準と方式などが定められる (基礎学校法11条)。

これを踏まえて、各学校は年次プランとして「活動計画 (Aktivitätenplan)」を定立する。授業時間表、教員の具体的職務、生徒活動、学校行事、休暇などについてである。

以上の面においては、教科別の授業時数、授業時間それに学期等に関して法的規制が設けられているにすぎない[39]。参考までに、基礎学校の年間授業時間について見ると、第1学年から第3学年までの3年間が合計で2240時間、第4学年が880時間、第5学年以降が1000時間とされている。

こうして各学校は特定の教科や教育活動を重視するなどして、ユニークで特色ある教育を展開することができる。たとえば、芸術、スポーツ、外国語などに力を入れるが如くである。また学校に自由裁量時間が大幅に認められているところから——基礎学校の場合は週当たり7時間、中等教育学校にあっては全カリキュラムの20%[40]——、親の教育意思や生徒のニーズを踏まえて、それに対応する形で教育内容を組むことが可能となっている。

なお学校は上記の「学校の教育計画」および「活動計画」を新学期が始まる前に学校監督庁に提出して許可を受けなければならないとされている。しかしそれは「いかなる意味においても単なる形式上の事柄にすぎない」という[41]。

表現を代えると、学校監督庁は学校の教育計画や活動計画について変更命令権は有しておらず、これらの計画は定立されたその瞬間から「学校の固有立法 (eigene Regelgebung der Schule)」として妥当し、そのかぎりにおいて、それは国家レベルでの規律に代置する、ということである[42]。

2. 学校財政上の相対的自律権

いわゆる「決算システム（sog. Erklärungssystem）」と呼ばれた従前の学校財政システムにあっては、年度ごとの決算方式が採られ、また支出に際しては費目別にきわめて厳格な要件が付されていた。学校財政に対するコントロールが強く、この面において学校の自由な判断が働く余地はほとんど存しなかった。

これに対し、現行制度は「包括的財政システム」（Pauschalfinanzierung）と称せられるもので、高等教育領域における実績をもとに、1996年に導入された。この制度においては各学校は教育運営上の必要性にもとづいて独自の判断で、人件費や物件費など費目を特定することなく包括的に、しかも多年度にまたがって財政計画を定立することができる（剰余金は次年度以降に繰越しが可能）。くわえて、講じられた予算措置については「支出の自由（Ausgabenfreiheit）」をもつ。こうして、各学校レベルで、特定の教育活動に予算を重点的に配分したり、独自に教育改善プログラムを策定してこれに財政的な裏づけを与えることも可能である。

この自由はまた、学校による人事計画の策定とそれにもとづく教職員の任用に際しても妥当する。この結果、たとえば、学校が外国人の子どものために特別な教育プログラムを実施する場合、そのために必要なスタッフを独自に任用することができる[43]。

ちなみに、こうした自由の保障により、「教育上の観念が学校の組織モデルに劣位するのではなく、学校の特別な教育目的や方針に対応した組織モデルを選択することが可能となった」[44]と評されている。

3. 教員の選任権

上述の学校財政上の自律権に裏づけられて、教員の選任権が各学校の固有の権限とされていることは、特記に値しよう。

すなわち、各学校はそれぞれ、既述した人事計画にもとづいて、新聞紙上等で教員を公募し、書類審査や当該校における試験授業による選考を経て、最終的には、教員代表や親代表も参加する「学校理事会」で教員の採用を決

定できる仕組みになっている[45]。その際の条件としては、学士号を有し、教員免許状を保有している者に限ること、が挙げられているだけである(後述)。

なお、以上のような学校の教育自治ないし自律性に対しては、①社会制度としての学校、②教育における機会均等の保障、③開かれた、民主的な社会の存続を保障するものとしての教育という、学校教育に対する本質的要請にもとづいて、主要には、以下のような国法的規制がくわえられている。

すなわち、①中等教育の終了時にナショナル・レベルで実施される卒業試験に参加する義務、②国(学校監督庁)の視学による学校監督を受け容れる義務、③国と労働者代表とで締結した労働協約を遵守する義務、がそれである[46]。

第6節　私学の自由

1.「私学の自由」の憲法上の保障

1848年の改正憲法は、「教育の自由」保障を受けて、「教育手段の選択と教員の任命につき、私学教育の自由はとくに尊重されなければならない」(201条)と書いていたし、現行憲法(1987年改正)も同じコンテクストにおいて「私立学校の教育に関しては、宗教的および世界観的な傾向の自由が保障される」(23条5項2文)、「教材の選定と教員の任用に際しては、私学教育の自由(Freiheit des privaten Unterricht)がとくに保障される」(同条6項2文)と明記している[47]。「私学の自由」の憲法上の基本権としての保障である。

すでに言及したように、1848年憲法による「教育の自由」保障は、元来、宗教上の信仰の自由と深く結合した、宗派的な私立学校の権利と自由を守る運動に由来するもので、言うところの「教育の自由」の第一次的な実体は、歴史的にも今日においても、端的に言えば、「親の教育の自由」(とくに親の宗教教育権)に強く対応した「宗教的私学の自由」にほかならない——ただ近年、非宗教系のユニークな自由私学が私学教育においてかなり重要度を増してきている、という現実が見られている(後述)。

こうして、「国家の学校教育独占」ないし「公立学校の教育独占」は法的にも事実上も否定され、私学教育についての国家の任務は、教育の質や程度において公・私立学校間で格差が生じないようにするという、いわゆる「憲法

上の信託」(Verfassungsauftrag)だけに限局されることになる。

ちなみに、この点について、現行憲法も私学に対する公費助成との関連において「公費から全額もしくは一部の財政支援をうける学校の、教育の質(Qualität des Unterrichts)に関する要件については、法律によってこれを定める」(23条5項)と明記している。

なお、関連して付言すると、公立学校教育は宗教的に中立であることが要請されている（公立学校においては宗教教育は行われていない）。

2. 「私学の自由」の内容

言うところの「教育の自由」を法原理的に踏まえたうえで、より具体的に「私学の自由」の法内容として、現行法制上、以下のような各種の自由が措定されていると解されている[48]。

①私学を設置する自由、②宗教・世界観教育の自由、③教員の選択・任用の自由、④生徒を選択する自由、⑤教育目的・教育課程設定の自由（教育法令所定の教科以外の教科を設ける自由を含む）、⑥教科書および教材・教具の作成・選定の自由、⑦教育方法・教授組織編制の自由、⑧学校の内部組織編制の自由、⑨教員養成の自由[49]、などがそれであり、さらに親・支援組織との関係や学校理事会の構成についても私学に固有な自由が保障されている。

このうち、上記①の「私学を設置する自由」については、「親の教育の自由」の内容としてすでに言及したところであるが、ここで私学教育に引きつけて、若干の補足をしておきたいと思う。

①憲法23条2項が保障する「教育の自由」には、その主要な内容として、「私学を設置する自由(Gründungsfreiheit)」が包含されているのであるが、その法的効果として、国家による学校監督と教員の適格性に関する審査を留保して、私学の設置に際しては原則として行政庁の認可は必要ではない、ということが導かれる[50]。

②学校設置権が法人や協会などの団体だけではなく、私人にも保障されるなど、学校設置主体は多様であるが、ただ基本的な要件として、「もっぱら教育を行うことを目的とするものであって、いかなる利益追求的なモティー

フもないこと（without any profit-making motive）」が求められている（理念型としては、「営業の自由」型私学ではなく、「教育の自由」型私学）、という事実を指摘しておかなくてはならない[51]。

③学校の設立後に「新設学校リスト」に登載された場合だけ、私学助成を受けることが可能である。このリストは市当局が作成し、文部大臣の承認が必要とされている。

④初等学校を設立するためには、従来は、当該地方自治体の住民数に応じて、最低児童数が80人、120人、160人および200人と法定されていた[52]。しかし1994年の法改正によってこの区分は廃止され、学校設置要件としての最低児童数は200人とされ、今日に至っている[53]。

ただ例外的に、所轄庁が特定の宗教的・世界観的教育を保障するために、申請のあった学校の設置が必要だと判断した場合には、法定最低児童数を下回ってもよいことになっている（参照：〈注〉23）。

⑤学校設立後、私学には公立学校と同じ学校法が適用され、私学に固有な特別法（私立学校法）は存在しない。

第7節　私学の現状

このような法的基盤のうえに、オランダの私学は多彩でユニークな教育活動を展開しえているのであるが、それは大きく、宗教的私学と非宗教的私学に区別される。前者としてはカトリック系、プロテスタント系、その他の宗教系私学（ヒンズー教、イスラム教など）があり、後者はモンテッソーリ学校やシュタイナー学校のような、独特の教育理念や価値を擁して設立された私学に代表される。

ここで、「私学の自由」、したがってまた「学校の多様性」の今日的担い手として、近年、教育界において一段と耳目を集めている後者のタイプの私学について、若干、触れておきたいと思う。

オランダにおいては、ドイツと同じく、20世紀に入っていわゆる「改革教育学（Reformpädagogik）」が教育の理論と実践、さらには教育運動に大きな影響を与えた。こうして1919年には最初のモンテッソーリ民衆学校が、1923年

には最初のシュタイナー学校が、また1925年にはダルトン・プラン学校がそれぞれ創設され、さらに第2次世界大戦後にはイエナ・プラン学校の普及を見た。そして、その後も改革教育学系の学校は一貫して増加傾向を示し、かくして1975年にはおよそ200校であったのが、1996年には625校を数えるまでに至っている。その内訳を見ると、下記のようである。

　イエナ・プラン学校250校、モンテッソーリ学校160校、ダルトン・プラン学校100校、シュタイナー学校80校、フレネ学校10校、その他の改革教育学系の学校25校。

　そして、こうした流れのなかで、他のヨーロッパ諸国におけると同じく、近年、「親の設置にかかる学校 (Schulen in Elternträgerschaft)」がかなり増加しているのが特徴的だとされている[54]。

第8節　私学に対する公費助成

　すでに垣間見たように、オランダにおいては、言うところの「私学の自由」に現実的・財政的な基盤を与えるために、1917年の憲法改正以来、一定の法定要件さえ満たせば、私立学校も公立学校と同じく公費によって設置・管理運営されるという、公立と私立との「財政平等の原則 (Grundsatz der finanziellen Gleichstellung)」が憲法上の教育法原理として存在している（私学の公費助成を受ける権利の保障・国庫負担金としての私学助成）。

　ちなみに、この点については、現行憲法も「教育制度は、政府が常に配慮しなければならない対象である」(23条1項) と謳ったうえで、下記のように書いて、この原則を憲法上改めて確認しているところである。

　　　「私立の一般教育基礎学校は、法律によって定められた要件を充足する場合は、公立学校と同一の基準にもとづいて、公費から資金を供給される。私立の一般教育中等学校と大学前教育が公費から資金をうけられる要件については、法律によってこれを定める」(23条7項)。

　敷衍すれば、国による財政支出は公立学校と私立学校が同一の基準によって行われるということであり（私学財政は100％国庫負担）、この結果、たとえば、教員の給料や労働条件は公立と私立とで何ら変わるところはない（後述）。詰

まるところ、オランダの私学は「私立公営」学校だということであり、このような私学は世界に類例を見ないと言ってよいであろう。

1.「財政平等の原則」の妥当範囲

先に引いた憲法23条7項の法条から知られるように、公立学校と私立学校の「財政平等の原則」が、憲法上の原則として妥当しているのは、初等教育の領域においてだけである。それ以外の教育領域や学校段階については、この原則は憲法自体が要請するところではなく、その採否は立法政策に委ねられている〈法律事項〉。

ただ現実には、この原則が確立された当初はともかく、その後、適用範囲が次第に拡大され、そして今日では、就学前教育から高等教育に至るすべての教育領域において妥当するところとなっている[55]。

2. 助成条件

憲法23条5項は「公費から全額もしくは一部の資金が供給される、学校の質に関する要件は、法律によってこれを定める」と規定し、続く6項で「公費からすべての資金が供給される私立の一般教育基礎学校については、この要件は、公立学校と同じ質が保証されるように規定されなければならない」と定めている。

私学に対する公費助成（国家負担）の条件として、憲法自体が「公立学校と同質の教育の保証」——ドイツの学校法制にいわゆる同種性（Gleichartigkeit）ではなく、等価値性（Gleichwertigkeit）の確保——を求めており、そしてそれを担保するために、法律上、これに関する具体的な規律がなされなければならない、としているのである。

これを受けて、現行法制上は、初等学校については初等教育法（1998年）と初等学校財政法（1992年）が、また中等学校については中等教育法が、それぞれ私学助成に関する基本的な定めを置き、助成条件について規定しているのであるが[56]、それによると、基本的要件として、私学は下記のような三つの義務を課されている。①一般法律を遵守する義務、②中等教育の終了時

にナショナル・レベルで実施される卒業試験に参加する義務、③国(学校監督庁)の査察官による学校監督(学校評価)を受け容れる義務、がそれである[57]。

くわえて、下記にような事項についても私学に対して国法上の規律がくわえられている[58]。生徒の入学、学校の法的地位・公益性、学校理事会の構成員、教員の資格、必修教科、それに最低児童・生徒数などについてである。

このうち最低児童・生徒数について具体的に言及しておくと、以下のようである。

先に書いたように、学校設置要件としての最低児童数は、1994年に200人に引き上げられたのであるが、私学助成条件としての最低児童数は、その2年前に制定された初等学校財政法によって、当該自治体の人口規模に関係なく一律に200人に引き上げられ、今日に至っている。従前においては、たとえば、人口10万人以上の規模の大きい地方自治体にあっても、最低児童数は125人であったし、小規模自治体では50人とされていた[59]。

なお、このいわゆる「200人条項 (sog. 200er-Regelung)」に対しては、各方面から厳しい批判が浴びせられている。オランダにおいては伝統的に小規模校が多数存在してきており、そしてこれらの小規模校こそがオランダが誇る「学校の多様性」を担ってきた、という理由による[60]。

3. 助成対象と助成方式

私学に対する財政支出が公立と同一の基準にもとづいて行われるということは学校の施設・設備費、教員の人件費、学校の管理・運営・維持費などが原則としてすべて公費から支出されるということに他ならない。

このうち教員の人件費は、学校段階に関係なく、すべて国から直接支給されている(後述)。

助成の方式としては、初等学校の場合は、先に触れた初等教育法の定めるところにより、確定教職員経費システム (The staff establishment budget system) が採られている。児童数にもとづいて算出され、総予算の85％を占める。備品、教材、維持費のような運営経費はロンドシステム (LONDO system) にもとづいて支出される。このシステムは1997年に単純化され、現在は生徒数と学級

数にもとづいて算出されている。

　学校はさらに追加資金交付システム (Additional Funding System) により、教職員の補充やマイノリティーのための言語教育などに関し、財政上、追加支援を受けられることになっている。

　なお学校施設費については、1997年以来、地方自治体を通しての国による間接補助となっている。つまり、これに係わる権限は地方自治体に委任されており、地方自治体の基金 (Municipalities Fund) から拠出されるところとなっている。

　次に中等学校の場合は、中等教育法により、1996年以来、補助金一括交付制度 (block grant funding) が採られている。この制度は予算の配分に際して権限ある当局に広範な裁量権を認めるものであるが、これにより、各学校にはすべての人件費と管理・運営費を賄う予算が年度ごとに一括交付される。なお施設費については、初等学校の場合と同様、国からの間接補助となっている[61]。

4. 授業料

　オランダにおいても義務教育(8年間の初等教育と4年間の中等教育の計12年間)は無償とされているが、ただわが国とは異なり、この原則は私立学校にも適用されている[62]。つまり、義務教育段階にあっては、私学もまた授業料を徴収することはできない(ただし、教育課程外の特別活動については、親に経済的負担を求めることができる)。

　義務教育の終了後は授業料が徴収されているが、その額は全員一律ではなく、親が支払う所得税と財産税をもとに個別に算定されている。注目に値する制度だと評されよう[63]。

　しかもこの場合、誰もが私学にアクセスできるように、私学側は授業料を可能なかぎり低く設定するように義務づけられている。くわえて、親が授業料を納入できない場合でも、私学は生徒の入学を拒否してはならないとされている[64]。オランダの私学が、すべての市民に開かれた教育施設であるという意味において、公立学校と同じく、「公の学校 (öffentliche Schule)」と捉えら

れている所以である[65]。

　なお、公立・私立を問わず、学校は親や地域住民などからの寄付金、特定のプロジェクトに対する助成金、契約にもとづくスポンサリングなどによって、独自の収入を得ることができることになっている。

　なかでも、シュタイナー学校やモンテッソーリ学校のような、独特の教育思想・理念にもとづく私学にあっては、親との協同による「学校づくり」という基本理念とも相俟って、親からの寄付金の占める割合が、相対的には高くなっているという。

第9節　教育・文化・科学省所管の予算規模

　すでに言及したように、オランダにおいては、公立学校と私立学校との「財政平等の原則」のもと、私学も原則として公費によって維持されているのであるが――しかも私学の占める割合が初等学校で68％（2000年）、中等学校で73％（1999年）に達している――、はたして国家財政がこれによく耐えうるのか、という素朴な疑問が生じよう。そこで、教育・文化・科学省（Ministerie van Onderwijs Cultuur en Wetenschappen）所管の財政に係わる若干の基本的な統計を押さえておきたいと思う。

　オランダは人口が1584万人（2000年1月現在）の立憲君主制国家で、上院（定数75）と下院（定数150）の2院制のもとに、現在、15の中央省庁が置かれている。教育・文化・科学省は、その予算規模において、これらの省庁の中でもっとも大きく、1999年度予算はおよそ430億ギルダー（1ギルダーは当時65円程度）となっている。1995年から99年までの5年間について見ると、97年は別として、予算規模は拡大傾向にある。99年度の予算は95年度比で11.6％の増を示している。ちなみに、オランダにおける1994～99年の実質経済成長率は3.5％であった。

　国内総生産（GDP）に対する同省所管予算の割合は5％（1999年）で、教育関係予算だけにかぎると、3.5％となっている。また一般政府総支出に対する割合は、1997年以降、19％程度で推移している。

　次に教育関係予算の内訳を初等教育と中等教育について見ると、両者とも

に教職員の人件費がそのほとんどを占めている。初等教育で98.6％、中等教育で97.7％にも達している。後述のように、公立・私立を問わず、教員の給与は国から直接支給されていることによる。

なお教育に対する政府支出のほとんどは教育・文化・科学省の所管に属しているが、ただ農業教育については農業・自然経営・漁業省の所管するところとなっている[66]。

第10節　学校の自律性と学校評価

既に書いたように、オランダの学校は初等・中等教育学校であっても、教育運営上、かなり広範かつ強度の自律的な権限を有しているのであるが、これに対応する形で、「学校の教育責任（いわゆる educational accountability）」が法制上セットされていることに留意しなくてはならない。「近年におけるオランダの教育制度の発展は、あらゆる教育機関の自律性の強化と、すべての教育段階における質の保証（Qualitätssicherung）のためのよりいっそうの努力によって特徴づけられる」[67]、と言い換えてもよい。

ここに言う「教育制度における質の保証」は、制度的にはいわゆる「学校評価」ないし教育監査制度によって担保されている。

オランダにおける教育監査（学校評価）の歴史は19世紀初頭にまで遡るが、しかしそれが「質の保証」を旨として本格的に実施され始めたのは、1980年代以降のことである。そしてとくに1993年、教育・文化・科学大臣と教育界代表との間で「今後における教育政策の諸原則についての協定」（シェベニンガー協定・Scheveninger Abkommen）が締結されて以降、教育政策上、学校評価は重要の度を一段と強めている、という状況にある[68]。

教育法制上、注目に値するのは、オランダは教育監査・学校評価の法域においてこれに関する特別法を擁している、という事実である。現行法制上は、1998年の「教育監査法（Wet op het Onderwijstoezicht）」がそれに当たる。この法律は、上述のジェベニンガー協定にもとづいて1993年に制定された同名の法律を大幅に改正したもので、その主旨は、教育監査庁の独立性と権限を強化し、併せて学校の自律性とアカウンタビリティーとの新たなバランスを構

築することにある、と説明されている。

　言うところの学校評価は大きく内部評価（interne Evaluation・学校による自己評価）と外部評価（externe Evaluation・教育監査庁による学校評価）に区別される[69]。

　まず内部評価であるが、現行法制上、学校はすべて当該校における教育活動を自ら定期的に評価し、その質を確保・保証することが義務づけられている。これを受けて、各学校は自らが策定する「学校の教育計画」や「年次活動プラン」で内部評価組織の設置をはじめ、これに関する基本的な事柄について定めることになる。

　この場合、自己評価をどのような方法によって実施するかは各学校に委ねられているが、通常、上記の「学校の教育計画」と「年次活動プラン」、「学校案内」、それに苦情処理委員会がもつ情報に照らして行われている。前２者は学校における教育課程と教育活動の法的基盤をなしているものであり、学校案内は親や子どもによる学校選択に際しての、学校と親との間の「学校教育契約（Schulvertrag）」の実質をもつものだからである。また苦情処理委員会には——現行法制上、学校設置者は苦情処理委員会の設置を義務づけられている——学校に対する親や生徒の要望や批判等が寄せられているからである。

　次に学校に対する外部評価は教育監査庁（Inspectie van het Onderwijs）によって行われている。教育監査庁は教育・文化・科学省の所轄に属してはいるが、組織・権限関係上、相対的に独立した地位（Semi-Independent Status）を保障されており、教育監査庁官のもと、初等および障害児教育、中等教育、職業および成人教育、それに高等教育の４部局から構成されている。つまり、初等教育から高等教育に至る学校教育だけでなく、成人教育をも含む、すべての学校および教育機関を対象とする監査機関という特徴をもつ。

　表現を代えると、これらの教育領域の学校や教育機関は、国・公立の場合はもとより、私立であっても公費から助成をうけている場合はすべて、教育監査庁による監査を受けることが法律上義務づけられている、ということである。

　教育監査庁の任務は、大きく、下記の３領域にある。①個々の学校や教育

機関の教育活動を評価し、その結果にもとづいて勧告や助言をする。②教育制度全体における重要な課題について教育レポート（Education Report）を作成するために、それに係わる評価を行う。③外国の学校監督庁との国際的な協働を促進する。

教育監査庁による学校監査を実際に担当しているのは、監査官であるが（現在、約250名）、それはもっぱら学校を訪問することによって行われている。授業訪問、校長・教員・事務職員との面接、さらには親や児童・生徒との対話や聞き取り等の活動を通して、オランダ全国における教育基準をモニターするのが、監査官の職務である。

監査官は各学校の「学校教育計画」と「年次活動プラン」およびこれらにもとづく日常の教育活動、さらには通常試験や卒業試験の結果についても評価を行う。評価基準は法令で定められている。評価結果は学校に報告され、今後の教育活動や次年度の「活動計画」に活かされることが期待されるが、しかし法的拘束力はない。「質を意識した学校（qualitätsbewußten Schule）」に向けての支援活動としての性格をもつ。2000年以降、各学校の監査結果（報告書）はインターネット上で公開されている。政府情報公開法にもとづいて、市民が個別に監査結果にアクセスすることも可能である。

なお、言うところの学校監査には通常監査と包括監査の種別が認められる。上述したような監査が前者であり、初等学校の場合、毎年、約4割がその対象となっている。後者はサンプリングによる監査で、インクルージョン教育の状態に関する情報を収集するために行われる。教授・学習過程の質と効果が監査対象とされている。

一方、児童・生徒に対するモニタリングシステムとして、国立教育評価研究所（National Institute for Educational Measurement）の作成にかかる達成度テストが、1970年以来、年1～2回、初等学校卒業予定者を対象として実施されている。テストは言語、算数、データ処理、環境の4領域で、テスト結果は児童個人、クラス単位、それに学校単位で集計され、それぞれ教育指導上活用することが期待されている。

ただこのテストに参加するかどうかは各学校の任意であり、2000年につ

いて見ると、全国の初等学校のうちの80％がこれに参加している。

なお関連して付言すると、オランダにおいては後期中等教育の終了時に全国統一テスト（中等教育修了資格試験）が実施されており、私立学校も含めて、すべての生徒が受験しなければならないことになっている。この試験の結果は最終評価の5割を占め、残りの5割が学校での成績評価によることとされている。

ところで、上述したような学校評価→学校の教育責任→教育の質の保証というコンテクストにおいて、いわゆる「欠陥授業」あるいは「学校における教育上の不満」に関し、手続法上、生徒・親には学校に対して異議申立て権が保障されている（いわゆる異議申立て条項・sog. Beschwerderegelung）。刮目に値する法制現実だと言えよう[70]。

第11節　学校に対する支援

各学校が自律的に教育の質を保証できるように、学校に対して各種の支援活動を行う機関が数多く存在している。主要には、初等学校に対してはいわゆる学校支援サービスが、中等学校に対しては教育センターがこの任に当たっている。前者は全国的なネットワークを形成しており、後者は教育領域・宗派・公私別に設置されている。

もとより、国はこのような学校支援活動に対して予算措置を講じているが、予算は支援機関に対してではなく、各学校に直接、しかも一括交付されている。各学校がその実情に即してサービスを「購入」できるようにするためである。

近年における傾向としては、①教員の研修、しかも学校全体としての集団的研修を重視する学校が目立って増加しており、そこで、②これに対応する形で、総合大学や教育大学がこの面でのプログラム開発や機会の提供に力を入れている、という特徴が見られている[71]。

第12節　校長の地位・役割

既述したように、オランダにおいては、現行法制上、学校は教員の人事権

や学校財政権も含めて、相当程度の自律性を享有するに至っているのであるが、こうした動向のなかで、近年、校長の役割にもかなり大きな変化が見られている。Ad. J.M. バエッセンの論文「オランダにおける学校経営の発展」の副題に、「自律的な学校における校長の役割変容 (Veränderte Rolle des Schulleiters in einer autonomen Schule)」とあるのが、この間の事情をよく物語っていると言えよう[72]。

それは、端的には、いわゆる「教授校長」から「管理・経営校長」(マネージャー)への変化であり、それに伴う校長の権限強化と捉えられる[73]。

オランダにおいては、ドイツにおけると同じく、校長は伝統的に教員集団における「同輩中の首席 (Erster unter den Gleichen)」として位置づけられ、校長の職務は第一次的にはあくまでも教育上の活動にあるとされてきた。したがって、従来、たとえば、校長が授業を担当するのは当然視されてきた。

しかし今日では、学校行政の分権化と学校の自律性の強化を受けて、学校のマネージメントこそが校長の本務とされるに至っており（とは言っても、その主要な役割はあくまで教育上および方法上のアスペクトにあるとされる）、かくして、小規模校においてはともかく、校長にはもはや授業担当義務は課せられてはいない[74]。ちなみに、このような校長の学校経営者化は、近年、校長会が強く求めてきたところだとされている。

以上と係わって、以下の3点を付記しておく必要があろう。

①学校の自律性の強化に対応して、校長の権限を強化するためには、また同時に民主的な学校経営を展開するためには、校長の資質および専門性の向上が当然に求められる。かくして、校長に対する現職研修もさることながら、校長養成の制度化が必要であるとの認識が強くなってきている。

実際、5つの大学が共同でオランダ教育経営財団 (Nederlandse Stichting voor Onderwijs-management) を設立し、校長志願者を対象に2年間の養成コースを提供している、という現実がすでに見られている[75]。

②校長の単独権限が強化される一方で、合議制の学校経営形態もなお健在である。教育活動、人事、財政などの各課題領域ごとに専門チームが設置され、それぞれ実質的な責任機関となっているという現実もある[76]。

③初等学校の校長の最低年収は、オランダにおける勤労者の平均年収よりもやや低い状態にあるとされる[77]。

第13節　教員の法的地位

1. 身分・選任

既述した公立学校と私立学校との「財政平等の原則」と係わって、オランダにおいては、教員の法的地位は、公立学校教員と私立学校教員とで基本的に異なるところはない。公立学校の教員といってもその身分は狭義の公務員ではなく、私学教員とともに、政府と労働組合がナショナル・レベルで2年毎に締結する労働協約の規律のもとに置かれている[78]。

教員は、公立学校の場合は設置者である地方自治体もしくはその委任を受けた機関によって、また私学教員にあっては学校設置者（学校理事会）によって、新聞等による公募手続を経て、それぞれ各学校レベルで選任される（学校の自律的権限事項としての教員人事）。この点は、学校の自律性の法内容としてすでに言及したところである。

注目されるのは、学校レベルでの教員の選任過程に教員代表や親代表、さらには生徒代表が各様の権利を擁して参加している、という事実である[79]。子ども・親による学校選択に際して、当該校の教員の資質が最重要なファクターの一つと目されていることに対応している、と言えようか。

ちなみに、教員の任用要件に関するナショナル・スタンダードとしては、学士号の取得と教員免許状の所有が求められているだけである。

なお、上記に言う学校設置者（学校理事会）は固有の法人格（権利能力）を有しており、したがって、教育行政機関が学校に対して相対的な責任を負っているにすぎない場合に比して、学校との一体性はかなり強いものとなっている。

教員の労働時間や処遇などの労働条件は、上述した政府と労働組合との間で締結される労働協約の定めるところによる。

まず労働時間については、フルタイムの教員の場合（パートタイムの教員も存在）、週当たり38時間（週休2日制）となっている[80]。この範囲内において、

各学校の権限と責任で教員の労働時間(週当たりの担当授業時数)の具体的な割り振りが行われることになる。

　教員の週当たりの担当授業時数は、初等学校の場合、26時間(60分授業)となっている。年間の総授業日数は最低200日とされており、年間の総授業時数を12歳と14歳の生徒について見ると、ともに1067時間(1998年)で、他のヨーロッパ諸国に比してかなり多くなっている。学校の休暇は年間12週間である。

　なお、教員1人当たりの児童・生徒数は1998年で、初等教育は17.8人、中等教育が18.5人で、後者の比率はヨーロッパのなかで相対的にはやや高くなっている。

　次に教員の給与は、既述したように、公立・私立を問わず、すべて国から直接支給される。公立学校教員と私学教員に同じ給与表が適用され、私学が人材の確保を旨としてこの面でひとり優遇措置を講じることは禁止されている。

　参考までに国際的にはともかく、オランダにおいては、教員の給与は相対的には低く、教職はそれほど魅力的な職業とは見られていないとされる[81]。

　なお、教員の労働条件に係わる個別かつ重要な事柄については、各学校は労働組合と個別に交渉しなければならない、とされている。

2. 学校の自律性の強化と教員の教育上の自由

　既述したように、各学校は相当程度の自律性を法的に保障されているのであるが、こうした学校の自律性の強化は必然的に、学校の教育目標や学校プロフィルの実現に向けた、教員の職務遂行における協同をより強く求めることになる。「教員は各教科に対してだけ責任を負っているのではない。すべての教員が集団として、"学びの組織としての学校"(Schule als lernende Organisation)全体に対して責任を負っている」と捉えられている[82]。

　ただ、こうした現実にあっても、その前提として、「教員の教育上の自由」は努めて尊重されなければならない、とされていることは重要である。言うところの学校の自律性は個々の教員の教育上の自由によってより豊かに実質

化される、という認識である。

第14節　教員・親・生徒の教育行政・学校経営参加

現行法制上は、1992年に制定された教育参加法（Education Participation Act）にもとづいて、教員、親ないし生徒の学校教育（行政）へのフォーマルな参加制度として、次のような3種の機関が制度化されている[83]。

〈1〉学校評議会

市町村レベルにおける教育行政機関の一つとして学校評議会が設置されているが、この評議会には、地方教育行政当局、文化組織、経済団体の代表などとともに、親代表が参加している。議長は互選で、校長の任免や国の教育補助・負担金の管理執行などについて権限を有している。

〈2〉参加委員会

初等および中等教育段階のすべての学校に教員・親・生徒代表——ただし初等教育段階では児童の参加制度は存在しない——から構成される「参加委員会（Medezeggenschapsraad）」が設置されている。学校法制上の必置機関である。学校経営上の事柄について提議権や聴聞権をもつなど、協同的・諮問的な参加組織で、学校規模により、6人から18人のメンバーで構成される。教員代表と親代表（中等学校にあっては親代表プラス生徒代表）の構成比は同じ割合となっている。

〈3〉教員会議・父母会・生徒協議会

上記〈2〉の参加委員会にくわえて、教員、親、生徒それぞれの利益代表制・個別参加組織として、各学校に教員会議、父母会、生徒協議会が置かれている。これらはいずれも諮問的な参加組織で、参加委員会や校長に対し各種の教育事項について勧告的な意見や要望を提出できるに止まる。

なお、ほとんどの中等学校が学校における生徒の権利と義務について定める「生徒憲章」を擁している。

〈注〉

1　G. Brinkmann, *Niederlande*, In: O. Anweiler u.a., *Bildungssysteme in Europa*, 1996, S.125.

2 オランダは国土が常時、洪水の危険に曝され、そこでそうした緊急事態に的確に対処するため、すでに11世紀には、地方の郷土協議会にかなり広範な自律的行政権限を保障していたという (G.Brinkmann/F. de Rijcke, *Bildungswesen im Spannungsfeld von Demokratisierung und Privatisierung: das Beispiel Niederlande*, In: Tertium Comparationis, 1996, S.41)。
3 梅根 悟『世界教育史』新評論、1967年、142頁。
4 梅根 悟、同前、141頁。
5 オランダは、1795年から1810年までフランスによって直接統治され、引き続き1813年まではフランスの占領下に置かれていた (T.M.E. Liket, *Freiheit und Verantwortung―Das niederländische Modell des Bildungswesens*, 1993, S.28)。
6 以下の記述は、下掲による。
　　E. Skiera, *Das Bildungswesen der Niederlande―Geschichte, Struktur und Reform*, 1991, S.25-28. B.Lumer-Henneböle/E. Nyssen, *Basisschulen in den Niederlanden*, 1988, S.24-25. T.M.E. Liket, *Autonome Schule und Qualitätskontrolle in den Niederlanden*, In: RdJB 1993, S.336-337. G. Brinkmann/F. de Rijcke, a.a.O., S.41-42.
7 この時期、学校教育の構想＝学校の宗教的性格をめぐって、大きく以下の3つの見解が対立していたという。①キリスト教を基盤としながらも、非宗教的な統一学校、②非宗教的・世俗的な公立学校、③宗派的公立学校と宗派的私学の併設 (E. Skiera, a.a.O., S.27)。
8 オランダで初めて憲法が制定されたのは1814年で、以後、現行憲法に至るまで17次にわたって改正されている (J. Chorus et al, *Introduction to Dutch Law*, 1999, p.292)。
9 F. R. Jach, *Schulverfassung und Bürgergesellschaft in Europa*, 1999, S.138.
10 1848年と言えば、奇しくもプロイセンにおいてもドイツ三月革命の所産として画期的な憲法が制定された。同憲法は「学問の自由」(17条) および「教育の自由」(19条) の保障にくわえて、一国の憲法としては世界で初めて「一般的な国民教育をうける権利」(Das Recht auf allgemeine Volksbildung) を憲法上 (18条) 保障したのであった (L. Clausnitzer, *Geschichte des Preußischen Unterrichtsgesetzes*, 1891, S.162)。
11 M. Goote, *Unterricht und Wissenschaften in den Niederlanden*, 1974, S.6.
12 Netherlands Ministry of Education, Culture and Science, *Information dossiers on the structures of the education systems in the European Union 2000―The Nethelands*, 2001, p.2.
13 参照和田修二「教育の自由―オランダ教育が示唆するもの―」国立教育研究所『各国における私学の動向』1978年、所収。
14 言うところの「教育の自由」の主たる内容として T.M.E. リケトは、①学校を設置する自由、②理念的 (哲学・カリキュラム) および物的 (教科書・教材の使用) な面で自由に学校を形成する権利、③教員の任用の自由、④国から助成をうける権利、を挙げている (T.M.E. Liket, *Freiheit und Verantwortung*, S.29)。
15 以下については、下記による。
　　Europäische Kommission, *Strukturen der Allgemeinen und Beruflichen Bildung in der Europäischen Union*, 1995, S.278-280. Kommission der Europäischen Gemeinshaften, *Formen und Status des Privaten und Nicht-staatlichen Bildungswesens in den Mitgliedstaaten*

第16章　オランダにおける教育の自由と学校の自律性の法的構造　361

der Europäischen Gemeinshaft(以下、*Formen* と略称), 1992, S.69-71. Netherlands Ministry of Education, Culture and Science, op. cit. pp.6-11.
16　F.R. Jach, *Abschied von der verwalteten Schule*, 2002, S.120.
17　G. Brinkmann/F.de Rijcke, a.a.O., S.43.
18　D. Lemke, *Bildungspolitik in Europa—Perspektiven für das Jahr 2000*, 1992, S.131.
19　H.P. Füssel/A. Leschinsky (Hrsg.), *Reform der Schulverfassung*, 1991, S.84.
20　参考までに、アイルランドやデンマークではそれぞれ憲法でもって「親の学校に代わる私教育の自由」を保障している（アイルランド憲法42条・デンマーク憲法76条）。
21　O. Anweiler u.a., *Bildungssysteme in Europa*, 1996, S.129. E. Skiera, *Das Bildungswesen der Niederlande*, 1991, S.40-41.
22　Kommission der Europäischen Gemeinschaften, *Formen*, 1992, S.69. Europäische Kommission, *Strukturen der Allgemeinen und Beruflichen Bildung in der Europäischen Union*, 1995, S.278.
　　ただいずれにしても多くの親・市民が学校の設置に直接かかわっていることには変わりない〈O. Anweiler u.a. a.a.O., S. 127.〉。
23　1994年までは、より正確には、当該地方自治体の住民数に応じての最低生徒数は以下のようになっていた。住民数2万5千人未満＝80人、2万5千人～5万人未満＝120人、5万人～10万人未満＝160人、10万人以上＝200人（B.L. Henneböle/E. Nyssen, *Basisschulen in den Niederlanden*, 1988, S.32）。ただ、特定の宗教的・世界観的教育を保障するために、所轄庁が申請された学校の設置認可が必要と判断した場合は、最低生徒数を減じることが可能とされた。しかし後述のように、1994年の法改正によってこの区分は廃止され、最低生徒数は一律に200人と規定され、今日に至っている。
　　なお中等教育学校の設置に関しては、法律によって別様に規定されている。
24　Netherlands Ministry of Education, Culture and Science, *Information dossiers on the structures of the education systems in the European Union 2000—The Netherlands*, 2001, p.22.
25　F.J.H. Mertens, *Das Verhältnis von Staat, Schule und Bürger*, In: Deutsche Gesellschaft für Bildungsverwaltung (Hrsg.), *Selbstgestaltung und Selbstverantwortung im Bildungswesen*, 1996, S.31-32.
26　B. Lumer-Henneböle/E. Nyssen, a.a.O., S.31.
27　J.M. Vaessen, *Entwicklungen im Schulmanagement der Niederlande*, In: Pädagogische Führung 1994, S.204.
28　W. Mitter/U. Schäfer (Hrsg.), *Freie Schulwahl im internationalen Vergleich*, 1996, S.100-101.
29　ditto, S.98-99.
30　OECD, *School a matter of Choice*, 1994, p.71.
　　なお OECD の別の調査書も概要こう記している。「オランダのシステムは高くつくが (costly)、しかし選択の自由という中核的な価値は、今日、自明のものとしてオランダの教育のアスペクトをなしている」(OECD, *Reviews of National Policies for Education Netherlands*, 1991, p.75)。

31 T.M.E. Liket, *Niederlande* In: H. Döbert/G. Geißler (Hrsg.), *Schulautonomie in Europa*(以下、*Niederlande* と略), 1997, S.252.
32 E. Skiera, a.a.O., S.1.
33 T.M.E. Liket, *Niederlande*, S.250.
34 F.R. Jach, *Abschied von der verwalteten Schule*, 2002, S.121.
35 F.R. Jach, *Schulverfassung und Bürgergesellschaft in Europa* (以下、*Schulverfassung* と略), 1999, S.153.
36 Bertelsmann Stiftung (Hrsg.), *Innovative Schulsysteme im internationalen Vergleich*, 1996, S.57.
37 G. Brinkmann/J. Peters/P. Stokes, *Zeit für Schule—Niederlande, England und Wales*, 1991, S.24.
38 T.M.E. Liket, *Autonome Schule und Qualitätskontrolle in den Niederlanden*, In: RdJB 1993, S.337. E.Skiera, a.a.O., S.29.
39 T.M.E. Liket, *Freiere Schulen und Kontrolliertere Universitäten in Holland* (以下、*Freiere Schulen* と 略), In: Pädagogische Führung 1992, S.82. ders. *Freiheit und Verantwortung*, 1993, S.35-37. Europäische Kommission, a.a.O., S.286. S.290.
40 F.R. Jach, *Schulverfassung*, S.159.
41 O. Anweiler u.a. a.a.O., S.130.
42 T.M.E. Liket, *Freiere Schulen*, S.82.
43 以下については、Europäische Kommission, a.a.O., S.280-281. Netherlands Ministry of Education, Culture and Science, op.cit. pp.34-35. T.M.E. Liket, *Niederlande*, S.257-258. Ad. J. M. Vaessen, a.a.O., S.204-205.
44 T.M.E. Liket, *Freiheit und Verantwortung*, S.36.
45 B.L. Henneböle/E. Nyssen, a.a.O., S.28.
46 T.M.E. Liket, *Freiheit und Verantwortung*, S.15. S.29.
47 オランダ憲法の条文は、S. Jenkner (Hrsg.), *Das Recht auf Bildung und die Freiheit der Erziehung in Europäischen Verfassungen*, 1994, S.49ff. による。
48 Kommission der Euröpaischen Gemeinschaften, *Formen*, 1992, S.73-74. F.J.H. Mertens, a.a.O., 1996, S.28 など。

なお E. Skiera によれば、言うところの「私学の自由」は、大きく、「設置の自由」(Freiheit der Stiftung)、「傾向の自由」(Freiheit der Richtung)、「編制の自由」(Freiheit der Einrichtung) に区分されている (Ders. *Länderstudie Niederlande*, In: M.S. Stubenrauch/E. Skiera (Hrsg.), *Reformpädagogik und Schulreform in Europa*, 1996, S.373-374)。
49 この自由に依拠して、たとえば、シュタイナー学校は本部のあるドイツ・シュトゥットガルトに教員ゼミナールを設け、自前で教員養成を行っている。
50 F.R. Jach, *Schulverfassung und Bürgergesellschaft in Europa*, 1999, S.145.
51 Netherlands Ministry of Education, Culture and Science, *Information dossiers on the structures of the education systems in the European Union 2000—The Netherlands*, 2001, p.16.

52 E. Skiera, *Das Bildungswesen der Niederlande*, 1991, S.30.
53 Netherlands Ministry of Education, Culture and Science, op.cit. p.21.
54 E. Skiera, *Länderstudie Niederlande*, S.366ff. S.375. F.R. Jach, a.a.O., S.139.
55 B. Lumer-Henneböle/E. Nyssen, *Basisschulen in den Niederlanden*, 1988, S.25. E. Skiera, a.a.O., S.28.
56 法定の質に関する基準 (Quality Standard) および財政支出要件を充足すれば、私学は自動的に財政支援をうける資格、つまり私学助成請求権を取得することになる (Netherlands Ministry of Education, Culture and Science, op.cit. S.24)。
57 T.M.E. Liket, *Freiheit und Verantwortung*, 1993, S.15.
58 Kommision der Europäischen Gemeinschaften, a.a.O., S.70.
59 F.R. Jach, a.a.O., S.147.
60 G. Brinkmann, *Niederlande*, In: O. Anweiler u.a., *Bildungssysteme in Europa*, 1996, S.128. この結果、たとえば、その多くは生徒数が200人未満である上級段階のシュタイナー学校は、個別学校としては、公費助成を受けることができないという現実も見られている (F.R. Jach, a.a.O., S.152)。
61 Netherlands Ministry of Education, Culture and Science, op.cit. pp.24-25.
62 オランダにおいて義務教育制度が敷かれたのは1900年で、就学義務期間は6歳から12歳までの6年間とされた。その後就学義務法制はしばしば改正され、そして1969年の義務教育法によって就学義務は6歳から16歳までの11年間に延長された。そしてさらに1985年の基礎学校法によって就学義務年令が5歳に引き下げられ、就学義務期間は16歳までの12年間となり、今日に至っている (Netherlands Ministry of Education, Culture and Science, op. cit. p.1)。
63 D. Lemke, *Bildungspolitik in Europa—Perspektiven für das Jahr 2000*, 1992, S.131.
64 G. Walford (Edit.), *Private Schools in Ten Countries*, 1991, p.186.
65 F.R. Jach, a.a.O., S.152.
66 以上、Ministerie van Onderwijs Cultuur en Wetenschappen, *Education, Culture and Science in the Netherlands—Facts and Figures*, 2001, p.6-7。Ministry of Education, Culture and Science, *Information dossiers on the Structures of the education systems in the European Union 2000—The Netherlands*, 2001, pp.1-3. p.23.
67 G. Brinkmann, *Niederlande*, In: O. Anweiler u.a., *Bildungssysteme in Europa*, 1996, S.137. この点、オランダの教育研究者 T.M.E. リケットもこう述べている。「今日、オランダの教育制度においては、個々の学校の広範な自由は学校の内部・外部評価というそれを補充するものを求める、ということは自明視されている。そこではより多くの自由とより重い責任がますます語られつつある」(T.M.E. Liket, *Niederlande*, S.260)。
68 ちなみに、1994年1月には、学校評価に関する専門家会議が学校評価の理論と実務全般に関して本格的な報告書を公刊している。これは教育・文化・科学省からの委託研究としてなされたものである (G. Brinkmann, a.a.O., S.129)。
69 以下の記述は、主として、下記による。Ministry of Education, Culture and Science, op.cit. p.9ff. T.M.E. Liket, *Niederlande*, In: H. Döbert/G. Geißler (Hrsg.), *Schulautonomie*

in Europa, 1997, S.260ff. T.M.E.Liket, *Freiheit und Verantwortung*, 1993, S.123ff. Ders. *Autonome Schule und Qualitätskontrolle in den Niederlanden*, In: RdJB 1993, S.335ff.

70　F.J.H. Mertens, *Das Verhältnis von Staat, Schule und Bürger*, In: DGBV (Hrsg.), *Selbstgestaltung und Selbstverantwortung im Bildungswesen*, 1996, S.32.

71　T.M.E. Liket, *Niederlande*, S.261.

72　Ad. J.M. Vaessen, *Entwicklungen im Schulmanagement der Niederlande*, In: Pädagogische Führung, 1994, S.203ff.

73　A.A.v. Rooijen, *Unsere Schule: Ein Blick auf heute und Morgen*, In: Pädagogisches Forum 1990, S.51.

74　J. Fuchs, *Das Bildungswesen in den Niderlanden*, In: Schulmanagement, 1992, S.39.
　　参考までに、ドイツにおいては今日でもなお校長は一定時間数の授業を担当することが義務づけられている。学校種や学校規模に関係なく、すべての州の、すべての学校においてそうである。たとえば、ヘッセン州においては、義務授業時数に関する規程（1991年）の定めるところにより、基礎学校の校長の場合、週当たりの担当授業時数は10時間（児童数が720人以上の場合）から21時間（児童数が1～60人の場合）となっている（参照：第10章）。

75　T.M.E. Liket, Niederlande, In: H.Döbert/G. Geißler (Hrsg.), *Schulautonomie in Europa*, 1997, S.262.

76　Ad. J.M. Vaessen, a.a.O., S.206.

77　J. Fuchs, ditto.

78　T.M.E. Liket, a.a.O., S.259。なお公務員の法的地位一般については、参照、J. Chorus et al, *Introduction to Dutch Law,* 1999, pp.314-315。

79　T.M.E. Liket, a.a.O., S.259.

80　オランダにおける労働形態は、今日、下記の4類型に区分される。「フルタイム労働」＝週36～38時間労働で週休2日。「大パートタイム労働」＝週30～35時間労働で週休3日。「ハーフタイム労働」＝週15～29時間労働。それに「フレキシブル労働（短時間パートタイム）」＝週12時間未満の労働。
　　ここでパートタイム労働とはいっても、基本的には労働雇用契約にもとづく正規雇用者である点において、わが国とは大きく異なる。オランダにおいては、このようなパートタイム労働者が全従業者の3人に1人（1997年＝38.0％）を占めている（長坂寿久『オランダモデル』日本経済新聞社、2000年、20頁以下）。

81　J. Fuchs, ditto. ちなみに、この時点で基礎学校教員の初任給が月額2600マルク（1マルクは当時80円程度）、勤続25年で4900マルクであったという（Ders. ditto）。

82　T.M.E. Liket, a.a.O., S.259.

83　Kommission der Europäischen Gemeinschaften, *Verwaltungs und Evaluierungsstrukturen*, 1990, S.55, S.72, S.99. Europäische Kommission, *Strukturen der Allgemeinen und Beruflichen Bildung in der Europaischen Union*, 1995, S.282-283. Netherlands Ministry of Education,Culture and Science, *Information dossiers on the Structures of the education systems in the European Union 2000—The Netherlands*, 2001, p.15.

初出一覧

　本書を編むに当たって、大幅な加筆・修正を施したものもあるが、所収論稿の初出は下記のようである。

第1章…明治憲法下の官治・集権行政と学校法制(1)〜(5)〈『教職研修』2003年2月号〜2003年6月号、教育開発研究所〉

第2章…日本国憲法と教育の地方自治〈『教職研修』2007年6月号〜2007年10月号、教育開発研究所〉

第3章…教育主権と国家の教育権能〈『教職研修』2003年7月号・8月号、教育開発研究所〉

第4章…ドイツにおける教育主権と国家の学校監督権(1)〜(3)〈季刊『教育法』135号〜137号、エイデル研究所、2002年〜2003年〉

第5章…ドイツにおける教育行政の組織と法的構造(1)(2)〈季刊『教育法』142号・144号、エイデル研究所、2004年・2005年〉

第6章…日本国憲法と教育の自由〈『教職研修』2004年11月号、教育開発研究所〉

第7章…教育権論争〈新堀通也編『戦後教育の論争点』、教育開発研究所、1994年〉

第8章…教員の教育上の自由〈『教職研修』2008年2月号、教育開発研究所〉

第9章…ドイツの教科書制度〈季刊『教育法』130号、エイデル研究所、2001年〉

第10章…教員の研修権と研修義務〈拙著『教育法制の理論』、教育家庭新聞社、1988年、第6章を大幅に加筆・修正〉

第11章…ドイツにおける校長の法的地位〈季刊『教育法』134号、エイデル研究所、2002年〉

第12章…親の教育権の法的性質と内容、親の学校教育参加権〈拙著『学校

教育における親の権利』、海鳴社、1994年、第2章、第7章を大幅に加筆・修正〉
第13章…私学の自由と公共性の法的構造〈日本教育制度学会編『教育制度学研究』第7号、2000年〉
第14章…教育の市場化・民営化の憲法適合性〈日本教育行政学会編『日本教育行政学会年報・34』、教育開発研究所、2008年、を大幅に加筆〉
第15章…東京都杉並区立中学校「夜間塾」の憲法・学校法学的評価〈『教職研修』、2008年4月号、教育開発研究所〉
第16章…オランダにおける教育の自由と学校の自律性の法的構造(1)～(5)〈『教職研修』2004年5月号～2004年10月号、教育開発研究所〉

事項索引

〔英字〕

GHQ	32
ILO・ユネスコ「教員の地位に関する勧告」（1966年）	254
natural right	75
PTA	269
PTA改革	275
PTA活動の自由	274

〔あ行〕

アイルランド憲法	135
イエナ・プラン学校	347
イタリア憲法	136
営業の自由	307
「営業の自由」型私学	346
営造物理論	8
援助専門職	255
おやじの授業	262
親の学校教育参加権	267, 278
親の監護教育権	16
親の教育権(Das elterliche Erziehungsrecht)	70, 147, 235
親の教育権(教育責任)の委託契約関係	265
親の参加権・共同形成権	264
オランダ憲法	133

〔か行〕

改革教育学(Reformpädagogik)	278, 346
解釈優先権	246
外的学校事項(äußere Schulangelegenheit)	8, 67, 86
学習権	15
学習指導要領	55
各州文部大臣常設会議	115
学制	23
学力調査	142
学校運営協議会	258
学校営造物利用関係	21
学校営造物理論	90
学校会議(Schulkonferenz)	169, 282
学校外教育の自由	11
学校監督官	121
学校教育の協同形成権	316
学校行政	122
学校行政機関	125
学校共同決定法	217
学校共同体(Schulgemeinde)	213
学校権力(Schulgewalt)	22, 92
学校財政	127
学校参加法	217
学校施設の目的外使用	325
学校自由参観	262
学校制度の国家化	81
学校設置者(市町村)に対する法監督	103
学校設置要件	349
学校選択の自由	338
学校闘争	332
学校特別権力関係論	90
学校内部法	239
学校の教育自治(Pädagogische Selbstverwaltung der Schule)	67, 96, 150
学校の自治立法	342
学校の自律性(Schulautonomie)	102, 218, 340
学校の多様性	340
学校の法化	236
学校の民主化	228
学校評価	352

学校評議員	256	教育行政における地方自治	40
学校プログラム (Schulprogramm)	219	教育行政の一般行政からの独立	49
学校法学 (Schulrechtswissenschaft)	97	教育行政の地方分権	49
学校目的および子どもの利益に向けられた自由	153	教育行政の民主化	49
		教育権者 (Erziehungsberechtigte)	78, 239
学校を設置する自由	337	教育権論争	141
家庭教育権およびプライバシーに関する法律 (Family Educational Rights and Privacy Act of 1974)	242	教育校長	211
		教育公務員特例法	173
		教育公務員の任免等に関する法律案	177
家庭教育の自由	337	教育刷新委員会	47, 175
官官分権	38	教育主権 (Schulhoheit)	66, 146
官治・集権型教育行政	41	教育上の親権	267
官治行政	32	教育選択権	316
官治国家	3	教育長の任命承認制	60
管理された学校 (Die verwaltete Schule)	93, 215	教育勅語	9
		教育と宗教の分離原則	10
管理された教員	149	教育における価値多元主義 (Bildungspluralismus)	70
議会への留保 (Parlamentsvorbehalt)	75		
きのくに子どもの村学園	290	教育における規制緩和	314
基本権が敏感な (sensibel) 教育領域	76	教育における私的自治	313
君が代不起立再発防止研修	205	教育における法治主義	309
義務教育就学率	24	教育における民主主義	310
義務教育の無償制	24	教育の機会均等の保障	69
義務的自治事項	123	教育の市場化・民営化	305
義務に拘束された権利	184	教育の自由	5, 133, 313, 333
義務に拘束された自由	153	「教育の自由」型私学	346
教育委員会制度	46	教育の自律性	73, 94
教育委員会法	49	教育の専門職支配	71
教育委員の公選制	50	教育の地方自治	40
教育委員の任命制	60	教育への自由	334
教育改革国民会議	258	教育立法の勅令主義	6
教育監査制度	352	教育令	12
教育監査法	352	教育をうける権利 (学習権)	67, 69
教育基本権	143	教育をする権利	135
教育義務	240	教員会議	283
教育行政権の多元・重層化	41, 312	教員会議権 (Leherkonferenzrecht)	102, 150
教育行政全般に対する責任機関 (監督官庁) としての文部省	54	教員勤評	141
		教員研修法制	173

事項索引　369

教員団体	199	勤務監督	98
教員に対する勤務監督	102	勤務権力	21
教員の学問の自由 (academic freedom)	75	勤務上の上司	127
教員の教育権	144	国の機関委任事務制度	4
教員の教育上の自由 (Pädagogische Freiheit des Lehrers)	67, 96, 149, 150	「国ノ事務」としての学校教育	6
		傾向経営 (Tendenzbetrieb)	295, 314
教員の勤務関係	20	警察概念 (Polizeibegriff)	46
教員の研修義務	203	契約の自由原則	307
教員の自主研修	186	ゲオルク・エッカート国際教科書研究所	160
教員の選任権	343		
教員の長期研修	206	研修義務	184
教員身分法	173	研修権	182
教員や生徒を選択する自由	294	研修の自由	182
強化された民主主義 (Die verstärkte Demokratie)	39	研修命令	182
		検定基準	167
教科書委員会	170	憲法的自由	72, 138
教科書検定制度	161	憲法89条	298, 323
教科書検定制度違憲訴訟	163	憲法への意思	308
教科書検定制度違憲論	165	権利能力なき (nichtrechtsfähige) 営造物	91
教科書裁判	142	校外自主研修	191
教科書調査委員会	167	合議制学校経営 (kollegiale Schulleitung)	211
教科書調査官	166		
教科書の検定手続	165	公権力的営造物	8
教科書の採択	170	公選制教育委員会制度	48
教科用図書検定調査審議会	261	校長選任委員会	228
競合的立法	112	校長の教員評価権	226
教材 (教科書)・教具の無償制	129	校長の授業担当	221
教授の自由	154	校長の授業訪問権	226
教職の特殊性	180	校長の職務命令権	225
強制委任	26	校長の選任手続	227
行政裁判における概括的列記主義	23	公の支配	298, 323
行政主催研修	186, 201	公法上の特別監督関係	19
教組教研	196	公法上の特別権力関係論	17
教頭	220	公立学校と私立学校との「財政平等の原則」	300, 333, 347
共同決定的参加	281		
協同的参加	281	国民学校令	13
近接性の原理	38	国民主権	36
勤評裁判	141	国民の教育権	71, 143, 237

国民の教育権力	238	思想・良心の自由	67
国家からの自由	68	自治・分権型教育行政	41
国家権力オフ・リミット論	67	自治行政権	37
国家主権型権力分立論	309	自治行政としての教育行政	44
国家の学校監督権	72, 81	自治事務としての学校教育	43
国家の学校教育権 (Das staatliche Schulerziehungsrecht)	79, 238	自治体	36
		市町村教委最優先の原則	52
国家の学校教育独占 (staatliches Schul-monopol)	7, 43	市町村の学校設置・費用負担義務	26
		市町村立学校職員給与負担法	52
国家の教育権	67, 71, 143, 237	自治立法権	37
国家の教育権能	99	指導者原理	214
国家の教育主権	101	指導助言官庁としての文部省	54
国家の公教育内容決定権	144	指導助言権	46
国庫負担法	28	シャウプ勧告	56
国庫補助・負担制度	27	社会教育関係団体	270, 324
国庫補助法	28	社会教育法	324
子どもの権利条約	134	社会権的基本権	250
混合事項 (gemischte Angelegenheiten)	121	社会的市場経済の原理	306
		自由ヴァルドルフ学校	290

〔さ行〕

		就学義務	12
最高裁「学テ判決」	71	就学する権利	14
財政自主権	52	自由教育令	23
財政調整	128	宗教上の親権	267
サマーヒル・スクール	290	自由裁量	195
参加委員会	359	集団的基本権	251
参加基本権	251	集団的親権	266
私学助成	298	自由都市	331
私学助成請求権	299	「自由な学校」としての私学	288
私学における教育の自由	294	10年経験者研修制度	180, 187
私学の公共性	295	自由の森学園	290
私学の自由 (Privatschulfreiheit)	72, 291, 313, 344	宗派的私学の自由	332
		住民自治	37
私学の存在理由	288	住民主権	35, 36, 38
指揮監督権	46	授業料	23, 350
私教育の自由	337	授業料の法的性質	25
始源的教育権	156, 272	主権者国民総体の教育権能	77
自主研修権	182	シュタイナー学校	347
自然権としての親の教育権	244	シュタイン都市条例	86

承役的基本権	249	〔た行〕	
小学校令	13, 25		
試用校長	229	第1次アメリカ教育使節団報告書	43, 47
消費者主権	316	大学院修学休業	188
承役的権利	184	大綱的立法	113
職専免研修	189	ダルトン・プラン学校	347
職能団体	198	団体自治	37
職務命令からの自由	155	地域統治権	35
職務命令に基づく研修	189	地方自治	32
初任者研修制度	180, 187	地方自治権（地域統治権）	32, 36, 122
私立学校に対する法監督	103	地方自治体監督	123
私立学校令	10	地方自治の本旨（principle of local autonomy）	
私立学校を設立する自由	293		37
「私立公営」学校	348	地方制度調査会	58
自律への教育	42, 149	中央教育審議会	57
知る権利	241, 280	直接性の原理	39
人格の自由な発達権	68	天皇の官吏	20
人件費	127	天皇の任官大権	20
人事高権（Personalhoheit）	127	デンマーク憲法	136
杉本判決	78	ドイツ-ポーランド教科書合同委員会	161
スペイン憲法	136	ドイツ教育審議会	67, 169, 216
生徒参加	317	ドイツ校長会連合	223
生徒代表制	169	ドイツの教科書制度	159
制度的保障（institutionelle Garantie）	35	ドイツ連邦共和国基本法	88
生徒の所持品検査	243	ドイツ連邦憲法裁判所	76
政令改正諮問委員会	52	統治権力の多元・重層化	36, 311
設置者管理主義	44	同輩中の首席	213
設置者負担主義	44	独任制学校経営（direktoriale Schulleitung）	
設置者負担主義・設置者管理主義の原則			211
	312	都市学校	331
全的に権利能力を有する営造物（vollrechts-		特許事業としての私学教育	10
fähige öffentliche Anstalt）	91	〔な行〕	
専門監督	98, 102		
専門職的自律性	150	内的学校事項（innere Schulangelegenheit）	
専門職労働者	198		8, 67, 86
専門的教育権	252	内部組織編制の自由	341
専門的指導行政	51	中野区教育行政における区民参加に関する条例	259

ナショナル・ミニマムの確保	69	vorbehalts)	18, 75
200人条項	349	補完性の原理	38
		ポルトガル憲法	136
〔は行〕		本質性論（Wesentlichkeitstheorie）	76
パブリック・シチズン	70	**〔ま行〕**	
フィンランド憲法	135		
副次的教育権	156	民間人校長	211
物件費	128	民主主義への教育	42, 149
部分的に権利能力を有する（teilrechts-		命令研修	183
fähige）営造物	91	モンテッソーリ学校	347
普遍基本法原理	137	文部省改革	45
普遍的人権	248		
父母協議会（Elternbeirat）	277, 282	**〔や行〕**	
フランクフルト憲法	34, 84	ユニバーサル・サービス保障	311
フリー・スクール	315	ヨーロッパ議会	300
プロイセン一般ラント法	7, 81	予算案・条例案についての2本建て制度	61
プロイセン憲法	5, 83, 134		
文化連邦主義（Kulturföderalismus）	111	**〔ら行〕**	
ベルギー憲法	34, 83, 133	臨時教育審議会	305
包括的財政システム	343	連邦教育研究省	114
包括的な教育基本権	250	連邦行政裁判所	99
法監督	73, 98	連邦と州の共同任務	113
法規裁量	195	労働協約	357
法治国家の間隙	18		
法律から自由な学校行政領域	22	**〔わ行〕**	
法律の留保の原則（Prinzip des Gesetzes-		ワイマール憲法	73, 85

人名索引

〔英字〕

A. モッセ	3
A.S. ニイル	290
B. ピエロート	100
C. シュミット	35
E. シュタイン	68
E. シュプランガー	94, 307
E. ベルマイヤー	68
E. ホルストホフ	18
F. オッセンビュール	70
F. ギーゼ	86
G. アンシュッツ	83, 84
G. ブリンクマン	330
H-U. エファース	100
H. アベナリウス	95, 228
H. ベッカー	93, 215
H. ヘッケル	92, 97, 215
I. リヒター	249
J. ブライス	33
O. マイヤー	8, 18, 91
P. ラーバント	18
R. シュタイナー	290

〔あ行〕

市川昭午	308
大山幸太郎	14
織田萬	6, 15

〔か行〕

清瀬文部大臣	59

〔さ行〕

佐々木惣一	5
下中弥三郎	15

〔た行〕

田中耕太郎	178
田中二郎	176
辻田力	178

〔ま行〕

美濃部達吉	5, 17
森戸文部大臣	49

著者紹介

結城　忠（ゆうき　まこと）

1944（昭和19）年、広島市に生まれる。広島大学政経学部卒業。大阪市立大学法学部を経て、広島大学大学院教育学研究科博士課程単位取得退学。国立教育研究所研究員・主任研究官・室長、ドイツ国際教育研究所客員研究員、国立教育政策研究所総括研究官を経て、現在、上越教育大学教職大学院教授。国立教育政策研究所名誉所員。前日本教育行政学会会長。博士（教育学）。

〈主要著書・訳書〉

『教育法制の理論―日本と西ドイツ』、教育家庭新聞社、1988年
『学校教育における親の権利』、海鳴社、1994年
『生徒の法的地位』、教育開発研究所、2007年
『教育行政』（共編著）、第一法規、1988年
『岐路に立つ教育行財政』（共編著）、教育開発研究所、1990年
『ドイツの教育』（共編著）、東信堂、1998年
『ドイツの学校と教育法制』（監訳）、教育開発研究所、2004年
『学習塾―子ども・親・教師はどう見ているか』（共著）、ぎょうせい、1987年
『教育法規重要用語300の基礎知識』（編著）、明治図書、2004年
Vergleichende Erziehungswissenschaft, –Herausforderung–Vermittlung–Praxis（分担）Böhlau Verlag, 1997

教育の自治・分権と学校法制

2009年5月10日　初　版第1刷発行　〔検印省略〕

定価はカバーに表示してあります。

著者ⓒ結城　忠／発行者　下田勝司　　印刷・製本／中央精版印刷

東京都文京区向丘1-20-6　郵便振替00110-6-37828
〒113-0023　TEL（03）3818-5521　FAX（03）3818-5514
発行所　株式会社 東信堂
Published by TOSHINDO PUBLISHING CO., LTD.
1-20-6, Mukougaoka, Bunkyo-ku, Tokyo, 113-0023 Japan
E-mail : tk203444@fsinet.or.jp　http://www.toshindo-pub.com

ISBN978-4-88713-891-9　C3032　ⓒ Makoto Yuki

東信堂

グローバルな学びへ——協同と刷新の教育	田中智志編著	二〇〇〇円
教育の共生体へ——ボディエデュケーショナルの思想圏	田中智志編	三五〇〇円
人格形成概念の誕生——近代アメリカの教育概念史	田中智志	三六〇〇円
教育の自治・分権と学校法制	結城 忠	四六〇〇円
ミッション・スクールと戦争——立教学院のディレンマ	前田一男編	五八〇〇円
教育の平等と正義	大桃敏行・中村雅子・後藤武俊編	三二〇〇円
学校改革抗争の100年——20世紀アメリカ教育史	末藤・宮本・佐藤訳 D・ラヴィッチ著	六四〇〇円
大学の責務	立川明・坂本辰朗・井上比呂子訳 D・ケネディ著	三八〇〇円
教育的思考のトレーニング	尾上雅信	三八〇〇円
文化変容のなかの子ども——経験・他者・関係性	高橋 勝	二三〇〇円
フェルディナン・ビュイッソンの教育思想——第三共和政初期教育改革史研究の一環として	相馬伸一	二六〇〇円
NPOの公共性と生涯学習のガバナンス	高橋 満	二八〇〇円
進路形成に対する「在り方生き方指導」の功罪——高校進路指導の社会学	望月由起	三六〇〇円
「夢追い」型進路形成の功罪——高校改革の社会学	荒川葉	二八〇〇円
「学校協議会」の教育効果——「開かれた学校づくり」のエスノグラフィー	平田 淳	五六〇〇円
学校発カリキュラム——日本版「エッセンシャル・クエスション」の構築	小田勝己編	二五〇〇円
教育と不平等の社会理論——再生産論をこえて	小内 透	三二〇〇円
オフィシャル・ノレッジ批判	野崎・井口・小暮・池田監訳 M.W.アップル著	三八〇〇円
新版 昭和教育史——天皇制と教育の史的展開——保守復権の時代における民主主義教育	久保義三	一八〇〇円
地上の迷宮と心の楽園〔コメニウス セレクション〕	藤田輝夫訳 J・コメニウス	三六〇〇円

〒113-0023 東京都文京区向丘1-20-6　TEL 03-3818-5521　FAX 03-3818-5514　振替 00110-6-37828
Email tk203444@fsinet.or.jp　URL:http://www.toshindo-pub.com/
※定価：表示価格（本体）＋税

東信堂

大学の自己変革とオートノミー——点検から創造へ	寺﨑昌男	二五〇〇円
大学教育の創造——歴史・システム・カリキュラム	寺﨑昌男	二五〇〇円
大学教育の可能性——教養教育・評価・実践	寺﨑昌男	二五〇〇円
大学は歴史の思想で変わる——FD・評価・私学	寺﨑昌男	二八〇〇円
大学改革 その先を読む	寺﨑昌男	一三〇〇円
大学教育の思想——学士課程教育のデザイン	絹川正吉	二八〇〇円
あたらしい教養教育をめざして——大学教育学会25年の歩み：未来への提言	大学教育学会25年史編纂委員会編	二九〇〇円
現代大学教育論——学生・授業・実施組織	山内乾史	二八〇〇円
大学における書く力考える力——認知心理学の知見をもとに	井下千以子	三二〇〇円
ティーチング・ポートフォリオ——授業改善の秘訣	土持ゲーリー法一	二〇〇〇円
津軽学——歴史と文化	土持ゲーリー法一編	二〇〇〇円
IT時代の教育プロ養成戦略——日本初のeラーニング専門家養成ネット大学院の挑戦	大森不二雄編	二六〇〇円
資料で読み解く南原繁と戦後教育改革	山口周三	二八〇〇円
一年次（導入）教育の日米比較	山田礼子	二八〇〇円
大学の授業	宇佐美寛	二五〇〇円
大学授業の病理——FD批判	宇佐美寛	二五〇〇円
授業研究の病理	宇佐美寛	二五〇〇円
大学授業入門	宇佐美寛	一六〇〇円
作文の論理——〈わかる文章〉の仕組み	宇佐美寛編著	一九〇〇円
学生の学びを支援する大学教育	溝上慎一編	二四〇〇円
大学教授職とFD——アメリカと日本	有本章	三二〇〇円

〒113-0023 東京都文京区向丘1-20-6　TEL 03-3818-5521　FAX 03-3818-5514　振替 00110-6-37828
Email tk203444@fsinet.or.jp　URL:http://www.toshindo-pub.com/

※定価：表示価格（本体）＋税

東信堂

大学再生への具体像	潮木守一	二五〇〇円
フンボルト理念の終焉？——現代大学の新次元	潮木守一	二五〇〇円
いくさの響きを聞きながら——横須賀そしてベルリン	潮木守一	二五〇〇円
国立大学・法人化の行方——自立と格差のはざまで	天野郁夫	三六〇〇円
大学のイノベーション——経営学と企業改革から学んだこと	坂本和一	二六〇〇円
30年後を展望する中規模大学	市川太一	二五〇〇円
大学行政論Ⅰ——マネジメント・学習支援・連携	伊藤八郎編	二三〇〇円
大学行政論Ⅱ——職員による教育プログラムの開発	近森節子編	二三〇〇円
もうひとつの教養教育	近森節子編	二三〇〇円
政策立案の「技法」——職員による大学行政政策論集	伊藤昇編	二五〇〇円
大学の管理運営改革——日本の行方と諸外国の動向	江原武一編	三六〇〇円
教員養成学の誕生——弘前大学教育学部の挑戦	杉原真晃編著	三二〇〇円
改めて「大学制度とは何か」を問う	遠藤孝夫編著	三二〇〇円
戦後日本産業界の大学教育要求——経済団体の教育言説と現代の教養論	福島均編著	一〇〇〇円
現代アメリカのコミュニティ・カレッジ	舘昭	五四〇〇円
アメリカ連邦政府による大学生経済支援政策——その実像と変革の軌跡	舘昭	一〇〇〇円
戦後オーストラリアの高等教育改革研究	飯吉弘子	五四〇〇円
大学教育とジェンダー——ジェンダーはアメリカの大学をどう変革したか	宇佐見忠雄	二三八一円
アメリカの女性大学：危機の構造	犬塚典子	三八〇〇円
大学改革の現在〔第1巻〕	杉本和弘	五八〇〇円
大学評価の展開〔第2巻〕	ホーン川嶋瑤子	三六〇〇円
学士課程教育の改革〔第3巻〕	坂本辰朗	二四〇〇円
大学院の改革〔第4巻〕【講座「21世紀の大学・高等教育を考える」】	有本章編著／山本眞一編著／清水敦編著／舘昭編著／江原武一編著／馬越徹編著	三二〇〇円／三二〇〇円／三二〇〇円／三二〇〇円／三二〇〇円

〒113-0023　東京都文京区向丘1-20-6
TEL 03-3818-5521　FAX 03-3818-5514　振替 00110-6-37828
Email tk203444@fsinet.or.jp　URL:http://www.toshindo-pub.com/

※定価：表示価格（本体）＋税

東信堂

比較教育学——越境のレッスン	馬越徹	三六〇〇円
比較教育学——伝統・挑戦・新しいパラダイムを求めて	M・ブレイ編著 馬越徹・大塚豊監訳	三八〇〇円
世界の外国人学校	末藤美津子他編著	三八〇〇円
教育から職業へのトランジション——若者の就労と進路職業選択の教育社会学	福田誠治編著	三八〇〇円
ヨーロッパの学校における市民的社会性教育の発展——フランス・ドイツ・イギリス	山内乾史編著	二六〇〇円
世界のシティズンシップ教育——グローバル時代の国民／市民形成	武藤孝典・新井浅浩編著	三八〇〇円
市民性教育の研究——日本とタイの比較	嶺井明子編著	二八〇〇円
多様社会カナダの「国語」教育（カナダの教育3）	平田利文編著	四二〇〇円
ドイツの教育のすべて	関口礼子他編著	三八〇〇円
国際教育開発の再検討——途上国の基礎教育 普及に向けて	マックスプランク教育研究所・グループ研究・木戸裕・長島啓記監訳	一〇〇〇〇円
アメリカの教育支援ネットワーク	小川佳万・北村友人子編著	二四〇〇円
中国大学入試研究——変貌する国家の人材選抜	野津隆志	二四〇〇円
大学財政——世界の経験と中国の選択	大塚豊編	三六〇〇円
中国の民営高等教育機関——社会ニーズとの対応	呂燁編 成瀬龍夫監訳	三四〇〇円
「改革・開放」下中国教育の動態	鮑威	四六〇〇円
中国の職業教育拡大政策——背景・実現過程・帰結	阿部洋編著	五四〇〇円
中国の後期中等教育の拡大と経済発展パターン——江蘇省の場合を中心に	劉文君	五〇四八円
タイにおける教育発展——江蘇省と広東省の比較	呉琦来	三八二七円
バングラデシュ農村の初等教育制度受容	王傑	三九〇〇円
マレーシアにおける国際教育関係——国民統合・文化・教育協力	日下部達哉	三六〇〇円
「郷土」としての台湾——郷土教育の展開にみるアイデンティティの変容	村田翼夫	五六〇〇円
戦後台湾教育とナショナル・アイデンティティ	杉本均	五七〇〇円
教育へのグローバル・インパクト	林初梅	四六〇〇円
	山﨑直也	四〇〇〇円

〒113-0023 東京都文京区向丘 1-20-6
TEL 03-3818-5521 FAX 03-3818-5514 振替 00110-6-37828
Email tk203444@fsinet.or.jp URL:http://www.toshindo-pub.com/

※定価：表示価格（本体）＋税

東信堂

国際法新講〔上〕〔下〕	田畑茂二郎	〔上〕2900円 〔下〕2700円
ベーシック条約集 二〇〇九年版	編集代表 松井芳郎	2600円
国際人権条約・宣言集〔第3版〕	編集代表 松井芳郎・薬師寺・坂元・小畑・徳川	3800円
国際経済条約〔第2版〕	編集代表 松井・薬師寺・坂元・小原喜雄・小畑	3900円
国際機構条約・法令集〔第2版〕	編集代表 山手治之・香西 編集	3200円
判例国際法〔第2版〕	編集代表 松井芳郎 安藤仁介	3800円
国際立法——国際法の法源論	村瀬信也	6800円
条約法の理論と実際	坂元茂樹	4200円
武力紛争の国際法	真山全編	14286円
国際経済法〔新版〕	山本草二編	3800円
国際法から世界を見る——市民のための国際法入門〔第2版〕	小室程夫	3800円
東京裁判、戦争責任、戦後責任	松井芳郎	2800円
国際法／はじめて学ぶ人のための資料で読み解く国際法〔第2版〕	大沼保昭	3600円
21世紀の国際機構：課題と展望	大沼保昭編著	2800円
国際法学の地平——歴史、理論、実証	大沼保昭	12000円
在日韓国・朝鮮人の国籍と人権	大沼保昭	3800円
グローバル化する世界と法の課題——平和・人権・経済を手がかりに	編集委員 松井・位田・安藤・寺谷・中谷・西村・薬師寺・木棚・山形	〔上〕7140円 〔下〕2800円
21世紀国際社会における人権と平和〔上・下巻〕	編集代表 香西茂 山手治之	〔上〕8200円
国際社会の法構造——その歴史と現状	編集代表 香西茂 山手治之	5700円
現代国際社会における人権と平和の保障（現代国際法叢書）	編集代表 香西茂之 山手治之	6300円
領土帰属の国際法	大壽堂鼎	4500円
国際社会における承認——その法的機能及び効果の再検討	王志安	5200円
国際社会と法	高野雄一	4300円
集団安保と自衛権	高野雄一	4800円
国際「合意」論序説——法的拘束力を有しない国際「合意」について	中村耕一郎	3000円
法と力——国際平和の模索	寺沢一	5200円

〒113-0023 東京都文京区向丘1-20-6 TEL 03-3818-5521 FAX 03-3818-5514 振替 00110-6-37828
Email tk203444@fsinet.ne.jp URL:http://www.toshindo-pub.com/

※定価：表示価格（本体）＋税